中国刑事诉讼：理论与实践
（第二版）

周登谅　编著

华东理工大学出版社
·上海·

图书在版编目(CIP)数据

中国刑事诉讼：理论与实践 / 周登谅编著. —2版
. —上海：华东理工大学出版社，2022.8
ISBN 978-7-5628-6860-6

Ⅰ.①中… Ⅱ.①周… Ⅲ.①刑事诉讼-研究-中国
Ⅳ.①D925.213.4

中国版本图书馆CIP数据核字(2022)第127512号

项目统筹 / 左金萍
责任编辑 / 程　楠
责任校对 / 孟媛利
装帧设计 / 徐　蓉
出版发行 / 华东理工大学出版社有限公司
　　　　　地址：上海市梅陇路130号，200237
　　　　　电话：021-64250306
　　　　　网址：www.ecustpress.cn
　　　　　邮箱：zongbianban@ecustpress.cn
印　　刷 / 广东虎彩云印刷有限公司
开　　本 / 787 mm×1092 mm　1/16
印　　张 / 17.75
字　　数 / 399千字
版　　次 / 2015年3月第1版
　　　　　2022年8月第2版
印　　次 / 2022年8月第1次
定　　价 / 58.00元

版权所有　侵权必究

无可避免地,人类会犯错。我们有时会给无辜的人定罪,却放走有罪的人。……历史上没有任何一个体制,能给所有犯人定罪,却不连带让一些无辜的人也一并下狱。

——艾伦·德肖维茨

第二版前言

2018年10月26日,第十三届全国人民代表大会常务委员会第六次会议表决通过《关于修改〈中华人民共和国刑事诉讼法〉的决定》,这是对刑事诉讼法的第三次修正。本次修正有三个重要背景:一是进一步推进以审判为中心的刑事诉讼制度改革,二是以《监察法》的出台为标志的国家监察体制改革,三是刑事速裁程序和认罪认罚从宽制度的试点工作圆满完成。

本次教材的修订,一方面是因为最新立法的出台,要求我们对相关内容加以更新,进而确保有关知识点的准确性、时效性与完整性,另一方面则是基于笔者对近年来中国司法制度改革的观察与思考,增加了对最新改革成果的介绍与评价,删去一些较为陈旧的内容。整体上来说,本教材的编写体例基本上沿用了第一版的结构,同时对部分章节的内容做了整合,力求帮助读者对中国的刑事诉讼制度有一个较为宏观的了解。

自本教材第一版出版以来,中国的司法制度改革已经进入全面深化的阶段,保障人权的司法理念不断强化,司法程序和制度不断完善;与此同时,理论界与实务界对于以往司法实践中所存在的问题也展开了深入的讨论和反思。可以说,本教材的修订正是长期观察、思考、交流的结果。在刑事诉讼法学的课堂上,在各类学术研讨会上,在有关专著与论文的阅读中,笔者养成了一个习惯,那就是及时记录有助于书稿完善的信息,这为教材修订打下了扎实的基础。

笔者一直在思考一个问题,怎样才能帮助读者特别是笔者的学生有效理解刑事诉讼的基本原理,怎样才能激发他们思考问题的兴趣与积极性。记得在第一版的前言中,笔者曾表达过一个观点,只有将诉讼理论与司法实践紧密联系起来,才能激发读者思考和研究的兴趣。现在来看,当时的想法未免有些肤浅,或者说过于乐观。我曾在教学中努力推进诉讼理论与司法实践的联结,但并没有达到想象中的效果。究其原因,可能是著书之人有些理想主义,将自己预设的立场和目标强加于他人,同时理论与实践的联结也并非想象中那么容易。实际上,这也是笔者对自己从教生涯的一点反思。

有鉴于此,在本次教材的修订中,除了秉承第一版前言中所追求的"明变、求实、辨因、评判"这四项学习目标外,笔者尽力去还原刑事诉讼基本制度的原貌,希望通过提出问题来引起读者对中国刑事诉讼运行的思考。更重要的是,我们需要始终关注一个最基本的问题:如何对待一个涉嫌犯罪的人?不论其认罪与否,不论其罪行的轻重,不论其职位的高低,刑事诉讼的推进能否确保最基本的公正?当我们呼唤公平正义的同时,我们是否意识到没有人可以成为绝对的旁观者,从某种意义上来说我们都身在其中,制度的完善、公平正义的实现乃至社会的和谐发展显然需要所有人的共同参与。为了更好的明天,我们不妨从理解身边的制度开始,期待读者朋友可以达成某些共识。

周登谅

2022年8月20日于上海

前　言

一

几年前的某一天,笔者去某个城市参加高中同学的婚礼,出了火车站后便寻了一辆出租车去目的地。交谈中司机师傅得知笔者是学法律的,便聊起了当时正热议的几起刑事案件。聊着聊着,这位师傅的情绪一下子激动起来,言语间流露出对一些地方的司法颇为不满,"我认为中国根本没法律""那些法律都是拿来骗人的""中国的法院哪会跟你讲公正,他们整天忙着帮政府维稳""公安最拿手的就是打人"……实际上类似的言辞已经不是第一次听到,虽然我们无法确知社会对其观点的认同程度,但这也从侧面反映出目前人们对于中国刑事司法的某些态度和看法。而这些态度和看法又会转化为人们行动的依据。

作为解决刑事纠纷的重要手段,刑事司法很难不受关注,其处理的程序和结果,尤其是后者常常成为人们议论的焦点。在网络时代,一些大案、要案的审理更是容易引发"围观",人们通过各种途径(如论坛、博客、微博、微信等)发表看法、展开争论。一个不争的事实是,同一案件往往会引发无数的评价,而这些评价中既有理性的又有非理性的。我们既能看到冷静的说理、讨论,也能看到各种冷嘲热讽甚至无端的谩骂。值得肯定的是,一个开放的交流空间是社会健康发展的重要保障。但与此同时,笔者认为能否相对理性地认识、评价刑事司法也颇为重要。毕竟,刑事司法不仅会影响个案中对当事人合法权益的保护,也必然会影响对整个社会秩序的维护。很难想象,一个无序的社会、一个由暴力主导的社会会给人们带来怎样的生活。

因此,摆在我们面前的可能是这样一些问题:如何客观、冷静地评价中国的刑事司法?如何有效地建构以公正为核心目标的刑事司法?如何在刑事司法中将人权保障与秩序维护有机地协调起来?……而在思考这些问题之前,我们有必要弄清刑事司法(诉讼)的本质和基本原理,有必要了解我国学者对于刑事司法基础理论的探索与争鸣,有必要了解我国司法改革发展的基本脉络,等等。对于一个初学者而言,这无疑是一个巨大的挑战。

这些都可能给我们带来某种困惑,尤其是对那些愿意正视现实并有志于改变未来的人。在此过程中,比较糟糕的状况并不是因为思考而产生困惑,也不是因为感受到改革的困难而迷惘,而是一种无动于衷的态度、一种消极被动的应对。有时候,我们需要积极地思考,而非被动地接受某些概念、理论;有时候,我们需要一种观念上的转变和不断的反思,而非盲目接受某些权威性的见解。

记得何兆武先生曾就"真理"和"国情"的关系做过一个颇为深刻的反思:真理不在于它是不是符合国情。假如它不适合中国国情的话,那么要加以改变的是国情,而不是要改变真理。国情要适合真理，而不是真理要适合国情。

而对于每个人来说，发现真理是一个十分困难的过程，有的时候必须经历艰难的思考和探索。但我认为，这个过程将弥足珍贵。康德认为，智慧不是通过一劳永逸地回答了问题而获得的，而是与问题建立起一种深思的、连续的关系。智慧是思考的状态。其表达的观念是，智慧存在于不确定性之中，寻求真理的过程包含着无尽的探索。如果我们可以以这样的心态来学习刑事诉讼法，也许可以实现某种真正的超越。

二

一般认为，要想学好刑事诉讼法需要许多条件，包括优秀的教科书、好的学习方法以及卓有成效的引导。相信已有很多人对此展开过探讨甚至争论。除此之外，特别值得一提的是学习的目标。如果将学好刑事诉讼法仅仅理解为掌握基本概念、制度、程序、理论、学说的话，那么尽管无可厚非，但从能力提升的角度来看似乎略有欠缺。举个简单的例子，笔者在教学中发现，喜欢提问的学生在一个班级中的人数所占比例往往很低，而能够提出好问题的学生则少之又少，尽管其中的原因颇为复杂，但是不可忽略的是学习目标对学生创造力的影响。结合近年来的思考，笔者认为在刑事诉讼法的学习中可以设定四项基础目标。

（一）明变

初学者在学习刑事诉讼法的过程中，除了要了解和掌握基本概念、制度等内容外，还有必要知道诉讼法律制度发展的历史脉络，同时借助比较法、归纳法、综合分析法等方法来把握其基本要义，既可以对一段相当长时间的制度发展进行梳理，也可以对特定时期的制度发展脉络进行探究。这种训练的一个好处在于，我们可以培养大局观，在拓宽视野的同时厘清线索，并能帮助自己在作出判断时不致"只见树木，不见森林"；另一个好处是，我们可以摆脱以往单调的知识灌输型的教学模式。一位有识之士说过，知识不是力量，知道而无见识，徒增谈资，于世无益，又有什么意思呢？

（二）求实

胡适说，人生的大病根在于不肯睁开眼睛来看世间的真实现状。在今日看来，更为严重的问题是，真实现状处于一个混沌复杂的环境之中，有时我们只能看到经过加工的"现状"，如果以此为基础，那么难免会影响自己的判断。这里，我们借用一句常被引用的名言，"这是最好的时代，也是最坏的时代"。在学习刑事诉讼法的过程中，我们能够接触异常丰富的信息，从而可以发掘各种研究素材，但由于种种原因，信息来源的可靠性难以保障，真假共存、以假乱真的材料比比皆是且难以辨识，因而作为初学者，我们不仅要有求实的心态，而且要掌握求实的方法。

（三）辨因

无论是对理论知识的学习还是对实务层面的把握，关注原因都至关重要。初学者可能遭遇的最大困难不是找不到原因（实际上我们可以借助各种专著、论文甚至搜索引擎来寻找各类问题的原因），而是找到的原因过于庞杂，正所谓"百家争鸣、百花齐放"。此时，显然不能照单全收，明智的做法应当是再做进一步的分析、思辨甚至调研，从而辨明哪一

(几)种原因更具解释力、说服力。对此,笔者深有体会。记得曾参加过一个关于"刑事错案的防范和纠错机制"的研讨会,在准备发言稿时,笔者查阅了若干篇研究论文,惊讶地发现我国学者所归纳的错案成因加起来居然有三十多个,尽管很多成因看似很有道理,但如果仔细分析就能发现,很多所谓因果关系都值得推敲、商榷。因此,我们必须慎重对待原因,可以说寻找原因只是初级阶段,辨明原因才是高级阶段。

(四)评判

如果说"明变""求实"和"辨因"解决了刑事诉讼法学习中的认识论问题,那么还有一个问题也值得我们关注,即对各种制度、理论、改革创新等作出较为理性的评判,它主要涉及价值论问题。对于一个初学者来说,这是一个颇为复杂的问题。例如,对于如何设定合理的评判标准、使用何种评判方法等问题的解答都需要经过长期的学习和训练。更重要的是,任何理论、方法都有特定的适用空间(范围),因而不可能做到"放之四海而皆准"。这当中还包含了对学生应变能力的要求,即不可僵化地套用一个标准来评判某个问题。

三

笔者回顾自己本科阶段学习法律的经历,有一个问题始终困扰着笔者,那就是究竟怎样才能学好中国的法律。摆在自己面前的是浩瀚的法条,略显枯燥的概念、原理、规则等,这着实让人有些伤神。记忆犹新的是,每到考试前夕,大多数同学才会拿起教科书复习迎考,于是教学楼、图书馆的书桌上堆积了各种占位子的教材。当阅读如此被动时,不知道有多少人会从中获得乐趣。更为尴尬的情况是,好不容易打起精神去教室看书,却发现已经没了位子。当然,笔者也会常常想起教授们的感慨:"你们考完试估计就会扔掉教科书,到那时我教给你们的大概都还给我了。"其实,就算教科书留着,谁又能保证考完试后还能剩下些什么呢?

即使等笔者毕业从教后,却也发现以往的困惑一直挥之不去。当笔者发现自己的学生依旧遭遇类似的问题时,心中难免有些感慨,但终因能力有限、无力改变现状而颇感惭愧。所幸,自己从未放弃思索,依个人之愚见,抛开体制问题、社会环境问题等宏观现实,从微观上说,目前的法学教育需要进行一些细节上的转型,例如如何真正引导学生去关注现实、思考问题,进而将理论与实践加以结合。笔者觉得,除了教师的有效引导、实践环节的配合外,还需要在一些基础问题上进行创新和突破,其中很重要的一个方面就是教科书的完善。

在本书的构思和撰写中,笔者有一种追求,就是希望可以将诉讼理论与司法实践紧密联系起来,在阐述基本理论的基础上为学生提供思考的线索,激发其思考和研究的兴趣。为此,本书有如下几项尝试:

第一,将"明变、求实、辨因、评判"四项目标融入教科书的基本内容当中,帮助学生在阅读的过程中形成一定的问题意识,希望这样可以营造一种积极主动的学习氛围,从而激发思考的兴趣、增强思考的能力。不论这一尝试能否成功,起码它都包含了一种追求,不是为了标新立异,而是诚心希望看到学习方式有所改变。

第二,在写作体例上,笔者并未完全采用传统的章、节、目的编写方式,而是尽量以问题为中心,希望通过对基本问题的介绍、分析、讨论来揭示刑事诉讼的一般原理和司法实践的现状。同时,为了深化读者的理解,激发其阅读和思考的兴趣,笔者在基础内容当中适当穿插了"延伸阅读""延伸思考""实践关注"等模块,必要时还配上一些图片,做到图文并茂。

第三,注意吸收最新的研究成果和具有代表性的经典作品的精华,将其融入本书的基本内容当中,供读者了解学术研究的动态。回想起来,这一过程颇为艰辛。笔者花费了大量时间进行收集、阅读和整理工作,在承担较为繁重的教学工作之余,还抽出时间不断完善书稿中的相关内容,有时是在午间休息时,有时难免挑灯夜战,于夜深人静时,字斟句酌、上下求索。

当然,这些尝试能否收效还不得而知。不过作为一名作者,笔者对自己的要求是,"做一个时刻都把读者装在心里的好作者",尽力而为,无愧于心。作为自己教学和思考的阶段性成果,书中仍有许多不足之处。在将本书呈现给读者时,自己心中难免有些惴惴不安,这里真诚地期待各位的批评指正,欢迎诸位读者来信不吝赐教,笔者的电子邮箱是:Procedurezhou@outlook.com。

最后,由衷感谢多年以来诸多老师、前辈和益友的教诲、关心和鼓励,尤其是笔者的导师叶青教授、徐永康教授在学术、做人等方面的悉心指点,让笔者受益无穷。此外,本书的顺利出版还应感谢华东理工大学出版社的诸位编辑的辛勤付出。

周登谅

2014 年 8 月于华东理工大学

术语缩略表

全　　称	简　　称
1979年7月1日通过的《中华人民共和国刑事诉讼法》(已废止)	1979刑诉法
1996年3月17日修正的《中华人民共和国刑事诉讼法》(已废止)	1996刑诉法
2012年3月14日修正的《中华人民共和国刑事诉讼法》(已废止)	2012刑诉法
2018年10月26日修正的《中华人民共和国刑事诉讼法》	《刑事诉讼法》或2018刑诉法
2021年3月1日起施行的最高人民法院关于适用《中华人民共和国刑事诉讼法》的解释	《最高法解释》
2020年12月26日中华人民共和国第十三届全国人民代表大会常务委员会第二十四次会议通过的《中华人民共和国刑法修正案(十一)》	《刑法》
2020年9月1日起施行的《公安机关办理刑事案件程序规定》	《公安机关刑事程序规定》
2019年12月30日起施行的《人民检察院刑事诉讼规则》	《最高检规则》
2018年10月26日修订通过的《中华人民共和国人民法院组织法》	《人民法院组织法》
2018年10月26日修订通过的《中华人民共和国人民检察院组织法》	《人民检察院组织法》
2018年3月20日通过的《中华人民共和国监察法》	《监察法》
2018年3月11日修正通过的《中华人民共和国宪法》	《宪法》
2017年11月27日最高人民法院发布的《人民法院办理刑事案件排除非法证据规程(试行)》	《法院排非规程》
2017年9月1日修正的《中华人民共和国律师法》	《律师法》
2017年6月27日起施行的《关于办理刑事案件严格排除非法证据若干问题的规定》	《严格排非规定》
2012年12月26日最高人民法院、最高人民检察院、公安部、国家安全部、司法部、全国人大常委会法制工作委员会联合颁布的《关于实施刑事诉讼法若干问题的规定》	《六部委规定》

续 表

全　称	简　称
2010年7月1日起施行的最高人民法院、最高人民检察院、公安部、国家安全部、司法部《关于办理死刑案件审查判断证据若干问题的规定》	《办理死刑案件证据规定》
2010年7月1日起施行的最高人民法院、最高人民检察院、公安部、国家安全部、司法部《关于办理刑事案件排除非法证据若干问题的规定》	《非法证据排除规定》

目 录

第 1 章 刑事诉讼导论 / 001

自古以来,有人的地方就有纠纷。对于纠纷,人们总要寻求解决的方式和途径。在经历漫长的探索与反思后,人类社会发展出制度化的纠纷解决方式,刑事诉讼便是其中之一。通过刑事诉讼,各种犯罪得到遏制、社会秩序得以维护。那么,究竟什么是刑事诉讼,其目的何在,如何确保它的公正性,它可能存在怎样的局限性?本章试着对这些问题做出回答。

引言 .... / 001
1.1 从纠纷解决到刑事诉讼 .... / 001
1.2 刑事诉讼法及其渊源 .... / 004
1.3 刑事诉讼目的 .... / 005
1.4 刑事诉讼的基本理念 .... / 007
1.5 刑事诉讼结构 .... / 013
1.6 刑事诉讼职能 .... / 014
总结 .... / 016
思考题 .... / 016

第 2 章 刑事诉讼主体 / 018

在明确什么是刑事诉讼并对其有了初步的了解后,我们不妨关注一下哪些主体可以参与到刑事诉讼中来,他们的相互关系是怎样的,他们享有哪些权利(权力)、承担何种义务、可能发挥怎样的作用。从中我们大致可以了解中国刑事司法中的权力配置情况和权利保护的现状。

引言 .... / 018
2.1 刑事诉讼主体的范围 .... / 018
2.2 人民法院 .... / 019
2.3 人民检察院 .... / 022
2.4 侦查机关 .... / 024
2.5 犯罪嫌疑人、被告人 .... / 026
2.6 自诉人 .... / 030
2.7 被害人 .... / 030
总结 .... / 031

思考题 ··· / 032

第 3 章　刑事诉讼基本制度 / 033

可以说，每个国家的刑事诉讼中都有相应的制度来确保诉讼的有效运行。好的制度可以帮助人们有效地化解纠纷、及时恢复秩序，进而促进社会的和谐。那么，中国的刑事诉讼中有哪些重要的制度，用于解决何种问题，其实践效果如何，是否存在需要完善的地方？读者可以在本章中寻找答案或线索。

引言 ··· / 033
3.1　何谓制度？ ··· / 033
3.2　管辖制度 ··· / 034
3.3　回避制度 ··· / 037
3.4　辩护与代理制度 ·· / 040
3.5　刑事法律援助制度 ··· / 046
3.6　刑事附带民事诉讼制度 ··· / 049
总结 ··· / 051
思考题 ··· / 052

第 4 章　刑事证据 / 053

作为一种理性的纠纷解决方式，刑事诉讼的运行始终需要证据作为支撑。从证据的角度来看，刑事诉讼中包含的最重要的活动便是搜集证据、审查证据、判断证据，各种裁决也是以证据作为依据的。可以看出，刑事证据在诉讼中的独特价值。那么，究竟什么是刑事证据，它与事实有什么关系，证据的内容可以是虚假的吗？本章以对证据的本质展开讨论和反思为出发点，展示了我国刑事证据制度的现状和问题。

引言 ··· / 053
4.1　何谓刑事证据？ ·· / 053
4.2　刑事证据的种类 ·· / 058
4.3　刑事证据的分类 ·· / 065
4.4　刑事诉讼证明 ·· / 067
4.5　刑事证据规则 ·· / 073
总结 ··· / 078
思考题 ··· / 079

第 5 章　刑事强制措施 / 080

在我们的社会生活中，不少人对刑事诉讼的了解往往始于强制措施。人们可以通过各种媒介了解刑事案件的侦办，特别是公安机关对某某涉嫌犯罪的人采取强制措施。而这样一种会对人身自由产生限制的措施在一定程度上起到了震慑犯罪的作用。但我们也了解到在一些案件中存在滥用强制措施的情况,造成犯罪嫌疑人的人身自由和诉讼权利受到侵犯。那么,什么是强制措施,中国有哪些强制措施,其应当发挥哪些作用,如何规范强制措施的适用?读者可以在本章中寻找线索。

引言 / 080
5.1 刑事强制措施概述 / 080
5.2 拘传 / 082
5.3 取保候审 / 083
5.4 监视居住 / 087
5.5 拘留 / 090
5.6 逮捕 / 091
总结 / 095
思考题 / 095

第6章 立案程序 / 096

作为中国刑事诉讼程序的起点,立案程序的启动影响了整个诉讼的有效运行,未经立案则刑事诉讼无以展开。但是,这一程序也存在一些问题并遭到了学界的质疑。例如"不破不立""先破后立"的现象影响了该程序的正当性,侦查与立案的逻辑关系不甚合理,立案监督流于形式而缺乏力度等。那么,中国立案程序的现状是怎样的,"不破不立""先破后立"的深层原因是什么,如何破解监督难题?读者不妨从阅读本章开始进行相关的思考。

引言 / 096
6.1 立案程序概述 / 096
6.2 立案的材料来源和条件 / 098
6.3 立案程序 / 101
6.4 立案监督 / 104
总结 / 106
思考题 / 107

第7章 侦查程序 / 108

就刑事公诉案件而言,侦查程序发挥了至关重要的作用,无论是各种证据的收集、案件事实的查明,还是对各类犯罪的遏制。但现阶段的侦查程序也存在一些值得反思的问题,例如其对诉讼结果的影响往往超出我们的想象,不少案件在侦查程序中就已经预设了未来的结局。又如侦查程序中滥用权力的现象也比较严重,除了第五章中我们已经提到的滥用强制措施外,比较常见的现象还包括刑讯逼供、违法取证、超期羁押等。那么,中国的侦查程序是如何运行的,其基本功能应当是什么,造成权力滥用的原因是什么?读者可在本章中寻找线索。

引言	/ 108
7.1 侦查概述	/ 108
7.2 侦查行为	/ 110
7.3 侦查终结	/ 121
7.4 人民检察院对直接受理案件的侦查	/ 123
7.5 补充侦查	/ 124
7.6 侦查监督	/ 126
7.7 侦查救济	/ 128
总结	/ 129
思考题	/ 130

第8章 起诉程序 / 131

在中国，刑事起诉包括公诉和自诉，实行以公诉为主、自诉为辅的原则。从刑事诉讼的进程来看，公诉程序可以看成连接侦查程序与审判程序的"桥梁"。其基本功能有二：一是审查过滤各类案件，判断应否提起公诉；二是监督各类案件的办理，因为检察机关是中国的法律监督机关。而自诉程序则可以看作被害人寻求司法救济的一种特别手段。针对特定类型的案件，被害人可以直接向人民法院提起诉讼。那么，中国的起诉程序是如何运行的，公诉案件与自诉案件之间是如何衔接的，起诉程序可能存在怎样的问题？本章试着做出回答。

引言	/ 131
8.1 起诉制度概述	/ 131
8.2 审查起诉	/ 133
8.3 提起公诉	/ 137
8.4 不起诉	/ 139
8.5 提起自诉	/ 143
总结	/ 146
思考题	/ 146

第9章 刑事审判程序概述 / 147

曾经有人这样描述中国刑事司法的运行：公安是做饭的，检察院是端饭的，法院是吃饭的。可以说，这一概括较为形象地描述了以往刑事诉讼活动中公、检、法三机关的配合关系。按说，一个被追诉的人最终是否有罪、如何量刑，应由"吃饭"的机关——人民法院——说了算。然而，由于种种原因，现实中"做饭"的机关所产生的影响却不容小觑，它不仅决定了"饭"的"质量"，而且会通过各种途径来影响"饭"的"吃法"。这势必会带来一些追问：刑事审判究竟应该如何定位，如何摆正三机关的关系，如何保障刑事审判的公正性？读者可在本章中寻找线索。

引言	/ 147
9.1	何谓刑事审判？	/ 147
9.2	刑事审判中的职能区分	/ 149
9.3	刑事审判的原则	/ 151
9.4	审级制度	/ 155
9.5	审判组织	/ 157
9.6	人民陪审员制度	/ 158
总结	/ 161
思考题	/ 162

第 10 章　第一审审判程序 / 163

就目前来看，刑事第一审程序可以说是最完整、最典型的诉讼程序，开庭审理、控辩对抗、法院居中裁判等程序要求基本上都能实现，诉讼参与人的权利保障也在逐渐完善。然而，以往的司法实践也反复提醒我们，完整、典型的诉讼程序未必能带来公正的判决，大量的冤假错案敦促我们进行反思并保持警惕。那么，究竟是什么原因造成这样的状况，中国的第一审程序有何特点、如何运作，哪些地方值得继续完善？请读者在本章中寻找答案或线索。

引言	/ 163
10.1	公诉案件的第一审程序	/ 163
10.2	自诉案件的第一审程序	/ 174
10.3	简易程序	/ 175
10.4	速裁程序	/ 176
10.5	判决、裁定和决定	/ 177
总结	/ 178
思考题	/ 179

第 11 章　第二审审判程序 / 180

在中国，对于第一审未生效的裁判，当事人可以通过上诉、检察机关可以通过抗诉来启动刑事第二审程序，以期获得进一步的司法救济或是纠正错误的裁判。刑事第二审程序遵循"全面审查原则"和"上诉不加刑原则"，它不仅是一种司法救济程序，也是刑事案件的终审程序。那么，刑事第二审程序是如何发现并纠正错误的呢，"全面审查"与诉讼法理是否存在悖论，"上诉不加刑"是如何适用的？读者可在本章中寻找线索。

引言	/ 180
11.1	第二审程序概述	/ 180
11.2	第二审程序的提起	/ 181

11.3　第二审程序的审判 ·· / 183
　　11.4　上诉不加刑原则 ·· / 188
　总结 ··· / 189
　思考题 ··· / 189

第12章　死刑复核程序 / 190

任何一个保留死刑的国家都应慎重适用死刑,中国也不例外。死刑复核的基本目的在于保证死刑判决的正确性,防止错杀,控制死刑的适用。那么,中国的死刑复核程序是如何运行的,它与其他审判程序有何不同,怎样的程序机制更能发现死刑案件中的错漏,现行的复核程序是否需要完善?思考这些问题不妨从阅读本章开始。

　引言 ·· / 190
　　12.1　死刑复核程序概述 ·· / 190
　　12.2　死刑核准权的沿革 ·· / 191
　　12.3　死刑案件复核的具体程序 ································ / 192
　总结 ··· / 196
　思考题 ··· / 196

第13章　审判监督程序 / 197

可以说,任何国家的法院都难以保证其所作出的裁判百分之百正确。这意味着裁判错误几乎不可避免,问题在于我们应该如何面对这样一种局面。为了纠正可能存在错误的裁判,大陆法系国家(如法国、德国等)发展出了颇为完备的刑事再审制度,中国则构建了专门的审判监督程序。那么,中国的审判监督程序是如何运作的,它和再审制度有何异同,是否需要完善?请读者在本章中寻找线索。

　引言 ·· / 197
　　13.1　审判监督程序概述 ·· / 197
　　13.2　审判监督程序的材料来源及其审查处理 ············ / 200
　　13.3　审判监督程序的提起 ······································· / 202
　　13.4　按照审判监督程序对案件的重新审判 ··············· / 204
　总结 ··· / 206
　思考题 ··· / 206

第14章　刑事特别程序 / 207

通过对刑事诉讼中各个基本程序(立案、侦查、起诉、一审、二审、死刑复核、审判监督)的学习,我们可以较为全面地掌握刑事纠纷是如何解决的、公权力是如何运行和被制约的、权利救济是如何实现的。与此同时,刑事诉讼中还有一些较为特别的程序也值得我们关注。2012刑诉法增设了刑事和解程序、违法所得没收程序和强制医疗程序,2018刑诉法增设了缺席审判程序,加上之前就有的未成年人诉讼程序,形成了我国的刑事特别程序体系。那么,各种特别程序的特别之处在哪里,它们各自是如何运行的,其救济机制是否合理?读者可在本章中寻找线索。

引言 ··· / 207
14.1 未成年人诉讼程序 ································· / 207
14.2 刑事和解程序 ······································· / 213
14.3 缺席审判程序 ······································· / 216
14.4 违法所得没收程序 ································· / 217
14.5 强制医疗程序 ······································· / 221
总结 ··· / 225
思考题 ·· / 226

第 15 章　刑事执行程序 / 227

一个完整的刑事诉讼不仅包括立案、侦查、起诉和审判,也应包括执行程序。通过执行,国家的刑罚权才能得以有效实施,每一起刑事案件的处理才能真正做到尘埃落定。那么,中国的执行程序是如何运作的,每一种生效裁判的执行需要注意哪些问题,如何确保执行的公正和有效?读者可在本章中寻找线索。

引言 ··· / 227
15.1 刑事执行概述 ······································· / 227
15.2 各种判决、裁定的执行 ·························· / 228
15.3 刑事执行的变更 ···································· / 232
15.4 刑事执行的监督 ···································· / 236
总结 ··· / 239
思考题 ·· / 240

结语 ··· / 241

附录 1　中国刑事司法大事记 ························· / 247

附录 2　刑事诉讼期间一览表 ························· / 252

附录 3　记课堂笔记的方法 ···························· / 259

参考文献 ··· / 262

致谢 ··· / 263

第1章
刑事诉讼导论

> **引言**
>
> 作为公力救济的典型方式,刑事诉讼所要解决的中心问题是犯罪嫌疑人、被告人的刑事责任问题。为了确保这一过程的公正性,我们应当兼顾实体正义和程序正义。我们在学习刑事诉讼法的过程中,首先应从宏观上把握刑事诉讼的发展源流,理解其基本理念,辨明其基本目的,掌握其基本结构和基本职能,从而为基本制度的学习打下良好的基础。

1.1 从纠纷解决到刑事诉讼

自古以来,有人的地方就有纠纷。对于纠纷,人们总要寻求解决的方式和途径。在人类社会早期,私力救济是比较常见的纠纷解决方式。而随着人类社会的发展,尤其是社会分工的日趋发达,人际纠纷也日益复杂化。单纯的私力救济已经很难满足纠纷解决的需要。为了维持秩序,人们不得不探索多元化的纠纷解决方式。

 纠纷解决的途径

在人类历史上,纠纷的解决大致有三种途径:私力救济、社会救济和公力救济。

所谓私力救济,是指当事人依靠自身的能力解决纠纷、维护权益的方式。其常见的形式包括自卫、和解、复仇。作为最古老的纠纷解决方式,私力救济可以说是与人类社会相伴而生的,它具有强大的生命力和广阔的适用空间。时至今日,私力救济依然盛行,只是受到了较大的制约和限制。

所谓社会救济,是指当事人双方在第三方(通常是某种社会力量)的主持下解决纠纷的方式。其常见的形式包括调解、仲裁。

所谓公力救济,是指当事人双方在第三方(通常是掌握某种公权力的主体)的介入下,依照特定的程序、标准来解决纠纷的方式。其典型的形式就是审判。

之所以会出现后两种纠纷解决方式,除了因为纠纷的复杂化外,也与私力救济自身的缺陷有关。例如，个人能力（体力、智力等）具有局限性和差异性，不能解决所有的纠纷，也很难确保纠纷解决的公正性。因此，社会救济、公力救济逐渐成为主要的纠纷解决方式，但私力救济从未消亡，三者长期处于并存状态。

■ 审判的历史

作为公力救济的典型方式，审判具有悠久的历史。历史上早期的审判者通常是神职人员，他们往往被看作神明在人间的代表。对于审判，不同时期、不同国家（地区）在规则、方式、手段等方面存在着较大的差异。总的来说，审判大致是朝着专业化、规范化、文明化的方向发展的。

在审判活动中，除了有公权力的介入外，还有两项重要特征：一是注重对案件事实的调查，二是法律规则的适用。其中，对案件事实的调查可以被看作案件处理的前提，其核心内容则是对证据的收集、审查和判断，尽管不同历史时期对于证据的规定不同，对证据的采纳规则和证明方式也不同。

值得一提的是，在人类历史上的特殊时期，还存在一种特殊的证明方式：神明裁判。根据西方学者的考证，神明裁判的全盛期大约持续了 4 个世纪（从 800 年至 1200 年）。而神明裁判的主要类型包括冷水神判、汤釜神判、热铁神判等。其中，冷水神判是将被告人投入河水中来检验其是否有罪的方法，例如《汉谟拉比法典》第二条规定："倘自由民控自由民犯巫蛊之罪而不能证实，则被控犯巫蛊之罪者应行至于河而投入之。倘彼为河所占有，则控告者可以占领其房屋；倘河为之洗白而彼仍无恙，则控彼巫蛊者应处死，投河者取得控告者之房屋。"汤釜神判，又称沸水神判，一般是将一件物品，通常是一块石头或一枚戒指，扔进沸水中，然后要求被告人将手伸进水中捞取被扔进的物品，再根据其结果来证明特定的结论。热铁神判一般是在被告人手掌上喷上一些圣水，让其手捧一块炽热的铁块向前走一定距离，或三步或九步，然后当众将其双手包扎起来，三天后解开检查，如果这时手上没有水泡就判为无罪，如果出现水泡或溃烂就判为有罪。

需要指出的是，神判的使用并非如人们想象的那样是司法活动的常规组成部分，它仅仅在其他方法无法发现真相时方可被采用，且仅针对特定类型的案件使用。例如，《萨克森明镜》①中规定："除非没有其他方式可知悉真相，否则在任何案件中使用神判皆属不当。"亦如学者所指出的，神判是一种最后的、而非最初使用的救济。就适用案件类型而言，神判一般适用于亲子关系的争议、性贞洁的争议、某些财产争议以及特定的刑事案件。

★━━━━━━━━━━━━━━━━━━━━━━━━━━━

延伸阅读：共誓涤罪

共誓涤罪，也称宣誓断讼法，是中世纪的一种神判方法，指在刑事或民事诉讼中，被告

---

① 《萨克森明镜》，中世纪日耳曼法律文本，由撒克逊骑士和法官艾克·冯·莱普考约于 1225 年写成。

可通过宣誓证明自己无辜或起诉无依据,并由11或12名宣誓助讼人(通常为邻居或亲戚)给予证明,证人所证明的不是案情事实而是被告的人品并表明相信其宣誓。被告如果找不到规定人数的证人或证人宣誓方式不合要求,就败诉。此制度源于入侵罗马帝国的条顿部落,后在中世纪西欧各国教会法庭、庄园法庭中得到适用,甚至有人认为它是英国陪审制的起源。1833年,英国《民事诉讼规则》颁布后,宣誓断案被废除。①

图 1-1 《中世纪神判》

何谓刑事诉讼？

刑事诉讼得以确立,须至少满足两个条件:一是专门机关的介入,即享有公权力的机构专门负责此类案件的侦查、起诉、审理、裁判和执行;二是刑事纠纷与其他纠纷的区分,毕竟人类纠纷相当复杂,进行必要的区分才更加有利于纠纷的解决。目前在我国,纠纷大致被划分为刑事纠纷、民事纠纷和行政纠纷。

那么,究竟什么是刑事诉讼呢？

我们一般认为,刑事诉讼就是解决犯罪嫌疑人、被告人的刑事责任问题的活动。刑事诉讼的所有活动,可以说都是围绕这一中心问题而展开的。刑事诉讼具有下列特征。

● 刑事诉讼是专门机关行使和实现国家刑罚权的活动

刑事诉讼不同于其他诉讼的关键之处,就在于它是为了解决犯罪嫌疑人、被告人的刑事责任问题。这既是法律赋予专门机关的权力,也是专门机关应履行的职责。其他机关、团体、组织或个人均无此权。专门机关根据法律赋予的职权,办理刑事案件,执行刑事裁决,即对刑事案件进行侦查、起诉、审判和执行等活动,这些构成了刑事诉讼的主要内容。

● 刑事诉讼是专门机关的活动与诉讼参与人的活动的有机结合

从刑事诉讼的开始到其终结,专门机关都居于主导地位,但这并不意味着刑事诉讼仅仅是专门机关的活动。如果没有诉讼参与人,尤其是当事人的参加,刑事诉讼活动也就失去了目的和意义。因此,当事人和其他诉讼参与人的活动,同样是刑事诉讼的重要内容。

● 刑事诉讼是严格依照法定程序进行的活动

在刑事诉讼过程中,专门机关和诉讼参与人都必须根据刑事诉讼的程序、规则来实施诉讼行为,如果违反了刑事诉讼活动的客观规律,不依法办案,就可能造成错案或引起其他法律后果,轻则损害公民的权利,重则危及国家的稳定与安全。

---

① 罗伯特·巴特莱特:《中世纪神判》,徐昕、喻中胜、徐昀译,浙江人民出版社2007年版,第39页。

- **刑事诉讼往往带有一定的强制性**

在刑事案件处理过程中，专门机关针对特定的人员，特别是犯罪嫌疑人、被告人，往往会采取一些强制性的措施，以确保案件处理的顺利进行。同时，刑事诉讼的结果往往也会造成被告人的自由、财产甚至生命被剥夺，即通过刑罚的实施来达成惩罚犯罪和恢复社会关系的目标。

基于上述分析，我们可以对刑事诉讼作如下描述：裁判机构在追诉机构（自诉人）与被告人所展开的追诉和防御活动中进行审查，依照法律规定的程序，通过理性的争辩与说服，解决刑事纠纷。

另外，刑事诉讼有狭义和广义两种表现形式。狭义的刑事诉讼，一般仅指审判期间的诉讼活动。侦查与起诉都只是审判前的准备程序，执行则是审判的必然延伸。广义的刑事诉讼，则将侦查、起诉、审判、执行等程序都看作诉讼的组成部分。实际上，当今世界上的大多数国家都是从广义上来制定刑事诉讼程序的。

1.2 刑事诉讼法及其渊源

刑事诉讼法是由国家制定或认可的，有关专门机关和诉讼参与人开展刑事诉讼活动的法律规范的总称。它是专门机关办理刑事案件的主要依据，也是当事人及其他诉讼参与人在刑事诉讼活动中享受权利和履行义务的法律依据。

在刑事诉讼理论上，刑事诉讼法的概念有狭义和广义之分。狭义的刑事诉讼法是单指一部统一的成文的刑事诉讼法典。我国现行的刑事诉讼法典是在1979年7月1日由第五届全国人民代表大会第二次会议通过的，而后在1996年3月17日由第八届全国人民代表大会第四次会议作了第一次修正，在2012年3月14日由第十一届全国人民代表大会第五次会议作了第二次修正，在2018年10月26日由第十三届全国人民代表大会常务委员会第六次会议作了第三次修正。广义的刑事诉讼法，是指有关刑事程序的全部法律规范。它既包括狭义的刑事诉讼法，也包括国家有关机关制定的一切法律、法规、条例、规定和司法解释中有关刑事诉讼程序的规范。

刑事诉讼法的渊源，也称刑事诉讼法的来源，是指刑事诉讼法由何种国家机关创制，并表现为何种法律文件。我国刑事诉讼法的渊源具体表现为如下七种。

- **宪法**

宪法是国家的根本大法，规定了我国的社会制度、经济制度、政治制度、国家机构及其活动原则、公民的基本权利和义务，具有最高的法律效力，也是制定一切法律的根据。《刑事诉讼法》第一条明确指出，"根据宪法，制定本法"。

- **全国人民代表大会及其常委会制定的法律**

如《刑事诉讼法》《中华人民共和国人民法院组织法》《中华人民共和国人民检察院组织法》《中华人民共和国律师法》《中华人民共和国国家赔偿法》《中华人民共和国监狱法》等。

- **全国人民代表大会常务委员会制定的条例、决定、补充规定**

如 2004 年 8 月 28 日通过的《全国人民代表大会常务委员会关于完善人民陪审员制度的决定》、2005 年 2 月 28 日通过的《全国人民代表大会常务委员会关于司法鉴定管理问题的决定》等。

- **全国人民代表大会及其常委会所作的立法解释**

如最高人民法院、最高人民检察院、公安部、国家安全部、司法部、全国人大常委会法制工作委员会于 2012 年 12 月 26 日联合颁布的《关于实施刑事诉讼法若干问题的规定》（以下简称《六部委规定》）。

- **我国最高司法机关就刑事诉讼法的实施所作的司法解释**

如 2021 年 3 月 1 日起施行的最高人民法院关于适用《中华人民共和国刑事诉讼法》的解释（以下简称《最高法解释》）、2019 年 12 月 30 日起施行的《人民检察院刑事诉讼规则》（以下简称《最高检规则》）。

- **行政法规、决定和命令、规章中的有关规定及所作的解释**

国务院及其主管部门根据宪法和法律依照职权颁布的行政法规、决定和命令、规章中的有关规定及所作的解释。如 2020 年 9 月 1 日起施行的《公安机关办理刑事案件程序规定》（以下简称《公安机关刑事程序规定》）。

- **有关国际条约**

国际条约是国际法的主要渊源，本不属于我国国内法的范畴，但我国缔结或加入的国际条约是经过全国人大常委会批准的，体现了我国的国家意志，故也属于我国国内法渊源之一，具有法律约束力。在我国加入的国际条约中，与刑事诉讼法直接有关的主要有如下条约：《禁止酷刑和其他残忍、不人道或有辱人格的待遇或处罚公约》《联合国少年司法最低限度标准规则》《联合国反腐败公约》，以及我国政府已签署、尚待批准的《公民权利和政治权利国际公约》等。

1.3 刑事诉讼目的

所谓刑事诉讼目的，是指国家进行刑事诉讼所期望达到的，基于对刑事诉讼的基本规律和固有属性的理性认识而作出的预期目标。

在传统的观念中，刑事诉讼似乎就是公、检、法三机关共同整治犯罪的活动，就是将坏人绳之以法，就是惩恶扬善。不仅警察、检察官要惩恶扬善，法官也应如此。实际上，其中就包含了对刑事诉讼目的的理解。

关于刑事诉讼目的是什么，理论界众说纷纭。

- **学说一：以惩罚犯罪作为刑事诉讼目的**

该学说指出：我国刑事诉讼法是人民民主专政的工具，其基本功能是从诉讼程序方面保证刑法的正确实施。因此，保证正确有效地揭露犯罪、惩罚犯罪，是刑事诉讼法的首要任务。这一观点在很长一段时间内是我国刑事诉讼法学中的通论。

● **学说二：惩罚犯罪和保障人权并重的观点**

在对前一种学说进行反思的基础上，有学者主张：我国刑事诉讼的基本目的应概括为惩罚犯罪与保障人权的统一。前一目的要求公安、司法机关依据《刑事诉讼法》规定的原则和程序，有效地行使法律赋予的职权，充分发挥主观能动性，及时地揭露犯罪，全面地证实犯罪，准确地惩罚犯罪；后一目的则要求保障无罪的人不受刑事追究、保护有罪被告人的合法权益以及辩护人的诉讼权利，同时还应保护自诉人、被害人、证人以及一般公民的合法权益。

● **学说三：直接目的与根本目的的层次说**

在对刑事诉讼所体现的诸项价值进行综合评价和对刑事诉讼根本属性进行深入分析的基础上，有学者提出：刑事诉讼目的可以分为直接目的与根本目的。直接目的是控制犯罪与保障人权，根本目的则是维护我国宪法制度及其赖以巩固与发展的秩序。其中，"控制犯罪"的含义比"惩罚犯罪"更为广泛，将其作为刑事诉讼的直接目的也更确切，因为"惩罚犯罪"只强调适用实体刑法的后果，只反映刑事诉讼法作为保证刑法得以适用的程序法的依附属性，而它本身并不是刑事诉讼的目的。刑事诉讼的目的在于通过适用刑罚等活动来抑制犯罪。

延伸阅读：传统刑事诉讼目的理论的缺陷

◇ 刑事诉讼目的"双重论"的理论误区

无论是"惩罚犯罪与保障人权"还是"直接目的与根本目的"，都可以被视为一种刑事诉讼双重目的的理论。两者共同关注的问题仍旧是惩罚（控制）犯罪与保障人权。我们认为，这一看似全面、辩证的理论实则有重大的漏洞。

刑事诉讼显然不能单纯地被理解为一种打击犯罪的活动，因为除了检察机关实施指控以外，还有被告方的辩护和人民法院的居中裁判。况且，依大陆法之诉讼理论，检察机关在提起公诉时除了要实现追诉犯罪的目的外，还负有客观性及合法性之义务，即检察官在诉讼中不能被视为一方当事人，而是承担着"保障终局裁判之正确性与客观性"和"防止任何无辜者被恣意追诉或定罪"责任的"法律守护人"。可见，即便检察机关有打击犯罪的追求，这也仅仅是其所展开的诉讼活动的组成部分，因而将打击犯罪作为诉讼目的难免有以偏概全之嫌。

那么"双重论"中的"保障人权"能否被看作一种修正或调和呢？我们认为，其中也存有重大的误解。不可否认的是，在刑事诉讼中应当保障诉讼参加人的人权，这早已成为当代各国所公认的观点。然而问题恰恰在于，能否将保障诉讼参加人的人权作为诉讼的目的呢？我们认为，两者显然不可混同。刑事诉讼目的应当有明确的指向，并且应体现刑事诉讼活动的特性，而人权保障则可以被看作具有较强共性的法律原则，在刑事诉讼中保障人权本就是对这种共性的体现，因而将"保障人权"作为诉讼目的既无必要，也容易造成人们对于真正的诉讼目的的忽视。

◇ 刑事诉讼目的与刑事诉讼主体目的的混同

在明确了刑事诉讼目的"双重论"的理论误区后，另一个问题也值得我们关注，即刑事诉讼目的与刑事诉讼主体目的常常被混同。

在刑事诉讼中,各诉讼主体(关于刑事诉讼主体的内容,请参阅本书第2章)的目的往往与其所承担的诉讼职能相对应。就控诉方而言,尽管当代检察理论认为检察官在诉讼中负有一定的客观性和合法性义务,但必须承认的是,其在诉讼中的重要目的仍在于使其指控得以成立,从而实现追诉犯罪、维护社会公共秩序。就辩护方而言,其目的则表现为促使控诉方的指控不成立以免除或减轻自己可能遭受的惩罚。至于裁判方的法官,其在诉讼中应当坚持利益无涉、保持中立,既不能和控诉方一起来追诉、打击犯罪,也没有义务帮助被告人来对抗指控。

刑事诉讼目的应当具有概括性,也就是说刑事诉讼目的应当是各刑事诉讼主体所共同追求的目的。单个刑事诉讼主体的目的显然不能替代刑事诉讼目的。考察我国现有的刑事诉讼目的理论后,我们不难发现,无论是惩罚犯罪或控制犯罪,还是维护社会秩序等诉讼目的的价值预设,都强调国家与社会的公共利益高于公民的个人利益,而保障人权的诉讼目的只是作为前者的辅助和补充,这造成刑事诉讼目的理论内部存在严重的矛盾与失调。

● **学说四:实体真实、法治程序和法和平性**

有学者认为,发现实体真实的完整意义是"毋枉毋纵,开释无辜,惩罚犯罪",而不能被片面地理解为"有罪必罚"。法治程序则强调应当依照诉讼程序来发现真实,从而防范任何滥用与独断的危险。法和平性旨在强调法秩序的和平,通过合乎法治规定的裁判,使人心悦诚服,从而回归社会的和平生活。

● **学说五:消解刑事冲突**

刑事诉讼中,控辩双方往往很难同时满意裁判的结果,但通过某种方式让双方都接受这个结果是有可能的。这种方式就是给予双方充分的机会参与诉讼、表达本方的观点并提出证据加以证明。当双方都享有充分的机会进行表达与对抗后,裁判结果也就更容易被他们接受,刑事诉讼目的也就得以实现了。进一步来说,刑事诉讼程序的设计能够充分地尊重和体现控辩双方的利益,将潜在的实体冲突显现为程序冲突,并一步步地暴露、证成和消解程序性冲突,而达到对实体性冲突的消灭和对控辩对立双方的心理调适。实际上,刑事诉讼目的在此已经得到体现,即刑事诉讼是以消解控辩双方的刑事冲突为目的的。

当然,关于刑事诉讼目的的讨论未必已经终结,请读者结合自己的理解,进一步思考:后两种观点是否更为合理呢?或者我们是否可以另外提出一种全新的理论?

1.4 刑事诉讼的基本理念

所谓理念,希腊文的原意是"可见之物",后被引申为"灵魂"的可见形象。柏拉图认为,世界万物的本原是理念,理念是感觉世界的一切事物的根据和原型。理念是绝对完满的,是永恒不变的。①

赵汀阳教授认为,理念不仅表达了某种东西的性质,而且表达了这种东西所可能达到的最好状态。② 总而言之,理念所表达的是一种较为圆满的状态,它可以为制度设计提供标尺、设定目标,并可能成为检验某一制度正当性的标准。刑事司法也应遵循一定的理念,从而保障其制度设计的正当性。

我们认为,刑事诉讼中起码应确立两大理念,即**程序正义**与**实体正义**。

程序正义

在解读程序正义之前,我们先要弄清楚:何为程序?程序的价值何在?

所谓程序,是指按照一定的顺序、方式和手续来作出决定的相互关系。程序始于申请,终止于决定。常见的法律程序有选举程序、立法程序、审判程序、行政程序等。

程序的基本价值体现在如下几个方面:① 对于恣意的限制;② 让纠纷解决过程有章可循;③ 理性选择的保证;④ 约束专门机关和参与者的行为。而从运行的角度来看,程序的价值体现为外在价值和内在价值。所谓外在价值,即程序作为手段、工具的价值,通常表现为惩罚犯罪、释放无辜。所谓内在价值,即程序本身是善意的、理性的,尊重个体的人格尊严。

延伸阅读:程序的价值理论

关于程序的价值理论,理论界大致有程序工具主义理论和程序本位主义理论两种。其中,程序工具主义理论又有三个分支:绝对工具主义、相对工具主义和经济效益主义。

绝对工具主义理论的鼻祖是杰里米·边沁(Jeremy Bentham,见图1-2)。他认为,刑事审判的正当性在于能有效地抑制犯罪,从而实现最大多数人的幸福。程序法的唯一正当目的则是最大限度地实现实体法。程序法只是手段、工具。

相对工具主义理论的代表人物是美国学者德沃金(R. Dworkin)。他认为,绝对工具主义理论的错误在于过分地夸大了程序的工具性。实际上,在追求程序的工具性价值时应兼顾一些独立的价值目标,即无辜者不受追诉的权利、被告人获得公正审判的权利。

图1-2 杰里米·边沁

经济效益主义理论的代表人物是美国学者波斯纳(Richard A. Posner)。他认为,审判程序的目标应是最大限度地增加公共福利或提高经济效益。他有一个著名的观点:正义的第二种意义,简单来说就是效益。

程序本位主义理论的代表人物是英国学者达夫(R. A. Duff)。他认为,工具主义理论

---

① 梯利:《西方哲学史》(增补修订版),葛力译,商务印书馆1995年版,第66页。
② 赵汀阳:《天下体系》,中国人民大学出版社2011年版,第27页。

的关键错误在于把刑事审判程序与通过审判程序产生的结果做了不恰当的分离，同时也把刑事审判程序自身的公正性与程序所产生的裁判结果的公正性进行了不合理的分离。他强调，刑事审判是一项理性的事业。刑事审判的裁判结果必须具备合理的根据并经过充分的论证。同时，裁判者须将裁判结论向那些受裁判约束、影响的人进行证明，使裁判的合理性和准确性得到他们的理解。总之，公正的程序与公正的结果是不可分的。公正、合理的程序应当充分保障人的尊严和自主性。

关于程序、程序正义的相关理论，读者可参阅如下书目。① 陈瑞华：《程序正义理论》，中国法制出版社2010年版；② 季卫东：《法律程序的意义》（增订版），中国法制出版社2012年版。

程序正义，又称过程正义，是指在刑事案件办理过程中，专门机关和诉讼参与人都必须严格遵循法定的诉讼程序，以确保案件得到公正的处理。作为一种观念，它起源于13世纪英国的普通法，其在英国的古典表述是"自然正义"。之后，它在美国得到前所未有的发展，通常被表述为"正当法律程序"。"自然正义"有两项基本要求：一是任何人不得担任自己案件的法官；二是法官在制作裁判文书时应听取双方的陈述。而在美国，"正当法律程序"的基本要求是，任何权益受判决结果影响的当事人有权获得法庭审判的机会，并且应被告知控诉的性质和理由。未经正当法律程序不得剥夺任何人的生命、自由和财产。

程序正义至少包含如下几项要素。

● **裁判者的中立性**

刑事案件的裁判者只有保持最基本的中立性才能确保案件得以公正审理。裁判者的中立性具体包括如下几项要求：① 裁判者不能与案件有利害关系；② 裁判者不应存有支持一方、反对另一方的偏见；③ 裁判者在外观上不能使任何一方对其中立性产生合理的怀疑。

● **程序的参与性**

参与性至少包含如下几项要求：① 有可能受到裁判结果拘束或影响的人有权参与到裁判过程中，即"在场"；② 利害关系人应当有足够的机会和条件进行必要的准备；③ 利害关系人有权提出本方的主张、证据，可传唤本方的证人出庭作证，并要求法院给予必要的司法帮助；④ 利害关系人有权对不利于本方的证据进行反驳和质证；⑤ 作为裁判依据的证据和观点应当经过法庭调查和辩论程序，裁判结论应建立在经过当庭出示、质证和辩论过的证据和观点的基础上。

● **程序的对等性**

在刑事审判过程中，裁判者应给予各方参与者以平等参与的机会，对各方的证据、主张、意见予以同等的对待，对各方的利益予以同等的关注。同时，为了实现对等，控辩双方在参与审判、影响裁判结果的过程中应拥有平等的机会、便利和手段。

● **程序的合理性**

裁判者据以制作裁判文书的程序必须符合合理性的要求，使其判断和结论以确定、可靠和明确的认识为基础，而不是通过任意或随机的方式作出。为了确保合理性，须有一些制度设计作为保障：① 法庭必须有让法官冷静、从容不迫的审判环境；② 裁判结果必须建立在经过质证、调查和辩论过的证据的基础上；③ 裁判结果的作出必须经过法庭冷静、完整的评议过程；④ 法庭的判决必须陈述理由。

● **程序的及时性**

法谚有云："迟来的正义非正义。"刑事审判活动应当及时地形成裁判结果，既不能过于迟缓而拖延，也不能过于快速。过于迟缓容易加大诉讼成本，使得当事人长时间陷于待判定的状态，也增加了诉讼的不确定性；而过于快速则容易出现审判流于形式、裁判结果草率等不公正的情形。

● **程序的终结性**

终结性要求是指，刑事审判程序应当通过产生一项最终的裁判结果而告终。控辩双方不能反复提出上诉、抗诉或申请再审，法院也不能对同一案件反复进行重审。只有这样才能确保裁判结果的终局性、权威性。

延伸思考：程序正义的限度

任何理论都有其适用的范围和边界，程序正义理论亦是如此。有学者指出，由于司法资源是十分有限的，而且就刑事案件数量不断增加的趋势而言，还存在相对压缩的可能性，因此刑事司法面临着提高诉讼效率的严峻难题。提高诉讼效率的有效方式在美国表现为辩诉交易的广泛适用，在我国则表现为建立和扩大简易程序的适用范围，使简化审判程序得以推行，但无论是辩诉交易还是简易程序和简化审判程序，都使程序正义价值的实现受到了较大的限制。从中我们可以看出诉讼资源和诉讼成本对程序正义的限制。

请读者查阅相关图书和资料，试着了解、分析其他可能会影响程序正义价值实现的因素。

■ 实体正义

实体正义，又称结果正义，是指案件处理结果所体现出来的公正。具体来说，实体正义包含如下要求：① 据以定罪量刑的犯罪事实必须根据可靠的证据加以认定，案件中的证据须确实充分；② 正确适用刑法，准确认定犯罪嫌疑人、被告人是否有罪及其罪名；③ 遵循罪刑相适应原则，依法判处适度的刑罚；④ 如果出现案件事实有疑问，或是案件证据不充分的情况，就应当作出有利于被追诉人的处理；⑤ 对于错误处理的案件，应当依法采取救济方法及时予以纠正和补偿。可见，实体正义侧重于对案件处理结果的关注，尤其是正确适用刑法、准确定罪量刑。然而需要指出的是，对于实体正义，我们需要做全面的、客观的解读，不能认为实体正义仅仅是实现追诉的成功，实际上避免错误的追诉也是其应有之义。

在理解实体正义时，我们应认真关注如下几个问题。

● **惩罚犯罪**

自古以来，只要存在犯罪，往往就会涉及惩罚问题。无论是基于报应论还是功利主义的惩罚观,人们都会在不同程度上对犯罪者甚至对与犯罪者有关的人实施惩罚。实施惩罚的目的在于实现社会秩序的稳定,满足人类自身生存和发展的需要。不过现代的惩罚同早期相比发生了一定的变化:一是实施惩罚的方式从最早的同态复仇发展到由国家设立专门的司法机关负责实施惩罚。二是惩罚在早期通常不必经过某种特别的程序,而是直接实施,到了现代则必须经过专门的司法程序后才能决定是否实施惩罚。三是早期的惩罚方式往往非常残酷,肉体的折磨、肢体的摧残是司空见惯的事;而现代惩罚则坚持以理性为导向,反对酷刑和不人道的折磨,即使在适用死刑这一极刑时也不再用残忍的手段来剥夺被行刑者的生命。

延伸阅读:

1757年3月2日,达米安因谋刺国王而被判处"在巴黎教堂大门前公开认罪",他应"乘坐囚车,身穿囚衣,手持两磅重的蜡烛",被送到格列夫广场,那里将搭起行刑台,用烧红的铁钳撕开他的胸膛和四肢上的肉,用硫黄烧焦他持着弑君凶器的右手,再将熔化的铅汁、沸滚的松香、蜡和硫黄浇入撕裂的伤口,然后四马分肢,最后焚尸扬灰。①

图1-3 《规训与惩罚》

在现代,我们通过刑事诉讼这样一种理性的方式来完成对被告人的定罪和惩罚活动。为了保障惩罚的公正性,我们设计了各种科学的诉讼程序来确保对被告人定罪的准确性和实施惩罚的合理性,比如控审分离原则的贯彻、控辩对抗的保障、司法独立与中立原则的推行等等。时至今日,惩罚问题早已不是单纯地为了惩罚而惩罚,它更多的是为了体现一种人类社会内部的自我完善。

● **保护无辜**

保护无辜的首要问题是如何理解"无辜"。按照我们的一般理解,所谓无辜是指没有犯罪的人。但是在刑事诉讼中,无辜的含义更加丰富。除了没有犯罪的情况外,它还包括没有证据证明实施犯罪的情况。对于后者,人们的处理方式往往处于不确定的状态。若证据充分则罪名成立,若证据不充分则难以认定犯罪。那么在难以认定时如何处理呢?是"疑罪从有"还是"疑罪从无"呢?我们的诉讼理论选择了后者。如果想要理解"疑罪从无",就得从刑事司法的一项重要原则说起。

无罪推定原则是一项当代法治国家普遍认可、确立的诉讼原则。其基本含义是,在刑事诉讼中,任何被怀疑有罪而受到指控的人,在未经过司法审判程序确定有罪之前,在法

---

① 米歇尔·福柯:《规训与惩罚》,刘北成、杨远婴译,生活·读书·新知三联书店2003年版,第3页。

律上应被假定为无罪。从本质上说,无罪推定是一种关于被告人法律地位的规范性推定,而不是一种事实认定。无罪推定以一种特有的方式保障了刑事司法的公正性与合理性,可以防止过早地和无根据地将一个人看作罪犯,可以确保犯罪嫌疑人、被告人在诉讼中获得公正的对待,同时有助于形成合理的证明机制来帮助司法人员作出判断。

无罪推定可以从如下几个方面加以理解:第一,犯罪嫌疑人、被告人本人没有义务证明自己无罪,更没有义务证明自己有罪。司法机关也不能使用强迫、威逼甚至肉体惩罚的方式来迫使其认罪。即使犯罪嫌疑人、被告人自愿承认有罪,也应有相关的证据加以证明,否则按照《刑事诉讼法》的规定,"只有犯罪嫌疑人、被告人的口供而无其他证据证明的,不能对其进行定罪"。第二,提供证据证明犯罪嫌疑人、被告人有罪的责任只能由控诉机关来承担。控诉机关在进行收集证据的过程中,应当遵守一定的程序规范,不得使用非法的手段获取对犯罪嫌疑人、被告人不利的证据。第三,只有法院才有权判定被告人是否有罪,同时法院也不能随意作出有罪或无罪判决,而是要根据控辩双方提出的证据所认定的事实,由法官依据一定的规则作出裁判。

与无罪推定相关联的一项重要原则是**疑罪从无**。从某种意义上讲,疑罪从无与无罪推定是一个问题的两个方面。疑罪从无强调,在追诉犯罪的过程中,如果证据难以达到一定的证明标准,法官应当作出被告人无罪的判决,而不能"疑罪从有"或者将案件搁置。《刑事诉讼法》第二百条第三项规定:"证据不足,不能认定被告人有罪的,应当作出证据不足、指控的犯罪不能成立的无罪判决。"这可以说是适用疑罪从无原则的典型。

● **程序正义与实体正义的关系**

我们认为,理解程序正义与实体正义的关系,不能简单地套用"相辅相成、辩证统一"这样的表达,而应该正视它们在司法实践中可能存在的矛盾。对此,有学者指出:当两者出现矛盾时,在一定的情况下应当采取程序优先的原则,例如非法证据的排除、程序的终局性等;但在某些情况下,又应采取实体优先的原则,例如对于冤假错案造成的错判错杀、冤枉无辜,一旦发现就应该纠错平反,并给予国家赔偿。总之,两者互相依存、互相联系,不能有先后轻重之分。

英美法系国家一般强调程序公正的优先性。例如一位美国法官曾经指出:只要程序适用公平,不偏不倚,严厉的实体法也可以忍受。而在大陆法系国家,不少学者则持两者并重的观点,例如一位德国的法学家就认为:在法治国家的刑事诉讼程序中,对司法程序之合法与否,被视为与对有罪之被告、有罪之判决及法和平之恢复,具有同等之重要性。

延伸思考:确立刑事诉讼理念的标准和体系

在不少经典教科书中,刑事诉讼的理念除了包括程序正义、实体正义外,还包括惩罚犯罪、保障人权、控审分离、控辩对抗、审判中立、诉讼效率等。请读者思考:确立刑事诉讼理念的标准是什么?哪种理念体系是合理的?

1.5　刑事诉讼结构

刑事诉讼结构，又称刑事诉讼形式或刑事诉讼构造，是指在刑事诉讼中所形成的控诉、辩护、裁判三方的法律地位和相互关系。在人类历史上，刑事诉讼大致经历了弹劾式、纠问式、职权主义、当事人主义和混合式的诉讼结构。其中，职权主义、当事人主义和混合式是近现代才发展出来的诉讼结构。

■ 弹劾式诉讼结构

弹劾式诉讼主要在奴隶制和封建制早期的国家实行。其基本特征包括以下四点：① 控诉和审判分离，实行不告不理的原则。控告由私人提起，传唤证人也由私人执行，当事人须对其主张进行举证。② 审判以言词辩论的方式进行，诉讼中注重发挥当事人双方的作用。③ 法官处于消极仲裁者的地位，只负责听取双方的主张和陈述、审查证据，进而作出裁决。④ 在事实真伪不明时，法官往往会求助于神灵，通过神明裁判来分辨是非曲直。

■ 纠问式诉讼结构

纠问式诉讼盛行于欧洲中世纪的中后期。其基本特征包括以下四点：① 控诉和审判职能不分，集于法官一身。不实行不告不理，国家官吏可以主动发现和追究犯罪。② 在诉讼中，原告人和被告人都没有诉讼主体地位，被告人通常被客体化。③ 审判一般秘密进行，不对外公开。④ 刑讯盛行，通常使用较为残酷的方式来拷讯被告人。

■ 职权主义诉讼结构

职权主义诉讼结构继承了纠问式诉讼的某些特征，主要被德国、法国等大陆法系国家所采纳。其基本特征包括以下五点：① 在侦查阶段，犯罪嫌疑人作为被侦查的对象，不享有与国家侦查机关平等的诉讼地位。② 在起诉阶段，主要实行起诉法定主义，即检察机关在证据充分时必须提起公诉。③ 在审判阶段，法官主导整个审判程序，从传唤询问证人、鉴定人，到讯问被告人，都由法官负责。在必要时，法院有权直接收集证据以查明案情。④ 坚持"立法至上"的原则，法官只负责法律的适用，而不得创造法律。⑤ 否定"遵循先例"，追求法律的确定性。

■ 当事人主义诉讼结构

当事人主义诉讼结构主要被英美法系国家所采纳。其基本特征包括以下四点：① 在侦查阶段，犯罪嫌疑人与侦查机关是平等的诉讼主体，双方都有权收集证据来支持己方的主张。犯罪嫌疑人在讯问中享有沉默权。② 在起诉阶段，实行起诉便宜主义。检察机关对于需要起诉的案件，在满足一定条件的情况下，可以作出不起诉的决定。同时，控辩双方可以进行辩诉交易,前提是被告人承认犯有某种罪行,而一旦被告人予以否认,则案件应交付审判。③ 在审判阶段,审判的过程主要由控辩双方控制,在法庭调查中实行交叉询问制度,法官则处于消极中立的地位。④ 实行陪审团制度,陪审团和法官实行分工,前者负责事实裁判,后者负责法律裁判。

■ 混合式诉讼结构

混合式诉讼结构是在对当事人主义和职权主义进行吸收和借鉴的基础上形成的,主要代表国家是日本和意大利。其基本特征包括以下三点:① 在侦查阶段,犯罪嫌疑人享有沉默权,可以委托辩护人帮助辩护,有权就非法拘禁申请法官进行审查。犯罪嫌疑人及其辩护人享有一定的侦查权。在侦查程序中,警察进行初步侦查,检察官进行补充侦查,在必要时检察官也可以进行自行侦查。② 在起诉阶段,实行起诉书一本主义,即在起诉时仅向法院提交起诉书,其内容大致包括被告人的姓名、公诉事实和罪名。被告人及其辩护人有权查阅控诉机关所掌握的证据材料。对于检察官的不起诉决定,专门的检察委员会可以自行或根据申请人的申请对其加以审查,从而防止检察官滥用职权。③ 在审判阶段,当事人双方掌控证据调查的进行。对于鉴定结论和证人的证言,控辩双方可以进行交叉询问。法院则主要负责确认或变更证据调查的范围、顺序或方法,在听取当事人双方意见后,法院可以依职权展开必要的调查。

■ 中国的刑事诉讼结构

一般认为,中国的刑事诉讼结构接近大陆法系的职权主义结构,但近年来随着司法改革的进行也吸收了英美法系的当事人主义结构的一些要素。

我们认为,要深刻认识中国刑事诉讼的结构,可以通过对不同诉讼阶段的结构进行分析来实现。

首先是侦查阶段的结构。在中国,侦查程序结构具有较为明显的纠问式诉讼结构的特点。侦查机关在实施各种专门调查工作和采取强制措施时,除逮捕需要由检察机关批准外,基本上都可以自行作出决定。犯罪嫌疑人不享有沉默权,法律规定其应如实作出供述。

其次是起诉阶段的结构。这一阶段一般只有两方主体,即检察机关和被告人。其中,检察机关既是控诉方也是裁判方,因而实际上行使了控诉与裁判的双重职能。

最后是审判阶段的结构。《刑事诉讼法》经过修改后,吸收了当事人主义的长处,采取控辩对抗、审判居中的庭审方式。这一阶段的诉讼结构包括控诉、辩护和审判三方主体。在运作方式上,弱化了法官的庭前审查,强化了控辩双方在庭审中的对抗。法官主要负责主持庭审,只在必要的情况下才依职权讯问被告人、询问证人。

1.6 刑事诉讼职能

刑事诉讼职能是指根据法律的规定,国家专门机关和诉讼参与人在刑事诉讼中所承担的职责和所发挥的特定作用。

在刑事诉讼活动中,各个诉讼法律关系的主体都有其特定的诉讼目的。为了实现这些目的,他们担当不同的诉讼角色,通过其具体的行为来发挥不同的功能和作用。一方面,他们通过参与诉讼活动而形成相互间的较为复杂的诉讼法律关系;另一方面,不同的主体发挥的功能和作用的不同,在本质上是因为其所承担的职能不同。诉讼职能决定了其行为的性质、目标和方向。

目前的通说认为,刑事诉讼职能采用"三职能说",即控诉职能、辩护职能和裁判职能。这三项职能构成刑事诉讼程序中最重要的内容,彼此之间相互联系、相互制约。

■ 控诉职能

控诉职能是指特定主体向人民法院提起诉讼并出庭支持公诉,要求追究被告人因其犯罪行为所应承担的刑事责任的职责与功能。

在我国,行使控诉职能的主体是人民检察院和自诉人。也就是说,我国实行的是混合式诉讼结构。其中,人民检察院是主要的追诉主体,自诉则处于辅助地位。

■ 辩护职能

辩护职能是指针对控诉方的指控进行反驳和申辩的职责和功能。辩护职能是与控诉职能相对应的一项职能。

在刑事诉讼中,犯罪嫌疑人、被告人是公诉机关和自诉人所指控的对象,因而他们是辩护职能的主体,并且在整个刑事诉讼的过程中都有权行使辩护权以维护自身的合法权利。

■ 裁判职能

裁判职能是指人民法院对刑事案件进行审理并作出裁判所遵循的方式和所发挥的作用。

在我国,典型意义上的诉讼体现在审判阶段。这是因为在审判阶段,控辩双方同时参加并进行相互间的对抗,法庭则居中进行裁判,控诉、辩护、裁判三方共同参加并完成审判活动。通过审判活动,控诉与辩护之间进行对抗的效果得以体现,国家法律所规定的诉讼目的也得到实现,因而审判是整个诉讼活动的总结。审判职能的有效行使,对于完成刑事诉讼的任务、维护社会秩序与安全、解决控辩双方的冲突,都具有重要的意义。

★-----

延伸阅读:

除了通说所主张的"三职能说",学界还存在"四职能说""五职能说"以及"七职能说"。

"四职能说"主张在原有的三项职能的基础上增加检察机关的法律监督职能。这一学说主要是考虑到"三职能说"固然能反映传统刑事诉讼程序的特征,却忽略了我国检察机关除了具有控诉职能外,还有权对公安机关、法院的诉讼活动是否合法进行法律监督,并因此而实施一些特定的诉讼行为。检察机关的法律监督在我国的刑事诉讼中占有重要的地位。因此,"四职能说"主张将法律监督作为一项我国特有的诉讼职能。

"五职能说"认为,除了控诉、辩护、审判和法律监督四大职能以外,刑事诉讼还具有协助司法职能。在刑事诉讼中,诸如证人、鉴定人员、翻译人员等其他诉讼参与人,尽管其自身与诉讼结果并无利害关系,但是他们可以协助司法机关和当事人发现案件事实真相,确保诉讼的顺利进行。因此,其所承担的职能也是不可忽略的。

"七职能说"则认为,刑事诉讼的顺利进行离不开每个诉讼参与人的分工合作,不同主体在整个诉讼过程中扮演着不同的角色、承担着不同的职能。整个诉讼依立案、侦查、起诉、审判、执行的流程展开,各个流程中诉讼职能得以划分,这些职能的行使构成了完整的刑事诉讼。因此,刑事诉讼的职能包括侦查职能、控诉职能、辩护职能、审判职能、执行职能、协助职能和法律监督职能。

总　结

在人类历史上,纠纷解决的方式多样,主要包括私力救济、社会救济和公力救济。这三种方式长期处于并存的状态。

作为一种公力救济,刑事诉讼是指裁判机构在追诉机构(自诉人)与被指控者所展开的追诉和防御活动中进行审查,依照法律规定的程序,通过理性的争辩与说服,从而解决刑事纠纷的活动。其所要解决的中心问题,是犯罪嫌疑人、被告人的刑事责任问题。刑事诉讼法则是对刑事诉讼活动的一种规范。

刑事诉讼目的应当是各刑事诉讼主体所共同追求的目的。我们不能将刑事诉讼目的与刑事诉讼主体目的相混同。

在刑事诉讼中,人们至少应确立两大理念,即程序正义与实体正义。当代刑事诉讼最基础的原则是无罪推定原则,是指在刑事诉讼中,任何被怀疑有罪受到指控的人,在经过司法审判程序确定有罪之前,在法律上应被假定为无罪。

人类历史上形成的刑事诉讼结构主要包括弹劾式、纠问式、职权主义、当事人主义和混合式结构。

刑事诉讼的基本职能包括控诉职能、辩护职能和裁判职能。

思　考　题

1. 在西方的刑事司法中,程序公正往往倍受重视。请在查阅有关资料的基础上,试着分析其受重视的深层原因以及其可能存在的缺点,同时思考在我国确立程序公正理念的价值。

2. 有研究者指出,我国法律在侦查阶段、起诉阶段、审判阶段适用疑罪从无原则时,存在不彻底性、有倾向的选择性和被动性。请结合对有关立法的分析和司法实践的考察回答以下问题:是否存在上述情况?如果存在的话,其原因是什么?

3. 请在查阅有关资料的基础上,试着梳理无罪推定原则在我国适用的情况,同时思考在我国确立无罪推定原则可能会遭遇哪些障碍。

4. 如何评价中国现行的刑事诉讼结构,它是否需要进一步完善,为什么?

第 2 章 刑事诉讼主体

> **引言**
>
> 划分刑事诉讼主体的依据是什么？刑事诉讼主体具体包括哪些机关或个人？各刑事诉讼主体的权利（权力）、义务、职责分别是什么？本章主要围绕这些问题加以展开。

2.1 刑事诉讼主体的范围

所谓刑事诉讼主体，是指以一定方式参与刑事诉讼，对诉讼程序的启动、发展和终结具有重要影响的机关或个人。在刑事诉讼中，科学、合理地界定刑事诉讼主体的范围，有助于我们明确其各自的权利（权力）、义务和责任，进而推进刑事诉讼的有效运行。

■ 界定刑事诉讼主体的理论依据

我们认为，确定刑事诉讼主体范围的理论依据有如下两条。

"诉讼性"是确定刑事诉讼主体范围的法理依据

在完整的刑事诉讼程序中，控诉、辩护、裁判这三方主体必须同时存在，否则诉讼将无法正常展开。不妨假设一下，在一个没有中立裁判者的程序中，只有控诉方与被控诉方之间的对抗，双方地位、力量相差甚远，对抗的结果是控诉方对被控诉方作出处置，显然这不是一种诉讼程序而是一种行政程序。同样，在一个没有控诉方的程序中，裁判者为了使程序得以运行下去就不得不身兼控诉者与裁判者双重身份，前者负责与被控诉者进行对抗，将需要裁判的问题提交出来，后者则负责作出裁判，这也不是典型的诉讼程序。

由上可知，典型的诉讼程序必须由控诉、辩护、裁判三方同时参加，并且三方都应当发挥特定的作用。既然控诉、辩护、裁判三方是刑诉结构中不可或缺的组成人员，那么这三方都应被视为刑事诉讼主体。这就是说，作为控诉方和裁判方的国家专门机关以及作为辩护方的被告人，都是刑事诉讼主体。

- **"主体性"是确定刑事诉讼主体范围的哲学依据**

从哲学意义上讲,主体是相对于客体而言的。确定刑事诉讼主体在一定程度上也是为了将其与刑事诉讼客体区分开来。回顾刑事诉讼的历史,从个人的角度来看,我们可以发现被告人经历了由诉讼客体向诉讼主体的发展和演变的过程,换句话说就是被告人在诉讼中的"主体性"逐步得到确立。

那么准确理解"主体性"的含义将有助于我们更加深刻地认识上述问题。我国学者指出,关于衡量是否具有"主体性"的标准,应当看他们(犯罪嫌疑人与被告人)在诉讼中有无基本的人格尊严,能否在涉及个人基本权益的事项上拥有影响和选择权,能否积极主动地决定自己的诉讼命运。可见,诉讼主体的人格必须得到尊重,这种尊重则体现在他能够自主地参与和决定与自身权益有关的事项,而不需要依附他人来决定自己的命运。

刑事诉讼主体的具体范围

基于上述理论依据,我们认为我国刑事诉讼主体范围的确定应考虑两个方面的问题:一是刑事诉讼主体应体现刑事诉讼基本结构的要求,符合"诉讼性"的基本诉讼理念。二是刑事诉讼主体应具备独立自主的意志,有权自主地参与并决定与自身权益有关的事项,并且不能依附于其他主体。

因此,我们认为我国的刑事诉讼主体应包括人民法院、人民检察院、侦查机关、犯罪嫌疑人、被告人、自诉人。

值得指出的是,之所以未将被害人列入刑事诉讼主体,是因为尽管被害人在刑事诉讼中属于控诉一方并且往往同公诉机关一起执行控诉职能,但是在公诉案件中被害人只能依附于公诉机关,如何追诉犯罪的决定权则主要掌握在公诉机关手中,被害人的主体性被大大削弱。但这并不意味着被害人绝对不可能成为诉讼主体,在自诉案件中被害人就可以以自诉人的身份提起诉讼并成为刑事诉讼主体。因此,我们认为无须将之单列为刑事诉讼主体。况且,不将被害人作为刑事诉讼主体也不意味着其合法权益得不到有效的保护。

另外,在刑事司法中可能参与诉讼的人员还包括证人、鉴定人、翻译人员、辩护人、法定代理人、诉讼代理人等。

同法定代理人、诉讼代理人相比,证人、鉴定人、翻译人员无法凭自己的意志参与诉讼并且与诉讼结果无直接利害关系,法定代理人、诉讼代理人的诉讼地位的取得则是以被代理人的存在为前提的,故而他们都不能成为刑事诉讼主体。

至于辩护人,其诉讼地位则较为特别。根据《刑事诉讼法》的规定,辩护人享有广泛的诉讼权利,可以独立地展开辩护工作。但从根本上说,辩护人在诉讼中并不享有自身的利益,其辩护工作仍然是为了维护被告人的合法权益,因而我们认为辩护人也不宜作为刑事诉讼主体。

2.2 人民法院

在我国,人民法院既是刑事诉讼中的专门机关,也是重要的刑事诉讼主体。它主要承担裁判的职能,负责审理各类案件并作出权威裁判。

人民法院的性质、任务和职权

根据《宪法》第一百二十八条和《人民法院组织法》第二条的规定:"(中华人民共和国)人民法院是国家的审判机关。"人民法院的基本任务是审判刑事案件、民事案件和行政案件,解决各类纠纷,维护社会秩序,保障公民权利。

《刑事诉讼法》第三条规定:"审判由人民法院负责。"第十二条规定:"未经人民法院依法判决,对任何人都不得确定有罪。"可见,人民法院是唯一有权审理和判决刑事案件的诉讼主体,只有经过人民法院审判,才能确定被告人是否有罪、所犯何罪、是否应判处刑罚及判处何种刑罚。

《刑事诉讼法》第五条规定:"人民法院依照法律规定独立行使审判权,人民检察院依照法律规定独立行使检察权,不受行政机关、社会团体和个人的干涉。"

人民法院的职权主要包括如下内容:各类案件的审判权;对犯罪嫌疑人决定采取逮捕、拘传、取保候审、监视居住;在必要时候可以进行勘验、检查、扣押、鉴定和查询、冻结;收缴和处理赃款、赃物及其孳息;行使某些判决和裁定的执行权;向有关单位提出司法建议。

我国法院的体系

根据《人民法院组织法》的规定,我国的法院体系包括最高人民法院、地方各级人民法院和专门人民法院(如军事法院等)。其中,地方各级人民法院包括高级人民法院、中级人民法院和基层人民法院。

● 最高人民法院

最高人民法院是我国最高审判机关,管辖法律规定由它管辖的第一审案件和它认为应由自己管辖的第一审案件,管辖对高级人民法院、专门人民法院判决和裁定的上诉和抗诉案件,对最高人民检察院按照审判监督程序提起再审的案件进行审判,对在审判过程中如何具体适用法律的问题进行解释。

● 高级人民法院

省、自治区、直辖市设高级人民法院。高级人民法院审判下列案件:① 法律规定由其管辖的第一审案件;② 下级人民法院移送审判的第一审案件;③ 对下级人民法院判决和裁定的上诉案件和抗诉案件;④ 人民检察院按照审判监督程序提出的抗诉案件。

● 中级人民法院

省和自治区的各地区、省和自治区所辖市、自治州(盟)以及直辖市设中级人民法院。中级人民法院审判法律规定由其管辖的第一审案件、基层人民法院移送审判的第一审案件、基层人民法院判决和裁定的上诉案件和抗诉案件,以及人民检察院按照审判监督程序提出的抗诉案件。

中级人民法院对它所受理的案件,认为案情重大应当由上级人民法院审判时,可以请求移送上级人民法院审判。

- 基层人民法院

市辖区、县、自治县、县级市、旗设基层人民法院。基层人民法院受理除上级人民法院管辖的第一审案件外的所有第一审案件。

同时,基层人民法院根据地区、人口和案件情况可以设立若干人民法庭,行使部分审判权。人民法庭是基层人民法院的组成部分,它的判决和裁定就是基层人民法院的判决和裁定。

- 专门人民法院

我国目前建立的专门人民法院有军事法院、海事法院、知识产权法院、金融法院、互联网法院、森林法院等。

上下级人民法院之间的关系

人民法院上下级之间是监督与被监督的关系。根据《宪法》《人民法院组织法》《刑事诉讼法》的有关规定,上级人民法院监督下级人民法院的审判工作,最高人民法院监督地方各级人民法院和专门人民法院的审判工作。人民法院的监督不是通过对具体案件的指导实现的,各级人民法院依照职权独立地进行审判,上级人民法院不应对下级人民法院正在审理的案件作出决定,指令下级人民法院执行。下级人民法院也不应将案件在判决之前报送上级人民法院,请求审查批示。上级人民法院应当通过二审程序、审判监督程序、死刑复核程序维持下级人民法院正确的判决和裁定,纠正错误的判决和裁定来实现监督。

然而,在司法实践中,人民法院审理刑事案件也遭遇了一些障碍。例如,法院审理案件时"内部请示"的存在、部分案件审理过程中存在的不当干预现象的发生,使得法院独立审判制度形同虚设,司法行政化颇为严重。

实践关注:人民法院的"去行政化"和"去地方化"[①]

(一)

十八届三中全会审议通过的《中共中央关于全面深化改革若干重大问题的决定》指出,建设法治中国必须深化司法体制改革,加快建设公正、高效、权威的社会主义司法制度,维护人民权益,要维护宪法、法律权威,深化行政执法体制改革,确保依法独立、公正行使审判权、检察权,健全司法权力运行机制,完善人权司法保障制度。本次司法体制改革的重点在于"去行政化"和"去地方化",以期解决长期存在的司法不公、司法腐败、司法效率低下等问题。

2013年10月,最高人民法院下发通知,要求上海、江苏、浙江、广东、陕西等省市部分法院进行深化司法公开和审判权运行机制改革的试点工作。深化司法公开的试点方案要求,试点法院通过打造与社会公众相互沟通、彼此互动的信息化平台,全面实现审判流程、

[①] 张先明:《最高人民法院下发试点方案要求深化司法公开和审判权运行机制改革》,载《人民法院报》2013年10月26日。

裁判文书、执行信息的公开透明,为社会公众和当事人及时、全面、便捷地了解司法、参与司法、监督司法提供服务与保障,使司法公开三大平台成为展现现代法治文明的重要窗口、保障当事人诉讼权利的重要手段、履行人民法院社会责任的重要途径。

《关于审判权运行机制改革试点方案》要求,试点法院严格落实相关诉讼法的规定,建立符合司法规律的审判权运行机制,消除审判权运行机制的行政化问题;科学设置审判组织,合理界定各类审判组织的职权范围,理顺各类审判组织之间的关系,调动法官积极性;优化配置法院内部各主体的审判职责与管理职责,依法强化各种职能之间的制约监督,确保独任法官、合议庭及其成员依法公正、独立行使审判职权;严格落实独任法官、合议庭、审判委员会的办案责任,做到"权责统一";完善审判委员会的议事规则,改进工作运行机制,规范案件讨论范围。

(二)

2014年6月,中央司法体制改革领导小组办公室负责人表示,中国将就司法体制改革在东中西部分别选择上海、广东、吉林、湖北、海南、青海6个省市先行试点,为全面推进司法改革积累经验。此次改革内容主要包括:完善司法人员分类管理,完善司法责任制,健全司法人员职业保障,推动省以下地方法院检察院人财物统一管理等。

本次改革主要围绕如下问题展开:对法官、检察官实行有别于普通公务员的管理制度;建立法官、检察官员额制;完善法官、检察官选任条件和程序,坚持党管干部原则,尊重司法规律,确保队伍政治素质和专业能力;完善办案责任制,加大司法公开力度,强化监督制约机制;健全与法官、检察官司法责任相适应的职业保障制度;推动省以下地方法院、检察院人财物统一管理,完善人民警察警官、警员、警务技术人员分类管理制度。

2.3 人民检察院

根据《宪法》第一百三十六条和第一百三十七条、《人民检察院组织法》第二条的规定,人民检察院是国家的法律监督机关,是代表国家行使检察权的专门机关。

根据《刑事诉讼法》第三条和第八条的规定,人民检察院在刑事诉讼中的职权主要包括检察机关直接受理的案件的侦查权、批准逮捕权、提起公诉权,以及对刑事诉讼的法律监督权。

■ 人民检察院的体系

根据《宪法》和《人民检察院组织法》的规定,人民检察院的组织设置如下。

● 最高人民检察院

最高人民检察院是全国检察院的领导机关。其主要职责包括如下内容:领导地方各级人民检察院和专门人民检察院的工作;对全国的重大刑事案件行使检察权;对各级人民检察院已经发生效力的判决和裁定,如果发现确有错误,按照审判监督程序提出抗诉;依法对监狱、看守所的活动进行监督;依法对刑事诉讼、民事诉讼和行政诉讼实行法律监督;对检察过程中具体应用法律、法规的问题进行解释;制定检察工作条例、细则和办法;规定各级人民检察院的人员编制。

● **地方各级人民检察院**

地方各级人民检察院分为三类:① 省、自治区、直辖市人民检察院;② 省、自治区、直辖市人民检察院分院,自治州和省辖市人民检察院;③ 县、市、自治县和市辖区人民检察院。地方各级人民检察院的主要职责包括如下内容:对本辖区内的重大刑事案件行使检察权;对需要提起公诉的案件进行审查,决定是否提起公诉;依法对刑事诉讼进行法律监督。

● **专门人民检察院**

专门人民检察院是在最高人民检察院领导下,在特定的行业部门和组织系统内设立的检察机关。我国的专门人民检察院包括中国人民解放军军事检察院和铁路运输检察院。军事检察院是设立在中国人民解放军中的专门法律监督机关,对现役军人实施的违反职责罪和其他刑事案件依法行使检察权。军事检察院分为三级:中国人民解放军军事检察院、大军区级军事检察院和基层军事检察院。铁路检察院包括铁路运输检察院分院和基层铁路运输检察院。

人民检察院的领导体制

我国检察机关实行双重领导体制:一方面,各级人民检察院由同级人民代表大会产生,对它负责,受它监督;另一方面,最高人民检察院领导地方各级人民检察院和专门人民检察院的工作,上级人民检察院领导下级人民检察院的工作,并可以直接参与指挥下级检察院的办案活动。

在刑事诉讼中,这种领导与被领导的关系表现为如下形式:上级人民检察院可以直接参加并领导下级人民检察院对自侦案件的侦查工作;上级人民检察院可以对下级人民检察院的审查批准逮捕和审查起诉活动进行指导和作出指示;对上级检察机关的指令或决定,下级检察机关应当执行;上级检察机关可以决定撤销下级检察机关不正确的不起诉决定,可以向同级人民法院撤回下级人民检察院对同级人民法院提起的不正确的抗诉;最高人民检察院通过对检察工作具体应用法律问题的解释指导各级人民检察院的工作。

实践关注:检察官办案责任制改革

最高人民检察院于2013年12月印发了《检察官办案责任制改革试点方案》。根据该方案,最高人民检察院将在全国7个省份17个检察院试点开展检察官办案责任制改革。检察业务部门将设若干主任检察官,主任检察官为办案组织的负责人,对案件办理负主要责任。除法律规定必须由检察长或检委会行使的职权外,其他案件处理决定可以由主任检察官负责的办案组织独立作出。属于主任检察官有权决定的事项,主任检察官对其决定负责。

请读者查阅有关资料,试着了解这一改革的背景,并分析确保主任检察官独立性的价值、意义。

2.4 侦查机关

在我国,享有侦查权的诉讼主体主要包括公安机关、国家安全机关、军队保卫部门、监狱管理部门、食品药品犯罪侦查部门、中国海警局以及人民检察院的自侦部门。

■ 公安机关

我国公安机关是各级行政机关即各级人民政府的组成部分,是国家的治安保卫机关。从性质上来看,公安机关属同级人民政府的一个职能部门,在性质上属行政机关。

在刑事诉讼中,公安机关的主要任务是负责刑事案件的侦查和部分刑罚的执行。公安机关的职权包括如下方面:有权进行勘验、检查、搜查、扣押、鉴定、通缉、讯问犯罪嫌疑人、询问证人和被害人等活动;有权采取拘传、取保候审、监视居住、拘留等强制措施;有权提请检察机关批准逮捕,对人民检察院不批准逮捕的决定有权要求复议和提请复核;逮捕犯罪嫌疑人一律由公安机关执行,并负责对在押犯罪嫌疑人看管;对侦查终结的案件,有权提出起诉意见。此外,对于判处剥夺政治权利、拘役等刑罚,公安机关有执行、监督和考察的权能。

公安机关均设置在各级人民政府之中。中央人民政府即中华人民共和国国务院设有公安部,是全国公安机关的领导机关;省、自治区、直辖市的人民政府设有公安厅(局);地区行政公署和自治州、省或者自治区辖市、盟的人民政府设有公安处(局);县、自治县、县级市、旗的人民政府设有公安局,直辖市和其他设区的市的市辖区人民政府设有公安分局。铁路、民航、水运等系统的公安部门,是公安部门的组成部分。公安派出所是基层公安机关的派出机构,履行基层公安机关的部分职责。

我国公安机关实行统一领导,分级管理,条块结合、以块为主的领导体制。

● **统一领导**

全国公安机关必须接受党和政府的领导,在党委和政府的领导下履行职责。公安部在党中央和国务院的领导下开展工作,地方公安机关必须接受公安部的统一领导。

● **分级管理**

公安部和地方公安机关分别接受中央和地方人民政府以及同级党委的领导,专门公安机关分别接受本部门的行政领导和公安部的业务领导。

● **条块结合、以块为主**

"条"是指全国公安系统内部从上至下的领导关系,"块"是指县级以上各级党委、政府对同级公安机关的领导关系。这种双重领导体制,以同级党委和政府对公安机关的领导为主。

■ 国家安全机关

国家安全机关是国家的安全保卫部门，是各级人民政府的组成部分。为了适应改革开放形势下对敌斗争的需要，加强同危害国家安全的犯罪做斗争，有效地保卫国家安全，1983年6月，第六届全国人大第一次会议决定设立国家安全机关。根据《关于国家安全机关行使公安机关的侦查、拘留、预审和执行逮捕的职权的决定》的规定，国家安全机关承担原由公安部门主管的间谍、特务案件的侦查工作。《刑事诉讼法》第四条规定："国家安全机关依照法律规定，办理危害国家安全的刑事案件，行使与公安机关相同的职权。"

■ 军队保卫部门

军队保卫部门是中国人民解放军的政治安全保卫机关，负责侦查军队内部发生的刑事案件。1993年12月29日，第八届全国人大常委会第五次会议通过的《关于中国人民解放军保卫部门对军队内部发生的刑事案件行使公安机关的侦查、拘留、预审和执行逮捕的职权的决定》规定，中国人民解放军保卫部门承担军队内部发生的刑事案件的侦查工作，同公安机关对刑事案件的侦查工作性质相同。军队保卫部门对军队内部发生的刑事案件，可以行使宪法和法律规定的公安部门的侦查、拘留、预审和执行逮捕的职权。

■ 监狱管理部门

1994年12月29日颁布实施的《中华人民共和国监狱法》（以下简称《监狱法》）第六十条规定，对罪犯在监狱内犯罪的案件，由监狱进行侦查。在侦查过程中，监狱享有同公安机关侦查案件相同的职权，如讯问犯罪嫌疑人、询问证人、勘验、检查、搜查、扣押、鉴定等。侦查终结后，监狱认为应当追究犯罪嫌疑人刑事责任的，将起诉意见书、案件材料和证据等一并移送人民检察院审查起诉。此外，根据《刑事诉讼法》和《监狱法》的有关规定，监狱在刑事诉讼过程中还享有一些其他职权，如在罪犯服刑期间，发现在判决时所没有发现的罪行，有权移送人民检察院处理；对罪犯应予监外执行的，有权提出书面意见，报省、自治区、直辖市监狱管理机关批准；被判处死刑缓期的罪犯，在执行期间，如果没有故意犯罪，死刑缓期执行期满后，所在监狱有权提出减刑建议，报省、自治区、直辖市监狱管理机关审核后，报请相应的高级人民法院裁定；对罪犯在执行期间具备法定的减刑、假释条件的，有权提出减刑或假释建议，报人民法院审核裁定；在刑罚执行过程中，如果认为判决确有错误或罪犯提出申诉的，有权转交人民检察院或人民法院处理。

■ 食品药品犯罪侦查部门

近年来，我国食品、药品安全面临着严峻的考验。为了加强对食品药品犯罪的治理，2011年5月，辽宁省公安厅设立了食品药品犯罪侦查总队，这是全国省级公安机关当中成立的首个专门打击食品药品领域犯罪的专门机构。其主要职责包括四个方面：第一，依法履行组织、协调和指挥食品药品等领域犯罪案件的侦办；第二，承办中央、省和公安部交办的大案、要案的查处；第三，组织指挥跨区域案件和集中专项整治行动；第四，配合和协调工商、卫生、药监和质监等行政管理和行政执法部门开展行政监管以及联合执法等多项职能。随后，全国有不少城市，如北京、上海、沈阳、辽阳、鞍山、丹东、广州、武汉、成都等，纷纷组建成立食品药品犯罪侦查支（大）队。这表明，打击食品药品违法犯罪已经引起我们的足够重视，并且正在朝着专业化、常态化的方向发展。

■ 中国海警局

中国海警局履行海上维权执法职责，对海上发生的刑事案件行使侦查权。2013年7月22日，中国海洋局正式成立。根据2018年6月22日第十三届全国人民代表大会常务委员会第三次会议通过的《全国人民代表大会常务委员会关于中国海警局行使海上维权执法职权的决定》，为了贯彻落实党的十九大和十九届三中全会精神，按照党中央批准的《深化党和国家机构改革方案》和《武警部队改革实施方案》决策部署，海警队伍整体划归中国人民武装警察部队领导指挥，调整组建中国人民武装警察部队海警总队，称中国海警局。中国海警局统一履行海上维权执法职责，包括执行打击海上违法犯罪活动、维护海上治安和安全保卫、海洋资源开发利用、海洋生态环境保护、海洋渔业管理、海上缉私等方面的执法任务，以及协调指导地方海上执法工作。

2.5 犯罪嫌疑人、被告人

犯罪嫌疑人和被告人，是对涉嫌犯罪而受到刑事追诉的人的两种称谓。公诉案件中，受刑事追诉者在检察机关向法院提起公诉以前，称为"犯罪嫌疑人"；在检察机关正式向法院提起公诉以后，则称为"被告人"。整个刑事司法就是围绕着犯罪嫌疑人、被告人刑事责任的认定而展开的。而为了确保刑事司法的有效运行，在必要的时候需要对犯罪嫌疑人、被告人采取一定的限制自由的措施。

为了防止犯罪嫌疑人、被告人受到不公正的对待，各国纷纷通过立法赋予其一系列的诉讼权利甚至某些"特权"，最为典型的莫过于沉默权。而对于追诉机关，各国则设置了一系列的规则来制约其权力的运作，例如《非法证据排除法则》的确立。可以说，经过长时间的发展，各国刑事司法中犯罪嫌疑人和被告人的权利保障已经颇为成熟和完善。

■ 犯罪嫌疑人、被告人的诉讼地位

在我国，作为诉讼主体，犯罪嫌疑人、被告人在诉讼中处于非常重要且特别的诉讼地位，具体表现为如下三个方面。

- **犯罪嫌疑人、被告人是享有一系列诉讼权利的当事人**

在受追诉的同时，犯罪嫌疑人、被告人可以积极地展开防御活动。在此过程中，他们还可以聘请律师帮助其进行辩护。

- **犯罪嫌疑人、被告人与诉讼结果有着直接利害关系**

一旦指控罪名成立，由法院对被追诉者进行定罪、量刑，这意味着其财产、自由甚至生

命可能会遭到剥夺。

- **犯罪嫌疑人、被告人还可以成为重要的证据来源**

犯罪嫌疑人、被告人的供述和辩解是法定的重要证据,但法律严禁以刑讯逼供、威胁、引诱、欺骗等非法方法来收集证据。《刑事诉讼法》第五十二条明确规定:"严禁刑讯逼供和以威胁、引诱、欺骗以及其他非法方法收集证据,不得强迫任何人证实自己有罪。"

延伸思考:禁止强迫自证其罪原则

在域外众多法治国家的宪法中,禁止强迫自证其罪均被确立为一项重要的公民权利,成为公民自由、财产、生命等权利免受任意剥夺的重要保障。禁止强迫自证其罪的基本含义是指,任何可能提供言词证据的人,包括犯罪嫌疑人、被告人和证人,都不得被强迫作出不利于己的有罪供述。这一原则的确立,旨在尊重和保障公民(特别是涉嫌犯罪之人)的人格尊严和主体地位,使得诉讼中控辩双方能够公平参与、平等对抗。为此,各国法律都规定了相应的制度保障,例如权利告知制度、沉默权制度、律师帮助权、非法证据排除规则等。

请思考:有人指出,《刑事诉讼法》第五十二条所确立的诉讼原则与禁止强迫自证其罪原则实际上并不相同,理由是前者强调的是不得强迫任何人"证实自己有罪",后者是不得强迫任何人"自证其罪"。那么,这究竟是一种文字上的表达差异,还是包含了某种学理差异呢?

犯罪嫌疑人、被告人的诉讼权利

在刑事诉讼中,犯罪嫌疑人、被告人在刑事诉讼中的主要诉讼权利如下。

- **知情权**

犯罪嫌疑人、被告人有权知悉自己被指控的罪名和理由;知悉自己所享有的各项诉讼权利;在开庭前10日收到起诉书的副本等。

- **辩护权**

犯罪嫌疑人、被告人有权针对指控的内容为自己辩护;在被侦查机关第一次讯问或者采取强制措施之日起,有权委托辩护人帮助自己进行辩护;有权拒绝辩护人继续辩护,也有权另行委托辩护人。

- **笔录核对权**

犯罪嫌疑人、被告人有权核对讯问笔录,认为记载有遗漏或差错时,有权要求补充和修改。

- **不被强迫证实自己有罪权**

犯罪嫌疑人、被告人对公安司法人员提出的与本案无关的问题有权拒绝回答,不被强迫证实自己有罪。

- **申请解除强制措施权**

对办案机关所采取的强制措施超过法定期限的,犯罪嫌疑人、被告人有权要求解除强制措施。

- **申请法律援助权**

遇到法定情形,犯罪嫌疑人、被告人有权获得刑事法律援助,接受指定辩护。

- **回避申请权**

犯罪嫌疑人、被告人有权申请侦查人员、检察人员、审判人员、书记员、鉴定人、翻译人员回避;对驳回回避申请的决定,有权申请复议。

- **控告权**

犯罪嫌疑人、被告人对审判人员、检察人员和侦查人员侵犯公民诉讼权利和人身侮辱的行为,有权提出控告。

- **申诉权**

对于人民检察院依照《刑事诉讼法》第一百七十七条第二款的规定作出的不起诉决定,犯罪嫌疑人、被告人有权向人民检察院申诉。对于各级人民法院已经生效的裁判,有权向人民法院、人民检察院申诉。

- **参加庭审权和最后陈述权**

犯罪嫌疑人、被告人有权参加法庭调查和法庭辩论;有权申请新的证人到庭,调取新的物证,申请重新鉴定和勘验;有权在法庭辩论结束后作最后陈述。

- **反诉权**

在自诉案件中,犯罪嫌疑人、被告人有权提起反诉。

- **上诉权**

犯罪嫌疑人、被告人有权对未生效的判决、裁定提起上诉。且法律规定了上诉不加刑原则以保障其上诉权的有效行使。

- **使用本民族语言文字参加诉讼权**

犯罪嫌疑人、被告人有权使用本民族语言文字进行刑事诉讼。

除了上述诉讼权利外,犯罪嫌疑人、被告人还享有一系列的程序保障权:未经人民法院依法判决,不得被确定有罪;获得人民法院独立、公开、公正的审判;不受办案人员以刑讯逼供等非法方法进行的讯问;不受侦查人员实施的非法强制措施;不受侦查人员的非法搜查、扣押等侦查行为等。

实践关注:犯罪嫌疑人、被告人诉讼权利立法与现实的悖反

近年来,尽管我国的犯罪嫌疑人、被告人的诉讼权利得到了不断的发展和完善,但其诉讼权利立法与现实的悖反现象值得我们认真关注。一方面,立法赋予犯罪嫌疑人、被告人各种诉讼权利;另一方面,在实践中这些权利的行使却遭遇各种障碍。

以辩护权为例,犯罪嫌疑人有权聘请律师担任其辩护人,由此会引申出律师的会见权、通信权、阅卷权等权利。如果辩护律师不能有效地与犯罪嫌疑人进行会见、通信,不能阅卷了解详细案情,那么刑事辩护的效果就可想而知了。以往的司法实践中存在的阻碍律师会见、通信以及阅卷的做法,导致刑事辩护难以有效展开,从而造成辩护权形同虚设。

针对这一现状,《刑事诉讼法》对律师会见权做了完善:"辩护律师持律师执业证书、律师事务所证明和委托书或者法律援助公函要求会见在押的犯罪嫌疑人、被告人的,看守所应当及时安排会见,至迟不得超过四十八小时。……辩护律师会见犯罪嫌疑人、被告人时不被监听。"可以说,这在一定程度上保障了会见权的行使,进而有利于刑事辩护的展开。但这并不意味着立法与现实的悖反现象就完全消失了,还有很多地方值得改进。

同时,一个值得反思的问题是,在犯罪嫌疑人、被告人的诉讼权利面对公权力时,对于公权力滥用的现象目前还没有很好的救济途径。这也是未来的刑事诉讼需要认真面对的问题。

犯罪嫌疑人、被告人权利保护的不足与当事人权利保护的均衡问题

通过与域外法治国家刑事被告人的诉讼权利进行比较,我们可以发现《刑事诉讼法》所赋予犯罪嫌疑人、被告人的诉讼权利已经颇为完善,但也有一些权利处于空缺状态,例如沉默权、禁止双重危险原则。需要指出的是,在讨论这一问题时先要摆脱一些观念上的误区或偏见,比如显然不能认为因为其他国家(比如美国)的被告人有某项诉讼权利,因此我们也应该有,或者我们一定要反对之。我们认为,一项诉讼权利的确立首先应考虑诉讼的基本法理和人权保障的需要,而不应过多地受到诸如意识形态、经济状况等因素的影响。

同时,刑事司法中当事人权利保护的均衡问题也需要我们认真对待。尽管刑事司法以解决犯罪嫌疑人、被告人的刑事责任问题为中心,且犯罪嫌疑人、被告人的权利保障也在不断加强,但刑事司法中的参与人显然不止犯罪嫌疑人和被告人,还包括被害人、证人、辩护人、法定代理人、诉讼代理人在内的诉讼参与人的权利也需要保障。即便不可能对上述人员的权利给予同等关注、同等保障,但一旦其参与到某个案件中来,其基本权利也应该获得有效的保护。在对诉讼参与人的权利保护中,我们应当适当考虑其均衡性,而不应顾此失彼。

延伸思考:有关沉默权的困惑

在我国,很多人对于沉默权的了解可能来自欧美地区或我国港台地区的影视剧。我们经常可以看到这样的剧情,即警察对嫌犯会说这样一段话:"你有权保持沉默,你所说的每句话都将可能成为呈堂证供……"这段话就是著名的"米兰达警告",而犯罪嫌疑人基于此所享有的权利就被称为"沉默权"。然而,对于沉默权的完整内涵是什么、其法理依据是什么、其是否存在例外等问题,可能很多人并不清楚,以至于经常会出现对沉默权的误解。

请读者查阅有关资料,试着弄清楚上述问题,并尝试分析沉默权与遏制刑讯逼供的关系。

2.6 自诉人

自诉人,是指自诉案件中以自己的名义直接向人民法院提起诉讼控告被告人侵犯自己的权益并构成犯罪,要求人民法院依法追究被告人刑事责任的人。在我国刑事诉讼中,能够成为自诉人的,是被害人或其法定代理人、近亲属。自诉人在刑事诉讼中居于原告地位,承担控诉职能。

■ 自诉人的权利

在刑事诉讼中,自诉人享有的权利包括如下内容:① 直接向人民法院提起诉讼。② 可以随时委托诉讼代理人。③ 在告诉才处理的案件和被害人有证据证明的轻微刑事案件中,人民法院宣判前,自诉人有权同被告人自行和解或撤回自诉;或者在人民法院的主持下与被告人达成调解。④ 参加法庭调查和法庭辩论;申请人民法院调查取证;阅读或听取审判笔录,并有权请求补充或者改正。⑤ 申请回避。⑥ 提起附带民事诉讼。⑦ 对第一审人民法院还没有发生法律效力的判决、裁定提出上诉。⑧ 对人民法院已经发生法律效力的判决、裁定提出申诉。

■ 自诉人的义务

自诉人承担的诉讼义务主要包括如下内容:① 对自己的主张和请求应当提供证据证明;② 不得捏造事实诬告陷害他人或者伪造证据,否则将承担相应的法律责任;③ 按时出庭,遵守法庭纪律,听从审判人员的指挥;④ 执行人民法院生效的调解协议、判决或者裁定。

2.7 被害人

所谓被害人,是指合法权益遭受犯罪行为直接侵害的人。对于被害人的保护不容忽视。在世界刑事司法的历史上,直到 20 世纪中叶,随着被害人学的兴起,被害人在诉讼中的地位和权利保障才逐渐得到重视。在我国的刑事司法中,被害人的权利救济也经历了一个逐渐完善的过程。一个显著的发展就是,被害人在诉讼中的地位由"其他诉讼参与人"(1979 刑诉法)转变成"当事人"(1996 刑诉法),其诉讼权利范围也相应地得到了较大的扩展。但是作为当事人,被害人的诉讼权利仍然存在一些缺陷,例如对于未生效的刑事一审裁判,被告人可以直接提起上诉,被害人却无上诉权,只能请求人民检察院提起抗诉。

■ **被害人维权的途径**

在我国的刑事诉讼中,被害人可以通过如下途径维护自身的合法权益。

(1) 在遭到犯罪侵害后可以报案或控告,要求有关机关进行调查和处理。

(2) 对于公安机关应当立案而不立案的,有权向人民检察院提出立案请求。

(3) 针对特定类型的案件,可以直接向人民法院提起刑事自诉。

(4) 在审查起诉阶段,可以就案件事实和相关证据、案件的处理发表意见。

(5) 对检察机关的不起诉决定不服的,可以提出申诉或向法院直接起诉。

(6) 自案件移送审查起诉之日起,有权委托诉讼代理人。

(7) 在审判阶段,可以提起附带民事诉讼。

(8) 在刑事诉讼过程中,可以对与案件有利害关系的人提出回避申请。

(9) 有权参加庭审,可以就起诉书指控的犯罪进行陈述。

(10) 对于法院判决不服的,可以请求人民检察院抗诉。

(11) 对已经发生法律效力的判决、裁定,可以向人民法院或者人民检察院提出申诉。

(12) 根据最高人民法院、最高人民检察院联合印发的《关于常见犯罪的量刑指导意见(试行)》,在审理中审判人员应当听取当事人及其辩护人、诉讼代理人的量刑意见。被害人及其诉讼代理人到庭参加诉讼的,可以向法庭提交量刑事实证据,并接受质证。

(13) 根据《刑事诉讼法》和《关于适用认罪认罚从宽制度的指导意见》的规定,办理认罪认罚案件,应当听取被害人及其诉讼代理人的意见。

延伸思考:被害人的权利保障

通过前文的梳理,我们可以发现,被害人在刑事诉讼中享有各种诉讼权利来维护自身的合法权益。然而,司法实践中被害人的权利救济却并不尽如人意。例如:受案件侦破难度的影响,被害人即便报案也未必能通过司法程序维权;尽管被害人可以提起附带民事诉讼,但由于被告人在宣判后缺乏赔偿能力,大量案件的附带民事判决得不到执行。

请读者查阅有关研究论文并结合司法实践现状,试着归纳我国被害人所获得的司法救助中存在的主要问题和缺陷,并思考未来被害人权利保障的完善路径。

总 结

刑事诉讼主体,是指以一定方式参与刑事诉讼,对诉讼程序的启动、发展和终结具有重要影响的机关或个人。我国的刑事诉讼主体包括人民法院、人民检察院、侦查机关、犯罪嫌疑人、被告人、自诉人。

人民法院是我国唯一有权审理和判决刑事案件的诉讼主体。我国的法院包括最高人民法院、地方各级人民法院和专门人民法院。人民法院上下级之间是监督与被监督的关系。

人民检察院是国家的法律监督机关。在刑事诉讼中,其职权包括检察机关直接受理的案件的侦查权、批准逮捕权、提起公诉权和法律监督权。我国的检察院包括最高人民检察院、地方各级人民检察院和专门人民检察院。人民检察院上下级之间是领导与被领导的关系。

在我国,享有侦查权的诉讼主体包括公安机关、国家安全机关、军队保卫部门、监狱管理部门、食品药品犯罪侦查部门、中国海警局以及人民检察院的自侦部门。我国公安机关实行统一领导,分级管理,条块结合、以块为主的领导体制。

作为诉讼主体,犯罪嫌疑人、被告人与诉讼结果有着直接利害关系,享有一系列诉讼权利,同时他们也是重要的证据来源。

在我国的刑事诉讼中,能够成为自诉人的主体是被害人或其法定代理人、近亲属。自诉人在刑事诉讼中居于原告地位,承担控诉职能。在我国的刑事诉讼中,被害人可以通过诸多途径来维护自身的合法权益,但司法实践中其权利救济并不尽如人意。

思 考 题

1. 《刑事诉讼法》第五条规定:"人民法院依照法律规定独立行使审判权,人民检察院依照法律规定独立行使检察权,不受行政机关、社会团体和个人的干涉。"那么,法院独立行使职权与检察院独立行使职权是否存在差别?

2. 人民法院在"去行政化"和"去地方化"改革的过程中,需要解决哪些关键问题?

3. 有人指出,《刑事诉讼法》第五十二条规定的"不得强迫任何人证实自己有罪"与第一百二十条规定的"犯罪嫌疑人对侦查人员的提问,应当如实回答"存在立法上的矛盾。请分析这一观点是否成立,为什么?

第 3 章
刑事诉讼基本制度

引言

为了保障刑事诉讼的有效运行、维护司法公正,我国的法律中制定了一些基本制度,例如管辖制度、回避制度、辩护与代理制度、刑事法律援助制度、附带民事诉讼制度等。这些制度的实施,从不同的角度确保当事人能够有效参与到刑事诉讼中来,确保其能够获得较为公正的诉讼环境,同时也能够有效地维护其合法权利。那么,这些制度分别具有何种功能,解决什么问题?在制度执行过程中,专门机关具有哪些权力,承担哪些责任?当事人享有哪些权利,承担什么样的义务?本章将围绕上述问题加以展开。

3.1 何谓制度?

一般认为,制度是一种规则或约束条件,它是人类在社会交往中为了规制个人行为或集体行为而设计的行为模式。根据道格拉斯·诺斯的观点,制度可以分为正式制度和非正式制度:前者包括宪法、法律、财产权利等规则;后者包括禁忌、习俗、传统、社会谴责和行为规范。同时,他认为制度的目的在于建立社会秩序,降低交换中的不确定性。

在人类的社会生活中,制度至关重要,它决定着人们的相互关系并影响人们的行为方式。一项好的制度可以帮助人们有效地化解冲突、减少社交的成本,促进人际关系的优化,从而实现社会秩序的和谐。在司法领域中,制度建设也是极为重要的活动。可以说,没有制度,司法将寸步难行。

在我国的刑事诉讼活动中,一些基本制度对于规约专门机关的职权行为和诉讼参与人的诉讼行为,促进司法公正的实现,都起到了重要的保障作用。本章将重点介绍刑事诉讼中的五项基本制度:管辖制度、回避制度、辩护与代理制度、刑事法律援助制度、附带民事诉讼制度。通过对这些制度的学习和思考,我们可以了解制度的一般结构,制度如何发挥特定的功能,以及制度在实践中可能遭遇的问题和困境。

> 好的制度不是消灭冲突,而是能够容纳冲突和用制度化的方式解决冲突。
> ——孙立平

3.2 管 辖 制 度

在我国,刑事管辖主要分为两个部分:一是立案管辖,是指公安机关、人民检察院和人民法院在直接受理刑事案件上的权限分工;二是审判管辖,是指人民法院系统内部审判第一审刑事案件上的权限分工。

■ 立案管辖

立案管辖,又称职能管辖或部门管辖。根据我国长期的司法实践经验,划分立案管辖的根据主要包括如下方面:① 案件的性质和难易、复杂程度;② 是否有利于准确、及时地查明案情,有利于惩罚犯罪分子,并保障无辜的人不受追究;③ 是否与公安机关、人民检察院和人民法院在刑事诉讼中的具体职责和任务相适应。

据此,我国立案管辖的具体内容如下。

● 人民法院直接受理的刑事案件

人民法院直接受理的案件被称为自诉案件。根据《刑事诉讼法》的规定,自诉案件包括下列三类。

◇ 告诉才处理的案件

所谓告诉才处理的案件,是指只有由犯罪行为的直接受害者或其法定代理人提出控告,人民法院才能受理的案件。具体来说,此类案件包括没有严重危害社会秩序和国家利益的侮辱、诽谤案,暴力干涉婚姻自由案,虐待案,侵占案等。如果被害人受到强制、威胁而无法告诉,人民检察院和被害人的近亲属代为告诉的,那么人民法院也应当受理。被害人是无行为能力人或者限制行为能力人以及由于年老、患病、盲、聋、哑等原因不能亲自告诉的,其近亲属也可以代为告诉。

◇ 被害人有证据证明的轻微刑事案件

此类案件主要包括故意伤害案(轻伤),重婚案,遗弃案,侵犯通信自由案,非法侵入他人住宅案,侵犯知识产权案,生产、销售伪劣商品案,以及属于《刑法》分则第四、五章规定的,对被告人可能判处三年有期徒刑以下刑罚的其他轻微刑事案件。

◇ 公诉转自诉的案件

所谓公诉转自诉案件,是指被害人有证据证明对被告人侵犯自己人身、财产权利的行为应当依法追究刑事责任,而公安机关或者人民检察院不予追究被告人刑事责任的案件。

根据《刑事诉讼法》的规定,被害人对于人民检察院所作出的不起诉决定如果不服的,可以向上一级人民检察院申诉,也可以不经申诉而直接向人民法院提起自诉。

● 人民检察院直接受理的刑事案件

根据《刑事诉讼法》的有关规定,人民检察院可以直接受理的案件包括两类:第一,人民检察院在对诉讼活动实行法律监督中发现的司法工作人员利用职权实施的非法拘禁、刑讯逼供、非法搜查等侵犯公民权利、损害司法公正的犯罪案件。第二,对于公安机关管辖的国家机关工作人员利用职权实施的重大犯罪案件，需要由人民检察院直接受理的时候，经省级以上人民检察院决定，可以由人民检察院立案侦查。

● **公安机关受理的案件**

公安机关是我国主要的侦查机关，除了几类法律特别规定的案件外，大多数的刑事案件都是由其管辖的。

不属于公安机关的管辖有如下几类：法律明确规定由人民法院和人民检察院负责管辖的案件；国家安全机关负责办理的危害国家安全的案件；军队保卫部门和监狱分别负责办理的发生在军队内部和监狱的犯罪案件；中国海警局负责办理的海上违法犯罪案件。

审判管辖

审判管辖解决的是由哪个法院进行第一审的问题。审判管辖又可以分为级别管辖、地区管辖和专门管辖。

● **级别管辖**

级别管辖，是指各级人民法院在审判第一审刑事案件上的分工。划分级别管辖时主要考虑如下几个因素：各级法院的职责范围和工作负担；案件的性质、严重复杂程度和社会影响范围；可能判处刑罚的轻重。

基于对上述因素的考虑，结合《刑事诉讼法》的有关规定，我们可以发现级别管辖具有如下特点。

第一，法律对中级人民法院的管辖范围规定得比较具体，对其他级别法院的管辖范围只做了概括性的规定。中级人民法院管辖的第一审刑事案件包括两类：危害国家安全、恐怖活动案件，可能判处无期徒刑、死刑的案件。高级人民法院管辖的第一审刑事案件是全省（自治区、直辖市）性的重大刑事案件。最高人民法院管辖的第一审刑事案件是全国性的重大刑事案件。除此之外，大量的第一审刑事案件由基层人民法院受理并审判。

第二，原则性与灵活性相结合，上级法院可以有条件地管辖下级法院所管辖的某些案件。根据《刑事诉讼法》的规定，上级人民法院在必要的时候可以审判下级法院管辖的第一审刑事案件；下级人民法院认为案情重大、复杂的时候可以请求移送上一级人民法院审判。另外，对于一人犯数罪、共同犯罪或者其他需要合并审理的案件，只要其中一人或者一罪属于上级人民法院管辖的，全案由上级人民法院管辖。

● **地区管辖**

地区管辖，是指同级人民法院之间审判第一审刑事案件的分工。如果说级别管辖是纵向解决上下级法院之间的管辖分工，那么地区管辖则是横向解决同级法院之间的分工。只有同时解决级别管辖和地区管辖才能最终确定某一案件的具体负责管辖的法院。

确定地区管辖的原则有两条：一是以犯罪地法院管辖为主、被告人居住地法院管辖为辅；二是由最初受理的法院管辖为主、主要犯罪地法院管辖为辅。

这里的犯罪地包括犯罪预备地、犯罪实施地、犯罪结果地、销赃地等。不作为犯罪的犯罪地是行为人应当履行作为义务的实施地或结果地。针对或者利用计算机网络实施的犯罪，犯罪地包括犯罪行为发生地的网站服务器所在地，网络接入地，网站建立者、管理者所在地,被侵害的计算机信息系统及其管理者所在地,被告人、被害人使用的计算机信息系统所在地,以及被害人财产遭受损失地。

这里的居住地一般是指户籍地。经常居住地与户籍地不一致的,经常居住地为其居住地。经常居住地为被告人被追诉前已连续居住一年以上的地方,但住院就医的除外。如果被告人是单位的话,被告单位登记的住所地为其居住地。主要营业地或者主要办事机构所在地与登记的住所地不一致的,主要营业地或者主要办事机构所在地为其居住地。

● 指定管辖

如果某一法院受理了不属于自己管辖的或者不宜由自己管辖的刑事案件,或者两个以上同级法院之间发生管辖权争议而协商不成的,就应接受上级法院的指定,将该案移送至有管辖权的或者更适合管辖该案的其他人民法院,这种做法被称为指定管辖。指定管辖可以看作对法定管辖的一种补充。《刑事诉讼法》第二十七条规定:"上级人民法院可以指定下级人民法院审判管辖不明的案件,也可以指定下级人民法院将案件移送其他人民法院审判。"

根据《最高法解释》的规定,上级人民法院指定管辖的,应当在开庭审判前将指定管辖决定书分别送达被指定管辖的人民法院和其他有关的人民法院。原受理案件的人民法院在收到上级人民法院改变管辖决定书、同意移送决定书或者指定其他人民法院管辖决定书后,对公诉案件,应当书面通知同级人民检察院,并将案卷材料退回,同时书面通知当事人;对自诉案件,应当将案卷材料移送被指定管辖的人民法院,并书面通知当事人。此外,上级人民法院在必要时,可以指定下级人民法院将其管辖的案件移送其他下级人民法院审判。

● 专门管辖

专门管辖,是指专门人民法院和地方人民法院之间、专门人民法院之间以及同类专门人民法院系统内部在审判第一审刑事案件上的分工。在我国,可以审理刑事案件的专门人民法院主要是军事法院。

军事法院主要管辖现役军人犯罪的案件。如果是现役军人和非军人共同实施的犯罪,就分别由军事法院和地方人民法院或者其他专门法院管辖;涉及国家军事秘密的,全案就由军事法院管辖。非军人、随军家属在部队营区内犯罪的,军人在办理退役手续后犯罪的,现役军人入伍前犯罪的以及退役军人在服役期内犯罪的案件,由地方人民法院或军事法院之外的其他专门法院管辖。

● 几类特殊的审判管辖

以下几类案件的审判管辖较为特殊,值得我们关注。

(1) 被告人在我国领域外的中国航空器内的犯罪,由犯罪发生后该航空器最初降落地的人民法院管辖。

(2) 对在我国领域外的中国船舶内的犯罪,由犯罪发生后该船舶最初停泊的中国口岸所在地的人民法院管辖。

(3) 对在国际列车上的犯罪,若我国与有关国家无管辖协定,则由犯罪发生后该列车最初停靠的中国车站所在地或目的地的铁路运输法院管辖。

(4) 对中国公民在驻外的中国使、领馆内的犯罪,由该公民主管单位所在地或原户籍所在地的人民法院管辖。

(5) 对中国公民在中国领域外的犯罪,由该公民离境前的居住地或者原户籍所在地的人民法院管辖。

(6) 对于我国缔结或者参加的国际条约所规定的犯罪,我国具有刑事管辖权的案件,由被告人被抓获地的人民法院管辖。

(7) 刑事自诉案件的自诉人、被告人一方或者双方是在港、澳、台居住的中国公民或者单位的,由犯罪地的人民法院审判。港、澳、台同胞告诉的,应当出示港、澳、台居民身份证、回乡证或者其他能证明本人身份的证件。

(8) 中国公民在中华人民共和国领域外的犯罪,由其入境地或者离境前居住地的人民法院管辖;被害人是中国公民的,也可由被害人离境前居住地的人民法院管辖。

(9) 外国人在中华人民共和国领域外对中华人民共和国国家或者公民犯罪,根据《刑法》应当受处罚的,由该外国人入境地或者入境后居住地人民法院管辖,也可以由被害中国公民离境前居住地的人民法院管辖。

★--

延伸思考:刑事诉讼中的管辖异议制度

为了确保人民法院在审判案件中的公正性,《民事诉讼法》和《行政诉讼法》均确立了管辖异议制度,即当事人认为受诉法院对案件无管辖权而向法院提出不服管辖的意见或主张。然而,《刑事诉讼法》对此却未作规定。不少学者均认为,管辖权异议是当事人获得公平审判权利的应有之义,是一项重要的救济性程序权利,应当在刑事诉讼中确立这一制度。

请读者查阅有关资料,试着了解域外刑事诉讼中管辖异议的运行情况,并思考在我国确立刑事管辖权异议制度的价值和意义。

--★

3.3 回 避 制 度

所谓回避制度,是指法律规定的与案件当事人或者案件有利害关系的审判人员、检察人员、侦查人员以及书记员、鉴定人、翻译人员和执行人员,不得参加该案诉讼活动。回避制度的设立旨在通过使存在法定回避事由的人不参加诉讼来维护司法公正,同时也可以减少当事人的疑虑,增强其对于司法的信任感。

■ 回避的类型

根据《刑事诉讼法》和相关司法解释的规定,回避有三种类型:自行回避、申请回避和指令回避。

自行回避，是指审判人员、检察人员、侦查人员以及其他相关人员，在刑事诉讼中如果遇到法律规定的应当回避的情形，认为自己不应当在本案中履行职务时主动提出的回避。

申请回避，是指案件的当事人及其法定代理人，认为处理案件的办案人员及其他相关人员具有法律规定的应当回避的情形时，依法向有关机关提出申请，要求他们不得在本案中履行职务。

指令回避，是指依照法律规定应当回避的人员，本人没有自行回避，当事人及其代理人也没有申请其回避，有关机关及其负责人经过审查后直接作出回避决定，命令其不得在本案中履行职务的制度。

延伸思考：我国是否需要拓展刑事回避的类型？

为了确保诉讼的公正性，大多数国家的刑事司法中都确立了回避制度，但不同国家的回避制度也存在一定的差异。以回避的类型为例，有些国家将回避分为有因回避和无因回避，有些国家则只规定了有因回避。例如，美国就确立了有因回避和无因回避。在有陪审团的案件中，为了保证陪审团的公正性，诉讼双方有权申请陪审员回避。其中，无因回避是指双方律师不必说明理由，可直接拒绝某人担任陪审员。对此有次数上的限制，具体因案件性质而异。有因回避是指双方律师在提出回避申请时必须说明理由，允许与否由法庭决定。

在我国，无论是自行回避、申请回避还是指令回避都属于有因回避，也就是说，我国并未确立无因回避制度。对此，有学者提出我国应当借鉴域外的经验引入无因回避制度。

请读者在查阅有关资料后，试着了解学界提出引入无因回避制度的理由，分析这一主张是否有道理，并提出自己的见解。

■ 回避的人员范围

在刑事诉讼中，适用回避制度的人员大致分为两类。

● **审判人员、检察人员、侦查人员、书记员、翻译人员、鉴定人**

其中，审判人员既包括直接审理案件的审判员、助理审判员和人民陪审员，也包括有权参与案件讨论和作出处理决定的法院院长、庭长以及审判委员会其他成员。另外，根据《律师法》和有关的司法解释，审判人员及法院其他工作人员离任不满两年的，法院不予准许其担任该法院所审理案件的诉讼代理人、辩护人；审判人员及法院其他工作人员的配偶、子女、父母，也不得担任其所在法院的案件诉讼代理人、辩护人。

● **执行人员**

根据最高人民法院《关于审判人员严格执行回避制度的若干规定》的要求，刑事诉讼中的执行人员在执行过程中遇到法律和最高人民法院司法解释规定的应当回避的情形时，也应当予以回避。

回避的理由

根据《刑事诉讼法》和有关司法解释的规定，回避的理由主要包括如下内容。

(1) 是本案的当事人或者当事人的近亲属的。
(2) 本人或者他的近亲属和本案有利害关系的。
(3) 担任过本案证人、鉴定人、辩护人或者诉讼代理人的。
(4) 与本案当事人有其他利害关系，可能影响案件公正处理的。
(5) 索取、接受本案当事人及其委托人的财物或者其他利益的。
(6) 违反规定会见本案当事人、辩护人、诉讼代理人的。
(7) 为本案当事人推荐、介绍辩护人、诉讼代理人，或者为律师、其他人员介绍办理本案的。
(8) 接受本案当事人及其委托人的宴请，或者参加由其支付费用的活动的。
(9) 向本案当事人及其委托人借用款物的。
(10) 审判人员曾作为裁判者主持或者参与对某一案件的审判活动，而案件后又被同一人民法院重新审判的。
(11) 有其他不正当行为，可能影响公正审判的。

延伸阅读：回避理由中"近亲属"的范围问题

根据《刑事诉讼法》的规定，有关人员如果是本案的当事人或者当事人的近亲属的，或者其本人或其近亲属和本案有利害关系的，应当回避。其中，对于"近亲属"的范围，《刑事诉讼法》第一百零八条规定，"近亲属"是指夫、妻、父、母、子、女、同胞兄弟姊妹。然而，这一规定所确定的近亲属的范围显然略显狭隘，实际上社会生活中近亲属的范围是相当广的。例如祖父母与孙子女之间、外祖父母与外孙子女之间、甥舅之间、叔侄之间等是否需要回避呢？我们显然不能熟视无睹。

对此，《最高人民法院关于审判人员严格执行回避制度的若干规定》第一条作了补充规定："审判人员具有下列情形之一的，应当自行回避，当事人及其法定代理人也有权要求他们回避：(一) 是本案的当事人或者与当事人有直系血亲、三代以内旁系血亲及姻亲关系的……"可见，最高人民法院将近亲属的范围拓展为"直系血亲、三代以内旁系血亲及姻亲关系"，从而使得近亲属的范围更加合理，也便于当事人提出有关的回避请求。

回避的程序

回避的提起

回避的提起包括回避的提出和回避的申请两种。前者是办案人员在遇到应当回避的情形时,以书面或口头的方式,主动提出不在本案中履行职务的请求。后者是案件当事人或者其法定代理人发现办案人员或其他相关人员具有应当回避的情形时提出申请,要求他们不得在本案中履行职务。在侦查、起诉和审判阶段,办案人员应告知当事人或者其法定代理人有权申请回避。

- 回避的审查决定

根据《刑事诉讼法》的规定,审判人员、检察人员、侦查人员的回避,应当分别由法院院长、检察长、公安机关负责人决定。法院院长的回避,由本院审判委员会决定。检察长、公安机关负责人的回避,由同级人民检察院检察委员会决定。书记员、翻译人员、鉴定人的回避,应当根据其所处诉讼阶段分别由法院院长、检察长、公安机关负责人决定。

办案人员应当回避的,如果本人没有自行回避,当事人或其法定代理人也没有申请其回避的,院长、检察长、公安机关负责人或者审判委员会、检察委员会应当决定其回避。

一般来说,需要回避的人员在有关人员或者组织作出是否回避的决定前,应当暂停履行其在该案中的职务,以保证诉讼活动的公正进行。但是,在对侦查人员的回避审查决定过程中,侦查人员不停止对案件的侦查。

■ 回避的救济问题

对于当事人及其法定代理人提出的回避申请,办案机关在经过审查后可以作出回避的决定或驳回申请回避的决定。但对于驳回申请回避的决定,当事人及其法定代理人可以申请复议一次。

根据我国有关司法解释的规定,公安部门或人民检察院在作出驳回申请回避的决定后,应当告知当事人及其法定代理人。当事人及其法定代理人如不服这一决定,可以在收到"驳回申请回避决定书"后五日以内向决定机关申请复议一次。当事人及其法定代理人申请复议的,决定机关应在三日以内作出复议决定书并书面通知申请人。

另外,根据《最高法解释》,被决定回避的人员对决定有异议的,可以在恢复庭审前申请复议一次;被驳回回避申请的当事人及其法定代理人对决定有异议的,可以当庭申请复议一次。

3.4 辩护与代理制度

辩护制度,是指法律规定的关于辩护权、辩护种类、辩护方式、辩护人的范围、辩护人的责任、辩护人的权利义务等一系列规则和制度的总称。它是"犯罪嫌疑人、被告人有权获得辩护"这一宪法原则在刑事诉讼中的体现和保障。值得强调的是,辩护权是犯罪嫌疑人、被告人最基本的诉讼权利,它具有如下几项特点:贯穿于刑事诉讼的整个过程,不受诉讼阶段的限制;不受罪行轻重、犯罪性质的限制;不受案件调查情况的限制;不受犯罪嫌疑人、被告人认罪态度的限制。

■ 刑事辩护的类型

当代的刑事辩护既包括犯罪嫌疑人、被告人的自行辩护,也包括他人(尤其是律师作为辩护人)的帮助辩护。后者在司法实践中发挥了极为重要的作用,可以说辩护制度的有效运作在很大程度上取决于律师辩护的有效进行。但自行辩护与帮助辩护也存在一定的区别,这表现在如下三个方面。

（1）自行辩护的主体是案件当事人,是被指控犯罪并可能承担刑事责任的人。帮助辩护的主体不是当事人,不是为了自己的利益,而是为了维护被追诉人的利益进行辩护。

（2）自行辩护是犯罪嫌疑人、被告人的权利,可以行使,也可以放弃。帮助辩护则是辩护人的职责,不得随意放弃。

（3）自行辩护不受诉讼阶段的限制,在整个诉讼过程中犯罪嫌疑人、被告人都可以为自己进行辩护。帮助辩护则受诉讼阶段的限制,辩护人只能在法律规定的诉讼阶段才能参加诉讼。

■ 辩护人的范围

辩护人,是指接受犯罪嫌疑人、被告人的委托或法律援助机构的指派,帮助犯罪嫌疑人、被告人行使辩护权,维护其合法权益的人。每名犯罪嫌疑人或被告人最多可以聘请两名辩护人,而同案的犯罪嫌疑人不得聘请同一辩护人。

根据《刑事诉讼法》的规定,可被委托为辩护人的范围如下：律师；人民团体或者犯罪嫌疑人、被告人所在单位推荐的人；犯罪嫌疑人、被告人的监护人、亲友。在我国的司法实践中,律师已经成为最主要的辩护人,其在刑事诉讼中产生的作用也越来越大。

但是,下列人员不得担任辩护人：① 被宣告缓刑和刑罚尚未执行完毕的人；② 依法被剥夺、限制人身自由的人；③ 无行为能力或者限制行为能力的人；④ 公检法、国安、监狱的现职人员；⑤ 本院的人民陪审员；⑥ 与本案审理结果有利害关系的人；⑦ 外国人或无国籍人；⑧ 依据《律师法》第十一条规定,律师在担任各级人民代表大会常务委员会组成人员期间,不得执业。

其中,第④项至第⑦项的人员,如果是被告人的近亲属或者监护人,由被告人委托担任辩护人的,人民法院可以准许。

延伸阅读：域外律师的定位、服务范围及价值

律师是基于信托关系,以其特有的法律知识和专业技术,为社会提供法律服务的自由职业者。律师的服务范围包括：在不同的法律事务中,或者为当事人提供咨询,解释疑惑,或者帮助当事人选择适当的纠纷解决方式,或者代表、协助当事人完成诉讼活动,以促进法律的正确实施,维护当事人的正当权利和自由。律师是连接国家法律与公民权利的中介人,是调节公权与私权冲突的平衡器,他们和法官一起构成法律共同体的主体,是推动法律机器运转的两支最重要的法律力量。具备发达的律师职业和完善的律师制度,是一个国家法制文明进步的重要标志。①

关于域外的律师制度和律师职业,读者还可以参阅如下书目。① 保罗·布兰德:《英格兰律师职业的起源》,李红海译,北京大学出版社 2009 年版;② 艾伦·德肖维茨:《致年轻律师的信》,单波译,法律出版社 2009 年版;③ 彼得·德恩里科:《法的门前》,邓子滨编著,北京大学出版社 2012 年版,第十一章;④ 罗伯特·N.威尔金:《法律职业的精神》,王俊峰译,北京大学出版社 2013 年版,第八章、第十五章。

图 3-1 《英国司法制度史》

辩护人的诉讼地位和职责

辩护人在刑事诉讼中的法律地位是独立的诉讼参与人,是犯罪嫌疑人、被告人合法权益的维护者。辩护人既不受公诉人意见的左右,也不受犯罪嫌疑人、被告人无理要求的约束。

值得指出的是,修订后的《刑事诉讼法》明确了侦查阶段的律师辩护权。例如,《刑事诉讼法》第三十八条规定:"辩护律师在侦查期间可以为犯罪嫌疑人提供法律帮助;代理申诉、控告;申请变更强制措施;向侦查机关了解犯罪嫌疑人涉嫌的罪名和案件有关情况,提出意见。"第三十九条规定:"辩护律师可以同在押的犯罪嫌疑人、被告人会见和通信。""辩护律师持律师执业证书、律师事务所证明和委托书或者法律援助公函要求会见在押的犯罪嫌疑人、被告人的,看守所应当及时安排会见,至迟不得超过四十八小时。""辩护律师会见在押的犯罪嫌疑人、被告人,可以了解案件有关情况,提供法律咨询等……辩护律师会见犯罪嫌疑人、被告人时不被监听。"

在刑事诉讼中,辩护人的职责主要有如下几个方面。

(1) 辩护人依事实和法律来维护犯罪嫌疑人、被告人的合法权益,而不得帮助犯罪嫌疑人、被告人编造口供,串供,伪造、毁灭证据或者威胁、引诱证人提供不实证据。

(2) 辩护人通过提出证明犯罪嫌疑人、被告人无罪、罪轻或者减轻、免除其刑事责任的材料和意见,来维护其合法权益。

(3) 辩护人收集的有关犯罪嫌疑人不在犯罪现场、未达到刑事责任年龄、属于依法不负刑事责任的精神病人的证据,应当及时告知公安机关、人民检察院。

(4) 辩护人对在执业活动中知悉的委托人的有关情况和信息,有权予以保密。但是,辩护人在执业活动中知悉委托人或者其他人,准备或者正在实施危害国家安全、公共安全

---

① 程汉大、李培峰:《英国司法制度史》,清华大学出版社 2007 年版,第 179 页。

以及严重危害他人人身安全的犯罪的,应当及时告知司法机关。

实践关注:独立辩护是否应该存在一定的限度?

在刑事辩护中,维护委托人的合法权益是辩护律师的重要职责,也是律师职业伦理的基本要求。然而,辩护律师在处理与委托人的关系上却不乏困扰,其中颇具代表性的困扰就是律师的"独立辩护"问题。依照现行法律,律师的辩护是完全独立的,既不受公诉人意见的干涉,也不受委托人意见的左右。但司法实践中出现的一些现象却值得我们反思。例如:辩护律师经过精心准备,打算为被告人做无罪辩护,但开庭后被告人突然表示认罪;辩护律师本打算做罪轻辩护,然而被告人突然当庭翻供、为自己做无罪辩护;被告人所聘请的两名辩护律师意见不一致,难以达成妥协,于是在法庭上各自提出辩护意见,以至于出现相互矛盾的辩护立场。

当出现这些现象时,辩护律师是否能够继续坚持"独立辩护"而毫不顾及被告人或其他律师的意见呢?当然,以往的实践中的确出现过被告人表示认罪,而辩护律师依旧做无罪辩护,或是被告人当庭翻供拒不认罪,而辩护律师依旧做罪轻辩护,抑或是一名辩护律师做无罪辩护、另一名辩护律师做罪轻辩护。显然,无论是哪一种情况,都可能会造成对被告人非常不利的结局。因此,我们有必要思考这样一个问题:独立辩护是否应该存在一定的限度?

请读者在查阅有关资料后,结合诉讼法理和律师职业伦理试着分析这一问题。

辩护的种类和方式

根据刑事诉讼法的规定,我国辩护制度中有如下三种。

● 自行辩护

自行辩护,是指犯罪嫌疑人、被告人针对指控进行反驳、申辩和辩解的行为。自行辩护贯穿于整个刑事诉讼过程中,是犯罪嫌疑人、被告人进行辩护的最重要的途径。

● 委托辩护

委托辩护,是指犯罪嫌疑人、被告人为维护其合法权益,依法委托律师或者其他公民协助其进行辩护。在自诉案件中,被告人有权随时委托辩护人。在公诉案件中,犯罪嫌疑人自被侦查机关第一次讯问或者采取强制措施之日起,有权委托辩护人。但在侦查期间,犯罪嫌疑人只能委托律师作为辩护人。

● 指派辩护

指派辩护,是指犯罪嫌疑人、被告人因经济困难或者其他原因而无力聘请辩护人的,人民法院、人民检察院和公安机关应当通知法律援助机构指派律师为其提供辩护。

根据《刑事诉讼法》的规定,犯罪嫌疑人、被告人因经济困难或者其他原因没有委托辩护人的,本人及其近亲属可以向法律援助机构提出申请。对符合法律援助条件的,法律援助机构应当指派律师为其提供辩护。

根据《刑事诉讼法》和《最高法解释》的规定，在遇到下列情形时，人民法院、人民检察院和公安机关应当通知法律援助机构指派律师为其提供辩护：① 犯罪嫌疑人、被告人是盲、聋、哑人，或者是尚未完全丧失辨认或者控制自己行为能力的精神病人，没有委托辩护人的；② 犯罪嫌疑人、被告人可能被判处无期徒刑、死刑，没有委托辩护人的；③ 未成年犯罪嫌疑人、被告人没有委托辩护人的；④ 人民法院缺席审判案件，被告人及其近亲属没有委托辩护人的；⑤ 高级人民法院复核死刑案件，被告人没有委托辩护人的。

根据《最高法解释》的规定，具有下列情形之一，被告人没有委托辩护人的，人民法院可以通知法律援助机构指派律师为其提供辩护：① 共同犯罪案件中，其他被告人已经委托辩护人；② 有重大社会影响的案件；③ 人民检察院抗诉的案件；④ 被告人的行为可能不构成犯罪；⑤ 有必要指派律师提供辩护的其他情形。

值得注意的一个问题是，如果实践中同时存在委托辩护和指派辩护，那么应当如何处理呢？《最高法解释》第五十一条作出了规定，对法律援助机构指派律师为被告人提供辩护，被告人的监护人、近亲属又代为委托辩护人的，应当听取被告人的意见，由其确定辩护人人选。

在我国，辩护的方式有两种：一是口头辩护，二是书面辩护。在司法实务中，这两种方式常常会根据实际需要而交叉使用。

■ 辩护人的权利和义务

根据《刑事诉讼法》和《律师法》的规定，辩护人享有如下权利：① 人身保障权与执业豁免权；② 独立辩护权；③ 阅卷权、会见通信权；④ 调查取证权；⑤ 提出意见权；⑥ 获知开庭日期权；⑦ 参加法庭调查和法庭辩论权；⑧ 保守职业秘密的权利；⑨ 经被告人同意，提出上诉的权利；⑩ 要求变更、解除强制措施的权利；⑪ 申诉、控告权；⑫ 拒绝辩护权。

根据《刑事诉讼法》和《律师法》的规定，辩护人有如下义务：① 在执业活动中知悉委托人或者其他人，准备或者正在实施危害国家安全、公共安全以及严重危害他人人身安全的犯罪的，应当及时告知司法机关。② 参加法庭审理时应遵守法庭规则。③ 未经人民检察院、人民法院的许可，不得向被害人或者其近亲属、被害人提供的证人收集与本案有关的材料。④ 不得帮助犯罪嫌疑人、被告人串供、隐匿、毁灭、伪造证据；不得威胁、引诱证人改变证言或者作伪证。⑤ 应当向法庭出示物证，让当事人辨认，对未到庭的证人证言笔录、鉴定结论和其他作为证据的文书，应当当庭宣读。⑥ 不得私自接受委托，不得私自向委托人收取费用，不得收受委托人的财物。⑦ 不得违反规定会见法官、检察官。⑧ 不得向法官、检察官以及其他有关工作人员行贿。⑨ 不得提供虚假证据或者威胁、利诱他人提供虚假证据，妨碍对方当事人合法取得证据。⑩ 不得干扰法庭秩序，妨碍诉讼的正常进行。⑪ 保守履行职责过程中知悉的国家秘密和当事人的商业秘密，不得泄露当事人的隐私。⑫ 曾经担任法官、检察官的律师，从人民法院、人民检察院离任后两年内，不得担任诉讼代理人或者辩护人。⑬ 必须按照国家规定承担法律援助义务。⑭ 无正当理由，不得拒绝辩护。

■ 刑事代理

刑事代理，是指代理人接受公诉案件的被害人及其法定代理人或者近亲属、自诉案件的自诉人及其法定代理人以及附带民事诉讼的当事人及其法定代理人的委托,以被代理人的名义参加诉讼,由被代理人承担代理行为的法律后果的一项法律制度。

刑事诉讼中的代理分为法定代理和委托代理两种,前者是基于法律的规定,后者是基于被代理人的委托授权。二者相同之处在于,代理人必须在代理权限范围内活动,其法律行为的后果由被代理人承担;不同之处在于,由于代理权产生的根据不同,因而代理人的范围、权限、权利和义务等方面均有不同。

根据《刑事诉讼法》的规定,下列人员可以被委托为诉讼代理人:① 律师;② 人民团体或者被代理人所在单位推荐的人;③ 被代理人的监护人、亲友。正在被执行刑罚或者依法被剥夺、限制人身自由的人,不得担任诉讼代理人。

在我国,刑事代理主要包括以下几种情况。

● **自诉案件中的代理**

在自诉案件中,自诉人及其法定代理人有权随时委托诉讼代理人参加诉讼。被告人接到自诉人的诉状后,在委托辩护律师的过程中,如果要提起反诉,可以同时委托该律师兼作诉讼代理人。

自诉案件中代理律师的权利主要包括如下内容:① 经授权一般代理后,有纠正委托人起诉事实的权利;② 可以代自诉人向人民法院提起诉讼(包括拟写诉状);③ 有权持单位介绍信和执业证件向有关单位进行访问、调查本案案情;④ 可以到法院查阅人民检察院不起诉、被害人起诉后人民检察院移送给人民法院的有关案卷材料;⑤ 人民法院开庭审理时代理律师有权应法院的通知到庭履行职务;⑥ 经自诉人授权,有权代委托人申请法庭组成人员、书记员等依法回避;⑦ 在庭审中经审判长许可,可以向被告人发问,可以申请审判长对证人、鉴定人等询问或者请求审判长许可直接发问,可以申请通知新的证人到庭、调取新的物证、申请重新鉴定或者勘验;⑧ 法庭调查后,有权发言并且可以和被告方展开辩论;⑨ 有权代自诉人阅读审判笔录,如认为有错误或遗漏,有权请求补充或改正;⑩ 对司法工作人员非法剥夺自诉人诉讼权利和人身侮辱等侵权行为,有权提出控告。

自诉案件中代理律师的义务主要包括如下内容:① 按照人民法院的通知及时到庭依法履行职务,不得借故妨碍诉讼的正常进行;② 依法出庭履行职务时,应严格遵守法庭的规则与秩序,严格遵守和执行法律规定的程序;③ 协助自诉人履行举证义务;④ 对于人民法院已经生效的判决、裁定或者调解协议,如果代理律师认为它是正确的,就有义务教育委托人认真遵守执行;⑤ 对于执业中接触到的国家机密、商业秘密和个人隐私,应当严格保守秘密;⑥ 履行《律师法》规定的其他义务。

● **公诉案件中的代理**

在公诉案件中,被害人及其法定代理人或者近亲属,自案件移送审查起诉之日起,有权委托诉讼代理人参加诉讼。这里的诉讼,既包括人民检察院提起公诉阶段的活动,也包括人民法院的审判活动。人民检察院有告知被害人及其法定代理人或者近亲属委托诉讼代理人的义务。在诉讼过程中,诉讼代理人承担的是控诉职能。

公诉案件中代理人的权利主要包括如下内容:① 有权代理委托人向公安机关、司法机关控告犯罪;② 可以收集、阅读与本案有关的材料;③ 对于人民检察院不起诉的案件,如果被害人不服,代理人有权在被害人收到不起诉决定书后的七日以内,代其向人民检察院提出申诉,也可以经被害人授权代被害人向人民法院提起自诉;④ 在法庭审理阶段,经审判长的同意,可以向被告人、证人发问,可以参加法庭辩论等。

● 附带民事诉讼中的代理

在公诉和自诉案件中,附带民事诉讼的当事人及其法定代理人都可以委托诉讼代理人参加诉讼、维护其合法权益。有所不同的是,公诉案件中委托诉讼代理人的时间是自案件移送审查起诉之日起,而自诉案件中则可以随时委托诉讼代理人。对此,人民检察院和人民法院都有告知义务,前者自收到移送审查起诉的案件材料之日起三日以内应当告知附带民事诉讼的当事人及其法定代理人有权委托诉讼代理人,后者自受理自诉案件之日起三日以内应当告知附带民事诉讼的当事人及其法定代理人有权委托诉讼代理人。

附带民事诉讼中的诉讼代理,分为一般代理和特别授权代理。特别授权代理的,需要在授权委托书中注明授权的内容,例如代为承认、放弃或变更诉讼请求,进行和解、调解等。委托书应由委托人签字后送交受案的人民法院。诉讼代理人必须在委托书授权的范围内进行诉讼活动,否则无效。

3.5 刑事法律援助制度

刑事法律援助制度,是指在刑事诉讼中,负有法律援助责任的机构和人员为维护需要得到法律服务而又经济困难的犯罪嫌疑人、被告人及特殊案件的当事人的合法权益,而依照法律的规定提供法律帮助的制度。

刑事法律援助制度的特点

● 实施援助的强制性

刑事法律援助的实施具有一定的强制性,这表现在两个方面:一是如果犯罪嫌疑人、被告人可能被判处无期徒刑或死刑,或者是盲、聋、哑人,或者是尚未完全丧失辨认或者控制自己行为能力的精神病人,或者是未成年人,而没有委托辩护人,那么不论是否因为经济困难或其他原因,办案机关均应为其指派辩护;二是法律援助机构在办案机关发出援助通知之后,必须为犯罪嫌疑人、被告人提供法律援助服务。

● 受援对象的特定性

根据《刑事诉讼法》和《中华人民共和国法律援助法》(以下简称《法律援助法》)的规定,刑事诉讼中法律援助的对象是犯罪嫌疑人和被告人。

具体来说,有五种情况可能会引起法律援助机构提供法律援助:一是犯罪嫌疑人、被告人因经济困难或者其他原因没有委托辩护人的,本人及其近亲属可以向法律援助机构提出申请。对符合法律援助条件的,法律援助机构应当指派律师为其提供辩护。二是犯罪嫌疑人、被告人是视力、听力、言语残疾人,或者是不能完全辨认自己行为的成年人,或者是未成年人,而没有委托辩护人的,人民法院、人民检察院和公安机关应当通知法律援助机构指派律师为其提供辩护。三是犯罪嫌疑人、被告人可能被判处无期徒刑、死刑,没有委托辩护人的,人民法院、人民检察院和公安机关应当通知法律援助机构指派律师为其提供辩护。四是人民法院缺席审判案件,被告人及其近亲属没有委托辩护人的,人民法院应当通知法律援助机构指派律师为其提供辩护。五是在强制医疗案件中,人民法院受理案件后,被申请人或被告人没有委托诉讼代理人的,人民法院应当通知法律援助机构指派律师为其提供法律帮助。

受援阶段的完整性

《法律援助条例》第十一条规定,犯罪嫌疑人在被侦查机关第一次讯问后或者采取强制措施之日起,因经济困难没有聘请律师的,可以向法律援助机构申请法律援助。修订后的《刑事诉讼法》也将法律援助拓展至侦查阶段,因而从侦查到审判阶段,犯罪嫌疑人、被告人因经济困难或者其他原因没有委托辩护人的,本人及其近亲属可以向法律援助机构提出申请;同时在特定情况下,办案机关应当通知法律援助机构指派律师为犯罪嫌疑人或被告人提供辩护。这意味着,法律援助将贯穿于刑事诉讼的全过程,从而能够更加有效地实现对犯罪嫌疑人、被告人合法权益的保护。

刑事法律援助的具体程序

根据《法律援助条例》《法律援助法》的规定,我国刑事法律援助的程序主要包括以下内容。

法律援助的申请

犯罪嫌疑人、被告人申请法律援助的,应当向审理案件的人民法院所在地的法律援助机构提出申请。被羁押的犯罪嫌疑人、被告人、服刑人员,以及强制隔离戒毒人员提出法律援助申请的,办案机关、监管场所应当在二十四小时内将申请转交法律援助机构。申请法律援助所需提交的有关证件、证明材料由看守所通知申请人的法定代理人或者近亲属协助提供。

犯罪嫌疑人、被告人申请法律援助时应当提交下列证件或证明材料:身份证或者其他有效的身份证明,代理申请人还应当提交有代理权的证明;经济困难的证明;与所申请法律援助事项有关的案件材料。申请应当采用书面形式,填写申请表;以书面形式提出申请确有困难的,可以口头申请,由法律援助机构工作人员或者代为转交申请的有关机构工作人员作书面记录。

法律援助的审查

法律援助机构在收到法律援助申请后,应当进行审查;认为申请人提交的申请材料不齐全的,应当一次性告知申请人需要补充的材料或者要求申请人作出说明,申请人未按要求补充材料或者作出说明的,视为撤销申请;认为申请人提交的证件、证明材料需要查证的,由法律援助机构向有关机关、单位查证。对符合法律援助条件的,法律援助机构应当及时决定提供法律援助;对不符合法律援助条件的,应当书面告知申请人,并说明理由。

法律援助的异议

申请人、受援人对法律援助机构不予法律援助、终止法律援助的决定有异议的,可以向设立该法律援助机构的司法行政部门提出。司法行政部门应当自收到异议之日起五日以内进行审查,经审查认为申请人符合法律援助条件的,应当以书面形式责令法律援助机构及时对该申请人提供法律援助。

● **法律援助的实施**

由人民法院指定辩护的案件,人民法院在开庭十日前将指定辩护通知书和起诉书副本或者判决书副本送交其所在地的法律援助机构;人民法院不在其所在地审判的,可以将指定辩护通知书和起诉书副本或者判决书副本送交审判地的法律援助机构。

法律援助机构可以指派律师事务所安排律师或者安排本机构的工作人员办理法律援助案件;也可以根据其他社会组织的要求,安排其所属人员办理法律援助案件。对人民法院指定辩护的案件,法律援助机构应当在开庭三日前将确定的承办人员名单回复给作出指定的人民法院。

受指派办理法律援助案件的律师或者接受安排办理法律援助案件的社会组织人员在案件结案时,应当向法律援助机构提交有关的法律文书副本或者复印件以及结案报告等材料。

● **法律援助的终止**

《法律援助法》规定,有下列情形之一的,法律援助机构应当作出终止法律援助的决定:① 受援人以欺骗或者其他不正当手段获得法律援助;② 受援人故意隐瞒与案件有关的重要事实或者提供虚假证据;③ 受援人利用法律援助从事违法活动;④ 受援人的经济状况发生变化,不再符合法律援助条件;⑤ 案件终止审理或者已被撤销;⑥ 受援人自行委托律师或者其他代理人;⑦ 受援人有正当理由要求终止法律援助;⑧ 法律法规规定的其他情形。法律援助人员发现有上述规定情形的,应当及时向法律援助机构报告。

■ 值班律师制度

随着我国以审判为中心的刑事诉讼制度改革的推进,特别是认罪认罚从宽制度的实施,为了有效维护犯罪嫌疑人、被告人的诉讼权利,促进司法公正,《刑事诉讼法》增加了值班律师制度。根据《刑事诉讼法》《法律援助值班律师工作办法》和《关于适用认罪认罚从宽制度的指导意见》,值班律师参与刑事法律援助主要包含如下几个方面的内容。

● **值班律师的遴选**

法律援助机构应当综合律师政治素质、业务能力、执业年限等确定值班律师人选,建立法律援助值班律师名册或值班律师库。

法律援助机构应当将值班律师库或名册信息、值班律师工作安排提前告知人民法院、人民检察院、公安机关(看守所)。值班律师提供法律帮助时,应当出示律师执业证或者律师工作证或者相关法律文书,表明值班律师身份。

● **值班律师的派驻**

法律援助机构可以在人民法院、人民检察院、看守所等场所派驻值班律师,为没有辩护人的犯罪嫌疑人、被告人提供法律帮助。人民法院、人民检察院、看守所应当告知犯罪嫌疑人、被告人有权约见值班律师,并为犯罪嫌疑人、被告人约见值班律师提供便利。犯罪嫌疑人、被告人及其近亲属提出法律帮助请求的,人民法院、人民检察院、公安机关(看守所)应当通知值班律师为其提供法律帮助。

- **值班律师的职责**

《刑事诉讼法》规定,值班律师可以为犯罪嫌疑人、被告人提供法律咨询、程序选择建议、申请变更强制措施、对案件处理提出意见等。《法律援助值班律师工作办法》和《关于适用认罪认罚从宽制度的指导意见》则作出了更加细化的规定,包括如下内容:① 提供法律咨询,包括告知涉嫌或指控的罪名、相关法律规定、认罪认罚的性质和法律后果等;② 提供程序选择建议;③ 帮助犯罪嫌疑人、被告人申请变更强制措施;④ 对案件处理提出意见;⑤ 帮助犯罪嫌疑人、被告人及其近亲属申请法律援助;⑥ 遵守法律法规规定的其他事项,承办法律援助机构交办的其他任务。

- **值班律师的培训与管理**

法律援助机构应当建立值班律师准入和退出机制,建立值班律师服务质量考核评估制度,保障值班律师服务质量。

法律援助机构应当建立值班律师培训制度,值班律师首次上岗前应当参加培训,公安机关、人民检察院、人民法院应当提供协助。

法律援助机构应当向律师协会通报值班律师履责情况。律师协会应当将值班律师履行职责、获得表彰情况纳入律师年度考核和律师诚信服务记录,对违反职业道德和执业纪律的值班律师依法依规处理。

司法行政机关应当加强对值班律师的监督管理,对表现突出的值班律师给予表彰;对违法违纪的值班律师,依职权或移送有权处理机关依法依规处理。

3.6 刑事附带民事诉讼制度

刑事附带民事诉讼制度,是指司法机关在刑事诉讼过程中,根据被害人等的申请,为处理被告人的犯罪行为所造成的物质损害赔偿而进行的合并审理的制度。

凡是刑事被告人的犯罪行为给被害人的人身和财产造成损害的,被害方均可以通过附带民事诉讼的方式要求赔偿,由人民法院审理刑事案件的同一审判组织依法处理,不允许用其他诉讼方式来处理这种损害赔偿。

■ 刑事附带民事诉讼的提起

- **提起的主体**

被害人由于被告人的犯罪行为而遭受物质损失的,有权提起附带民事诉讼。被害人死亡或者丧失行为能力的,被害人的法定代理人、近亲属有权提起附带民事诉讼。

如果是国家财产、集体财产遭受损失的,人民检察院在提起公诉的时候,可以提起附带民事诉讼。

● 提起的客体

提起的客体是附带民事诉讼的赔偿范围,即被害人因人身权利或财物受到犯罪侵犯而实际或必然遭受的物质损失。人身损害赔偿范围包括医疗费、误工费、护理费、交通费、住院伙食补助费、被扶养人生活费和丧葬费;财产损害赔偿以被告人的犯罪行为直接给被害人造成的实际损失为限,不包括间接损失。因被犯罪人侵占、使用或处置而造成的财产减损、灭失,被害人应当向有关司法机关要求依法追缴发还、责令退赔等予以维权。在确定附带民事诉讼的赔偿范围时,提起的主体应注意,精神损害不在赔偿范围之内。

● 提起的对象

提起的对象是附带民事诉讼的被告人。一般情况下刑事被告人就是附带民事诉讼的被告。特殊情况下,附带民事诉讼的被告包括未被追究刑事责任的其他共同致害人、共同犯罪案件中未成年被告人或无刑事责任能力致害人的监护人、共同犯罪案件中已死亡犯罪人的遗产继承人或财产保管人、单位犯罪案件中的单位和其他与犯罪相关的民事责任承担者,如在交通肇事,生产、销售伪劣商品,侵犯知识产权等犯罪中,按照职务关系、劳务关系、临时监护关系等应当承担民事责任的行为人之外的其他自然人或组织。

● 提起的条件

提起的条件主要包括三个方面:① 被告人的行为必须构成犯罪;② 被害人的物质损失必须是被告人的犯罪行为所直接造成的;③ 只能在刑事诉讼过程中提起。

以上三个条件必须同时具备,缺一不可。

需要特别指出的是,由于附带民事诉讼是一种特殊的民事诉讼,所以它同人民法院民庭受理的普通民事案件不同,在提起时有以下几个方面的特点:司法机关可以主动关心,告知被害人提起;附带民事诉讼的原告人如果不知道被告人的具体情况,可以不指明被告人;对于人身损害的赔偿数额,可以待到实体审理时提出。

● 提起的方式

《刑事诉讼法》对此没有明确的规定。我们认为,从国情出发,从方便当事人参加诉讼着想,被害人以口头或书面方式提起皆可。但无论是用口头还是用书面方式,都应当说明附带民事原告人、附带民事被告人的姓名、年龄、职业、住址,被告的罪行,因犯罪行为所遭受损失的种类和程序及有关证据,具体的赔偿请求等。人民检察院法定代表国家行使附带民事诉讼提起权时,必须以书面方式进行。

实践关注:附带民事诉讼能否提起精神损害赔偿?

在刑事案件的处理中,依照以往的立法和惯例,附带民事诉讼的当事人一般无法提起精神损害赔偿请求。然而,犯罪给被害人所造成的影响,有的时候显然不仅仅是单纯的物质损失,精神上的创伤同样不可忽略。因而在司法实践中,附带民事诉讼能否提起精神损害赔偿也成了困扰实务界的一大难题。

2021年7月,上海市第二中级人民法院判决维持了一起在刑事附带民事诉讼中支持精神损害赔偿请求的一审判决。该案中,牛某利用暴力手段,对智力残障的未成年人多次实施奸淫。受害人提起刑事附带民事诉讼,要求精神损害赔偿,公诉机关依据法律规定支持起诉,最终牛某被判处有期徒刑10年,并向被害人一次性赔偿精神抚慰金3万元。① 该案成为《最高法解释》实施后,上海法院首个在刑事附带民事案件中支持精神损害赔偿请求的案例。

请读者结合上述案例进一步思考附带民事诉讼中提起精神损害赔偿的正当性,并试着提出完善的建议。

刑事附带民事诉讼的审理

人民法院审理附带民事案件时可以进行调解

《刑事诉讼法》第一百零三条规定:"人民法院审理附带民事诉讼案件,可以进行调解,或者根据物质损失情况作出判决、裁定。"人民法院审理附带民事诉讼案件,除人民检察院提起的以外,可以调解。调解适用于第一审和第二审的附带民事诉讼案件。在庭审前、庭审中、庭审后、宣判前,审判人员均可以进行调解。调解应当坚持自愿、平等、合法的原则。经过调解,达成调解协议的,审判人员应当制作调解书,调解书经双方当事人签收后即发生法律效力。调解达成协议并当庭执行完毕的,可以不制作调解书,但应当制作笔录,经双方当事人、审判人员、书记员签名或者盖章即发生法律效力。人民法院对附带民事诉讼案件进行调解,应当及时,不能久调不决。对于附带民事部分积极参与调解、已经赔偿了被害人物质损失的被告人,法院可以在量刑时酌情予以考虑。

人民法院应当合并审判

《刑事诉讼法》第一百零四条规定:"附带民事诉讼应当同刑事案件一并审判,只有为了防止刑事案件审判的过分迟延,才可以在刑事案件审判后,由同一审判组织继续审理附带民事诉讼。"据此,一般情况下,附带民事诉讼要由法院刑庭同一合议庭通过同一程序、同一判决,与刑事案件一并审判。

但是,在附带民事部分的情况较为复杂,被害人遭受的物质损失或者被告人的赔偿能力一时难以确定,或者附带民事诉讼当事人因故不能到庭等情况下,如果附带民事诉讼同刑事部分一并审判,会影响刑事部分在法定时间内审结的,合议庭也可以先审判刑事部分,再审判附带民事诉讼。如果同一合议庭的成员确实无法继续参加审判的,经事先告知双方当事人,可以更换合议庭成员。附带民事判决对案件事实的认定不得同刑事判决相抵触。附带民事诉讼的延期审理,一般不影响刑事判决的生效。

总 结

制度是一种规则或约束条件,是人类在社会交往中为了规制个人行为或集体行为而

---

① 上海二中法院:《刑事附带民事诉讼支持精神损害赔偿,上海首个案例来了》,(2021-07-15)[2022-04-18],https://m.thepaper.cn/baijiahao_13601550。

设计的行为模式。

在我国的刑事诉讼中,管辖制度主要解决公、检、法机关在受理刑事案件上的权限分工和法院系统内部在审判第一审刑事案件上的权限分工问题。回避制度旨在确保办案人员或其他相关人员保持中立无偏的地位,从而使当事人能够获得公正的对待。辩护与代理制度主要解决刑事诉讼中特定主体的法律帮助问题,通过聘请或指定辩护人、委托诉讼代理人,从而使其能够充分有效地参与诉讼。法律援助制度的实行可以使因经济困难而无力聘请律师或者特殊案件中没有聘请辩护人的被告人获得律师的帮助,从而在诉讼中维护其合法权益。刑事附带民事诉讼制度通过将犯罪行为造成的直接物质损失赔偿与刑事案件合并审理的方式,不仅有利于保护被害人、提高诉讼效率,而且为附带民事诉讼的救济提供了更为便捷的途径。

通过对上述制度的学习,我们可以正确理解如何确保刑事诉讼的公正性、如何维护当事人的合法权益以及如何促进社会秩序的恢复。

思 考 题

1. 如果公安机关在侦查某盗窃案的过程中,发现犯罪嫌疑人还涉嫌侵占罪,那么此时侦查人员该如何处理?如果发现犯罪嫌疑人涉嫌的是假冒注册商标罪,那么侦查人员又该如何处理呢?

2. 在一起故意伤害案的审理过程中,辩护律师张某发现本案的书记员与被害人是大学同学,因而认为其不应参加庭审。请问,张某能否向法庭提出回避申请呢?

3. 某中级人民法院在审理被告人顾某涉嫌故意杀人罪和抢劫罪的案件中,为顾某指定了一名辩护律师冯某。在庭审中,顾某认为冯某水平太差而当庭拒绝冯某再为其辩护,对此,法院该如何处理?

第 4 章 刑事证据

引言

可以毫不夸张地说,刑事证据在整个刑事诉讼中发挥了极为重要的作用。没有证据,刑事诉讼将寸步难行。刑事诉讼的运行基本上是围绕证据的发现、收集、审查、判断来展开的。那么,究竟什么是证据,刑事诉讼中有哪些证据,刑事证据可以如何分类,刑事诉讼证明的主体、对象分别是什么,证明责任分配的基本规则是什么,我国的刑事诉讼制度中确立了哪些证据规则?本章将围绕这些问题加以展开。通过本章的学习,我们可以掌握刑事证据制度的若干基本原理,明确其在诉讼中的重要性,以及其可能存在的问题。

4.1 何谓刑事证据?

所谓刑事证据,是指在刑事诉讼过程中,以法律规定的形式表现出来的,能够用于证明案件事实情况的各种材料。证据必须经过查证属实,才能作为定案的根据。在刑事诉讼中,确定某一案件事实是否存在、支持或反驳某一诉讼主张,都需要借助一定的证据。法院的裁判也是建立在对诉讼证据的审查、判断的基础之上的。

延伸思考:证据与事实的关系

迄今为止,关于刑事证据的界定,一直是颇具争议的问题。从学理上看,学术界主要有六种学说,即"事实说""根据说""材料说""信息说""载体说"以及"统一说"。"事实说"主张证据是用于证明案件真实情况的事实;"根据说"主张证据是证明案件事实的根据;"材料说"认为证据是证明案件事实的材料;"信息说"认为证据是关于案情的信息;"载体说"认为证据是案件事实信息的物质载体;"统一说"则强调证据是内容与形式的统一。

在传统的诉讼法学教科书中,"事实说"一直是主流观点,它沿用了 1979 刑诉法关于证据的界定,即证明案件真实情况的一切事实,都是证据。直至 2012 刑诉法修订后,众多的教科书在界定证据时用"材料说"替代了"事实说"。2012刑诉法第四十八条明确规定,可以用于证明案件事实的材料,都是证据。据此,本书在界定证据时也沿用了新法的规定。

然而,关于证据界定的各种学说却值得我们认真关注并加以反思。有一个核心问题,即证据与事实的关系,可以成为我们思考证据本质的出发点。在一个刑事案件中,我们可以说,事实是需要查明的对象,同时事实又是查明案件真相的手段。但是,将证据与事实等同起来的做法是值得商榷的。这种做法会直接产生一个简单的悖论:如果证据是事实的话,那么立法中规定"证据必须经过查证属实,才能作为定案的根据"又意味着什么呢?

请读者查阅学界讨论关于证据本质的文献,了解各种学说提出的背景、存在的争议,并思考证据与事实的关系,试着对各种学说作出评价。

我国目前的通说认为,刑事证据应当具有客观性、关联性和合法性。

■ 客观性

传统的理论认为,客观性是刑事证据的本质属性。所谓客观性,是指证据是客观存在的事实,是不以人们的主观意志为转移的客观存在。不具有客观性,就不能成为诉讼的证据。学界在解释"客观性"时基本上都强调两个方面:一是证据与事实的关系;二是反对将推测、想象、假设、臆想的东西作为证据。

然而,就在"客观性"和"事实说"成为主流学说的同时,也有不少学者开始进行反思。早在20世纪60年代就有学者对"客观性是证据的本质属性"这一观点提出了不同意见,主张证据是主、客观矛盾的统一体。后来有学者将我国1996刑诉法所规定的证据归纳为三类:第一类是物证、书证、视听资料;第二类是证人证言,被害人陈述,犯罪嫌疑人、被告人供述和辩解;第三类是勘验、检查笔录和鉴定结论。他指出,这三类证据中除第一类是实实在在的物质因而是客观的以外,其他两类都很难说是完全客观的。第二类证据都包含了认识主体对客观事物的感知或反映,都不可避免地掺杂了主观的因素,因此将这类证据看作与物证、书证一样的纯粹客观存在的东西,显然不合适,至少也应当是主、客观的结合。至于第三类证据,如鉴定结论,则完全是鉴定人对送检材料的分析和判断,更属于主观的范畴。①

我们认为,证据的形成源于案件事实,但又有别于案件事实本身,因为它掺入了人类主观意识的因素。无论如何,事实的属性(客观性)都不能直接转移到证据上,故将证据等同于事实,即认为客观性是证据之根本属性的观点是片面的。我们可以说证据是客观存在的,但客观性却不应作为判断证据的标准或属性。证据是用于证明案件事实的材料,但其本身无法等同于事实,因此我们才有必要对其进行审查和判断。

而关于客观性到底该如何理解,熊志海教授的解读则颇具启发性。他认为,诉讼证据的客观性首先应当是指证据存在形式的客观性,而不是指证据所能反映和包含的内容的

---

① 卞建林:《证据法学》,中国政法大学出版社2007年版,第6—7页。

客观性,同时它还意味着证据所蕴含的事实信息必须是客观的,是不以人的意志为转移的客观存在。①

延伸阅读:"事实"与"案件事实"

事实是指对某事物实际状况(某事物具有某种性质和某些事物具有某种关系等)的一种断定。因此,事实必然是用命题来表示、用语句(陈述句)来表达的。例如,"张三是直接故意杀人"这一命题,如果与客观情况一致,那么这就是事实。同时,任何一个事物都可以包含许多的事实。事实又可以分为现存事实和既往事实。

案件事实属于事实的范畴,是指犯罪嫌疑人、被告人实施的、依照《刑法》规定应当追究其刑事责任的行为及其相关的各种客观情况在人的大脑中的客观呈现,是主体依据现有的法律概念、理念,对于发生的犯罪行为及其相关客观情况的主观觉察而得到的一种正确的、符合实际的命题判断。案件事实是既往事实,是可知的事实。②

■ 关联性

关联性,是指证据必须与案件事实有实质性联系,从而对案件事实有证明作用。关联性源于证据与案件事实之间的客观联系,而非主观想象的或强加的联系。同时,证据关联性的表现形式是多样的。证据事实可以是案件事实发生的原因,可以是案件事实发生的方式、方法,还可以是案件发生时的条件。只要与案件的某一方面、某种情节存在客观联系,对查明案情有意义,该事实材料就可以作为证据。

大陆法系国家对于证据的审查运用涉及两个重要概念:证明力和证据能力。其中,证明力就包含了对关联性的要求,具体来说,是指证据对其所要证明的事实所具有的必要的、最小限度的证明能力,它需要借助经验法则和逻辑法则来加以判断。

在英美法系国家中,证据的关联性也颇受重视,不少国家在立法中对关联性做了明确的规定。例如美国《联邦证据规则》第四百零一条就规定,"有关联性证据"是指证据具有这样一种倾向,即有这项证据比没有这项证据,使对于案件审理有意义的任何事实的存在更有可能或者更不可能。确立关联性的目的在于,排除不相关的证据,以便控制诉讼成本、节省诉讼时间。

延伸阅读:国外历史上的证据制度

据考察,国外历史上的证据制度大体上可以分为三个阶段:神示证据制度、法定证据

---

① 熊志海:《刑事证据研究:事实信息理论及其对刑事证据的解读》,法律出版社2004年版,第78—81页。
② 熊志海:《刑事证据研究:事实信息理论及其对刑事证据的解读》,法律出版社2004年版,第6—18页。

制度和自由心证证据制度。

◇ 神示证据制度

所谓神示证据制度，是指以神的启示作为判断案件中是非曲直的方法的制度。神示证据制度出现于生产力发展水平较为低下的社会，人们在特定案件中试图借助神的力量来解决纠纷。

获得神的启示通常需要借助一些特定的方法或仪式，比较有代表性的是水审、火审、卜筮、决斗等。（关于上述方法的具体内容，请参见第1章第1节"从纠纷解决到刑事诉讼"。）

◇ 法定证据制度

所谓法定证据制度，是指一切证据的证明力的大小以及对它们的取舍和运用，都由法律预先明文加以规定，法官在审理案件过程中不得自由评断和取舍，法官在审理案件中运用证据查证案件情况，只需符合法律形式规定的各项规则，并不要求符合案件的客观真实情况。此项制度盛行于16世纪至18世纪的欧洲。

法定证据制度具有如下特点：第一，在各种证据中，被告人的口供被视为最有价值的证据，口供又被称为"证据之王"。第二，为了获取证据，尤其是被告人的口供，刑讯成为合法的取证手段，这导致诉讼中刑讯现象颇为盛行。第三，对于证人证言，如果数个可靠证人的证言相矛盾，就按多数证人的证言判断案情。如果提供不同证言的证人彼此人数相等，那么男子的证言优于女子的证言，学者的证言优于非学者的证言，显要者的证言优于普通人的证言，僧侣、牧师的证言优于世俗人的证言。第四，法官在审理案件中，必须遵循相关的规则，一旦收集到完善的证据，就必须形成确信，认定被告人罪行属实。这在一定程度上限制了法官个人的专横武断。

◇ 自由心证证据制度

所谓自由心证证据制度，是指法律对证据的证明力不作预先规定而由法官在审理案件中加以自由判断的证据制度。1808年公布的《法国刑事诉讼法典》首次规定了自由心证制度，该法第三百四十二条规定："法律对于陪审员通过何种方法而认定事实并不计较，法律也不为陪审员规定任何规则，使他们判断是否已齐备及是否充分，法律仅要求陪审员深思细察，并本诸良心，诚实推求已经提出的对于被告不利和有利的证据在他们的理智上产生了何种印象。"继法国之后，欧洲各国纷纷在立法中规定了自由心证制度。

自由心证制度把法官从法定证据制度的束缚下解放出来，使其可以根据自己的理智和良心来判断证据与认定事实。然而自由心证也常常因其名称而被误解，似乎一切都是由法官随意作出判断。实际上，自由心证有着诸多的限制：首先，自由心证的理论前提是证据裁判主义和审判中心主义。其次，自由心证不是绝对自由的。法官在心证时必须遵循一定的逻辑经验法则和证据规则，必须根据案件的具体情况，在确保各个单一证据证明能力和证明力的基础上进行综合判断，得出排除合理怀疑的结论。最后，自由心证的最大特点是公开性，包括心证材料的公开、心证结果的公开和心证过程的公开。

另外，为了确保自由心证的公正性，欧美各国还设计了一系列的制度对其加以约束和保障。例如判决理由制度，即法官应将心证形成的过程及原因或基础明确记录于判决文书之中。又如事后审查制度,如果判决违背经验法则和逻辑法则,背离审判公开、回避、证据裁判、直接言词、诚实信用等原则或制度,就可以构成上诉或者再审的理由。

关于西方证据制度的变迁,读者可参阅如下书目。(1)何家弘:《外国证据法》,法律出版社 2003 年版,第一章;(2)萨达卡特·卡德里:《审判的历史》,杨雄译,当代中国出版社 2009 年版,第一章、第二章、第四章。

合法性

合法性,是指证据必须具有法定的形式,由法定的人员依照法定的程序收集、审查和运用。关于合法性的基本要求,《刑事诉讼法》第五十二条规定:"审判人员、检察人员、侦查人员必须依照法定程序,收集能够证实犯罪嫌疑人、被告人有罪或者无罪、犯罪情节轻重的各种证据。严禁刑讯逼供和以威胁、引诱、欺骗以及其他非法方法收集证据,不得强迫任何人证实自己有罪。必须保证一切与案件有关或者了解案情的公民,有客观地充分地提供证据的条件,除特殊情况外,可以吸收他们协助调查。"

同时,为了确保证据的合法性,《刑事诉讼法》第五十六条规定了非法证据排除规则:"采用刑讯逼供等非法方法收集的犯罪嫌疑人、被告人供述和采用暴力、威胁等非法方法收集的证人证言、被害人陈述,应当予以排除。收集物证、书证不符合法定程序,可能严重影响司法公正的,应当予以补正或者作出合理解释;不能补正或者作出合理解释的,对该证据应当予以排除。在侦查、审查起诉、审判时发现有应当排除的证据的,应当依法予以排除,不得作为起诉意见、起诉决定和判决的依据。"

延伸阅读:"可采性"与"证据能力"[①]

在国外的证据理论中,证据的合法性一般被称为"可采性"(英美法系)或"证据能力"(大陆法系),但两者的内涵并不完全相同。

证据的可采性是由实质性、证明性和有效性构成的。实质性涉及所提出的证据是否针对案件中的实质性争议。实质性争议一般通过证据开示程序、审前会议确定,它是与当事人之间的争执点密切相关的事实。证明性涉及所提出的证据能否确立那一实质性争议的要点。有效性涉及所提出的证据是否因某些特定的排除性法律规则而变得无效。若某一证据虽然对实质性问题具有证明性,但符合特定证据排除法则的范围,则不可采用。

证据的可采性具有两项重要价值:一是节省时间;二是保护陪审团免受不当影响。

可采性与证据能力的关系:凡某一证据无证据能力,便无法受容许进入诉讼程序,即无可采性;虽某一证据具有证据能力,但有时因法官自由裁量,认为已有其他的充分证据、

[①] 何家弘:《外国证据法》,法律出版社 2003 年版,第 191—192 页。

该证据证明价值甚微或已无必要时,也不得容许采纳为诉讼上的证据,即亦无可采性。

关于对"可采性"与"证据能力"的解析,读者还可参阅如下书目。① 陈瑞华:《刑事证据法学》,北京大学出版社 2012 年版,第五章;② 林钰雄:《刑事诉讼法》(上册),中国人民大学出版社 2005 年版,第十一章。

4.2 刑事证据的种类

证据种类,是指根据证据的各种表现形式,在法律上对证据所作的划分。《刑事诉讼法》第五十条规定了八种刑事证据:即物证,书证,证人证言,被害人陈述,犯罪嫌疑人、被告人供述和辩解,鉴定意见,勘验、检查、辨认、侦查实验等笔录,视听资料、电子数据。不具备法定表现形式的证据,不得作为定案的根据。

表 4-1 新旧《刑事诉讼法》证据种类对照表

1996 刑诉法	《刑事诉讼法》(同 2012 刑诉法)
物证	物证
书证	书证
证人证言	证人证言
被害人陈述	被害人陈述
犯罪嫌疑人、被告人供述和辩解	犯罪嫌疑人、被告人供述和辩解
鉴定结论	**鉴定意见**
勘验、检查笔录	**勘验、检查、辨认、侦查实验等笔录**
视听资料	视听资料、**电子数据**

■ 物证

物证,是指以外部特征、存在状况与内在属性等证明案件真实情况的实物和物质痕迹。

物证具有如下特点:第一,物证必须以物为载体,具体来说可表现为实物或物质痕迹,没有物的存在也就没有物证;第二,实物或物质痕迹中必须蕴含案件事实信息,并且可以识别,这是其成为物证的关键;第三,物证具有较强的客观性。与言词证据相比,物证不易受到人的主观因素的影响而发生变化,但可能受自然因素的影响而灭失。

在刑事诉讼中,物证种类繁多且往往能够发挥颇为重要的作用。比较常见的物证类型包括文书物证、化学物证、生物物证、痕迹物证等。就其作用而言,物证是查明案件事实的重要手段,同时也是鉴别其他证据真伪的重要手段。另外,物证还是促使犯罪嫌疑人、被告人认罪的有效手段。

■ 书证

书证,是指以文字、符号、图画、图标等所记载的内容或者表达的思想来证明案件事实的一切物品。刑事诉讼中,书证的表现形式多种多样,经常使用的书证有如下表现形式:证实经济犯罪的账册、收据、发票、合同;诬告陷害案件中的诬告信;记录受贿金额、时间及行贿人情况的日记;反映犯罪主体身份的工作证、身份证、户口簿、任免文件等。

按照不同的标准,我们可以对书证进行多种分类。例如,根据是否经过加工复制,书证可以分为原始书证和复制书证,前者是指未经任何加工的书证,后者是指通过摘抄、复制等方法所形成的书证(如某个文本的复印件)。又如,根据书证的具体表现形式,书证可以分为文字书证、符号书证和图形书证。文字书证是指以文字记载的案件事实信息的书证,如合同、日记等。符号书证是指以某种符号记载和表达的一定的思想内容的书证,如交通路标。图形书证是指以图形来表征一定的思想内容的书证,如侮辱他人人格的漫画。

书证具有如下特点:第一,书证是以文字、符号、图画、图表等记载或者表达一定思想和行为的物质材料,其记载、表达的思想内容能够为人们所认识和理解。第二,书证所记载的内容或者表达的思想内容,必须与待证明的案件事实有关联,能够借以证明案件事实。第三,书证是在诉讼外形成的。书证一般形成于诉讼开始之前,主要是随着案件事实的产生、形成与发展而出现的,不是在诉讼过程中形成的,从而有别于在刑事诉讼中制作的各种笔录。

从广义上讲,书证与物证都属于实物证据的范畴,都是以实物形式存在的证据。二者的区别在于,书证是以其记载或者表达的思想内容来证明案件事实的,而物证是以物品或者痕迹的外部特征、存在状况和物质属性起证明作用的。例如,贪污案件中的账册,以其记载的内容证明资金的去向的,是书证;但若发现账册是被涂改的,以涂改的痕迹特征来证明涂改账册的事实,则属于物证。

在刑事诉讼中,某些书证可以直接证明案件的性质、作案动机和目的。同时,书证也是审查其他证据真伪的重要手段。

■ 证人证言

证人证言,是指证人在诉讼过程中,就其所了解的案件情况向公安、司法机关所作的陈述。证人证言的内容,包括对查清刑事案件有意义的一切事实,可以是证人陈述其直接感知的案件事实,也可以是证人陈述他人转述的案件事实。对于转述的事实,必须查明来源,否则,不能作为证据。

证人证言具有如下特点:第一,证人证言是证人对案件有关情况的客观陈述,不是证人的推测、评论或分析意见;第二,证人证言可能会受到客观条件和证人的主观因素的影响;第三,由于受到感知、记忆和表达能力的制约,因此即便证人愿意如实作证,其证言的内容也有可能出现虚假的成分。

在刑事诉讼中，证人证言是全面了解案件情况的重要依据，是公安、司法人员全面审查和判断证据的有力手段，同时可以为进一步调查、收集其他证据提供帮助。

证人在国外一般分为两类：一是事实证人，二是专家证人。前者就自己感知的有关案件事实进行陈述，后者则根据自己的专业知识就案件中的某个专门性问题提出自己的意见。在普通法国家，专家是一个颇为宽泛的概念。美国《布莱克法律大辞典》中对"专家"的解释是："经过该学科科学教育的男人或女人，或者掌握有从实践中获得的特别或专有知识的人。"换句话说，任何具有专门知识的人都是专家，进而可以在法庭上就其专门知识领域中的问题提出专家意见。但在诉讼中，如果证人要以专家身份进行作证的话，那么一般需通过"证人资格"的认定程序，以确认自己具有专家证人的资格。

在我国，法律中的"证人"仅指事实证人。根据《刑事诉讼法》第六十二条规定："凡是知道案件情况的人，都有作证的义务。生理上、精神上有缺陷或者年幼，不能辨别是非、不能正确表达的人，不能作证人。"据此，证人必须具备三个条件：第一，知道案件情况。第二，具有作证能力，即具有辨别是非、正确表达的能力。生理上、精神上有缺陷或者年幼的人，在其认知范围内，可以作证人。第三，证人只能是自然人，单位不具有证人资格。

为了确保证人能够安全、有效、及时、放心地作证，《刑事诉讼法》对有关问题作了明确的规定。例如，《刑事诉讼法》第六十三条规定："人民法院、人民检察院和公安机关应当保障证人及其近亲属的安全。对证人及其近亲属进行威胁、侮辱、殴打或者打击报复，构成犯罪的，依法追究刑事责任；尚不够刑事处罚的，依法给予治安管理处罚。"第六十五条规定："证人因履行作证义务而支出的交通、住宿、就餐等费用，应当给予补助。证人作证的补助列入司法机关业务经费，由同级政府财政予以保障。有工作单位的证人作证，所在单位不得克扣或者变相克扣其工资、奖金及其他福利待遇。"

实践关注：我国证人保护的缺陷与完善

证人在我国刑事诉讼中发挥了重要的作用。但也因为证人所提供之证言对案件调查的影响，特别是对犯罪嫌疑人、被告人所涉嫌犯罪事实的查明以及未来其刑事责任的认定，在司法实践中证人及其近亲属的人身安全经常会受到威胁。

对此，各国纷纷通过立法及相关措施来展开对证人的保护。英国、美国、德国、葡萄牙、南非等国都颁布了专门的《证人保护法》。另外，一些国家和地区实施了专门的保护项目或成立了专门的保护组织。较有代表性的有美国的"马歇尔项目"、我国香港地区的"证人保护组"。

而在我国的刑事司法实践中，证人保护不容乐观。近年来不断发生证人遭到打击报复的案件。从立法的角度来看，证人保护也存在较为明显的缺陷，这主要表现为以下四个方面：第一，证人保护的法律规定较为原则化，可操作性差；第二，缺乏明确的证人保护阶段；第三，缺乏有效的证人保护措施；第四，偏重于事后惩罚，缺少预防性保护措施。

针对司法实务中的情况及立法的缺陷，《刑事诉讼法》在修订后专门就证人保护做了一定的完善。例如,第六十四条规定,对于危害国家安全犯罪、恐怖活动犯罪、黑社会性质的组织犯罪、毒品犯罪等案件,证人、鉴定人、被害人因在诉讼中作证,本人或者其近亲属的人身安全面临危险的,人民法院、人民检察院和公安机关应当采取以下一项或者多项保护措施:① 不公开真实姓名、住址和工作单位等个人信息;② 采取不暴露外貌、真实声音等出庭作证措施;③ 禁止特定的人员接触证人、鉴定人、被害人及其近亲属;④ 对人身和住宅采取专门性保护措施;⑤ 其他必要的保护措施。

显然,上述规定可以在一定程度上使证人获得更为有效的保护,但需要指出的是,这次完善也存在一定的不足,例如其保护的范围较为有限,仅针对危害国家安全犯罪、恐怖活动犯罪、黑社会性质的组织犯罪、毒品犯罪等案件,这意味着其他类型的犯罪案件中证人可能无法获得上述保护。

请读者试着了解并思考:近年来各地的司法机关还施行了哪些保护证人的举措?如何完善现行的证人保护制度?

被害人陈述

被害人陈述,是指刑事案件的被害人就自己遭受犯罪行为侵害的情况向公安、司法机关所作的陈述。被害人是直接遭受犯罪行为侵害的人,具有人身不可替代性。

被害人陈述具有如下特点:第一,因被害人遭受犯罪行为的侵害,在有些情况下还与犯罪嫌疑人有过直接、正面的接触,其陈述可能更直接、更具体。第二,被害人陈述的内容既有对遭受特定犯罪行为侵害过程的叙述,也有对犯罪嫌疑人特征等情况的描述,还包括提出惩治犯罪嫌疑人的要求。但证据学意义上的被害人陈述仅指对于有关犯罪情况的陈述。

在刑事诉讼中,被害人陈述提供案件线索,可以帮助办案机关确认犯罪人,可以协助侦查破案,还可以帮助办案机关鉴别其他证据的真伪,排除矛盾。

犯罪嫌疑人、被告人供述和辩解

犯罪嫌疑人、被告人供述和辩解,是指犯罪嫌疑人、被告人在刑事诉讼过程中,就与案件有关的事实向公安、司法人员所作的陈述。从内容上看,陈述一般包括三个方面的内容:一是承认有罪的供述;二是提出无罪、罪轻的辩解;三是对其他犯罪人共同犯罪事实的揭发。

犯罪嫌疑人、被告人供述和辩解具有如下特点:一是全面性与直接性。犯罪嫌疑人、被告人对于自己实施的犯罪行为往往最为清楚,其如实陈述能够全面再现案件真实情况,有利于揭示案件的全貌和本质,对查明案情有重要作用。二是反复性与复杂性。犯罪嫌疑人、被告人作为被追诉的对象,与案件的处理结果有着切身的利害关系,其自由、财产乃至生命都将成为诉讼结果处分的内容。因此,犯罪嫌疑人、被告人即便承认自己的犯罪行为,往往也会避重就轻,在对有关案情进行陈述时有反复、时供时翻的情况常有发生。

在刑事诉讼中,犯罪嫌疑人、被告人的如实供述,有利于公安、司法人员明确侦查方向和范围,收集必要的证据,提高办案效率,迅速查明案件事实。犯罪嫌疑人、被告人的辩解,可以帮助公安、司法人员避免主观臆断,做到兼听则明,及时发现和纠正办案中的偏差,防止无罪的人受到刑事追究或者有罪的人罚不当罪。另外,犯罪嫌疑人、被告人的揭发,有利于公安、司法人员发现新的案件情况和证据线索。

需要特别指出的是,在运用犯罪嫌疑人、被告人供述认定案件事实时,公安、司法人员应当遵循如下原则:第一,重证据,重调查研究,不轻信口供。第二,只有被告人供述,没有其他证据的,不能认定被告人有罪和处以刑罚;没有被告人供述,证据确实、充分的,可以认定被告人有罪和处以刑罚。第三,采用刑讯逼供等非法方法取得的犯罪嫌疑人、被告人供述,应当依法予以排除,不得作为起诉意见、起诉决定和判决的依据。

■ 鉴定意见

鉴定意见,是指鉴定人员根据公安、司法机关的指派或者聘请,运用自己的专门知识或者技能对案件中需要解决的专门性问题进行鉴定后所作的书面意见。

刑事诉讼中需要鉴定的专门性问题主要包括三类:一是法医类鉴定,包括法医病理鉴定、法医临床鉴定、法医精神病鉴定、法医物证鉴定和法医毒物鉴定。二是物证类鉴定,包括文书鉴定、痕迹鉴定和微量鉴定。三是声像资料鉴定,包括对录音带、录像带、磁盘、光盘、图片等载体上记录的声音、图像信息的真实性、完整性以及其所反映的情况过程进行的鉴定,还包括对记录的声音、图像中的语言、人体、物体作出种类或者同一认定。

鉴定意见具有如下特点:第一,鉴定意见是对案件中某个需要解决的专门性问题提出的分析、判断意见,不是对法律适用问题提出意见。第二,鉴定意见具有科学性、客观性。鉴定意见是鉴定人运用专门知识或者技能,凭借科学设备和仪器,对案件专门性问题从科学技术角度提出的分析、判断意见。

在刑事诉讼中,鉴定意见可以弥补法官在专门问题上认识能力的不足,也是审查、判断其他证据的重要手段。但法官在运用鉴定意见的过程中,也需要遵循一定的程序规范。例如,《最高法解释》规定,经人民法院通知,鉴定人拒不出庭作证的,鉴定意见不得作为定案的根据。鉴定人出于不能抗拒的原因或者有其他正当理由无法出庭的,人民法院可以根据情况决定延期审理或者重新鉴定。

★────────────────────

延伸阅读:从"鉴定结论"到"鉴定意见"

诚如一些学者所言,"鉴定结论"的称谓夸大了这一证据形式的"权威性",容易导致人们对鉴定结论的迷信与盲从,使得人们相信鉴定结论无须进行诉讼双方的对抗质证。而"鉴定意见"这一表述则相对科学,符合客观实际,有助于降低人们对鉴定证据的盲从。故修订后的《刑事诉讼法》将"鉴定结论"改为"鉴定意见"。

作为一种科学证据,鉴定意见表达了鉴定人对案件中某一专门问题的看法,实质上是一种特殊的人证。对于这种证据,我们仍应谨慎对待,特别是在审查、判断的过程中。

2010年施行的《办理死刑案件证据规定》对鉴定意见应着重审查、判断的内容也作了较为详细的规定：① 鉴定人是否存在应当回避而未回避的情形。② 鉴定机构和鉴定人是否具有合法的资质。③ 鉴定程序是否符合法律及有关规定。④ 检材的来源、取得、保管、送检是否符合法律及有关规定，与相关提取笔录、扣押物品清单等记载的内容是否相符，检材是否充足、可靠。⑤ 鉴定的程序、方法、分析过程是否符合本专业的检验鉴定规程和技术方法要求。⑥ 鉴定意见的形式要件是否完备，是否注明提起鉴定的事由、鉴定委托人、鉴定机构、鉴定要求、鉴定过程、检验方法、鉴定文书的日期等相关内容，是否由鉴定机构加盖鉴定专用章并由鉴定人签名盖章。⑦ 鉴定意见是否明确。⑧ 鉴定意见与案件待证事实有无关联。⑨ 鉴定意见与其他证据之间是否有矛盾，鉴定意见与检验笔录及相关照片是否有矛盾。⑩ 鉴定意见是否依法及时告知相关人员，当事人对鉴定意见是否有异议。

另外，《最高法解释》规定，鉴定意见具有下列情形之一的，不得作为定案的根据：① 鉴定机构不具备法定资质，或者鉴定事项超出该鉴定机构业务范围、技术条件的；② 鉴定人不具备法定资质，不具有相关专业技术或者职称，或者违反回避规定的；③ 送检材料、样本来源不明，或者因污染不具备鉴定条件的；④ 鉴定对象与送检材料、样本不一致的；⑤ 鉴定程序违反规定的；⑥ 鉴定过程和方法不符合相关专业的规范要求的；⑦ 鉴定文书缺少签名、盖章的；⑧ 鉴定意见与案件事实没有关联的；⑨ 违反有关规定的其他情形。

勘验、检查、辨认、侦查实验等笔录

勘验、检查、辨认、侦查实验等笔录，是指侦查人员对与犯罪有关的场所、物品、尸体和人身进行勘验、检查、辨认或者进行侦查实验所作的书面记录，包括勘验笔录、检查笔录、辨认笔录、侦查实验笔录。

勘验笔录，是指侦查人员对与案件有关的场所、物品、尸体依照法定程序进行勘查、检验而作的一种客观记录。勘验笔录的形式包括文字记录、绘图、照相、模型和录像等。

检查笔录，是指侦查人员对被害人、犯罪嫌疑人、被告人的人身进行检验和观察后所作的客观记录。检查笔录以文字记录为主，也可以辅以拍照、录像等方式。

辨认，是指在侦查人员的主持下，由证人、被害人或者犯罪嫌疑人对与案件有关的物品、尸体、场所或者犯罪嫌疑人进行辨别、确认的活动。辨认笔录是客观记录证人、被害人或者犯罪嫌疑人辨认过程和辨认结果的书面载体。辨认笔录的形式包括文字、拍照、录像等。

侦查实验，是指侦查人员为了确定与案件有关的某一事件或者现象在某种条件下能否发生和后果如何，而实验性地重演该事件或者现象的一种侦查活动。侦查实验笔录是侦查人员按照法定格式制作的，用于描述和证明实验过程中发生的具有法律意义的实际状况的书面记录。侦查实验笔录以文字记录为主，以照片或者录音、录像、绘图、制作模型等方式固定实验情况。

勘验、检查、辨认、侦查实验等笔录具有如下特点：第一，具有综合证明性。勘验、检查、辨认、侦查实验等笔录所反映的案件信息内容全面，记录的不是案件中某个单一的事实或者个别的证据材料，而是可能包含多种证据及各种证据材料之间存在的关系，各种证据形成、存在的具体环境条件等多项内容的综合性证据材料。第二，具有较强的客观性。勘验、检查笔录是侦查人员对勘验、检查对象的情况进行观察，就其观察所见作出的客观、实际的记录；辨认笔录客观记载辨认经过和结果；侦查实验笔录是对模拟实验情况的记载，不是对案件情况进行分析、判断的结论，不包含主观分析成分，因而不同于鉴定人对于案件中专门性问题提供分析、判断意见的鉴定意见。

在刑事诉讼中，笔录发挥了较为重要的作用，是保全证据的重要手段，是发现调查线索、分析案件情况的依据，可以为某些专门性问题的鉴定提供材料，可以审查、鉴别其他证据的真伪，也是判断侦查活动是否符合法定程序的有效途径。

视听资料、电子数据

视听资料，是指以录音机、录像机、电子计算机或者其他高科技设备所存储的信息证明案件真实情况的资料。

电子数据，是指以储存的电子信息资料来证明案件真实情况的资料。常见的电子数据的来源包括电子邮件、电子数据交换、网上聊天记录、网络博客、手机短信、电子签名、域名等。

视听资料、电子数据具有如下特点：第一，具有形象性、直观性、生动性。第二，具有高度的物质依赖性。视听资料所记录的声音、形象等信息，必须运用现代化的科技手段固定或者存储于有形物质中。电子数据的产生、储存、传输、查看等，必须借助计算机技术、存储技术、网络技术，否则无法发挥证据效力。第三，具有便利高效性。视听资料、电子数据所涵盖的信息量丰富，稳定性较强，可以反复使用，从而提高证据的利用率。

在刑事诉讼中，视听资料、电子数据的使用有利于公安、司法机关准确查明案情，查获犯罪人，在特定情况下可以直接证明案件的有关情况，另外也是审查、判断其他证据的重要手段。

考虑到视听资料、电子数据具有一定的技术性和可伪造性，因此在使用过程中也需要进行认真的审核。

针对视听资料，公安、司法机关应当着重审查以下内容：① 是否附有提取过程的说明，来源是否合法。② 是否为原件，有无复制及复制份数；是复制件的，是否附有无法调取原件的原因、复制件制作过程和原件存放地点的说明，制作人、原视听资料持有人是否签名或者盖章。③ 制作过程中是否存在威胁、引诱当事人等违反法律和有关规定的情形。④ 是否写明制作人、持有人的身份，制作的时间、地点、条件和方法。⑤ 内容和制作过程是否真实，有无剪辑、增加、删改等情形。⑥ 内容与案件事实有无关联。

针对电子数据，公安、司法机关应当着重审查以下内容：① 是否随原始存储介质移送；② 收集程序、方式是否符合法律及有关技术规范；③ 内容是否真实，有无删除、修改、增加等情形;④ 与案件事实有无关联;⑤ 与案件事实有关联的电子数据收集是否全面。

延伸思考:证据究竟有几种?

有学者指出,《刑事诉讼法》对刑事证据种类的划分并不科学。其基本观点如下:第一,与物证、书证并列的应该是人证,而不是证人证言、被害人陈述,也不是犯罪嫌疑人、被告人供述和辩解等。第二,各种笔录和鉴定结论都不是证据本身,而是对物证的调查和反映,因而不能成为独立的证据。第三,视听资料不是单一事物,它是一个复合体,既包含了证据的成分,也包含了证据资料的成分。根据其记录内容的不同,视听资料包含了不同类型的证据。如果其记录的是合同、账簿,那么它可以被称为音像书证。但从整体上说,视听资料不应具备证据资格。第四,证据只有三种,即物证、书证和人证。①

请读者结合自己的思考试着评价上述观点。

4.3 刑事证据的分类

刑事证据的分类,是指按照不同的标准,从不同的角度将刑事证据划分为不同的若干类型。其目的在于通过分析某类证据的共同特征,揭示其运用规则,从而指导诉讼实践。在我国诉讼理论界,刑事证据大体上包括三组分类:原始证据与传来证据、言词证据与实物证据、直接证据与间接证据。

■ 原始证据与传来证据

根据证据来源的不同,我们可以将证据划分为原始证据与传来证据。

原始证据,是指直接来源于案件事实或者原始出处的证据。如被害人对自己受害经过的陈述,证人对自己亲身感受、亲眼所见的事实所提供的证言,物证的原物,书证的原件等。

传来证据,是指经过复制、复印、转述、转抄等中间环节形成的证据,是从原始证据派生出来的证据。如证人转述他人告知的案情的证言,物证、书证的复制品、复印件等。

在刑事诉讼中运用原始证据应遵循如下规则:第一,应当尽可能收集和运用原始证据。第二,原始证据也要经过查证属实后,才能作为定案根据。第三,在法庭调查中,应当坚持要求原始证人亲自出席法庭、亲自陈述并接受质证,只有在法定情况下,才允许原始证人以书面方式作证。

刑事诉讼中运用传来证据应遵循如下规则:第一,没有查明来源或者来源不明的材

---

① 裴苍龄:《论证据的种类》,载《法学研究》2003年第5期。

料不能作为传来证据使用。第二,应当尽量收集和运用距原始证据最近的传来证据。第三,在无法取得原始证据或者取得原始证据确有困难时,只有经查证属实的传来证据才可以作为定案的根据。第四,只有传来证据时,不能轻易认定犯罪嫌疑人、被告人有罪。

■ 言词证据与实物证据

根据证据表现形式的不同,我们可以将证据划分为言词证据与实物证据。

言词证据,是指以人的陈述为存在和表现形式的证据,又称为"人证",包括证人证言、被害人陈述、犯罪嫌疑人、被告人供述和辩解,鉴定意见。

实物证据,是指以实物形态作为存在和表现形式的证据,包括物证、书证、勘验、检查、辨认、侦查实验等笔录,视听资料、电子数据。

收集和运用言词证据应当遵循如下规则:第一,严禁采用非法方法收集言词证据。言词证据一般通过询问、讯问的方式获得,在收集言词证据的过程中严禁刑讯逼供或者采用暴力、威胁、引诱、欺骗以及其他非法方法。第二,审查言词证据陈述人的情况,具体来说,应着重考察陈述人与案件的利害关系,其感知、记忆、表达的能力和条件,是否可能受到外界因素的影响等。

收集和运用实物证据应当遵循如下规则:第一,严格依照法定程序及时收集和保全实物证据。第二,必要时,对实物证据应当进行辨认、鉴定或者检验。第三,对于实物证据的审查,应侧重于查明其与案件的关联性、是否伪造、是否受环境影响发生自然变化。

■ 直接证据与间接证据

根据证据与案件主要事实的证明关系不同,我们可以将证据分为直接证据与间接证据。

直接证据,是指能够单独、直接证明案件主要事实的证据。在司法实践中,直接证据主要包括如下几类:犯罪嫌疑人、被告人的供述与辩解;证明犯罪嫌疑人、被告人实施犯罪的被害人陈述、证人证言;能够反映案件主要事实的书证和视听资料等。直接证据可以分为肯定性直接证据和否定性直接证据。

间接证据,是指不能单独、直接证明案件的主要事实,需要与其他证据结合才能证明案件事实的证据。间接证据的种类非常广泛,一般来说,只能证明犯罪的时间、地点、工具、手段、结果或者犯罪动机等单一的事实要素和案件情节的证据,都是间接证据。

在收集、运用直接证据时应当遵循如下规则:第一,严禁采用刑讯逼供等非法方法收集证据。第二,孤证不能定案。《刑事诉讼法》规定,只有被告人供述,没有其他证据的,不能认定被告人有罪和处以刑罚。

在收集、运用间接证据时应当遵循如下规则:第一,要对收集到的间接证据逐一查证落实,查明每个间接证据的真实性和合法性,保证每个间接证据本身真实、可靠。第二,要判明各个间接证据与案件的主要事实是否有内在联系,防止把那些与案件无关的材料当作间接证据加以收集和使用。第三,间接证据之间以及间接证据与案件事实之间必须协调一致。第四,依据间接证据认定的案件事实,要保证结论是唯一的,足以排除一切合理怀疑。第五,运用间接证据进行的推理应当符合逻辑和经验判断。

4.4　刑事诉讼证明

　　刑事诉讼证明,是指在刑事诉讼中,特定的证明主体依照法定的程序和标准,运用已知的证据来推断、认定案件事实的活动。其基本特征是:第一,证明主体是特定的,包括侦查机关、检察机关、自诉人、附带民事诉讼的当事人以及特定情况下的被告人。第二,证明的目的是查明并确定案件事实。第三,证明是在诉讼过程中依照法定程序和标准进行的。第四,证明过程包括收集证据、审查和判断证据、运用证据认定案件事实并得出结论的全部活动,内容涉及证明对象、证明责任、证明标准等问题。

■ 证明对象

　　受大陆法系传统的影响,中国、俄罗斯、日本、意大利等国一般都将刑事诉讼的证明对象视为一种事实,因而诉讼证明就是一个探究事实的活动。

　　证明对象,又称待证事实,是指在刑事诉讼中,证明主体需要运用证据加以证明的案件事实。证明对象所要解决的中心问题是如何恰当地确定证明的范围。确定证明的范围,对于办案人员明确具体案件需要证明的各种问题,以便有目的、有重点、有计划地调查收集证据,及时查明全部案件的事实情况,正确适用法律来处理案件,都具有重要价值。

　　根据《最高法解释》,我国刑事诉讼的证明对象主要包括:① 被告人、被害人的身份;② 被指控的犯罪是否存在;③ 被指控的犯罪是否为被告人所实施;④ 被告人有无刑事责任能力,有无罪过,实施犯罪的动机、目的;⑤ 实施犯罪的时间、地点、手段、后果以及案件起因等;⑥ 是否系共同犯罪或者犯罪事实存在关联,以及被告人在犯罪中的地位、作用;⑦ 被告人有无从重、从轻、减轻、免除处罚情节;⑧ 有关附带民事诉讼、涉案财物处理的事实;⑨ 有关管辖、回避、延期审理等的程序事实;⑩ 与定罪量刑有关的其他事实。

　　此外,有一类事实无须证明,即免证事实。根据我国有关的司法解释和国外的司法认知理论,免证事实包括司法认知和推定。

　　司法认知包括常识性的事实、自然规律和定理、国内法律的规定及其解释,以及司法职务上应当知悉的其他事实。

　　所谓推定,是指通过对基础事实与未知事实之间常态联系的肯定来认定事实的特殊方法。推定有两项内容:第一,推定是对基础事实与未知事实之间常态联系的肯定,它并不是对事实的确认,而是在一般和个别、常规和例外这样的相对关系中,分别选择了"一般"和"常规";第二,推定是认定事实的特殊方法,它是对事实之间常态联系的肯定。而事实之间除了常态联系外还可能会有变态联系,因此肯定常态联系只是一种选择,推定的特殊性就体现在选择事实上。①

在司法实务中,基础事实②为真,如果通过选择其与未知事实之间的常态联系来认定事实,那么推定事实无须证明,法官就可以直接予以认定。但是,推定事实并非不可推翻的,如果一方当事人能够提出相反的证据来推翻推定事实,那么另一方当事人就需要对其进行证明。

根据证明对象的不同,司法证明可以分为严格证明和自由证明。严格证明和自由证明原本是德国证据法中的一对概念,其差异在于证明方法有着明显的区别,同时两者所使用的证据方法和法官所达到的确信程度也有所不同。

严格证明适用的是最严格的证明方法,要求贯彻直接原则和言词原则,在证据的使用上一律采取最严格的证据能力规则,并且适用各种排除性的证据规则,同时其所证明的事项需要达到确信无疑的程度。而自由证明则对证据方法和调查证据的程序不作特别限制,法官甚至可以用查阅卷宗笔录、电话询问等方法来审查证据并形成心证,而不受直接原则、言词原则和公开审理原则的限制,并且其所证明的事项也无须达到确信无疑的标准。

可以说,严格证明和自由证明的区分对不少国家和地区都产生了影响,其主要价值在于通过对不同的证明对象分别适用不同的方法和标准,从而有利于提高诉讼效率,同时限制了公诉权的扩张和法官的恣意裁判,有利于保障被告人的合法权利。这两个概念对我国的证据理论和司法实践都产生了很大的影响。在司法实务中,不可能对所有证明对象都采取完全相同的证明方法。为了维护司法公正、确保控辩平衡,同时也考虑到诉讼经济的需要,有必要对证明对象进行合理的分类,并适用不同的证明方法。一般来说,严格证明主要适用于检察机关指控的犯罪事实和对被告人不利的法定量刑情节等。自由证明主要适用于程序性的争议事项和一些有利于被告人的量刑情节。

延伸思考:证明对象——从案件事实到诉讼主张

有学者指出,"证明对象是案件事实"这一观点未必正确,至少不是无懈可击的。显然,诉讼任何一方都不会漫无目的地去证明案件情况,而是最终为了证明自己的诉讼主张。刑事诉讼是一种消解冲突、化解纠纷的机制,控、辩、审各方进行诉讼的共同目的在于解决争端。这一过程中的确需要揭示或确认案件事实,从而帮助法院作出正确的裁判。然而问题在于,对事实的揭示只是为解决争端提供一定的事实基础和依据,而不是诉讼的最终目的。裁判者就争端的解决所做的裁判结论,并不一定非得建立在客观、真实的基础上不可。换句话说,查清了案件事实,也不一定能够化解刑事冲突。事实的查证本身不是

---

① 裴苍龄:《再论推定》,载《法学研究》2006 年第 3 期。
② 对于基础事实,除了确保其真实性之外,我国学者指出基础事实本身必须是一项具有盖然效力的证据,它蕴含着常态联系与变态联系两种可能性,即构成"一般与个别""常规与例外"的关系,从中进行择优选择,推定得以确立。如果基础事实具有确然效力,其关联作用是一向性的、唯一的,人们据此可以直接确认待证的事实,则无须再使用推定。参见裴苍龄《再论推定》,载《法学研究》2006 年第 3 期。

目的,不应成为诉讼全力以赴、不惜代价证明的目标。

将案件事实作为刑事证明的全部内容,首先是犯了诸多逻辑上的错误,包括如下几个方面:第一,命题不当,将论据当成命题,以手段取代目的。查清案件事实只是消解刑事冲突的一种方法或手段,而不是要证明的诉讼命题本身。第二,种属概念混淆。案件事实作为一种手段事项或者论据,显然是从属于证明对象的,是证明对象之下的一个概念。将案件事实直接当作证明对象,就是种属概念的混淆。第三,以偏概全。在待证事项中,案件事实虽占有较重的分量,但它毕竟只是部分而非全部。

其次是扭曲了刑事诉讼的目的和方向。传统理论将刑事诉讼目的定位为打击犯罪、保障人权。可以说,准确打击犯罪和保障人权是与查清案件事实互为因果、相互照应的。刑事诉讼目的应当是消解冲突,打击犯罪与保障人权只是潜藏于刑事诉讼程序背后的两种价值选择,因而不能成为控、辩、审三方共同的目的。

最后是遮蔽了刑事诉讼争议本身。诉讼争议有事实争议,也有非事实争议,如果控、辩、审三方不加区别地均将视线凝聚于案件事实,就必然会忽视诉讼争议本身,忽视各方的诉讼权益和正当要求,最终不仅无助于冲突的解决,还会造成时间和精力的浪费。

因此,该学者主张,刑事证明的对象应当是诉讼主张,没有一个诉讼主体会舍弃其主张而去做无谓的事实证明。诉讼主体要证明的是带有己方判断和欲求的命题,诉讼证明是围绕诉讼主张的命题来进行的,证明的目的在于追求诉讼主张的成立。[①]

请读者结合自己的思考试着评价上述观点。

证明责任

作为证据制度的重要组成部分,证明责任是诉讼法学中一个复杂而艰深的问题。若要深入了解证明责任的内涵和要求,则不妨先简单考察一下它的发展脉络。

证明责任的精神早在古巴比伦王国的《汉穆拉比法典》的第一条中就已有所体现:"倘自由民宣誓揭发自由民之罪,控其杀人,而不能证实,揭人之罪者应处死。"其后,罗马法对证明责任的内容和原则都作了明确的规定,具体来说主要包括两项基本要求:第一,主张者负有证明义务,否认者则无;第二,若双方对其各自的主张都不能提出足够的证据,则负证明责任的一方败诉。至此,证明责任的雏形得以形成,其对后世的法律也产生了深远的影响。

可以看出,早期的证明责任已经包含了提出证据和承担风险两个方面的含义,但当时的证明责任更多地被解释为当事人就其所提出的主张向裁判者提供证据的责任。直到19世纪后期,证明责任才得到深入的探讨和研究。

1883年,德国法学家尤利乌斯·格拉查(Julius Glaser)首次将证明责任区分为主观的证明责任和客观的证明责任。格拉查认为:前者是指当事人在诉讼中为避免败诉而向

---

① 梁玉霞:《刑事诉讼主张及其证明理论》,法律出版社2007年版,第五章。(对原文略作改动)

法院提出证据的责任；后者是指在案件事实处于真伪不明的状态下，由一方当事人承担的不利后果。在英美法系国家，美国学者赛叶（Thayer）于1898年指出，证明责任有两种含义：一是指负有特定责任的当事人，如果对其所主张的任何与对方争执的事实最终得不到证明，那么他将承担败诉的风险；二是指在诉讼开始时或在审理过程中，对争议的事实提出证据的责任。前者被称为"说服责任"；后者被称为"不提供证据的危险"。

在我国，所谓证明责任，是指证明主体收集或者提供证据证明其主张的案件事实成立或者有利于自己的主张的责任，否则将承担其主张不能成立的风险。明确证明责任，可以增强办案人员或者当事人主动、有序收集或者提供证据的责任心，有助于准确、及时地查明案件事实，推动诉讼的顺利进行。证明责任与证明对象密切相连，其所要解决的问题是，诉讼中出现的案件事实应由谁提供证据加以证明，以及在诉讼终结时，如果案件事实仍处于真伪不明的状态，那么应由谁来承担败诉或者其他不利的诉讼后果。

我们认为，证明责任具有以下特点：第一，证明责任与一定的诉讼主张相联系。在刑事诉讼中，原告方向法院提出指控犯罪的主张，就必须承担提出证据证明该犯罪事实的义务。第二，证明责任是提供证据责任与说服责任的统一。第三，证明责任与一定的不利诉讼后果相联系。第四，对于同一诉讼主张，证明责任只能由一方当事人承担，法院不承担证明责任。刑事诉讼中，法院履行审判职能，其责任是居中对控辩双方的主张进行公正裁判。

根据法律规定，刑事诉讼证明责任承担的一般原则主要包括：承担控诉职能的公诉方和自诉案件中的自诉人负证明责任，犯罪嫌疑人、被告人不负证明责任；嫌疑人、被告人提出无罪、罪轻、免于刑事处罚的主张，是其权利而非义务；不得强迫嫌疑人、被告人自证其罪。

● **公诉案件中证明责任的承担**

公诉案件中，被告人有罪的证明责任由人民检察院承担。犯罪嫌疑人、被告人一般不承担证明责任，即没有提出证据证明自己无罪的义务。这是无罪推定原则的必然要求。

但也有例外，犯罪嫌疑人、被告人需要负证明责任的情况主要包括以下几类：第一，在自诉案件中，针对自诉人的诉讼主张，被告人如果提出了反诉，那么他应就反诉的主张和事实承担证明责任。第二，涉嫌巨额财产来源不明罪的犯罪嫌疑人和被告人，对其明显超出自己合法收入的来源，应承担证明其财产来源合法的责任。第三，涉嫌非法持有国家绝密、机密文件、资料、物品罪的犯罪嫌疑人和被告人，如果办案机关能够证明其不该持有而持有国家绝密、机密文件、资料、物品，那么证明责任则转移至犯罪嫌疑人、被告人的身上。第四，对于一些程序性申请，如申请回避、改变管辖、延期审理、排除非法证据等请求，犯罪嫌疑人、被告人应承担证明责任。第五，对于一些法定无罪的抗辩事由，如精神不正常、正当防卫、紧急避险、不可抗力、已过追诉时效期限等，犯罪嫌疑人、被告人应承担证明责任。

● **自诉案件中证明责任的承担**

自诉案件中，被告人有罪的证明责任由自诉人承担。根据《刑事诉讼法》第二百一十一条的规定，自诉人向人民法院提出控诉，必须达到"犯罪事实清楚，有足够证据"的标准。

如果自诉人缺乏证据,而又提不出补充证据,人民法院应当说服自诉人撤回自诉,或者裁定驳回自诉。自诉案件的被告人同样不负证明责任。但如果被告人在诉讼过程中提起反诉,就对反诉主张负有证明责任,必须提供证据来证明反诉的主张和待证事实。

证明标准

证明标准,是指在刑事诉讼中,证明主体对其负有证明责任的案件事实,运用证据加以证明所要达到的程度。

刑事诉讼中,控诉方运用证据证明被告人有罪必须达到法定的标准。对法院而言,只有控诉方提出的证据达到证明标准,才能作出被告人有罪的裁判。

在英美法系国家,刑事案件的有罪判决采取"排除一切合理怀疑"的证明标准;在大陆法系国家,刑事案件的有罪判决实行自由心证制度,有罪判决采用高度盖然性证明标准。

关于刑事证明标准,我国学界有过较为激烈的争论,主要集中于客观真实说和法律真实说。客观真实说被视为传统的证明标准学说,我国刑事诉讼法关于证明标准的规定便是客观真实说的体现。

关于我国刑事诉讼的证明标准,《刑事诉讼法》第五十五条规定:"对一切案件的判处都要重证据……证据确实、充分的,可以认定被告人有罪和处以刑罚。"第二百条规定:"案件事实清楚,证据确实、充分,依据法律认定被告人有罪的,应当作出有罪判决。"据此,我国刑事诉讼的证明标准可以简单归纳为"案件事实清楚,证据确实、充分"。

根据《刑事诉讼法》第五十五条第二款的规定,"证据确实、充分应当符合以下条件:(一)定罪量刑的事实都有证据证明;(二)据以定案的证据均经法定程序查证属实;(三)综合全案证据,对所认定事实已排除合理怀疑"。

法律真实说,是一些学者对客观真实说进行反思后所提出的一种学说。所谓法律真实,是指司法活动中,人们运用证据对案件事实的认定应当符合刑事实体法和程序法的规定,应当达到从法律的角度视作真实的程度。

之所以提出法律真实说,主要是因为以下几点:第一,我们对于客观世界的认识,对于案件事实的证明,只能达到一种相对真实的程度。第二,诉讼证明活动是一种法律活动。它不仅追求证明的真理性,还追求证明的正当性。第三,法律真实简明扼要,具体明确,可操作性强,易于适用;同时也可以克服追求客观真实时存在的案件悬而未决、证据无章可循、原则笼统的弊端。第四,法律真实说为证据的调查和运用指明了方向,澄清了在运用证据过程中容易混淆的环节和概念。[①][②]

★ **延伸阅读:国外立法中的证明标准**

在英美法的证据理论中,证明标准是与证明责任联系在一起的。一般认为,承担证明

---

① 樊崇义:《客观真实管见——兼论刑事诉讼证明标准》,载《中国法学》2000年第1期。
② 樊崇义、锁正杰、牛学理等:《刑事证据法原理与适用》,中国人民公安大学出版社2001年版,第287页。

责任的一方要想避免败诉的风险,就应确保其所提供证据的质量和说服力,换句话说,只有达到特定的标准才能免除风险。例如,英国的证据法学家彼得·墨菲(Peter Murphy)认为:"证明标准是指证明责任被卸除所要达到的范围和程度,它实际上是在事实裁判者的大脑中证据所产生的确定性或可能性程度的衡量标尺;也是负有证明责任的当事人最终获得胜诉或所证明的争议事实获得有利的事实裁判结果之前,必须通过证据使事实裁判者形成信赖的标准。"①在英美法系国家,证明标准是诉讼证明中一个相当重要的问题,依可能性或确定性的不同程度,证明标准被划分为九等:第一等是绝对确定,受到认识论的限制,这一标准被认为无法达到;第二等是排除合理怀疑,是刑事案件作出定罪裁决的要求,也是诉讼证明方面的最高标准;第三等是清楚和有说服力的证据,某些司法区在死刑案件中,当拒绝保释以及作出某些民事判决时有这样的要求;第四等是优势证据,是作出民事判决以及肯定刑事辩护时的要求;第五等是可能的原因,适用于签发令状,无证逮捕、搜查和扣押,提起大陪审团起诉书和检察官起诉书,撤销缓刑和假释以及公民扭送等情况;第六等是有理由的相信,适用于拦截和搜身;第七等是有理由的怀疑,足以宣告被告人无罪;第八等是怀疑,可以开始侦查;第九等是无线索,不足以采取任何法律行为。②

在刑事案件中,要想获得被告人有罪的判决,公诉方证明犯罪必须达到"排除合理怀疑"的程度,这也被视为英美刑事证明标准的经典表述。依《布莱克法律大辞典》的解释,所谓"排除合理怀疑",是指"全面的证实、完全的确信或者一种道德上的确定性;排除合理怀疑的证明,并不排除轻微可能的或者想象的怀疑,而是排除每一个合理的假设,除非这种假设已经有了根据;排除合理怀疑的证明,是达到道德上的确定性的证明,是符合陪审团的判断和确信的证明,作为理性的人,陪审团成员在根据有关指控犯罪是由被告人实施的证据进行推理时,是如此确信,以至于不可能作出其他合理的结论"。

大陆法系国家实行自由心证制度,强调法官根据其个人的自由确信来确定证据。在刑事诉讼中,有罪判决的作出需要达到"内心确信"的标准,这一标准最早在法国得到确立。例如,《法国刑事诉讼法》第三百五十三条规定:"法律并不考虑法官通过何种途径达成内心确信;法律并不要求他们必须追求充分和足够的证据;法律只要求他们心平气和、精神集中,凭自己的诚实和良心,依靠自己的理智,根据有罪证据和辩护理由,形成印象,作出判断。法律只向他们提出一个问题:你们是否已经形成内心确信?这是他们的全部职责所在。"

在德国,对于有罪判决,同样适用"内心确信"的标准。《德国刑事诉讼法》第二百六十一条规定:"对证据调查的结果,由法庭根据它在审理的全过程中建立起来的内心确信而决定。"

日本由于先后受到两大法系的影响,其刑事案件中的证明标准早期采用的是高度盖然性原则,而后则将其表述为"排除合理怀疑"。但无论如何,自由心证原则仍是日本刑事案件证明标准的内核。《日本刑事诉讼法》第三百一十八条规定:"证据的证明力,由法官

---

① 转引自沈德咏、江显和:《对我国刑事证明标准的再探讨》,载《人民司法》2009年第5期。
② 参见卞建林:《美国联邦刑事诉讼规则和证据规则》,中国政法大学出版社1996年版,第22页。

自由判断。"另外,该法的第三百一十七条所规定的"认定事实,应当根据证据",是从证据裁判主义的角度来制约法官心证的形成的。

4.5 刑事证据规则

在西方的证据法中,证据规则是指控辩双方收集和出示证据,法庭在采纳和运用证据认定案件事实时必须遵循的准则。现代刑事诉讼中的证据规则,大多源于英美法系的当事人主义诉讼,是普通法的重要组成部分。它主要包括非法证据排除规则、意见证据规则、关联性规则、传闻证据规则、最佳证据规则以及补强证据规则等。

在我国以往的司法实务中,证据规则并未受到足够的重视。直到近年来,学术界和实务界才开始认真关注证据规则的价值与作用。2010年5月,最高人民法院、最高人民检察院、公安部、国家安全部和司法部联合发布《关于办理死刑案件审查判断证据若干问题的规定》(以下简称《办理死刑案件证据规定》)和《关于办理刑事案件排除非法证据若干问题的规定》(以下简称《非法证据排除规定》),弥补了全国性刑事证据规则缺位的遗憾。2012年修订后的《刑事诉讼法》、2017年五部委发布的《关于办理刑事案件严格排除非法证据若干问题的规定》(以下简称《严格排非规定》)以及2017年最高人民法院发布的《人民法院办理刑事案件排除非法证据规程(试行)》(以下简称《法院排非规程》),又进一步完善了非法证据排除规则。

总的来说,证据规则在我国处于起步阶段,在有关立法和司法解释中,除了非法证据排除规则的规定较为详细外,其他规则都规定得较为简单。但无论如何,证据规则的确立和完善,有利于规范证据的收集、审查和判断,有利于遏制公权力的滥用,从而在控制犯罪和保障人权之间实现一定的平衡,并有助于降低诉讼成本。本书将结合对域外证据规则的介绍,向读者展示我国证据规则的现状。

■ **非法证据排除规则**

非法证据排除规则,是指在刑事诉讼中,以非法方法取得的证据将被排除的规则。在《美国联邦宪法第四修正案》规定:"人们保护自己的人身、房屋、文件及财产不受任何不合理搜查与逮捕、扣押的权利不容侵犯;除非由于某种正当理由,并且具备宣誓或誓言的支持并明确描述要搜查的地点和要扣留的人或物,否则均不得签发搜查证。"据此,美国联邦最高法院以威克斯诉合众国一案(1914年)的裁决为发端,确立了非法证据排除规则。因此,侦查人员违反《美国宪法第四修正案》的保障规定(禁止不合理的搜查、扣押)而取得的证据不具有可采性,在刑事诉讼中不得作为指控被告人有罪的证据。

我国《刑事诉讼法》第五十六条规定:"采用刑讯逼供等非法方法收集的犯罪嫌疑人、被告人供述和采用暴力、威胁等非法方法收集的证人证言、被害人陈述,应当予以排除。收集物证、书证不符合法定程序的,可能严重影响司法公正的,应当予以补正或者作出合理解释;不能补正或者作出合理解释的,对该证据应当予以排除。在侦查、审查起诉、审判时发现有应当排除的证据的,应当依法予以排除,不得作为起诉意见、起诉决定和判决的根据。"这一规定明确了非法证据的排除范围和办案机关排除非法证据的义务。

同时,《办理死刑案件证据规定》《非法证据排除规定》《严格排非规定》《法院排非规程》等文件也有相应的规定。归纳起来,我国非法证据排除规则包括以下内容。

● 非法言词证据的排除

非法言词证据包括采用刑讯逼供等非法方法取得的犯罪嫌疑人、被告人供述和采用暴力、威胁等非法方法收集的证人证言、被害人陈述。经依法确认的非法言词证据,应当予以排除,不能作为定案的根据。

人民检察院在审查批准逮捕、审查起诉时,对于非法言词证据应当依法予以排除,不能将其作为批准逮捕、审查起诉的根据。

被告人及其辩护人在开庭审理前或者庭审中,如果提出被告人审判前供述是非法取得的,法庭在公诉人宣读起诉书之后,应当先行当庭调查。法庭辩论结束前,如果被告人及其辩护人提出被告人审判前供述是非法取得的,法庭也应当进行调查。

对于被告人及其辩护人提出的被告人审判前供述是非法取得的意见,第一审人民法院没有审查,并以被告人审判前供述作为定案根据的,第二审人民法院应当对被告人审判前供述取得的合法性进行审查。检察人员不提供证据加以证明,或者已提供的证据不够确实、充分的,被告人该供述不能作为定案的根据。

此外,《严格排非规定》还确立了重复性供述的排除规则及其例外。采用刑讯逼供方法使犯罪嫌疑人、被告人作出供述,之后犯罪嫌疑人、被告人受该刑讯逼供行为影响而作出的与该供述相同的重复性供述,应当一并排除,但下列情形除外:① 侦查期间,根据控告、举报或者自己发现等,侦查机关确认或者不能排除以非法方法收集证据而更换侦查人员,其他侦查人员再次讯问时告知诉讼权利和认罪的法律后果,犯罪嫌疑人自愿供述的;② 审查逮捕、审查起诉和审判期间,检察人员、审判人员讯问时告知诉讼权利和认罪的法律后果,犯罪嫌疑人、被告人自愿供述的。

● 非法取得的物证、书证的排除

《非法证据排除规定》第十四条规定:"物证、书证的取得明显违反法律规定,可能影响公正审判的,应当予以补正或者作出合理解释,否则,该物证、书证不能作为定案的根据。"《办理死刑案件证据规定》第九条规定:"经勘验、检查、搜查提取、扣押的物证、书证,未附有勘验、检查笔录,搜查笔录,提取笔录,扣押清单,不能证明物证、书证来源的,不能作为定案的根据。……对物证、书证的来源及收集过程有疑问,不能作出合理解释的,该物证、书证不能作为定案的根据。"《严格排非规定》第七条规定:"收集物证、书证不符合法定程序,可能严重影响司法公正的,应当予以补正或者作出合理解释;不能补正或者作出合理解释的,对有关证据应当予以排除。"结合《刑事诉讼法》第五十六条的规定可以看出,我国对于非法取得的物证、书证的排除,采取的是一种有限的排除,其基本条件是"不符合法定程序,可能影响司法公正""不能补正或者作出合理解释的"。对于非法取得的实物证据是否被采纳,我国法律赋予办案机关一定的裁量权,允许其根据案件的具体情形,结合取证行为的违法程度、非法取证行为所侵犯的权利的性质、取证手段的后果等因素进行权衡裁断。

● **瑕疵证据的排除**

瑕疵证据,是指公安、司法人员在收集证据过程中,存在轻微违反法律程序的情形,致使相关证据须经补正或合理解释才可以被采纳。如证据笔录存在记录上的错误、遗漏了重要内容或缺少有关人员的签名或盖章;又如侦查活动存在"技术性手续上的违规",包括询问证人的地点不符合规定、勘验检查过程没有见证人到场参与等。

对瑕疵证据不能一概排除或者采用。根据《办理死刑案件证据规定》的有关规定,证据收集程序、方式存在瑕疵,通过有关办案人员的补正或者作出合理解释,使该证据的瑕疵得到修补的,可以采用;反之,则不能作为定案根据。

意见证据规则

意见证据,是指证人对案件争议事实的看法、观点或者推论等。意见证据规则,是指证人以推测、推理等方式所陈述的其对事实的意见或看法,原则上不得被采纳。

在英美法系国家的证据法中,证人通常分为专家证人与事实证人。原则上,专家证人可以基于专业知识提供意见证据,而事实证人则只能就其曾经亲身感知的事实提供证言,不得就这些事实进行推论。事实证人仅在特定情况下所作出的意见证据可以被采纳。例如,美国《联邦证据规则》第七百零一条规定:"如果证人不属于专家,则他以意见或推理形式作出证词仅限于以下情况:① 合理建立在证人的感觉之上;② 对清楚理解该证人的证词或确定争议中的事实有益。"同时,《联邦证据规则》第七百零二条规定:"如果科学、技术或其他专业知识将有助于事实审判者理解证据或确定争议事实,凭其知识、技能、经验、训练或教育够格为专家的证人可以用意见或其他方式作证。"

在我国,尽管没有区分专家证人和事实证人,也没有确立专家证人制度,但对于事实证人的证言却持颇为审慎的态度。例如,《办理死刑案件证据规定》第十二条第三款规定:"证人的猜测性、评论性、推断性的证言,不能作为证据使用,但根据一般生活经验判断符合事实的除外。"这表明,我国法律对事实证人的意见一般持排斥态度。但也有例外,例如证人对观察对象的身体外形、精神状况的描述性意见,关于温度、风力等气候情况的意见,关于物品的价值、数量、色彩的意见,直接基于个人经验的常识性判断等。

同时,《刑事诉讼法》对另一种"意见"持肯定态度,即鉴定意见。鉴定意见类似于西方的专家证言,是《刑事诉讼法》规定的一种非常重要的证据。借助鉴定意见,办案人员可以有效地判断案件中的专门性问题,从而准确地认定案件事实。

关联性规则

关联性规则,是指证据必须与待证事项有关,从而具有能够证明待证事项的属性。关联性规则适用于所有证据形式,它要求当事人在收集、提交证据时应当限于与本案有关的证据材料;法庭在审查证据时应当排除与本案无关的证据。根据本规则,证据的关联性是证据可采性的前提条件,不具有关联性的证据,在法律上则无可采性。

但在英美法系的证据法中,本规则也存在一些例外:第一,品格证据。关联性规则认为,一个人在特定环境中实施了与其品格相一致的行为,这一点不具有关联性。但如果被告人主动提出关于其品格或者被害人品格的证据,那么检控方反驳被告人而提出的品格证据,具有可采性。第二,类似行为证据。被告人曾实施的某一类似行为与他当前实施的行为通常没有关联性。但一些国家,例如英国,在司法实践中放宽了采纳的限制,如果被告人实施的行为属于非常类似的行为,则可以被采纳为证据。

《刑事诉讼法》未对关联性规则作出明确规定,但有关诉讼理论却十分重视其价值。例如证据的基本属性,学界一般认为其应具备客观性、关联性与合法性。其中,关联性就要求证据必须与案件事实有实质性联系,只有如此证据才有证明力。

■ 传闻证据规则

传闻证据规则,是指其他人而非在诉讼中作证的人所提供的证言不得采纳为案件证据。所谓传闻,是指用以证明其所说内容真实的法庭之外的陈述,包括口头陈述、书面陈述等。而传闻证据则至少包含以下几项要素:第一,它必须是一项陈述,具体表现为口头陈述、书面陈述,甚至非语言行为。第二,它是在法庭外作出的。以图4-1所示内容为例,就事实X而言,假如目击者乙向甲进行了内容陈述,之后甲出庭宣誓作证。甲在庭上提供证言的目的在于证明乙确实在庭外作出过这样的陈述。第三,它是一项主张,并旨在证明这一主张的真实性。传闻证据规则并非一律排除陈述者在庭外的所有陈述,而是不得用于证明其陈述内容是真实的。如果是为了其他证明目的,那么该传闻证据是可以被采纳的。

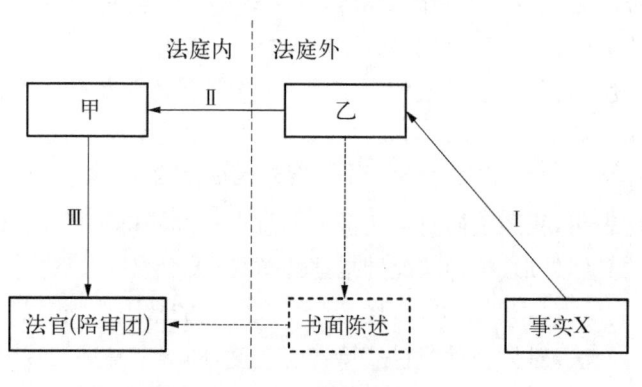

图 4-1　法庭外陈述

确立本规则的主要原因包括以下几点:第一,传闻证据不是最佳证据,如果允许采纳它的话,就是鼓励用不充分的证据替代强有力的证据。第二,传闻证据容易编造。第三,转述中存在出现错误的风险。第四,法官无法看到证人提供证据时的表情和下意识行为。第五,传闻未经宣誓。第六,无法进行交叉询问。第七,被告人无法行使当面对质的权利。

但传闻证据规则也有例外,主要包括已故之人的陈述、公务文件中的记载、公共文书和著作中的记录、先前证词、对己不利的陈述、关于个人或家史的陈述等。实际上,传闻证据规则仍在不断地修正和变化之中。

在我国,刑事诉讼中并未确立传闻证据规则,但其所揭示出来的问题却不容忽视。长期以来,在我国的司法实践中,证人、被害人、鉴定人一般很少到庭亲自作出陈述,而是以提交各类笔录、结论、意见等书面形式作证,难免会造成质证不力甚至无法质证的情况,这对于案件事实的查明以及刑事纠纷的解决显然都是不利的。有鉴于此,修订后的《刑事诉讼法》在这方面作了适当的完善。例如,《刑事诉讼法》第一百九十二条规定:"公诉人、当事人或者辩护人、诉讼代理人对证人证言有异议,且该证人证言对案件定罪量刑有重大影响,人民法院认为证人有必要出庭作证的,证人应当出庭作证。人民警察就其执行职务时目击的犯罪情况作为证人出庭作证,适用前款规定。公诉人、当事人或者辩护人、诉讼代理人对鉴定意见有异议,人民法院认为鉴定人有必要出庭的,鉴定人应当出庭作证。经人民法院通知,鉴定人拒不出庭作证的,鉴定意见不得作为定案的根据。"同时,《刑事诉讼法》第一百九十三条规定:"经人民法院通知,证人没有正当理由不出庭作证的,人民法院可以强制其到庭,但是被告人的配偶、父母、子女除外。证人没有正当理由拒绝出庭或者出庭后拒绝作证的,予以训诫,情节严重的,经院长批准,处以十日以下的拘留。"

■ 最佳证据规则

最佳证据规则是英美法系中一项颇为古老的证据规则。证据法学家布莱克斯通(Blackstone)认为,若可能获得的话,则应当提供案件性质所能够允许的最好的证据;但是如果不可能的话,那么现有的最好的证据应当被许可。但在早期的理论中,究竟何谓"最好的证据"并未获得明确的解释。直至18世纪末,学者才明确了最佳证据的含义,即在证明一项文书内容的过程中,如果其内容是重要的,除非可以证明存在非系提出人的重大过失的其他原因,否则必须提出原始的文书。因此,也有学者指出"最佳证据规则"的提法在某种意义上有误导之嫌,将其称为"原始文书规则"或许更为妥当。

美国《联邦证据规则》对本规则有详细的规定。《联邦证据规则》第一千零二条规定:"为证明文字、录音或照相的内容,要求提供该文字、录音或照相的原件,除非本证据规则或国会立法另有规定。"同时,《联邦证据规则》对"原件"作了明确的解释:文字或录音的"原件"即该文字或录音材料本身,或者由制作人或签发人使其具有与原件同样效力的副本、复本。照相的"原件"包括底片或任何由底片冲印的胶片。如果数据储存在电脑或类似设备中,那么任何从电脑中打印或输出的能准确反映有关数据的可读物,均为"原件"。

此外,《联邦证据规则》第一千零四条还规定了最佳证据规则的若干例外,即在特定情况下,不是原件的证据也可以被采纳,具体来说包括以下四类:① 所有原件均已遗失或毁坏,但提供者出于不良动机遗失或毁坏的除外。② 原件无法获得,即不能通过适当的司法程序或行为获得原件。③ 原件处于对方的控制中。若该材料的出示对其一方当事人不利,而原件处于其控制中,并且已通过送达原告起诉状或其他方式告知该当事人在听证时该材料的内容属于证明对象,但该当事人在听证时不提供有关原件。④ 附属事项。有关文字、录音或照相与主要争议无紧密联系。

在我国,《刑事诉讼法》对最佳证据规则也未作明确规定,但一些司法解释体现了该规则的精神。例如,《办理死刑案件证据规定》第六条规定:"对物证、书证应当着重审查以下内容:(一)物证、书证是否为原物、原件,物证的照片、录像或者复制品及书证的副本、复制件与原物、原件是否相符;物证、书证是否经过辨认、鉴定;物证的照片、录像或者复制品和书证的副本、复制件是否由二人以上制作,有无制作人关于制作过程及原件、原物存放于何处的文字说明及签名。……"第八条规定:"据以定案的物证应当是原物。只有在原物不便搬运、不易保存或者依法应当由有关部门保管、处理或者依法应当返还时,才可以拍摄或者制作足以反映原物外形或者内容的照片、录像或者复制品。物证的照片、录像或者复制品,经与原物核实无误或者经鉴定证明为真实的,或者以其他方式确能证明其真实的,可以作为定案的根据。原物的照片、录像或者复制品,不能反映原物的外形和特征的,不能作为定案的根据。据以定案的书证应当是原件。只有在取得原件确有困难时,才可以使用副本或者复制件。书证的副本、复制件,经与原件核实无误或者经鉴定证明为真实的,或者以其他方式确能证明其真实的,可以作为定案的根据。书证有更改或者更改迹象不能作出合理解释的,书证的副本、复制件不能反映书证原件及其内容的,不能作为定案的根据。"

■ 补强证据规则

补强证据规则,是指为了防止错误认定案件事实或发生其他危险性,在运用某些证明力薄弱的证据认定案情时,须有其他证据补强其证明力。本规则主要适用于言词证据,较为典型的情况是口供的补强。

在英美法系证据法中,被告人在庭外所作的有罪供述必须在有其他证据予以补强的情况下,才可以在法庭上作为证据提出。在日本,口供补强是被告人的一项宪法性权利。日本《宪法》第三十八条规定:"任何人如对其不利的唯一证据为本人口供时,不得定罪或科以刑罚。"这一权利又在日本《刑事诉讼法》中得到体现,该法第三百一十九条规定:"不论是否为被告人在公审庭上的自白,当该自白是对其本人不利的唯一证据时,不得认定被告人有罪。"

我国也十分重视口供的补强,例如《刑事诉讼法》第五十五条就规定:"只有被告人供述,没有其他证据的,不能认定被告人有罪和处以刑罚。"同时,我国的证据理论也一直强调孤证不能定案,证据必须形成证明体系,达到确实、充分的标准,才可以认定被告人有罪。

总　结

刑事证据是指以法律规定的形式表现出来的,能够用于证明案件事实情况的各种材料。刑事证据应当具有客观性、关联性和合法性。证据必须经过查证属实,才能作为定案的根据。刑事证据包括物证,书证,证人证言,被害人陈述,犯罪嫌疑人、被告人供述和辩解,鉴定意见,勘验、检查、辨认、侦查实验等笔录以及视听资料、电子数据。

根据证据来源的不同,证据可以被分为原始证据与传来证据。根据证据表现形式的不同,证据可以被分为言词证据与实物证据。根据证据与案件主要事实的证明关系不同,证据可以被分为直接证据与间接证据。

刑事诉讼证明,是指在刑事诉讼中,特定的证明主体依照法定的程序和标准,运用已知的证据推断、认定案件事实的活动。证明对象是证明主体需要运用证据加以证明的案件事实,其所要解决的中心问题是如何恰当地确定证明的范围。

证明责任,是证明主体收集或者提供证据证明主张的案件事实成立或者有利于自己的主张的责任,否则,将承担其主张不能成立的风险。公诉机关和自诉人应承担证明责任,犯罪嫌疑人、被告人不承担证明责任。嫌疑人、被告人提出无罪、罪轻、免于刑事处罚的证据,是其权利而非义务。不得强迫嫌疑人、被告人自证其罪。刑事诉讼中,控诉方运用证据证明被告人有罪,必须达到法定的标准。我国现行的标准是案件事实清楚,证据确实、充分。

证据规则是指控辩双方收集和出示证据,法庭在采纳和运用证据认定案件事实时必须遵循的准则。它主要包括非法证据排除规则、意见证据规则、关联性规则、传闻证据规则、最佳证据规则以及补强证据规则等。证据规则在我国处于起步阶段,在有关立法和司法解释中,除了非法证据排除规则的规定较为详细外,其他规则都规定得较为简单。

思 考 题

1. 试比较证据能力与可采性的异同点。

2. 办案人员在某交通肇事现场收集到一块死者所戴的手表,因为车祸的原因,这块手表已经严重损坏,时针停在6时,请问这块手表属于哪种证据?为什么?

3. 传统教科书中还有一种关于刑事证据的分类方法,即针对办案人员依法收集到的能够证实犯罪嫌疑人、被告人有罪或者无罪、犯罪情节轻重的证据,有学者主张应将其分为"有罪证据"和"无罪证据",也有学者主张将其分为"有利于被告人的证据"和"不利于被告人的证据",还有学者主张将其分为"控诉证据"和"辩护证据"。对此,你认为哪种观点更为合理,为什么?

4. 在刑事诉讼中,为什么人民法院不承担证明责任?

5. "排除合理怀疑"是英美法系证据法中的一个重要概念,我国现行《刑事诉讼法》也使用了这一提法,例如《刑事诉讼法》第五十五条第二款规定:"证据确实、充分,应当符合以下条件:(一)定罪量刑的事实都有证据证明;(二)据以定案的证据均经法定程序查证属实;(三)综合全案证据,对所认定事实已排除合理怀疑。"那么,如何理解和适用我国法律中所规定的"排除合理怀疑"呢?

6. 对于刑事诉讼中是否应确立传闻证据规则,我国学者有不同的看法,有人主张应当确立,也有人反对这一观点。请结合自己的思考,谈谈你的看法。

第 5 章 刑事强制措施

> **引言**
>
> 在刑事诉讼中,为了确保诉讼活动的顺利进行、保障公民权利,也为了避免犯罪嫌疑人、被告人继续实施犯罪、毁灭伪造证据、打击报复证人等,各国的法律中一般都规定了强制措施,我国也不例外。那么,强制措施究竟是一种怎样的措施,采取强制措施时应遵循哪些原则,我国有哪些强制措施,其适用的条件、程序、期限是怎样的? 在司法实践中,我国的强制措施又存在哪些缺陷? 在本章中,我们将逐一回答这些问题。

5.1 刑事强制措施概述

刑事强制措施,是指公安机关、人民检察院和人民法院为了保证刑事诉讼的顺利进行,依法对犯罪嫌疑人、被告人的人身自由进行限制或者剥夺的各种强制性的方法。《刑事诉讼法》规定了五种强制措施,包括拘传、取保候审、监视居住、拘留、逮捕。

刑事强制措施是公安、司法机关在刑事诉讼过程中所采用的一种诉讼保障措施,而非惩罚性措施,其目的在于保障刑事诉讼活动的顺利进行。

■ 刑事强制措施的特点

刑事强制措施具有如下特点。

- **适用主体的法定性**

《刑事诉讼法》规定,有权采取刑事强制措施的主体是公安机关、人民检察院和人民法院。此外,国家安全机关、军队保卫部门和监狱,在侦查其所管辖案件时,有权对符合条件的犯罪嫌疑人采取强制措施。

- **适用对象的特定性**

刑事强制措施适用的对象限于刑事诉讼中的犯罪嫌疑人、被告人。对于其他诉讼参与人,即使其有严重妨碍刑事诉讼的行为,也不能采取刑事强制措施。

- **适用内容的人身强制性**

刑事强制措施具有明显的人身强制性，其内容在于限制或者剥夺犯罪嫌疑人、被告人的人身自由。

- **适用目的的预防性**

适用刑事强制措施的目的在于保障刑事诉讼的顺利进行，防止犯罪嫌疑人、被告人逃避侦查、起诉和审判，进行串供、毁灭证据、伪造证据、继续犯罪等妨害刑事诉讼的行为。

- **适用期限的临时性**

《刑事诉讼法》规定，每一种刑事强制措施都有时间限制，期限届满就应当变更或者解除。

实践关注：强制措施的缺陷

就刑事诉讼的正常运行而言，刑事强制措施是不可或缺的一种保障措施。由于其在实施中难免会对犯罪嫌疑人的人身自由造成一定的侵害，故而有人将其称为"必要之恶"。然而，在我国以往的司法实践中，强制措施的适用却存在不少问题，这集中表现为如下两个方面。

第一，我国对刑事强制措施与刑事羁押未作区分，因而一般来说只要采取了强制措施（主要是拘留、逮捕）就一定会带来羁押。由于制度设计的缺陷，刑事羁押中又包含了几种非正常的情况：首先是羁押率过高，绝大多数犯罪嫌疑人一旦涉嫌犯罪，就会被采取强制措施进而陷入被羁押的状态；其次是超期羁押，办案人员为了更好地控制犯罪嫌疑人，会想方设法延长羁押的期限，这常常导致羁押超出法定的期限；最后是变相羁押，例如为了控制犯罪嫌疑人，公安机关在检察机关作出不批准逮捕决定的情况下，仍不释放被拘留人，而是将刑事拘留改为行政拘留。可以说，这几种情况都是对强制措施的滥用，必然会侵犯犯罪嫌疑人的合法权利。

第二，刑事强制措施的采取基本上是由办案机关自我授权，缺乏有效的监督。在我国，除了逮捕是由检察机关进行审批外，其他强制措施均可由公安机关自行审批，并且存在强制措施期限任意延长的情况。以拘留为例，办案机关拥有宽泛的裁量权，其直接后果是拘留的高频使用，办案机关几乎逢案必拘，使得拘留在某种意义上变成了逮捕的前置程序，这也造成取保候审、监视居住等强制措施几乎变成了一种例外。依照现行法律的规定，拘留的期限不得超过十日、十四日和三十七日，然而在是否延长、如何延长的问题上，特别是在需要延长三十日的情况中，办案机关常常作出扩张解释甚至任意解释，这使得犯罪嫌疑人的拘留期限常常被延长至三十七日，超过了法律规定的期限，至于其正当性则难以保障。

适用强制措施的原则

为了确保刑事强制措施能够发挥其法定的作用，同时避免其被滥用，在适用强制措施的过程中,办案机关应遵循如下原则。

● **合法性原则**

刑事强制措施必须由法定的机关依照法定的条件、程序和期限适用,具体来说,有如下几项要求:第一,只有法律规定的有权机关才能适用刑事强制措施,其他任何机关、团体和个人都没有权力适用刑事强制措施;第二,刑事强制措施适用的条件、期限、批准权限、变更、撤销等方面,均须有刑事诉讼法的明确规定,法律没有规定的则不能适用;第三,刑事强制措施的适用及监督救济程序都必须严格遵循《刑事诉讼法》的规定。

● **必要性原则**

适用刑事强制措施的目的在于保障刑事诉讼的顺利进行,只有在有理由相信犯罪嫌疑人、被告人可能采取逃跑等方式逃避公安机关、检察机关的追诉,以及可能有干扰证人作证、继续实施犯罪等危害社会的行为时,办案机关才应考虑对犯罪嫌疑人、被告人采取刑事强制措施,并区分不同情况以决定实施强制措施的具体种类。

● **相当性原则**

相当性原则又称比例性原则,是指刑事强制措施的适用要与犯罪的严重程度以及犯罪嫌疑人、被告人的人身危害程度相适应。同时,在犯罪嫌疑人、被告人的人身危险程度发生变化时,办案机关要及时变更强制措施,以保证严格遵守相当性原则。

5.2 拘　　传

拘传,是指公安机关、人民检察院和人民法院强制未被羁押的犯罪嫌疑人、被告人到指定地点接受讯问的刑事强制措施。

拘传具有以下特点:第一,拘传的适用对象是未被羁押的犯罪嫌疑人、被告人。对于已经被拘留或者逮捕的犯罪嫌疑人、被告人,可随时进行讯问,不需要经过拘传程序。第二,拘传的目的是强制犯罪嫌疑人、被告人到案接受讯问。因此,拘传没有羁押的效力,讯问完毕,就应当立即将被拘传人放回。

司法实践中,拘传通常适用于经依法传唤,无正当理由拒不到案接受讯问的犯罪嫌疑人、被告人。但传唤不是拘传的必要条件,公安、司法机关根据案件具体情况,可以不经传唤,直接拘传犯罪嫌疑人、被告人。

在刑事诉讼中,拘传和传唤的目的相同,都是让犯罪嫌疑人、被告人到案接受讯问,但两者是不同的诉讼行为。传唤是指公安机关、人民检察院和人民法院使用传票,通知犯罪嫌疑人、被告人在指定的时间到指定的地点接受讯问的诉讼活动。传唤不是刑事强制措施,不具有强制性。传唤除了适用于犯罪嫌疑人、被告人以外,还适用于刑事诉讼中的其他当事人,而拘传只适用于犯罪嫌疑人、被告人。

公安机关、人民检察院、人民法院在刑事诉讼过程中,有权自行决定和执行拘传。拘传应按下列程序进行,并遵守法定期限。

■ 拘传的决定

拘传的决定,应当由公安机关负责人、人民检察院检察长、人民法院院长批准,签发拘传证(人民法院称之为拘传票)。拘传证上应当载明被拘传人的身份信息、案由、接受讯问的地点以及拘传的理由。

■ 拘传的执行

拘传由公安机关的侦查人员或者人民检察院、人民法院的司法警察执行。执行人员不得少于两人。拘传时,执行人员应当向被拘传人出示拘传证,对于抗拒拘传的,可以使用戒具。

■ 拘传的地点

拘传应当在被拘传人所在市、县内的地点进行。如果犯罪嫌疑人、被告人的工作单位、户籍地与居住地不在同一市、县的,拘传应当在犯罪嫌疑人、被告人工作单位所在地的市、县内进行;特殊情况下,也可以在犯罪嫌疑人、被告人户籍地或者居住地所在的市、县内进行。

■ 拘传的结果

拘传的目的在于讯问。公、检、法机关将犯罪嫌疑人、被告人拘传到案后,应当立即讯问,讯问结束后,应根据案件的情况作出不同处理:如果需要限制或者剥夺其人身自由的,应依法采取其他强制措施;否则应当恢复其人身自由,不得变相扣押。

■ 拘传的期限

拘传持续的时间不得超过十二小时;案情特别重大、复杂,需要采取拘留、逮捕措施的,拘传持续的时间不得超过二十四小时。不得以连续拘传的形式变相拘禁被拘传人。拘传犯罪嫌疑人,应当保证犯罪嫌疑人的饮食和必要的休息时间。拘传时间从被拘传人到案时开始计算。被拘传人到案后,讯问人员应当责令其在拘传证上填写到案时间。讯问结束后,应当由被拘传人在拘传证上填写讯问结束时间。讯问人员即使不能在法定期限内结束讯问,也要立即将被拘传人放回。

5.3 取保候审

取保候审,是指公安机关、人民检察院和人民法院责令犯罪嫌疑人、被告人提出保证人或者交纳保证金,并出具保证书,保证随传随到的一种非羁押性强制措施。

取保候审具有以下特点:第一,取保候审是一种较为特殊的限制人身自由的强制措施。它主要适用于罪行较轻,不需要逮捕羁押但又需要限制一定行动自由的犯罪嫌疑人、被告人。第二，取保候审是法定期限最长的一种强制措施。根据《刑事诉讼法》的规定，人民法院、人民检察院和公安机关对犯罪嫌疑人、被告人取保候审最长不得超过十二个月。

《刑事诉讼法》规定，可以适用取保候审的情形有以下几种：① 可能判处管制、拘役或者独立适用附加刑的；② 可能判处有期徒刑以上刑罚，采取取保候审不致发生社会危险性的；③ 患有严重疾病、生活不能自理，怀孕或者正在哺乳自己婴儿的妇女，采取取保候审不致发生社会危险性的；④ 羁押期限届满，案件尚未办结，需要采取取保候审的。

但是，下列情形不得取保候审：① 严重危害社会治安的犯罪嫌疑人，以及其他犯罪性质恶劣、情节严重的犯罪嫌疑人；② 累犯、犯罪集团的主犯；③ 以自伤、自残方法逃避侦查的犯罪嫌疑人；④ 危害国家安全的犯罪、暴力犯罪以及其他犯罪情节严重的犯罪嫌疑人。

■ 取保候审的方式

《刑事诉讼法》规定，取保候审有保证人保证和保证金保证两种方式，对同一犯罪嫌疑人、被告人决定取保候审的，只能择一使用。

● 保证人保证

保证人保证又称人保，是指公安机关、人民检察院、人民法院责令犯罪嫌疑人、被告人提出保证人并出具保证书，保证被保证人在取保候审期间不逃避和妨碍侦查、起诉和审判，并随传随到的保证方式。对于符合取保候审条件，具有下列情形之一的犯罪嫌疑人、被告人，决定取保候审时可以采用保证人保证：一是无力交纳保证金的；二是未成年人、已满七十五周岁的或者具有其他不宜收取保证金的情形。

保证人需要满足一定的条件，同时需承担一定的义务和责任。

首先，就条件来说，《刑事诉讼法》第六十九条规定，保证人必须同时符合下列条件：① 与本案无牵连；② 有能力履行保证义务；③ 享有政治权利，人身自由未受到限制；④ 有固定的住处和收入。

其次，就义务和责任来说，《刑事诉讼法》第七十条规定，保证人应当履行下列义务：监督被保证人在被取保候审期间遵守《刑事诉讼法》的有关规定；发现被保证人可能发生或者已经发生违反法律规定的行为时，应当及时向执行机关报告。

当保证人没有尽到法定的义务时，则必须承担一定的法律责任：被保证人有违反法律规定的行为，保证人未及时报告的，应对保证人处以罚款；如果保证人与被保证人串通，协助被取保候审人逃匿以及明知其藏匿地点而拒绝向公安、司法机关提供，构成犯罪的，应依照《刑法》有关规定对保证人追究刑事责任；如果被保证人同时是附带民事诉讼被告人，那么保证人应当在其保证前附带民事诉讼原告人提出的诉讼请求数额范围内承担连带赔偿责任。

● 保证金保证

保证金保证又称财产保，是指公安机关、人民检察院和人民法院责令犯罪嫌疑人、被告人交纳一定数额的保证金并出具保证书，保证在取保候审期间不逃避和妨碍侦查、起诉和审判，并随传随到的保证方式。

◇ 保证金的数额

《刑事诉讼法》第七十二条规定:"对犯罪嫌疑人、被告人采取保证金保证的,取保候审的决定机关应当综合考虑保证诉讼活动正常进行的需要,被取保候审人的社会危险性,案件的性质、情节,可能判处刑罚的轻重,被取保候审人的经济状况等情况,确定保证金的数额。"

◇ 保证金的收取和管理

取保候审的保证金由执行机关统一收取和管理。执行机关应当在其指定的银行设立取保候审保证金专户,委托银行代为收取和保管保证金,并将指定银行的名称通知人民检察院、人民法院。提供保证金的人应当将保证金存入执行机关指定银行的专门账户。

延伸阅读:保释与取保候审

在看新闻的过程中,我们经常能看到关于国外保释的报道。例如,2013年3月7日,一名19岁学生在华盛顿州金恩郡西雅图市超速驾驶,致当地居民1死4伤,其母近日交出200万美元天价保释金将儿子保出。检方虽担心该学生弃保潜逃,但仍准释。

对于一些读者来说,"保释"一词也许并不陌生,但究竟何谓"保释"则未必人人清楚。甚至有人认为中国的法律中也规定了保释,于是不少人通过网络提出诸如"在中国保释需要什么条件""如何保释""拘留可以保释吗""保释的程序是怎样的"等问题。

对此,首先必须澄清的一个问题是,我国并不存在保释的规定,只有与保释相类似的取保候审,但两者在本质上存在重大区别。所谓保释,是指在被逮捕的人提供担保或接受特定条件的情况下将其释放的制度。保释制度发源于英国,大约形成于12—13世纪。在英国,保释分为无条件保释和有条件保释。无条件保释,是指嫌疑人只须具结保证书即可获得保释。有条件保释,是指嫌疑人必须满足附加条件才能获得保释,附加的条件一般是提供保证人或交纳保证金。

从形式上看,保释与取保候审有相似的地方,例如附条件的保释需要提供保证人或交纳保证金。但其与取保候审存在几项重大区别:第一,在英美法系国家,保释被视为一项诉讼权利,且司法部门必须优先考虑;而取保候审则是一项强制措施,并且办案机关并非将其作为优先考虑适用的措施。第二,一般来说,保释适用于各类案件,只有在特定情况下(例如,有足够的理由相信犯罪嫌疑人、被告人不会按照保释要求出庭,如以前保释有潜逃记录而没有合理的解释)司法部门才可以拒绝保释;而取保候审的适用范围则相对狭窄。

取保候审的程序

取保候审应当遵循下列程序。

● 取保候审的决定

《刑事诉讼法》第六十六条的规定,公安机关、人民检察院和人民法院对犯罪嫌疑人、被告人有权采取取保候审。

决定机关作出取保候审收取保证金的决定后,应当及时将取保候审决定书送达被取保候审人和为其提供取保候审保证金的单位或者个人,责令其向执行机关指定的银行一次性交纳保证金。以保证人方式保证的,还应当将取保候审保证书同时送达执行机关。

● **取保候审的执行**

《刑事诉讼法》第六十七条规定,取保候审由公安机关执行。公安机关、人民检察院、人民法院决定取保候审的,由公安机关执行。国家安全机关决定取保候审的,以及人民检察院、人民法院在办理国家安全机关移送的犯罪案件时决定取保候审的,由国家安全机关执行。

执行机关在执行取保候审时,应当告知被取保候审人必须遵守的规定,以及违反规定应当承担的后果。《刑事诉讼法》第七十一条规定:"被取保候审的犯罪嫌疑人、被告人在取保候审期间,应当遵守以下规定:① 未经执行机关批准不得离开所居住的市、县;② 住址、工作单位和联系方式发生变动的,在二十四小时以内向执行机关报告;③ 在传讯的时候及时到案;④ 不得以任何形式干扰证人作证;⑤ 不得毁灭、伪造证据或者串供。"

被取保候审的犯罪嫌疑人、被告人违反以上规定,将产生以下法律后果:① 已经交纳保证金的,应当没收部分或者全部保证金。② 区别情形作出处理,包括责令犯罪嫌疑人、被告人具结悔过、重新交纳保证金、提出保证人,将对其采取的强制措施变更为监视居住或者予以逮捕。对在取保候审期间故意实施新的犯罪行为的犯罪嫌疑人、被告人,应当予以逮捕。

● **取保候审的期限、解除、撤销及变更**

《刑事诉讼法》第七十九条规定,人民法院、人民检察院和公安机关对犯罪嫌疑人、被告人取保候审最长不得超过十二个月。在取保候审期间,不得中断对案件的侦查、起诉和审理。

取保候审的解除主要有两种情形:一是发现对被取保候审人不应当追究刑事责任,二是取保候审期限届满。人民法院、人民检察院或者公安机关解除取保候审的,应当及时通知被取保候审人和有关单位。另外,《刑事诉讼法》第九十九条的规定:"犯罪嫌疑人、被告人及其法定代理人、近亲属或者辩护人对人民法院、人民检察院或者公安机关采取保候审期限届满的,有权要求解除取保候审。"

人民法院、人民检察院或公安机关如果发现对犯罪嫌疑人、被告人采取取保候审不当的,应当及时撤销或者变更。犯罪嫌疑人、被告人及其法定代理人、近亲属或者辩护人有权申请变更强制措施。人民法院、人民检察院和公安机关收到申请后,应当在三日内作出决定;不同意变更强制措施的,应当告知申请人,并说明不同意的理由。

犯罪嫌疑人、被告人和辩护人对于司法机关采取取保候审法定期限届满,不予以解除或者变更的,有权向该机关申诉或者控告;对处理不服的,可以向同级人民检察院申诉。

★ **实践关注:取保候审适用中的难题**

出于种种原因,在我国以往的司法实务中,取保候审的适用并非常态,其中有几个问题尤为突出。

第一，出于职业利益的考虑，办案人员"控制犯罪"和"害怕脱逃"的双重心理影响了取保候审的适用。这造成部分犯罪嫌疑人即便符合取保候审的条件，也很难被取保候审。

第二，由于地区经济差异、犯罪嫌疑人自身的经济差异造成取保候审的标准难以统一，特别是财产保。各地在对取保候审的审批中，受制于地区或个体的经济情况，还可能会出现适用的不平等，对于那些无力提供保证金也无保证人的犯罪嫌疑人，被取保候审几乎不可能。

第三，受权利意识淡薄、客观上无法提供保证人或交纳保证金、跨地区司法协助制度不完善等因素的影响，在"本地人"和"外地人"适用取保候审时往往会出现适用不平等的情况。

5.4 监视居住

监视居住，是指公安机关、人民检察院和人民法院责令犯罪嫌疑人、被告人，在一定期限内未经批准不得离开住处或者指定的区域，并对其行为加以监视的一种强制措施。

监视居住具有以下特点：第一，监视居住可以被看作逮捕的替代措施。第二，监视居住是比取保候审更严厉地限制犯罪嫌疑人、被告人人身自由的强制措施。

《刑事诉讼法》第七十四条规定，适用监视居住应当具备两个条件。第一，符合逮捕条件，这是适用监视居住的前提条件。第二，具有下列法定情形之一：① 患有严重疾病、生活不能自理的；② 怀孕或者正在哺乳自己婴儿的妇女；③ 系生活不能自理的人的唯一扶养人；④ 因为案件的特殊情况或者办理案件的需要，采取监视居住措施更为适宜的；⑤ 羁押期限届满，案件尚未办结，需要采取监视居住措施的。

另外，以下几种情形也可以监视居住：① 对于符合取保候审条件，但犯罪嫌疑人、被告人不能提出保证人，也不交纳保证金的；② 公安机关对被拘留的人提请批准逮捕后，人民检察院不批准逮捕，但需要继续侦查，并且符合监视居住条件的；③ 人民检察院对直接受理的案件中被拘留的人，认为不需要逮捕，但需要继续侦查，并且符合监视居住条件的。

监视居住应当遵循下列程序：

● **监视居住的决定**

《刑事诉讼法》规定，公安机关、人民检察院、人民法院有权根据案件具体情况对犯罪嫌疑人、被告人采取监视居住。决定监视居住的，由公安机关负责人、人民检察院检察长、人民法院院长批准，制作监视居住决定书和执行监视居住通知书。

● **监视居住的执行**

关于执行机关，《刑事诉讼法》第七十四条第三款规定，监视居住由公安机关执行。人民法院和人民检察院决定监视居住的，人民法院和人民检察院应当将监视居住决定书和执行监视居住通知书及时送达公安机关，并向被监视居住人宣布，由其本人在监视居住决定书上签名或者盖章，并责令被监视居住人遵守法律规定的义务，告知其违反规定应负的法律责任。

关于监视居住的处所,《刑事诉讼法》第七十五条规定:"监视居住应当在犯罪嫌疑人、被告人的住处执行;无固定住所的,可以在指定的居所执行。对于涉嫌危害国家安全犯罪、恐怖活动犯罪,在住所执行可能有碍侦查的,经上一级公安机关批准,也可以在指定的居所执行。但是,不得在羁押场所、专门的办案场所执行。指定居所监视居住的,除无法通知的以外,应当在执行监视居住后二十四小时以内,通知被监视居住人的家属。"

关于被监视居住人应当遵守的规定和后果,《刑事诉讼法》第七十七条规定,被监视居住的犯罪嫌疑人、被告人应当遵守以下规定:① 未经执行机关批准不得离开监视居住的处所。② 未经执行机关批准不得会见他人或者通信。这里的"他人",应指除与被监视居住人共同居住的家庭成员及其辩护人员以外的人。在传讯的时候及时到案。④ 不得以任何形式干扰证人作证。⑤ 不得毁灭、伪造证据或者串供。⑥ 将护照等出入境证件、身份证件、驾驶证件交执行机关保存。

被监视居住的犯罪嫌疑人、被告人违反上述规定,情节较轻的,可以予以训诫、责令具结悔过;情节严重的,可以予以逮捕。这里的"情节严重",包括如下几种情形:① 故意实施新的犯罪行为的。② 企图自杀或者逃跑的。③ 毁灭、伪造证据,干扰证人作证或者串供的。④ 打击报复、恐吓滋扰被害人、证人、鉴定人、举报人、控告人等的。⑤ 经传唤,无正当理由不到案,影响审判活动正常进行的。⑥ 擅自改变联系方式或者居住地,导致无法传唤,影响审判活动正常进行的。⑦ 未经批准,擅自离开所居住的市、县,影响审判活动正常进行,或者两次未经批准,擅自离开所居住的市、县的。⑧ 违反规定进入特定场所、与特定人员会见或者通信、从事特定活动,影响审判活动正常进行,或者两次违反有关规定的。⑨ 依法应当决定逮捕的其他情形。

实践关注:指定监视居住引发的争议

《刑事诉讼法》第七十五条规定,指定居所监视居住可适用于两类情形:一是无固定住处的;二是涉嫌危害国家安全犯罪、恐怖活动犯罪的。对此理论界和实务界有颇多争议。

首先,就指定居所监视居住的性质而言,有学者认为它实际上已成为介于羁押与非羁押之间的、但可能更接近羁押的强制措施,已成为现有五种强制措施都不能囊括的第六种强制措施,并建议将其从监视居住中剥离出来,成为一种独立的强制措施类型。也有学者指出,《刑事诉讼法》中诸多规定表明,将指定居所监视居住定位为"准羁押措施"可能更为准确。这是因为,在监视居住期间犯罪嫌疑人、被告人的会见、通信等权利受到严格限制,其人身自由受到办案机关的直接控制,因此,指定居所监视居住在某些方面与羁押并无二异。特别是《刑事诉讼法》第七十六条规定了指定居所监视居住的期限应当折抵刑期,这一规定无疑更加印证了指定居所监视居住"准羁押措施"的性质。当然,也有学者认为指定居所监视居住不是一种新型的强制措施,更不具有羁押性质,它仍然是限制人身自由的非羁押性强制措施。

其次,就指定监视居住的适用范围而言,对于第一类情形学界争论不大,但对于第二类情形尤其是"恐怖活动犯罪"的范围则存在一定的争议。实际上,我国法律和司法解释之前并未明确"恐怖活动犯罪"的具体范围。直至2011年10月29日第十一届全国人大常委会第二十三次会议通过的《关于加强反恐怖工作有关问题的决定》才对"恐怖活动"作出了明确规定。根据该规定,恐怖活动是指以制造社会恐慌、危害公共安全或者胁迫国家机关、国际组织为目的,采取暴力、破坏、恐吓等手段,造成或者意图造成人员伤亡、重大财产损失、公共设施损坏、社会秩序混乱等严重社会危害的行为,以及煽动、资助或者以其他方式协助实施上述活动的行为。根据恐怖活动的概念和《刑法》中的具体罪名规定,恐怖活动犯罪可以分为纯正恐怖活动犯罪与不纯正恐怖活动犯罪。纯正恐怖活动犯罪包括《刑法》第一百二十条规定的组织、领导、参加恐怖组织罪和第一百二十条之一规定的资助恐怖活动罪。不纯正恐怖活动犯罪可以由其他普通刑事犯罪构成,如放火罪、决水罪、爆炸罪,投放危险物质罪,以危险方法危害公共安全罪,劫持航空器罪,劫持船只、汽车罪等。其中,对于不纯正恐怖活动犯罪,研究者认为行为人除了具备一般的主观罪过以外,还必须具备特定的恐怖犯罪目的,否则只能属于普通的刑事犯罪,不适用指定居所监视居住。

最后,关于指定居所监视居住的执行场所,立法仅规定监视居住应当在住处或指定居所执行,并明确"不得在羁押场所、专门的办案场所执行",但对于指定居所的范围则未作界定。有学者认为,指定居所是指犯罪嫌疑人可以临时居住并且可以接受讯问的处所。指定居所应当排除检察机关和公安机关的其他各类办公场所,如培训中心、预防基地等,否则该办公场所就成了专门的办案场所。有学者认为,指定居所可以被界定为除羁押场所、专门的办案场所以外的,既能防止外部干扰,能够确保涉案者人身安全,又有利于侦查办案的特定的场所。也有学者认为,宜统一由市(地)一级公安机关在全市范围内统一建造或确定符合法律要求的指定居所。公安机关、检察机关及人民法院所办理的各类刑事案件中符合指定居所监视居住条件的犯罪嫌疑人、被告人,都只能在这一指定居所执行。

● 监视居住的期限、解除、撤销和变更

《刑事诉讼法》第七十九条规定:"人民法院、人民检察院和公安机关对犯罪嫌疑人、被告人监视居住最长不得超过六个月。在监视居住期间,不得中断对案件的侦查、起诉和审理。"

公安、司法机关发现不应当适用监视居住或者期限届满的,应当及时解除监视居住。对于采取监视居住不当的,应当予以撤销或者变更。对于采取监视居住法定期限届满的,犯罪嫌疑人、被告人及其法定代理人、近亲属或者辩护人有权要求解除监视居住。

犯罪嫌疑人、被告人及其法定代理人、近亲属或者辩护人有权申请变更监视居住措施。人民法院、人民检察院和公安机关收到申请后,应当在三日内作出决定;不同意变更的,应当告知申请人,并说明不同意的理由。

犯罪嫌疑人、被告人和辩护人对于司法机关采取监视居住法定期限届满不解除或者变更的,有权向该机关申诉或者控告;对处理不服的,可以向同级人民检察院申诉。

5.5 拘 留

刑事拘留,是指公安机关、人民检察院在侦查过程中,遇到紧急情况时,对现行犯或者重大嫌疑分子所采取的临时剥夺其人身自由的一种强制方法。

刑事拘留具有以下特点:第一,拘留是临时剥夺人身自由的强制措施。第二,决定机关具有特定性。拘留仅在侦查阶段由行使侦查权的机关适用,人民法院无权决定拘留。第三,拘留的适用具有期间的短暂性和条件的特定性。只有在法定的紧急情况下才能采用拘留。

■ 刑事拘留的条件

刑事拘留应当同时具备以下条件:一是拘留的对象是现行犯或者重大嫌疑分子。二是具有法定的紧急情形之一。

《刑事诉讼法》第八十二条规定,对于有下列情形之一的现行犯或者重大嫌疑分子,公安机关可以先行拘留:① 正在预备犯罪、实行犯罪或者在犯罪后即时被发觉的;② 被害人或者在场亲眼看见的人指认他犯罪的;③ 在身边或者住处发现有犯罪证据的;④ 犯罪后企图自杀、逃跑或者在逃的;⑤ 有毁灭、伪造证据或者串供可能的;⑥ 不讲真实姓名、住址,身份不明的;⑦ 有流窜作案、多次作案、结伙作案重大嫌疑的。

《刑事诉讼法》第一百六十五条规定,人民检察院在直接受理的案件中,对于具有以下两种情形的犯罪嫌疑人有权决定拘留:① 犯罪后企图自杀、逃跑或者在逃的;② 有毁灭、伪造证据或者串供可能的。

另外,根据《刑事诉讼法》第七十一条、第七十七条,被取保候审、监视居住的犯罪嫌疑人、被告人违反法律规定,需要予以逮捕的,可以先行拘留。

■ 刑事拘留的程序

刑事拘留应遵循下列程序。

● 拘留的决定

公安机关依法需要拘留犯罪嫌疑人的,填写"呈请拘留报告书",由县级以上公安机关负责人批准,签发拘留证。由人民检察院决定拘留的案件,应当由办案人员提出意见,由检察长决定。

《全国人民代表大会和地方各级人民代表大会代表法》第三十二条及有关司法解释规定,县级以上的各级人大代表,如果因为是现行犯被拘留,公安机关、人民检察院应当立即向该级人民代表大会主席团或者其常务委员会报告;因为其他原因需要拘留的,应当报请该代表所属的人民代表大会主席团或者其常务委员会许可。

● 拘留的执行

《刑事诉讼法》规定,拘留由公安机关执行。由人民检察院决定拘留的案件,应当将拘留的决定书送交公安机关,由公安机关负责执行。

第一，公安机关执行拘留时，应当向被拘留人出示拘留证，并责令被拘留人在拘留证上签名(盖章)或按指印。拒绝签名(盖章)或者按指印的，执行人员应在拘留证上注明。被拘留人如果抗拒拘留，执行人员有权使用强制方法，包括使用戒具和武器。

第二，公安机关执行拘留后，应当立即将被拘留人送看守所羁押，至迟不得超过二十四小时。除无法通知或者涉嫌危害国家安全犯罪、恐怖活动犯罪，通知可能有碍侦查的情形以外，决定拘留的机关应当在拘留后二十四小时以内，通知被拘留人的家属。有碍侦查的情形消失以后，应当立即通知被拘留人的家属。

第三，对被拘留的人，决定拘留的机关应当在拘留后的二十四小时以内进行讯问。在发现不应当拘留的时候，必须立即释放，发给释放证明。

第四，公安机关在异地执行拘留的时候，应当通知被拘留人所在地的公安机关，被拘留人所在地的公安机关应当予以配合。

- **刑事拘留的期限**

  ◇ 公安机关拘留犯罪嫌疑人的期限

对于公安机关侦查案件中被拘留的人，根据法律规定，拘留时间为公安机关提请人民检察院批准逮捕时间和人民检察院审查批准逮捕时间的总和。

公安机关对被拘留的人，认为需要逮捕的，应当在拘留后的三日内，提请人民检察院审查批准。在特殊情况下，提请审查批准的时间可以延长一日至四日。对于流窜作案、多次作案、结伙作案的重大嫌疑分子，提请审查批准的时间可以延长至三十日。人民检察院应当自接到公安机关提起批准逮捕书后的七日内，作出批准逮捕或者不批准逮捕的决定。

据此，对公安机关拘留犯罪嫌疑人的期限总结如下：一般情况下为十日，特殊情况下为十四日，对流窜作案、多次作案、结伙作案的重大嫌疑分子，拘留期限最长为三十七日。

  ◇ 人民检察院拘留犯罪嫌疑人的期限

人民检察院直接受理的案件中，拘留犯罪嫌疑人的期限有两种情形：① 认为需要逮捕的，应当在十四日内作出决定，即拘留的期限为十四日。② 在特殊情况下，决定逮捕的时间可以延长一日至三日，即拘留的期限最长为十七日。

《刑事诉讼法》第九十九条规定，对于拘留期限届满的，被拘留人及其法定代理人、近亲属或者辩护人，有权要求公安机关、人民检察院解除拘留，释放被拘留人。

5.6 逮　　捕

逮捕，是指公安机关、人民检察院和人民法院，为了防止犯罪嫌疑人或者被告人逃避侦查、起诉和审判，进行妨碍刑事诉讼的行为，或者发生社会危险性，而依法剥夺其人身自由，将其羁押起来的一种强制措施。

- **逮捕的条件**

《刑事诉讼法》第八十一条规定，逮捕犯罪嫌疑人、被告人，必须同时具备以下三个条件：第一，有证据证明有犯罪事实。第二，可能判处徒刑以上刑罚的。第三，采取取保候审尚不足以防止发生法定的社会危险性而应当予以逮捕的。

所谓"社会危险性"，是指具有下列情形之一的：① 可能实施新的犯罪的；② 有危害国家安全、公共安全或者社会秩序的现实危险的；③ 可能毁灭、伪造证据，干扰证人作证或者串供的；④ 可能对被害人、举报人、控告人实施打击报复的；⑤ 企图自杀或者逃跑的。

批准或者决定逮捕，办案机关应当将犯罪嫌疑人、被告人涉嫌犯罪的性质、情节、认罪认罚等情况，作为是否可能发生社会危险性的考虑因素。

对有证据证明有犯罪事实，可能判处十年有期徒刑以上刑罚的，或者有证据证明有犯罪事实，可能判处徒刑以上刑罚，曾经故意犯罪或者身份不明的，应当予以逮捕；被取保候审、监视居住的犯罪嫌疑人、被告人违反取保候审、监视居住规定，情节严重的，可以予以逮捕。

■ 逮捕的批准权、决定权与执行权

在我国，人民检察院、人民法院和公安机关对于行使逮捕的批准权、决定权、执行权的分工如下。

● 人民检察院有批准/决定逮捕权

《刑事诉讼法》第九十一条规定，公安机关对被拘留的人，认为需要逮捕的，应当依法提请人民检察院审查批准。公安机关无权自行决定逮捕。

在人民检察院自行侦查的案件中，或者公安机关侦查的案件移送审查起诉以后，认为犯罪嫌疑人符合逮捕条件，应予逮捕的，人民检察院依法有逮捕决定权。

● 人民法院有决定逮捕权

在人民法院直接受理的自诉案件中，对于被告人需要逮捕的，人民法院有决定权。对于人民检察院提起公诉的案件，人民法院在审判阶段发现需要逮捕被告人的，有权决定逮捕。

● 公安机关有逮捕的执行权

无论是决定逮捕还是批准逮捕，都由公安机关执行。人民检察院和人民法院决定逮捕的，都必须交付公安机关执行。

■ 逮捕的程序

根据《刑事诉讼法》，逮捕应遵循下列程序：

● 逮捕的批准和决定程序

◇ 人民检察院对公安机关提请逮捕的批准程序

公安机关要求逮捕犯罪嫌疑人时，应当经县级以上公安机关负责人批准，制作提请批准逮捕书，连同案卷材料、证据，一并移送同级人民检察院审查批准。必要的时候，人民检察院可以派人参加公安机关对于重大案件的讨论。

人民检察院在接到公安机关的提请批准逮捕材料后，应当指定办案人员查阅案卷材料，提出批准或者不批准逮捕的意见。人民检察院审查批准逮捕时，可以讯问犯罪嫌疑

人、询问证人等诉讼参与人,听取辩护律师的意见;辩护律师提出要求的,应当听取辩护律师的意见。对于未成年人犯罪案件,人民检察院审查批准逮捕,应当讯问未成年犯罪嫌疑人,听取辩护律师的意见;在讯问的时候,应当通知未成年犯罪嫌疑人的法定代理人到场。

人民检察院审查批准逮捕犯罪嫌疑人由检察长决定,重大案件应当提交检察委员会讨论决定。

对于公安机关提请批准逮捕的犯罪嫌疑人已被拘留的,人民检察院应当在七日内作出是否批准逮捕的决定;未被拘留的,应当在接到提起批准逮捕书后十五日内作出是否批准逮捕的决定,重大、复杂的案件不得超过二十日。

检察机关应当根据审查情况分别作出以下决定:① 对于符合逮捕条件的,作出批准逮捕的决定,制作批准逮捕决定书;② 对于不符合逮捕条件的,作出不批准逮捕的决定,制作不批准逮捕决定书,说明不批准逮捕的理由;③ 需要补充侦查的,应当同时通知公安机关。

对于人民检察院决定不批准逮捕的,公安机关在收到不批准逮捕决定书后,应当立即释放在押的犯罪嫌疑人或者变更刑事强制措施。对于需要继续侦查,并且符合取保候审、监视居住条件的,公安机关依法取保候审或者监视居住。

公安机关对人民检察院不批准逮捕的决定,认为有错误的,可以向同级人民检察院要求复议,但是必须将被拘留的人立即释放。如果意见不被接受,公安机关可以向上一级人民检察院提请复核。上级人民检察院应当立即复核,作出是否变更的决定,通知下级人民检察院和公安机关执行。

◇ 人民检察院决定逮捕的程序

第一,在人民检察院直接受理侦查的案件中,需要逮捕犯罪嫌疑人的,由负责侦查的部门制作逮捕犯罪嫌疑人意见书,连同案卷材料、讯问犯罪嫌疑人录音或者录像一并移送本院负责批准逮捕和提起公诉的部门审查。

第二,人民检察院在审查起诉阶段认为需要逮捕犯罪嫌疑人的,应当经检察长决定。

对犯罪嫌疑人决定逮捕的,负责批准逮捕和提起公诉的部门应当将逮捕决定书连同案卷材料、讯问犯罪嫌疑人录音或者录像移交负责侦查的部门,并可以对收集证据、适用法律提出意见。由负责侦查的部门通知公安机关执行,必要时可以协助执行。

◇ 人民法院决定逮捕的程序

第一,对于直接受理的自诉案件,认为需要逮捕被告人时,由办案人员提出逮捕意见,报请院长决定。

第二,对于检察机关提起公诉时未予逮捕的被告人,人民法院认为符合逮捕条件的,应当由办案人员提出逮捕意见,报请院长决定。对于疑难、复杂、重大案件中被告人的逮捕,可以提交审判委员会讨论决定。

人民法院决定逮捕的,应将逮捕决定书送交同级公安机关执行。

◇ 对人大代表适用逮捕的特别规定

犯罪嫌疑人、被告人如果是县级以上人大代表,人民检察院、人民法院无论是批准逮捕还是决定逮捕,都应当报请该代表所在的人民代表大会主席团或者其常务委员会许可。

● **逮捕的执行与变更程序**

逮捕犯罪嫌疑人、被告人，一律由公安机关执行。公安机关在接到执行逮捕的通知后，必须立即执行，并将执行的情况通知人民检察院、人民法院。

对于人民检察院批准或者决定、人民法院决定逮捕的犯罪嫌疑人、被告人，应当由县级以上公安机关负责人签发逮捕证，立即执行。执行逮捕的人员不得少于两人。执行逮捕时，必须向被逮捕人出示逮捕证，并责令被逮捕人在逮捕证上签名（盖章）或者按指印。被逮捕人拒绝签名（盖章）或者按指印的，应在逮捕证上注明。对于抗拒逮捕的，可以使用戒具或者武器。另外，公安机关到异地执行逮捕时，应当通知被逮捕人所在地的公安机关，被逮捕地的公安机关应当协助执行。

执行逮捕后，公安机关应当立即将被逮捕人送看守所羁押。除无法通知的以外，提请批准逮捕的公安机关，决定逮捕的人民检察院、人民法院，应当在二十四小时以内将逮捕的原因和羁押的处所，通知被逮捕人的家属。人民检察院、人民法院对于各自决定逮捕的人，公安机关对于经人民检察院批准逮捕的人，应当在逮捕后的二十四小时以内进行讯问。公安机关发现不应当逮捕的，应当立即撤销或者变更强制措施；撤销逮捕的，应当立即释放，发给释放证明。

公安机关撤销逮捕措施，或者变更为取保候审或者监视居住的，应当通知原批准或决定逮捕的人民检察院、人民法院。人民检察院、人民法院对于各自决定的逮捕应撤销或者变更强制措施的，也应当通知公安机关。

● **对逮捕的监督**

为保证批准和决定逮捕权的正确行使，防止错误逮捕，《刑事诉讼法》第九十五条规定，犯罪嫌疑人、被告人被逮捕后，人民检察院仍应当对羁押的必要性进行审查；对不需要继续羁押的，应当建议予以释放或者变更强制措施；有关机关应当在十日内将处理情况通知人民检察院。

《最高检规则》第五百七十五条规定："负责捕诉的部门依法对侦查和审判阶段的羁押必要性进行审查。经审查认为不需要继续羁押的，应当建议公安机关或者人民法院释放犯罪嫌疑人、被告人或者变更强制措施。审查起诉阶段，负责捕诉的部门经审查认为不需要继续羁押的，应当直接释放犯罪嫌疑人或者变更强制措施。"

人民法院、人民检察院和公安机关如果发现对犯罪嫌疑人、被告人采取强制措施不当的，应当及时撤销或者变更。公安机关释放被逮捕的人或者变更强制措施的，应当通知原批准的人民检察院。

已被逮捕的犯罪嫌疑人、被告人及其法定代理人、近亲属或者辩护人有权申请变更强制措施。人民法院、人民检察院和公安机关收到申请后，应当在三日内作出决定；不同意变更强制措施的，应当告知申请人，并说明不同意的理由。

另外，犯罪嫌疑人、被告人及其辩护人对于司法机关逮捕羁押期限届满而不予以释放、解除或者变更的，有权向该机关申诉或者控告。对处理不服的，可以向同级人民检察院申诉。

★------------------------------------

实践关注：捕诉合一的改革对强制措施的影响

2018年7月,最高人民检察院负责人表示,各级检察机关将继续深化司法体制改革,推动检察机关专业化建设,原来分离的批准逮捕和起诉环节将合为一体,即实行捕诉合一。

所谓捕诉合一,是指检察机关对本院管辖的同一刑事案件的适时介入、审查逮捕、延长羁押期限审查、审查起诉、诉讼监督等办案工作,原则上由同一办案部门的同一承办人办理,另有规定的除外。

捕诉合一的实行对强制措施的审批产生了较大的影响。例如,检察机关负责审批逮捕的主体发生变化、检察机关自侦案件中逮捕的审批结构也发生了变化。

对于捕诉合一所带来的影响,学界褒贬不一。有学者指出,捕诉合一可以提高诉讼效率和办案质量,便于检察官全面掌握案件情况,减少检察官审查案件过程中的重复阅卷审查。但也有学者认为,由于实行捕诉合一,拔高了审查逮捕的标准,因而导致"事前预防"功能被虚置。

请读者在查阅有关文献的基础上,继续思考捕诉合一对刑事案件办理所可能带来的影响。

------------------------------------★

总 结

刑事强制措施是公安、司法机关在刑事诉讼过程中所采用的一种诉讼保障措施,而非惩罚性措施,其目的在于保障刑事诉讼活动的顺利进行。我国有五种刑事强制措施,包括拘传、取保候审、监视居住、拘留、逮捕。刑事强制措施的适用应遵循合法性原则、必要性原则以及相当性原则。为了确保强制措施不被滥用,维护犯罪嫌疑人、被告人的合法权利,应当加强对强制措施的监督,并赋予犯罪嫌疑人、被告人必要的救济权利。

思考题

1. 如何理解强制措施适用的"必要性原则"?
2. 试比较我国的取保候审与西方的保释制度。
3. 请思考"指定居所监视居住"在执行中可能会出现哪些问题,你有何对策?
4. 请在查阅相关研究资料的基础上思考我国逮捕的监督中存在哪些弊端、哪些问题亟待解决。
5. 我国的强制措施在衔接和变更上是否存在问题?如果需要完善的话,关键问题在哪里?

第 6 章 立案程序

> **引言**
>
> 在我国的刑事诉讼中,立案程序是其他所有诉讼程序的起点。公安、司法机关进行刑事诉讼,必须严格依法有序地推进诉讼进程,不能随意超越、颠倒任何一个诉讼程序。那么,我国的立案程序的基本任务是什么,材料来自何处,应遵循什么样的条件和标准,具体程序有哪些,如何监督不当的立案,司法实践中存在哪些问题或困难?本章主要围绕这些问题加以展开。

6.1 立案程序概述

立案,是指公安机关、人民检察院和人民法院对报案、控告、举报、自首或自诉等的相关材料在各自的职权范围内进行审查,以确定是否存在犯罪事实、是否需要追究刑事责任,从而决定是否要对案件进行侦查或审判的诉讼活动。

■ 立案的特征

在我国,立案是独立的诉讼阶段,是刑事诉讼开始的标志,具有如下特征。

● **立案是法律赋予公安、司法机关的权力**

《刑事诉讼法》规定,公安机关和人民检察院对刑事案件有立案侦查权,人民法院有立案审判权。除此之外,其他任何机关和个人都没有这两项权力。

● **立案是刑事诉讼的开始阶段和必经阶段**

我国刑事公诉案件一般经历立案、侦查、审查起诉、审判和执行等环节,每一个阶段都是独立的,也是不可缺失的。其中,立案是刑事诉讼的开始,只有经过立案,才能进行侦查或审判。

● **立案为刑事诉讼的其他程序的运行提供依据**

在公诉案件中,立案程序通过书面审查和相关调查,使办案人员对案件的认识达到一定的程度,进而得到结论,从而为侦查提供依据。在自诉案件中,立案程序通过人民法院对案件的实质性审查,确保案件的开庭审理具有较为充足的证据基础,为审判的顺利进行提供保障。

> **延伸阅读：刑事诉讼程序启动的模式**
>
> 关于刑事诉讼程序启动的模式，理论界对其作了一些分类：
>
> ◇ 随机型启动模式和程序型启动模式
>
> 随机型启动模式，是指侦查程序的启动以获悉犯罪信息为前提，一旦侦查机关通过各种途径获悉犯罪信息，就立即启动侦查程序加以调查，并不需要经过特别的案件处理程序。这一模式强调刑事诉讼启动的随机性和主动性，赋予侦查人员的权力范围较宽，便于迅速、及时侦破案件，但是也可能造成侦查权力的滥用，造成人权保障的缺失。程序型启动模式，是指必须经过专门的开启程序后，才能正式启动侦查程序，进而展开侦查。这一模式强调刑事诉讼启动的程序性，能够限制侦查机关权力的行使，但是也可能导致案发后侦查效率低下。
>
> ◇ 对人启动模式和对事启动模式
>
> 对人启动模式，是指刑事诉讼的启动以有确定的指控对象为前提条件，仅有犯罪事实则不能启动刑事诉讼程序。对事启动模式，是以判断案件事实是否发生作为启动刑事诉讼程序的标准，只需要有一定证据证明犯罪事实已经发生，无论是否发现特定的指控对象，均可启动刑事诉讼程序。
>
> 结合上述两种理论分类，我们可以对不同国家刑事诉讼的启动模式加以总结。英美法系国家主要采用对人的随机型启动模式，以指控特定公民作为刑事启动的标志，提出针对特定公民的指控即意味着侦查开始，刑事诉讼程序随即启动。在警察开始侦查前，任何人以任何形式的告发无须办理专门手续。而大陆法系国家则一般采用对事的随机型启动模式，以案件事实发生与否作为判断刑事诉讼程序启动的标准，只要有一定的证据证明犯罪事实已经发生，则无须发现指控对象，就可以启动刑事诉讼程序。

■ 立案的任务

在立案阶段，公安、司法机关的任务就是通过对报案、控告、举报、自首或自诉等材料的审查，确定是否存在犯罪事实、是否需要追究刑事责任，从而为后续的侦查或审判提供依据。根据《刑事诉讼法》和有关司法解释，立案的任务包括以下内容。

● **接收相关材料，并进行案件分流**

公安、司法机关应当对报案、控告、举报、自首或自诉的材料进行接收，无论其是否属于自己的管辖范围。对于属于自己管辖范围的，则予以审查决定是否立案；对于不属于自己管辖范围的，则应转交相应的主管机关处理，并且通知报案人、控告人、举报人；对于不属于自己管辖而又需要立即采取紧急措施，应当先采取措施，然后移送有关主管机关。

● **审查相关材料**

公安、司法机关根据各自的管辖范围，对接收的有关材料进行审查，以确定是否符合立案的条件。

- **决定是否立案,并接受监督**

公安、司法机关根据《刑事诉讼法》和相关解释规定的立案条件与标准,在对现有材料进行审查的基础上,对是否能够立案作出决定。对于不立案的,公安、司法机关要通知控告人,并接受控告人的复议申请,进行复议;对于不该立案而立案或该立案而未立案的,公安司法机关要接受检察机关的监督,说明理由;对于检察机关作出的立案决定予以执行;对检察机关的决定可以申请复议、复核。

延伸思考:立案程序的价值之争

关于立案程序的价值,传统教科书一般将其概括为三个方面:一是有利于准确、及时打击犯罪。立案程序确定了有关机关对犯罪案件的侦查权力、侦查组织以及可以采取的有关措施,有利于对犯罪事实的揭露和对犯罪人的发现,从而及时打击犯罪。二是有利于实现人权保障。在立案阶段,公安、司法机关通过对有关材料的审查,如果发现不具有犯罪事实或者依法不应当追究被控告人刑事责任的情形时,就不应当立案,从而避免造成对无辜者的错误追究,防止和减少冤假错案,以实现人权保障的目标。三是有利于实现对侦查权的控制。在我国刑事诉讼中,除了逮捕必须由检察机关批准或人民法院决定外,大部分的侦查措施都是由侦查机关自行授权、自行控制的,因而缺乏外在力量的制约。确立严格的立案条件,可以防止随意立案,从而节制侦查权的使用。

不过也有学者提出了不同的看法。有学者指出,准确、及时打击犯罪不是建立在立案制度上的必然结果,而是以侦查机关深入、细致的侦查工作为前提,如果只有立案而没有侦查机关深入、细致的侦查工作,案件事实如何查清?证据如何做到确实、充分?又谈何准确、及时打击犯罪呢?同时,就立案与人权保障之间的关系而言,该学者指出,由于刑事诉讼价值理念选择上的偏失和诉讼构造科学性方面的不足,侦查人员常常漠视犯罪嫌疑人、被告人的合法权益,实际上立案程序并未遏止刑讯逼供、超期羁押等侵犯公民合法权益现象的发生。也有学者指出,将立案程序独立地置于侦查程序之前违背了认识规律,是一种"倒果为因"的做法。其中的矛盾颇为明显:不进行相关的侦查如何确定能否立案,而不立案又如何进行侦查。

请读者对上述观点进行比较与分析,并思考如何认识立案程序的价值。

6.2 立案的材料来源和条件

立案的材料来源

立案的材料,主要是指公安机关和人民检察院自行发现的或举报人、报案人、控告人或自首的犯罪嫌疑人提供的与犯罪有关的材料。根据《刑事诉讼法》和有关司法解释,立案的材料来源主要包括以下几种。

● 公安机关、检察机关自行发现的犯罪事实或犯罪嫌疑人

《刑事诉讼法》第一百零九条规定:"公安机关或者人民检察院发现犯罪事实或者犯罪嫌疑人,应当按照管辖范围,立案侦查。"公安机关是我国的主要侦查机关,也是社会治安保卫机构,其在日常的社会秩序维持和刑事案件办理过程中可能会发现有关的犯罪事实或犯罪嫌疑人材料。检察机关是我国的法律监督机关,也是职务犯罪案件的侦查机关,其在履行法律职责的过程中也可能会发现一些犯罪的线索材料等。在发现犯罪事实或犯罪嫌疑人后,公安、检察机关应当按照管辖范围,主动、迅速地进行审查并作出立案或者不立案的决定。

● 有关单位和个人的举报或报案

《刑事诉讼法》第一百一十条第一款规定:"任何单位和个人发现有犯罪事实或者犯罪嫌疑人,有权利也有义务向公安机关、人民检察院或者人民法院报案或者举报。"

报案,是指单位和个人以及被害人发现有犯罪事实发生,向公安、司法机关告发的行为。举报,是指单位和个人就其了解的犯罪事实或犯罪嫌疑人向公安、司法机关告发、揭露的行为。两者的区别在于:报案仅指向犯罪事实,并不能明确指出犯罪嫌疑人是谁;而举报不仅指出了犯罪事实发生,而且还指出了明确的举报对象。报案的主体是一切单位和个人,包括被害人;举报的主体是除被害人以外的单位和个人。

● 刑事被害人的报案或控告

《刑事诉讼法》第一百一十条第二款规定:"被害人对侵犯其人身、财产权利的犯罪事实或者犯罪嫌疑人,有权向公安机关、人民检察院或者人民法院报案或者控告。"

刑事被害人的报案或控告也是立案材料的主要来源。控告,是指被害人就其人身权利、财产权利等遭受侵害的事实及犯罪嫌疑人的有关情况,向公安、司法机关揭露和告发,要求追究其刑事责任的诉讼行为。就被害人而言,若只知道有犯罪事实的发生,尚不知道谁是实施犯罪的主体,则为报案;若犯罪事实和犯罪嫌疑人都比较明确的话,则为控告。

由于刑事被害人可能因犯罪而失去行为能力或死亡,因此其法定代理人也可以报案或控告。

● 犯罪人的自首

《刑事诉讼法》第一百一十条第三款、第四款规定,犯罪人向公安机关、人民检察院或者人民法院自首的,相应机关都应当接受,并根据各自的管辖范围自行审查或移送审查。

自首,是指实施犯罪行为的人自动投案,如实交代自己的罪行并接受审查或审判的行为。犯罪发生后,犯罪人出于减轻处罚或忏悔犯罪等目的,向公安、司法机关主动交代自己的罪行,这也是颇为重要的立案的材料来源。

■ 立案的条件

在接受或发现立案材料后,办案机关需要确认是否具备立案的条件。所谓立案的条件,是指立案所必须具备的理由和根据。《刑事诉讼法》第一百一十二条规定:"人民法院、人民检察院或者公安机关对于报案、控告、举报和自首的材料,应当按照管辖范围,迅速进

行审查,认为有犯罪事实需要追究刑事责任的时候,应当立案;认为没有犯罪事实,或者犯罪事实显著轻微,不需要追究刑事责任的时候,不予立案,并且将不立案的原因通知控告人。"

● 公诉案件立案的条件

公诉案件立案的条件一般包括事实条件和法律条件。

◇ 事实条件

立案的事实条件,即"有犯罪事实",是指有符合《刑法》规定的犯罪行为的发生,且有一定的证据予以证明。

具体来说,事实条件应符合以下几点要求:第一,有犯罪事实而非其他事实。第二,犯罪事实要有一定的证据予以证明,即有一定的证据,使人合理地相信犯罪事实的存在。第三,公安、司法人员通过审查对犯罪事实的确认只具有程序意义,不具有实体意义,不得作为对犯罪嫌疑人或被告人实施处罚的依据。

◇ 法律条件

立案的法律条件,即"需要追究刑事责任",是指根据我国刑事法律的有关规定,该犯罪事实具有应受刑罚处罚性;无须追究刑事责任的,则不符合立案条件;可能免予刑事处罚的,并不影响其立案。

《刑事诉讼法》第十六条规定,具有下列情形之一的,不追究刑事责任,因此也就不能立案;已经立案的,应当撤销案件:① 情节显著轻微、危害不大,不认为是犯罪的;② 犯罪已过追诉时效期限的;③ 经特赦令免除刑罚的;④ 依照《刑法》规定告诉才处理的犯罪,没有告诉或者撤回告诉的;⑤ 犯罪嫌疑人、被告人死亡的;⑥ 其他法律规定免予刑事责任的。

● 自诉案件立案的条件

◇ 事实条件

在自诉案件中,立案是为审判做准备,其要求的事实条件要高于侦查立案。这里的事实条件包括以下几个方面:第一,刑事案件的被害人提出控诉,如果被害人死亡、丧失行为能力或者因受强制、威吓等无法告诉,或者是限制行为能力人以及由于年老、患病、盲、聋、哑等原因不能亲自告诉,其法定代理人、近亲属可以代为告诉;第二,有明确的被告人,且能及时找到被告人;第三,有具体的诉讼请求;第四,有证明被告人犯罪事实的证据,且证据充分。

◇ 法律条件

根据《刑事诉讼法》和有关司法解释,自诉案件的立案法律条件除了包括一般立案的条件以外,还应当具备下列条件:第一,属于自诉案件的范畴,具体包括告诉才处理的案件(如侮辱诽谤案、暴力干涉婚姻自由案)、被害人有证据证明的轻微刑事案件(如故意伤害案、非法侵入住宅案等)以及被害人有证据证明对被告人侵犯自己人身、财产权利的行为应当依法追究刑事责任,而公安机关或者人民检察院已经作出不予追究的书面决定的案件。第二,属于相应法院的管辖范围。第三,该犯罪事实未被处理过,如未曾因证据不足而撤诉、未曾调解结案等。

- **立案的具体标准**

我国《刑事诉讼法》和有关司法解释对于侦查立案与审判立案都规定了立案的条件,但这些规定相对于数百种具体的犯罪仍然显得过于原则化,从而可能给公安、司法人员的审查立案带来困难。为此,最高人民法院、最高人民检察院和公安部在不同时期,分别以独立或联合的方式制定了一些司法解释、部门规章,统一了立案的尺度,包括:《关于公安机关管辖的刑事案件立案追诉标准的规定》《人民检察院直接受理侦查案件立案、逮捕实行备案审查的规定(试行)》《关于渎职侵权犯罪案件立案标准的规定》《关于办理诈骗刑事案件具体应用法律若干问题的解释》等。

6.3 立案程序

立案程序,是指立案活动中各种诉讼活动的步骤和形式,一般包括立案材料的受理、立案材料的审查和立案审查后的处理。

立案材料的受理

立案材料的受理,是指公安机关、人民检察院和人民法院对举报、报案、控告、自首或自诉的案件材料予以接受的活动。《刑事诉讼法》第一百一十条第三款规定:"公安机关、人民检察院或者人民法院对于报案、控告、举报,都应当接受。对于不属于自己管辖的,应当移送主管机关处理,并且通知报案人、控告人、举报人;对于不属于自己管辖而又必须采取紧急措施的,应当先采取紧急措施,然后移送主管机关。"

立案材料的受理一般包括如下内容。

- **证据材料的提供**

公民可以以口头和书面等形式提供证据材料。公民以口头形式提供的,公安、司法人员应当接受,并制作笔录,经由报案人、控告人、举报人等人员阅读或听取后无异议的,由其签名或者盖章。

- **办案机关的处理**

公安、司法人员对所有的报案、控告、举报、自首都应当立即接受,并及时根据管辖范围进行分流:对属于自己管辖的,应及时对有关材料进行审查,以确定是否需要立案,从而启动侦查或审判;对不属于自己管辖的,应及时移送主管机关,并告知相关当事人;如果需要采取紧急措施的,就应及时采取有关措施,然后再作案件分流。

- **法律责任的告知**

公安、司法机关应告知控告人、举报人有关法律责任,防止诬告。控告人、举报人的控告、举报可能出于各种目的,有的是为伸张正义,有的则欲报复陷害。公安、司法机关工作人员应当在接受材料前,告知控告人、举报人如实提供证据的义务和诬告需要承担的法律责任。

● **报案人、举报人和控告人的安全保障**

报案人、举报人和控告人向公安、司法机关提供有关犯罪的材料,因此可能会招致罪犯的报复。公安、司法机关应保障报案人、举报人和控告人及其亲属的安全,并为其保密。为鼓励公民同犯罪行为作斗争,公安、司法机关应根据有关当事人的要求,并根据案件的实际情况,制定措施,保障有关当事人的人身、财产安全;犯罪分子可能威胁有关当事人的亲属的,公安、司法机关也应为他们提供安全保障。严禁将举报材料转给被举报单位和被举报人;对故意泄密或打击报复举报人、报案人或控告人的行为,应当予以严厉惩处。

立案材料的审查

立案材料的审查,是指公安机关、人民检察院和人民法院根据各自的管辖范围,依据有关法律规定对有关材料进行检查、核实,以确定是否立案的过程。《刑事诉讼法》第一百一十二条规定:"人民法院、人民检察院或者公安机关对于报案、控告、举报和自首的材料,应当按照管辖范围,迅速进行审查"。同时,根据《最高检规则》的规定,人民检察院直接受理侦查案件的线索,由负责侦查的部门统一受理、登记和管理。负责控告申诉检察的部门接受的控告、举报,或者本院其他办案部门发现的案件线索,属于人民检察院直接受理侦查案件线索的,应当在七日内移送负责侦查的部门。负责侦查的部门对案件线索进行审查后,认为属于本院管辖,需要进一步调查核实的,应当报检察长决定。

立案材料审查的内容包括事实审查和法律审查。事实审查就是对犯罪事实的有无进行审查;法律审查是对材料是否符合有关法律要件的审查。审查的方式主要是书面审查,也可以要求报案人、举报人或控告人说明相关情况。

对自诉案件的审查有别于立案审查。根据《刑事诉讼法》和《最高法解释》的规定,其审查的内容主要是自诉案件特别规定的事实条件和法律条件,审查的形式只能是书面审查,公安、司法机关不得主动进行任何形式的调查。如果认为自诉人提出的证据不充分,人民法院可以要求自诉人提出补充证实有关犯罪事实的材料。

★ **实践关注:立案条件的异化与"不破不立""先破后立"现象的反思**

根据《刑事诉讼法》的规定,我国刑事案件立案的条件是"有犯罪事实并且需要追究刑事责任"。对此,不少研究者都认为现行的立案条件违背了认识规律且存在逻辑上的悖论:有犯罪事实并且需要追究刑事责任应当是侦查的结果而非侦查的前提。而在司法实践中,为了满足立案的条件,办案机关仅凭法律规定的"审查"或"初查"往往难以实现目标,故常常突破法律规定的界限而采取侦查手段。因此,这样的制度安排只会导致制度本身在实践中被异化或虚置。

与此同时,另一个问题也值得我们认真反思,即实践中存在的"不破不立""先破后立"的现象。这一现象起码与两个因素相关,一是立案条件的不合理,二是破案率带来的压力。关于前者,前文已有分析,故此处仅对破案率存在的问题略作分析。长期以来,破案率一直是侦查工作绩效考核的重要指标之一,侦查机关往往十分重视立案后的破案率。

如果立案后无法破案,那么无疑会降低破案率。因此,为了避免考核中的不利评价,办案人员在不达破案程度时往往不会贸然立案,无形中也架空了立案程序。当然,过分追求破案率的后果不仅如此,还可能造成冤假错案的发生。

立案审查后的处理

公安、司法机关对立案材料进行审查后,应当作出立案或者不立案的决定。

由于公安机关、检察机关和人民法院各自的性质、职责有差别,因而其在立案审查后的处理上有所差别。

作出立案决定

公安、司法机关对立案材料审查后,认为有犯罪事实且需要追究刑事责任的,应当作出立案决定。

公安机关经对立案材料审查后,应当制作刑事案件立案报告书,报县级以上公安机关负责人批准立案。人民检察院对于直接受理的案件,经审查认为有犯罪事实需要追究刑事责任的,应当制作立案报告书,经检察长批准后予以立案。人民法院在接受材料后,对自诉案件在十五日内审查完毕并作出决定,符合立案条件的,应当决定开庭审判,并通知自诉人或代为告诉人。

不予立案

公安、司法机关在对立案材料审查后,认为没有犯罪事实,或虽有犯罪事实,但事实显著轻微,无须追究刑事责任的,则不予立案;有控告人的,要及时将不立案的原因告知控告人。

公安机关在审查后,认为有上述不立案的情形,或存在其他依法不追究刑事责任的情形的,接受单位应制作呈请不予立案报告书,经县级以上公安机关负责人批准,不予立案;对于有控告人的,还应制作不予立案通知书,在七日内送达控告人。

检察机关在审查后,认为没有犯罪事实,或事实不清且证据不足,或具有《刑事诉讼法》第十六条规定的情形之一,或没有构成犯罪的,经提请检察长决定,不予立案;被害人是控告人的,此时应制作不予立案通知书,由侦查部门在十五日内送达被害人;对于未构成犯罪,但又需要追究党纪、政纪责任的,则应移送有关主管机关处理。

对于自诉案件,人民法院在审查后,有下列情形之一的,应驳回起诉或说服自诉人撤回起诉:① 不属于《最高法解释》第一条规定的案件的;② 缺乏罪证的;③ 犯罪已过追诉时效期限的;④ 被告人死亡的;⑤ 被告人下落不明的;⑥ 除因证据不足而撤诉以外,自诉人撤诉后,就同一事实又告诉的;⑦ 经人民法院调解结案后,自诉人反悔,就同一事实再行告诉的;⑧ 属于本解释第一条第二项规定的案件,公安机关正在立案侦查或者人民检察院正在审查起诉的;⑨ 不服人民检察院对未成年犯罪嫌疑人作出的附条件不起诉决定或者附条件不起诉考验期满后作出的不起诉决定,向人民法院起诉的。对立案后出现下列情形的,也应驳回起诉或说服自诉人撤回起诉:① 对已经立案,经审查缺乏罪证的自诉案件,自诉人提不出补充证据的;② 存在共同侵害人的情况下,自诉人在对部分侵害人的起诉被判决后再就同一事实起诉其他共同侵害人的;③ 存在共同被害人的情况下,部分共同被害人在被通知参加其他被害人提起的诉讼时不参加或不出庭,而后又单独提起诉讼的。

● 其他处理形式

公安机关在对立案材料审查后,除了立案或不立案外,还存在以下几种处理方式:① 对于审查后认为有犯罪事实但不属于自己管辖的案件,则应经县级以上公安机关负责人批准签发移送案件通知书,在二十四小时内移送有管辖权的机关,必要时还应采取紧急措施后再移送;② 对于属于自诉的案件,则直接移交有管辖权的人民法院,并通知当事人;③ 对于不属于犯罪但需要给予行政处罚的,依法直接给予行政处罚。

人民检察院对立案材料在七日内审查完毕后,存在以下几种处理:① 不属于人民检察院管辖的,移送有关主管机关,并通知报案人、控告人、举报人、自首人,必要时先采取紧急措施后再移送;② 属于人民检察院管辖的,则根据各级人民检察院的职能分工,分别移送到相应的人民检察院;③ 对于属于错告的,如已对被控告人、被举报人造成不良影响的,应当向有关部门予以澄清;属于诬告的,应追究有关人员的法律责任。

6.4 立案监督

立案是刑事诉讼的开始,一旦立案,刑事诉讼便会推进到侦查阶段或审判阶段,由此可能会给有关人员的人身、财产等权利造成很大的影响。然而,司法实践中也存在有案不立、不破不立等现象,这些都是对司法权力的滥用,值得我们警惕。为了防止打击犯罪不力或冤枉无辜,以保障公民的合法权益,对立案活动进行法律监督就显得格外重要。

所谓立案监督,是指有监督权的机关或公民对公安、司法机关的立案过程和立案结果进行审查和督促的活动。狭义的立案监督仅指人民检察院对立案活动实施的法律监督;广义的立案监督不仅包括检察机关对立案活动的监督,还包括公民对立案活动的监督。

人民检察院是我国的法律监督机关,其对立案活动的监督是立案监督中最为重要的形式,也是法律监督原则在立案程序中的体现。

立案监督不仅包括对立案过程的监督,也包括对立案结果的监督。

■ 检察机关的立案监督

检察机关的立案监督既包括检察机关对公安机关、人民法院的监督,也包括上级检察机关对下级检察机关的监督、检察机关内部各部门之间的监督。

《刑事诉讼法》第一百一十三条规定:"人民检察院认为公安机关对应当立案侦查的案件而不立案侦查的,或者被害人认为公安机关对应当立案侦查的案件而不立案侦查,向人民检察院提出的,人民检察院应当要求公安机关说明不立案的理由。人民检察院认为公安机关不立案理由不能成立的,应当通知公安机关立案,公安机关接到通知后应当立案。"

检察机关和控告人(被害人)对立案的监督的具体规定如表6-1所示。

表6-1 立案监督及其措施

监督主体	监督的情形	监督的措施
检察机关	认为公安机关应当立案而不立案的;被害人认为公安机关对应当立案的案件而不立案,向人民检察院提出的	应当要求公安机关说明不立案的理由;认为公安机关不立案理由不能成立的,应当通知公安机关立案
	对于人民法院不予受理或驳回起诉的裁定	认为确有错误的,可以提出抗诉
控告人(被害人)	公安机关决定不予立案的;公安机关或人民检察院不予追究的	向原决定的公安机关申请复议;直接向人民法院起诉
	对于人民法院不予受理或驳回起诉的裁定	可以上诉

- 对公安机关的立案监督

对于下列几种情形,检察机关有权实施监督:① 检察机关发现公安机关可能存在应当立案侦查而不立案侦查的;② 被害人及其法定代理人、近亲属或行政执法机关认为公安机关应当立案侦查而不立案侦查,向人民检察院提出的;③ 有证据证明公安机关违法立案,且已采取强制措施或其他强制性措施,还未批准逮捕或移送审查起诉的;④ 不服公安机关立案决定的投诉。

对于由公安机关管辖的国家机关工作人员利用职权实施的重大犯罪案件,人民检察院通知公安机关立案而不立案的,经省级以上人民检察院批准,人民检察院可以直接立案侦查。

- 对检察机关的立案监督

人民检察院负责捕诉的部门发现本院负责侦查的部门对应当立案侦查的案件不立案侦查或者对不应当立案侦查的案件立案侦查的,应当建议负责侦查的部门立案侦查或者撤销案件。建议不被采纳的,应当报请检察长决定。

- 对于法院的立案监督

对于法院驳回起诉或不予受理的裁定,检察机关认为确有错误的,可以提出抗诉;抗诉须通过原审人民法院,并同时将抗诉书抄送上一级检察机关;上一级检察机关认为抗诉不当的,可以撤回抗诉。

其他立案监督的形式

对于有控告人的案件,公安机关决定不予立案的,应制作不予立案通知书,在七日内送达控告人;控告人不服的,可以在收到通知书后七日内向原决定的公安机关申请复议;

原决定的公安机关应当在收到复议申请后的十日内作出决定,并通知控告人。

对于被害人有证据证明被告人侵犯自己人身、财产权利的行为应当追究刑事责任,而公安机关或人民检察院不予追究的,被害人及其法定代理人可以直接向法院提起自诉。

对于人民法院不予受理或驳回起诉的裁定,自诉人及其法定代理人可以上诉,自收到裁定后的五日内向上一级人民法院提出。

实践关注:立案监督的困境

尽管《刑事诉讼法》和有关司法解释对检察机关的立案监督作出了较为具体的规定,但在司法实践中立案监督仍然遭遇了一些困难,这表现为以下几个方面。

◇ 立案监督线索发现难

在司法实践中,立案监督的线索主要有两种来源:一是人民检察院通过审查案件自行发现;二是被害人的控告、申诉以及其他公民的举报。来自实务界的统计表明,检察机关自行发现和其他公民举报的情形相对较少,绝大多数的线索都来自被害人的控告、申诉。

◇ 立案监督案件纠正难

《刑事诉讼法》规定,人民检察院认为公安机关不立案理由不能成立的,应当通知公安机关立案,公安机关接到通知后应当立案。但关于公安机关在收到检察机关的立案通知书后没有按照法律规定立案该如何处理,法律上并没有明确的规定。

◇ 立案监督证据标准把握难

最高人民检察院《人民检察院立案监督工作问题解答》第十条规定,人民检察院通知公安机关立案的案件,应当从严掌握,一般应是能够逮捕、起诉、判刑的案件。同时,我们知道公安机关立案的标准是"有犯罪事实并且需要追究刑事责任"。但问题在于,检察机关在立案监督中并没有侦查权,而只能对通知公安机关立案所依据的有关材料进行必要的调查和核实,在此过程中要达到立案标准显然是非常困难的。

总　结

在我国,立案是独立的诉讼阶段,是刑事诉讼开始的标志,只有经过立案,才能进行侦查或审判。立案的任务是通过对报案、控告、举报、自首或自诉等材料的审查,确定是否存在犯罪事实、是否需要追究刑事责任,从而为后续的侦查或审判提供依据。立案的条件一般包括事实条件和法律条件,简单来说就是有犯罪事实且需要追究刑事责任。立案程序包括立案材料的受理、立案材料的审查和立案审查后的处理。其处理结果一般包括作出立案决定、不予立案、移送有关主管机关处理、驳回起诉或说服自诉人撤回起诉等。立案监督可分为狭义监督和广义监督。前者仅指人民检察院对立案活动的法律监督;后者不仅包括检察机关对立案活动的监督,还包括公民对立案活动的监督。

思 考 题

1. 试着分析侦查机关在作出立案决定前所实施行为的性质。
2. 有学者建议应当取消立案程序的独立地位而将其并入侦查程序,对此你怎么看?
3. 请在查阅有关研究资料后,试着分析造成我国立案监督困境的主要原因,并请提出完善立案监督的建议。

第 7 章 侦查程序

> **引言**
>
> 对于很多人来说,"侦查"一词也许并不陌生,我们经常在新闻里能够看到一些关于案件侦查的报道,甚至可能在犯罪现场附近"围观"侦查人员现场办案。然而究竟何谓侦查呢,其基本功能何在,在侦查中办案人员可以采取哪些措施?为了避免侦查人员滥用权力,目前有什么样的方法对其进行监督和控制呢?本章将围绕上述问题加以展开。

7.1 侦查概述

在刑事诉讼中,究竟何谓侦查呢?有一种似是而非的说法,那就是"警察抓坏人"。显然,这样的解释生动有余但却不够严谨,甚至会造成某种误导。因此,我们有必要先弄清楚其准确的内涵。

所谓侦查,是指公安机关、人民检察院对于刑事案件,依照法律进行的收集证据、查明案情的工作和有关的强制性措施。

在我国,侦查是一个独立的诉讼阶段,在刑事诉讼中具有非常重要的地位。我国刑事诉讼的根本目的是惩罚犯罪和保障人权的统一,侦查程序作为其中一个阶段,应当具有与其一致的具体目的。根据《刑事诉讼法》的精神,侦查阶段的具体目的有三个:一是收集证据;二是查明案件事实;三是查获犯罪嫌疑人。

■ 侦查的特征

侦查具有如下几个特征。

● **侦查权的主体具有特定性**

在刑事诉讼中,依法享有侦查权的机关包括公安机关、国家安全机关、军队保卫部门、监狱管理部门、食品药品犯罪侦查部门、中国海警局以及人民检察院的自侦部门。

● **侦查对象具有特定性**

侦查只针对刑事犯罪案件，没有刑事案件，则侦查活动无从展开。刑事犯罪案件的基本要素有两个：一是犯罪嫌疑人的基本情况；二是案件事实的基本情况。两个基本要素都需要侦查人员通过收集证据来加以证明。

● **侦查活动的内容具有特定性**

侦查活动的内容包括两个方面：一是收集证据、查明案情。这是指《刑事诉讼法》规定的讯问犯罪嫌疑人，询问证人、被害人、勘验、检查，搜查，查封、扣押物证、书证，鉴定和通缉等为收集证据、查明案件事实而进行的调查工作。二是有关的强制性措施。这是指《刑事诉讼法》规定的限制、剥夺人身自由的强制措施和对人身、财物采取的诸如搜查、扣押等强制性方法。

● **侦查活动的合法性**

考虑到每一项侦查活动的开展都在不同程度上带有强制性，一旦违法实施侦查，就会侵犯到公民的合法权益。因此，侦查机关必须严格依法行使侦查权，客观、全面地收集证据，查明案件事实，保障公民不受非法行为侵害。

● **侦查内容的隐蔽性和形式的公开性**

侦查内容的隐蔽性，是指为了防止犯罪嫌疑人毁灭证据、串供、逃跑或其他意外事件发生，侦查的内容应当予以保密，以确保侦查的顺利进行。

侦查形式的公开性，是指侦查的形式，如拘留、逮捕犯罪嫌疑人，对其住处进行搜查等，必须是公开的。

延伸阅读：侦查中的核心问题

毫无疑问，无论在哪一个国家，刑事案件的公正处理都离不开案件事实的准确查明，尤其是案件证据的查找与收集，因而侦查活动就显得格外重要。刑事鉴识专家李昌钰指出，任何案件的侦办都需要遵循一些基本步骤，包括现场证物保全、收集物证、重建现场、根据人证物证找嫌犯、对嫌犯进行动机分析以及缉捕嫌犯到案。同时，他认为案件的侦破一般取决于四个要素：一是有没有物证；二是有没有现场；三是有没有人证；四是有没有运气。可见，案件调查的关键主要在于证据的发现与收集。因此，可以毫不夸张地说，侦查的核心是发现证据。

然而，刑事案件中有一些情况值得我们认真反思：有时由于办案人员疏忽或故意为之而造成证据灭失或被破坏，或者由于办案人员滥用权力违法取证或运用科学证据不当而产生了司法不公、侵犯人权的后果；有时在收集、处理证据的过程中，办案人员常常会受到各种干扰，例如对科学证据的迷信、诉讼利益的影响、权力机构的指令甚至是个人的愿望和情感。这就要求办案人员必须慎重地对待案件中的每一项证据，以科学的态度、严谨的逻辑来进行证据判断，同时必须从制度上确保取证的合法性和有效性。

■ 侦查的原则

根据侦查的目的和特征,侦查工作应遵循如下几项原则。

● 迅速、及时原则

侦查工作是一项及时性很强的诉讼活动。犯罪分子作案以后,为了掩盖罪行,逃避罪责,可能想方设法隐匿、毁灭、伪造证据,或者与同案人订立攻守同盟,有的还可能继续危害社会。因此,侦查机关接到报案后应立即组织侦查力量,制订侦查方案,及时采取侦查措施,收集案件的各种证据。侦查工作迅速及时,是顺利完成侦查任务的一个极其重要的保障。

● 客观、全面原则

所谓客观,就是指一切从实际情况出发,尊重客观事实,按照客观事实的本来面目去认识它并如实反映它。所谓全面,就是要全面地调查了解和反映案件的情况,不能仅仅根据案件的某个情节或部分材料就下结论。这一原则要求侦查人员一切从案件的实际情况出发,实事求是地收集证据,既要收集能够证明犯罪嫌疑人有罪、罪重的证据,也要收集能够证明犯罪嫌疑人无罪、罪轻的证据。

● 深入、细致原则

刑事案件千变万化,异常复杂。在侦查过程中,为了准确查明案件的真实情况,侦查人员还必须坚持深入、细致原则。这一原则要求侦查人员必须进行深入、细致的调查研究,不放过任何蛛丝马迹,不忽略任何细枝末节;对犯罪的具体情节要全部查清,并要求有相应的证据加以证明。

● 保守秘密原则

在侦查过程中,如果将案情、侦查线索、证据材料、举报人身份、控告人身份等信息向无关人员透露,可能会对侦查工作造成干扰,影响案件的及时侦破,还可能会导致举报人、控告人遭到打击报复。因此,侦查人员必须严格遵守侦查纪律、保守侦查秘密,对于违反者,根据其情节和后果,应依法追究其法律责任。

7.2 侦查行为

侦查行为,是指侦查机关在办理刑事案件过程中,依照法律规定进行的各种专门调查工作。在我国,侦查行为主要有以下几种。

■ 讯问犯罪嫌疑人

讯问犯罪嫌疑人,是指侦查人员依照法定程序以言词的方式向犯罪嫌疑人查问案件事实的一种侦查行为。

讯问犯罪嫌疑人是每一个刑事案件中的必经程序,具有十分重要的意义:一方面,有利于侦查人员收集、核实证据,查明案件事实,查清犯罪情节,并发现新的犯罪线索和其他应当追究刑事责任的犯罪分子;另一方面,可以为犯罪嫌疑人充分行使辩护权提供机会,通过听取其陈述和申辩,保护其合法权益,保障无罪的人不受刑事追究。

讯问犯罪嫌疑人应遵守如下要求。

● 讯问主体

讯问犯罪嫌疑人必须由公安机关、检察机关的侦查人员进行,其他人员无此项权力。讯问的时候,侦查人员不得少于两人。

● 讯问的地点和时间

对于已经被拘留或者逮捕的犯罪嫌疑人,应当在拘留或逮捕后二十四小时内进行讯问。犯罪嫌疑人被送交看守所羁押以后,侦查人员对其进行讯问,应当在看守所内进行。

对于未被拘留或逮捕的犯罪嫌疑人,可以将犯罪嫌疑人传唤到其所在市、县的指定地点或者到他的住所进行讯问,但是应当出示公安机关或人民检察院的证明文件。

适用传唤或者拘传方式讯问犯罪嫌疑人的,持续时间不得超过十二小时,不得以连续传唤、拘传的形式变相拘禁犯罪嫌疑人。案情特别重大、复杂,需要采取拘留、逮捕措施的,传唤、拘传持续的时间不得超过二十四小时。传唤、拘传犯罪嫌疑人,应当保证犯罪嫌疑人的饮食和必要的休息时间。

● 讯问的次序和内容

侦查人员在讯问犯罪嫌疑人的时候,应当首先讯问犯罪嫌疑人是否有犯罪行为,让他陈述有罪的情节或者作无罪的辩解,然后向他提出问题。犯罪嫌疑人对侦查人员的提问,应当如实回答。

侦查人员对犯罪嫌疑人的提问,限于与本案有关的问题。对于与本案无关的内容,犯罪嫌疑人有权拒绝回答。所谓"与本案无关",可以理解为与犯罪嫌疑人被指控的罪名的定罪和量刑无关,以及与案件事实无关。

对于共同犯罪案件的同案犯罪嫌疑人,应当分别讯问。未被讯问的犯罪嫌疑人,不得在讯问现场旁听。

● 讯问特定犯罪嫌疑人的特殊要求

侦查人员讯问聋、哑犯罪嫌疑人时,应当有通晓聋、哑手势的人参加,为他们翻译,并在讯问笔录上注明;讯问不通晓当地语言文字的人、外国人和无国籍人,应当为他们提供翻译人员。

● 讯问时的禁止规定

侦查人员必须依法定程序讯问犯罪嫌疑人,严禁刑讯逼供和以威胁、引诱、欺骗以及其他非法的方法收集证据。根据我国有关司法解释,非法收集的言词证据不能作为提起公诉和定案的依据。对于侦查人员侵犯犯罪嫌疑人诉讼权利的违法行为,犯罪嫌疑人有权提出控告。

● 讯问笔录和录音、录像

讯问笔录应当客观地记录侦查人员的提问以及犯罪嫌疑人供述和辩解的内容,最后应将讯问笔录交给犯罪嫌疑人核对,对于没有阅读能力者,应当向他宣读。如果犯罪嫌疑人认为讯问笔录有遗漏或差错,侦查人员就应当允许其补充或纠正。侦查人员、翻译人员也应当在笔录上签名或者盖章。经讯问之后,如果犯罪嫌疑人要求自行书写供述,侦查人员就应当准许。必要时,侦查人员也可以要求犯罪嫌疑人亲笔书写供词。

侦查人员在讯问犯罪嫌疑人的时候,可以对讯问过程进行录音或者录像;对于可能判处无期徒刑、死刑的案件或者其他重大犯罪案件,应当对讯问过程进行录音或者录像。录音或者录像应当全程进行,以保持其完整性。

● 讯问中的诉讼权利告知

侦查人员在讯问犯罪嫌疑人的时候,应当告知犯罪嫌疑人享有的诉讼权利,尤其是如实供述自己罪行可以从宽处理和认罪认罚的法律规定。

侦查机关在第一次讯问犯罪嫌疑人或者对犯罪嫌疑人采取强制措施的时候,应当告知犯罪嫌疑人有权委托辩护人。在辩护律师符合法律手续的情形下,看守所应当及时安排会见,至迟不得超过四十八小时。

根据《刑事诉讼法》的规定,对于危害国家安全犯罪、恐怖活动犯罪这两类案件,在侦查期间辩护律师会见在押的犯罪嫌疑人,应当经侦查机关许可,侦查机关应当事先通知看守所。辩护律师会见犯罪嫌疑人、被告人时不被监听。

实践关注:刑讯逼供及其成因

所谓刑讯逼供,是指在刑事诉讼过程中,办案人员对犯罪嫌疑人、被告人使用肉刑、变相肉刑、精神折磨等手段逼取其口供的行为。目前所能找到的资料显示,刑讯逼供在全球时有发生,根据不同的地方,其严重程度、救济手段的有效性存在差异。

长期以来,刑讯逼供始终是悬在犯罪嫌疑人和被告人头上的一把"达摩克利斯之剑",许多冤假错案的形成均与刑讯逼供有关,例如杜培武"故意杀人"案、滕兴善"杀人碎尸"案、佘祥林"杀妻"案、胥敬祥"抢劫、盗窃"案、赵作海"故意杀人"案等等。而遏制刑讯逼供、纠正刑讯逼供所造成的冤假错案的难度有时会超出我们的想象。

那么,刑讯逼供的深层原因究竟是什么呢?我国学者也有颇为精彩的分析,例如有学者分别从经济学、管理学、伦理学、心理学等视角分析了刑讯逼供的原因。[①]

从经济学的角度来看,刑讯逼供体现了行为人的经济理性,是侦查人员所认为的在所有侦查资源配置方式中收益最大、成本最低的一种选择。一方面,刑讯逼供最直接的收益是获取口供,最根本的收益是破案。口供之于破获案件的直接性、迅捷性、高效性远非其他证据所能相提并论。另一方面,刑讯逼供的成本极其低廉,其所利用的是人类对于肉体痛感的最本能的恐惧,而制造这种恐惧对于侦查人员来说并不需要投入太多的成本。

从管理学的角度来看,全国公安系统普遍存在"破案指标",这一指标的完成不仅与单位的评优和奖励有关,也与警察个人的福利休戚相关,导致侦查人员不惜动用刑讯逼供的方法来寻求案件的快速侦破。

从伦理学的角度来看,刑讯逼供作为一种"恶行",却难以抵制的原因主要表现为两个

---

① 刘昂:《警察刑讯逼供的深层动因研究——多学科视角的考察》,载《北京政法职业学院学报》2013年第2期。

方面：一是刑讯目的的"高尚性"掩盖了"恶行"的本质。二是侦查人员与犯罪嫌疑人在道德层面上的不平等性。一方是维护社会正义的警察，另一方是涉案在身的犯罪嫌疑人，侦查人员在道德层面的优越感和权威感在办案中急剧膨胀，进而引发不理智的行为。

从心理学的角度来看，刑讯逼供是一种典型的攻击性犯罪行为。一方面，警察扮演着非常重要的社会角色，总会想方设法地破获案件，满足社会的需求；另一方面，警察在破案的过程中面临着太大的压力，例如长期接触社会阴暗面、每日被违法犯罪行为包围、受到犯罪嫌疑人的对抗甚至挑衅、经常加班熬夜等，不得不时刻神经紧绷。长期的压力、高频的受挫引发了强大的攻击驱力，加上刑讯逼供案件低廉的惩罚成本，使得警察容易在破案时选择这种攻击行为。

请读者在此基础上继续思考造成刑讯逼供的其他原因，并试着探索有效遏制刑讯逼供的方法和路径。

询问证人和被害人

询问证人，是指侦查人员为查明案件事实，以言词方式向证人进行询问，调查了解与案件有关的事实的侦查行为。

询问证人是一种常用的侦查行为，在侦查程序中起着非常重要的作用。询问证人有助于侦查人员发现、收集和核实证据，查明案件事实，保障无罪的人不受刑事追究。

询问被害人，是指侦查人员对人身、财产遭受犯罪行为直接侵害的人，就其受害情况及犯罪嫌疑人的有关情况，进行调查询问的一种侦查行为。询问被害人的目的在于收集证据，即被害人陈述，以查明案件事实。

询问证人应遵循如下程序要求：

● 询问的主体

在侦查程序中，询问证人只能由侦查人员进行，且不得少于两人。

● 询问的地点

侦查人员询问证人，可以在现场进行，也可以到证人所在单位、住处或者证人提出的地点进行，在必要的时候，可以通知证人到人民检察院或者公安机关提供证言。在现场询问证人，侦查人员应当出示工作证件，到证人所在单位、住处或者证人提出的地点询问证人，应当出示人民检察院或者公安机关的证明文件。

● 询问的方式

询问证人应该个别进行，不允许采取开座谈会的方式或集体讨论的方式进行，以免相互串通或互相影响，使证人证言失去证据的价值。

● 告知法律责任

侦查人员询问证人，应当告知他应当如实地提供证据、证言和有意作伪证或者隐匿罪证要负的法律责任。

● 询问聋、哑、未成年证人的特殊要求

询问聋、哑证人，应当有懂得聋、哑手势的人作翻译，并将这种情况记入笔录。询问未

成年证人,应当通知其法定代理人到场,询问的地点也可以选择未成年人所熟悉和习惯的场所。

- **询问证人应当制作笔录**

询问笔录应当交证人核对,对于没有阅读能力者,应当向其宣读。如果记载有差错或者遗漏,证人可以提出修改或者补充。证人确认无误后,应当签名或者盖章。侦查人员也应在上面签名。经过法定程序询问之后,证人如果请求自行书写证言的,侦查人员应当允许。

《刑事诉讼法》第一百二十七条规定,询问被害人适用询问证人的程序。另外,为了确定犯罪嫌疑人,准确认定赃物,侦查人员询问被害人时,可以要求被害人对一定的人、一定的物品进行辨认。被害人对人或物的辨认结论,是被害人陈述的组成部分。被害人辨认的过程和结论意见应当记入笔录。

勘验、检查

勘验、检查,是指侦查人员对与犯罪有关的场所、物品、人身、尸体等进行勘查和检验,以发现和收集与犯罪有关的物品、痕迹、伤情或者生理状况等的侦查行为。根据《刑事诉讼法》的规定,勘验、检查的种类包括现场勘验、物证检验、尸体检验、人身检查、侦查实验等。

勘验、检查的任务有两个:一是发现、固定、收集物证,制作勘验检查笔录;二是深化对案情的认识,判断案件的性质,分析犯罪嫌疑人及其实施的犯罪的特点,从而确定侦查方向和范围。

- **现场勘验**

现场勘验,是指侦查人员对刑事案件的犯罪现场依法进行勘查和检验的一种侦查行为。

现场勘验由侦查人员进行,必要时可以指派或者聘请具有专门知识的人参加,但应当在侦查人员主持下进行勘验。

现场勘验的程序要求:① 接到报案后,侦查人员应当迅速赶赴案发现场,做好现场保护工作。② 进行现场勘验的侦查人员,必须持有人民检察院或公安机关的有效证明文件。③ 进行现场勘验,必须邀请两名与案件无关的公民作为见证人。④ 进行现场勘验,首先应向发现人、报案人、现场保护人了解现场原始情况,然后圈定勘验范围,由外向内有计划、有步骤地进行。⑤ 对犯罪现场情况应进行综合分析,推断案件性质,确定侦查的方向和范围。⑥ 应制作勘验笔录,侦查人员、参加勘验的其他人员和见证人都应当在笔录上签名或盖章。对于重大案件、特别重大案件的现场,应当录像。

- **物证检验**

物证检验,是指侦查人员对已经收集到的物品和痕迹进行检查和验证,以确定其与案件事实之间的关系的一种侦查行为。

物证检验应当制作笔录。笔录要如实、全面地反映检验的内容和过程。参加检验的人员和见证人,都应在笔录上签名,只有这样,才具有证据意义。

● 尸体检验

尸体检验,是指侦查人员指派、聘请法医或医师对非正常死亡的尸体进行尸表检验或尸体解剖的一种侦查行为。其目的在于确定死亡的原因和时间,判明致死的工具、手段和方法,从而为查明案情和查获犯罪嫌疑人提供线索。

《刑事诉讼法》第一百三十一条规定:"对于死因不明的尸体,公安机关有权决定解剖,并且通知死者家属到场。"《公安机关刑事程序规定》第二百一十八条进一步规定:为了确定死因,经县级以上公安机关负责人批准,可以解剖尸体,并且通知死者家属到场,让其在解剖尸体通知书上签名。死者家属无正当理由拒不到场或者拒绝签名的,侦查人员应当在解剖尸体通知书上注明。对身份不明的尸体,无法通知死者家属的,应当在笔录中注明。

尸体检验应当制作笔录,并由侦查人员、法医或医生以及死者的家属等签名或盖章。

● 人身检查

人身检查,是指侦查人员为了确定被害人、犯罪嫌疑人的某些特征、伤害情况或者生理状态,依法对其人身进行检查的一种侦查行为。人身检查的结论属于勘验、检查笔录范围,可以作为诉讼证据。

人身检查的程序要求:① 人身检查必须由侦查人员进行,必要时可以指派或者聘请法医或者医师等具有专门知识的人,在侦查人员主持下依法进行。② 犯罪嫌疑人拒绝人身检查的,可以强制执行。③ 对被害人的人身检查,应征得其本人同意,不得强制进行。④ 对妇女的人身检查,应当由女性工作人员或者医师进行。⑤ 人身检查应根据案件确定检查的部位,不得任意扩大范围,不得侮辱被检查人的人格。

人身检查应当制作笔录。笔录中应当记明检查的情况和结果,由参加检查的侦查人员、法医、医师等签名或盖章。

● 侦查实验

侦查实验,是指侦查人员为了查明与案件有关的某些事实或者行为在某种情况下能否发生或怎样发生,而按照原来的条件进行模拟实验的一种侦查行为。

侦查实验是一种特殊的侦查行为,不宜广泛适用,只有在下列情况下才能进行:① 确定在某种情况下能否看到或听到;② 确定在一定时间内能否完成某种行为;③ 确定在某种条件下能否发生某种现象;④ 确定在某种情况下,某种行为和某种痕迹是否吻合;⑤ 确定在某种情况下,使用某种工具是否可能留下某种痕迹;⑥ 确定某种痕迹在什么情况下才能发生变异;⑦ 确定某种事实是怎么发生的。

侦查实验的程序要求:① 进行侦查实验,必须经公安机关负责人批准。② 侦查实验必须在与有关事实或者行为发生时的条件相同的情况下进行。③ 侦查实验应当在相同情况下反复实验,以便于正确判断其结果,排除偶然性因素。④ 侦查实验的情况应当写成笔录,由参加实验的人签名或者盖章。

■ 搜查

搜查,是指侦查人员依法对犯罪嫌疑人以及可能隐藏犯罪嫌疑人或者罪证的人身、物品、住所和其他有关场所,进行搜索的一种侦查行为。

搜查的意义在于:一是可以抓获隐藏的犯罪嫌疑人,查获赃款、赃物以及其他实物证据;二是有利于防止犯罪嫌疑人逃跑、毁证、转移赃款、赃物;三是有利于迅速、及时地揭露犯罪、证实犯罪,查获犯罪嫌疑人。

搜查应遵循如下程序要求。

● **搜查主体**

搜查只能由侦查人员进行,其他任何机关、团体和个人都无权进行搜查。任何单位和个人,有义务按照公安机关和人民检察院的要求,交出可以证明犯罪嫌疑人有罪或者无罪的物证、书证、视听资料等证据。

● **搜查的审批**

搜查必须经过县级以上侦查机关负责人批准。侦查人员进行搜查,必须出示搜查证。但是,根据《刑事诉讼法》的规定,侦查人员在执行逮捕、拘留的时候,遇有紧急情况,不用搜查证也可以进行搜查。这里的"紧急情况"包括以下几种情况:① 可能随身携带凶器的;② 可能隐藏爆炸、剧毒等危险物品的;③ 可能隐匿、毁弃、转移犯罪证据的;④ 可能隐匿其他犯罪嫌疑人的;⑤ 其他突然发生的紧急情况。对于无证搜查,在搜查结束后应当及时向侦查机关负责人报告并补办相应的手续。

● **搜查的见证**

侦查人员进行搜查时,应当有被搜查的人或者他的家属、邻居或其他见证人在场。

● **搜查妇女的特别要求**

搜查妇女的身体,应当由女性工作人员进行。

● **搜查的笔录**

搜查应当当场制作笔录,由搜查人、见证人、被搜查人等人签名或盖章。如果被搜查的人在逃或者拒绝签名、盖章,或者被搜查的人的家属拒绝签名、盖章,应当在笔录中记明。

■ 查封、扣押物证、书证

查封、扣押物证、书证,是指侦查人员在侦查活动中,对能够证明犯罪嫌疑人有罪或者无罪的各种物品和文件,依法予以查封或扣押的行为。

查封、扣押物证、书证,对于刑事诉讼具有重要意义:其一,有利于及时提取各种对案件具有证明意义的物品和文件,是收集实物证据的重要措施;其二,可以适时保全实物证据,防止发生毁弃、丢失或者被转移、隐藏等现象,保障诉讼顺利进行。

查封、扣押物证、书证应遵循如下程序要求。

● **查封、扣押的主体**

查封、扣押物证、书证只能由侦查人员进行,并要有见证人到场。侦查人员应当持本机关的证明文件,并要向被扣物证、书证的人出示或者宣读。

● **查封、扣押的范围**

查封、扣押的物品、文件范围,只限于可以用于证明犯罪嫌疑人有罪、无罪的物品、文件,包括信件、照片、可疑字迹以及明令规定的违禁品,而对本案无关的物品、文件不得扣押。

● **查封、扣押的见证**

查封、扣押物证、书证,应当场向持有人、见证人清点清楚,并制作查封、扣押清单,说明所查封、扣押的物品的具体情况,由侦查人员、见证人和持有人在上面签字、盖章或捺指印。

● **查封、扣押的物品、文件的处理**

被查封、扣押的物品、文件,应妥善保管,不得使用、损毁或丢弃。对于涉及国家秘密的文件、资料,侦查人员应当严加保管,不得泄密。

对于不能随案移送的物证,侦查人员应当拍成照片;对于容易损坏、变质的物证、书证,侦查人员应当用笔录、绘图、拍照、录像、制作模型等方法加以保全;对于可以作为证据使用的录音带、录像带、电子数据存储介质,侦查人员应当记明案由、对象、内容,录取、复制的时间、地点、规格、类别、应用长度、文件格式及长度等,并妥善保管。

对于容易腐烂变质以及其他不易保管的物品,侦查人员可以根据具体情况,经县级以上公安机关负责人批准,在拍照或者录像后委托有关部门变卖、拍卖,变卖、拍卖的价款暂予保存,待诉讼终结后一并处理。

对于犯罪嫌疑人违法所得的财物及其孳息,侦查人员应当依法追缴,并妥善保管,供以后需要时核查;对于被害人的合法财产,应当及时返还。

对于查封、扣押的财物、文件,经查明确实与案件无关的,应当在三日内解除查封、扣押,予以退还。

■ **鉴定**

鉴定,是侦查机关为了查明案情,指派或者聘请具有专门知识的人,对案件中有关专门性问题进行鉴别和判断,作出鉴定意见的一种侦查行为。常见的鉴定包括法医鉴定、司法精神病鉴定、司法会计鉴定、刑事技术鉴定等。

鉴定对于侦查机关及时收集证据,准确揭示物证、书证的证明作用,鉴别案内其他证据的真伪,查明案件事实真相,查获犯罪嫌疑人具有非常重要的作用。

鉴定应遵循如下程序要求。

● **选择鉴定人**

由侦查机关指派或聘请的鉴定人必须具备与案件中所要求解决的专门性问题相关的资格,并且与本案或本案的当事人没有利害关系。

● **鉴定材料的提供**

侦查机关应向鉴定人提供足够的鉴定材料,包括对比样本、介绍必要的案情,并明确提出需要通过鉴定解决的问题,但不得有倾向性地暗示或者强迫鉴定人作出某种结论。

● **鉴定意见的提出**

鉴定人应当按照鉴定规则,运用科学方法进行鉴定。鉴定后,鉴定人应当出具鉴定意见,并且签名以示负责。若是多人一起进行鉴定的,凡意见一致,共同作出鉴定意见的,则应当共同在鉴定意见上签名;若意见不一致,则可以分别制作鉴定意见。

- **鉴定意见的告知**

侦查机关应当将用作证据的鉴定意见告知犯罪嫌疑人、被害人。如果犯罪嫌疑人、被害人提出申请,那么侦查机关可以补充鉴定或者重新鉴定。

- **虚假鉴定的责任**

鉴定人故意作出虚假鉴定的,侦查机关应当依法追究其法律责任。

延伸思考:鉴定人和专家证人

针对刑事案件中的专门性问题,侦查机关可以指派或者聘请具有专门知识的人进行鉴别和判断,从而帮助查明案情。这里所谓具有专门知识的人就是我们常说的鉴定人,其得出的意见被称为鉴定意见。与此同时,《刑事诉讼法》第一百九十七条第二款规定,公诉人、当事人和辩护人、诉讼代理人可以申请法庭通知有专门知识的人出庭,就鉴定人作出的鉴定意见提出意见。

尽管《刑事诉讼法》未使用"专家证人"的提法(关于专家证人的基本情况,请参阅本书第四章"刑事证据种类"中有关"证人证言"部分的内容),但实际上这里的"有专门知识的人"承担的功能与专家证人颇为相似。我国的司法实务中已经出现鉴定人与专家证人一起出庭的先例。

就目前来看,专家证人制度在我国还处于探索阶段,学界对此也存在不同的看法。例如有人主张,我们在坚持大陆法系传统的鉴定人制度的同时,可引入英美法系专家证人制度,使两者各自独特的功能一并用于改造我国现行的鉴定制度,这样既能充分发挥法官在审查判断证据上的积极作用,同时又能发挥当事人作为对立双方的有效制衡。但也有人对专家证人的使用表示担忧,其主要原因在于专家证人一般是由当事人一方聘请的,很有可能会作出偏向该当事人的专家意见,从而不利于案件真相的查明。实际上,在英美法系国家的司法实践中,也有人对专家证人制度表达过类似的担忧。

请读者在查阅有关介绍、反思专家证人制度的文献后,结合我国的司法实践思考如何完善我国的鉴定制度,如何处理鉴定人与专家证人的关系?

辨认

辨认,是指侦查人员为了查明案情,在必要时让被害人、证人和犯罪嫌疑人对与犯罪有关的人、物品、尸体或场所进行辨别、确认的一种侦查行为。

辨认应遵循如下程序要求。

- **辨认的主持**

辨认应当由两名以上侦查人员主持进行。为确保辨认的客观性和合法性,侦查人员应当聘请见证人参加辨认活动。

- **辨认前的准备**

在辨认前,侦查人员应当向辨认人详细询问辨认对象的具体特征,禁止辨认人见到辨认对象,以防止辨认人无根据地进行辨认和先入为主。同时,侦查人员应当告知辨认人有意作假辨认应负的法律责任。

- **辨认的具体规则**

辨认时,应当将辨认对象混在其他人员或物品中,不得给辨认人任何暗示。公安机关侦查的案件中,辨认犯罪嫌疑人时,被辨认的人数不得少于七人;对犯罪嫌疑人的照片进行辨认的,被辨认的照片不得少于十张。人民检察院侦查的案件中,在辨认犯罪嫌疑人时,受辨认的人数不得少于五人、照片不得少于五张。辨认物品时,同类物品不得少于五件、照片不得少于五张。

几名辨认人对同一辨认对象进行辨认时,应当由每名辨认人单独进行,以防辨认人之间互相影响,作出错误的辨认。

公安机关侦查的案件中,对犯罪嫌疑人的辨认,如果辨认人不愿意公开进行,那么可以在不暴露辨认人的情况下进行,侦查人员应当为其保守秘密。

关于辨认的经过和结果等情况,应当制作笔录,由主持和参加辨认的侦查人员、辨认人、见证人签名或盖章。

技术侦查和秘密侦查

技术侦查,是指侦查机关根据侦查犯罪的需要,在经过严格的手续后,运用技术设备收集证据或查获犯罪分子的一种特殊侦查措施。技术侦查措施包括监听、监视、网络监控、截取电子邮件、秘密拍照、秘密录像等。

秘密侦查,是指公安机关基于侦查的必要性,经过公安机关负责人决定,指派有关人员隐瞒身份进行的侦查活动,主要有卧底侦查、化装侦查和诱惑侦查三种形式。

- **技术侦查的程序要求**

◇ 技术侦查的主体

技术侦查的主体是公安机关、人民检察院的侦查人员,其他任何机关、团体、个人均无权采取。

◇ 技术侦查的适用范围

公安机关在立案后,对于危害国家安全犯罪、恐怖活动犯罪、黑社会性质的组织犯罪、重大毒品犯罪或者其他严重危害社会的犯罪案件,根据侦查犯罪的需要,经过严格的批准手续,可以采取技术侦查措施。

人民检察院在立案后,对于利用职权实施的严重侵犯公民人身权利的重大犯罪案件,根据侦查犯罪的需要,经过严格的批准手续,可以采取技术侦查措施,按照规定交有关机关执行。

追捕被通缉或者批准、决定逮捕的在逃的犯罪嫌疑人、被告人,经过批准,侦查人员可以采取追捕所必需的技术侦查措施。

◇ 技术侦查的实施

侦查人员对于在采取技术侦查措施过程中知悉的国家秘密、商业秘密和个人隐私，应当保密；对于在采取技术侦查措施过程中获取的与案件无关的信息和事实材料，应当及时销毁。采取技术侦查措施获取的材料，只能用于对犯罪的侦查、起诉和审判，不得用于其他用途。侦查机关依法采取技术侦查措施，有关单位和个人应当配合，并对有关情况予以保密。

● 秘密侦查的程序要求

◇ 秘密侦查的目的

采取秘密侦查措施只能基于查明案情的需要，而不能用于其他目的。

◇ 秘密侦查的决定

采取秘密侦查措施必须经公安机关负责人决定，并指派有关人员实施。

◇ 秘密侦查的限制

实施秘密侦查，不得诱使他人犯罪，不得采用可能危害公共安全或者发生重大人身危险的方法。

◇ 特定人员的安全保障

对于通过实施秘密侦查收集的证据，如果使用该证据可能危及特定人员的人身安全，或者可能产生其他严重后果的，就应当采取不暴露特定人员真实身份等保护措施，必要时可以由审判人员在庭外对证据进行核实。

延伸思考：如何规范技术侦查和秘密侦查？

近年来，毒品犯罪、赌博犯罪、洗钱犯罪、有组织犯罪、恐怖犯罪等给各国社会秩序的维护带来了颇为严峻的挑战，而传统的侦查手段在应对这些犯罪的过程中往往会显得捉襟见肘。为了摆脱侦查不力的困境，一些新型的侦查手段应运而生，主要包括监听、监视、卧底侦查、诱惑侦查、秘密搜查等。我国的犯罪调查中也逐渐引入了一些较为特殊的侦查措施，例如诱惑侦查、技术侦查和秘密侦查。2012刑诉法更是明确规定了技术侦查和秘密侦查。

对于这些新型的侦查措施，理论界、实务界乃至民间存在颇多的争议。例如：有人充分肯定其侦查效果，认为这有利于获取证据、打击犯罪；但也有人认为不应将技术侦查、秘密侦查合法化，认为这将会给我国社会和公民造成诸多的弊病和危害，尤其会不利于公民或当事人的隐私权等人权的保护。

对此，你怎么看？

■ 通缉

通缉，是指公安机关对依法应当逮捕而在逃的犯罪嫌疑人，以发布通缉令的方式，通报有关地区的公安机关和广大群众,缉拿其归案的一种侦查行为。

通缉具有如下特征:第一,主体的特定性。适用通缉行为的主体是公安机关,只有县级以上的公安机关才有权发布通缉令。其他任何机关、团体、单位和公民都无权实施通缉。第二,对象的特定性。通缉对象只能是依法应当逮捕而又在逃的犯罪嫌疑人。如果依法不应逮捕,或者不是犯罪嫌疑人,就不能对其适用通缉措施。第三,过程的协作性。通缉是各地区公安机关之间,在分工负责的基础上通力合作,协同追捕在逃的犯罪嫌疑人。第四,行为的强制性。任何公民发现通缉对象,均有权把他扭送到公安机关。公安机关发现通缉对象,即可予以拘留,并通知发通缉令的侦查机关前去押回处理。

通缉应遵循如下程序要求。

● **决定通缉**

在侦查过程中,对于需要逮捕而在逃的犯罪嫌疑人,侦查人员认为需要通缉的,应向领导汇报,由公安机关负责人作出决定。

● **发布通缉令**

通缉令是公安机关向本辖区发布的缉拿依法应当逮捕而在逃的犯罪嫌疑人的特殊命令。通缉令由公安机关承办案件的人员拟制。除了需要保密的事项外,通缉令应写明案由,发案的时间、地点、行为方式等简要案情。通缉令须加盖发布机关公章,并写明日期、联系电话、地址等。

● **通缉令的发布机关和方法**

县级以上的公安机关可以在本辖区内直接发布通缉令,超出辖区范围的,应报请省、自治区、直辖市公安机关或者公安部发布通缉令。毗邻地区有固定协作关系的公安机关,可按协作规定互相抄发通缉令,并报上级公安机关备案。

● **补发通缉通报**

在通缉令发出后,侦查机关如果发现新的重要情况,可以补发通缉通报。

● **撤销通缉令**

通缉令是动员有关部门和群众缉拿在逃犯罪嫌疑人的特殊命令,当被通缉人已被抓获、投案或者死亡时,发布通缉令的公安机关应当在原发布通缉令的范围内,发布撤销通缉令。

7.3 侦 查 终 结

侦查终结,是指侦查机关对于由其立案侦查的案件,经过一系列的侦查活动,认为案件事实已查清,证据确实、充分,足以认定犯罪嫌疑人是否犯罪和是否应该对其追究刑事责任而决定结束侦查,依法对案件作出相应处理或提出处理意见的诉讼活动。

通常在两种情况下可以结束侦查程序:一是通过侦查活动,对于犯罪事实已查清,证据确凿、充分,依法应当追究刑事责任的,侦查人员可以结束侦查活动,将案件移送审查起诉;二是在侦查过程中,侦查人员发现不应对犯罪嫌疑人追究刑事责任,也可以以撤销案件的方式结束。

■ 侦查终结的条件

《刑事诉讼法》第一百六十二条规定,公安机关侦查终结的案件,如果需要追究刑事责任的,必须具备下列三个条件:一是案件事实清楚;二是证据确实、充分;三是法律手续完备。以上三个条件必须同时具备,缺一不可。

犯罪嫌疑人自愿认罪的,侦查人员应当记录在案,随案移送,并在起诉意见书中写明有关情况。

■ 侦查终结案件的处理

《刑事诉讼法》规定,侦查终结的案件,根据案件的不同情况,分别作出移送起诉或者撤销案件的决定。

公安机关侦查的案件侦查终结后,对于犯罪事实清楚、证据确实、充分,犯罪性质和罪名认定正确,法律手续完备,依法应追究犯罪嫌疑人刑事责任的案件,应当制作起诉意见书,连同案卷材料、证据一并移送同级人民检察院审查决定。

对于侦查中发现不应对犯罪嫌疑人追究刑事责任的案件,公安机关应当作出撤销案件的决定,并制作撤销案件决定书;犯罪嫌疑人已被逮捕的,应当立即释放,发给释放证明,并且通知原批准逮捕的人民检察院。

■ 侦查羁押期限

根据《刑事诉讼法》和《六部委规定》,侦查中的羁押期限可以分为一般侦查羁押期限、特殊侦查羁押期限、不计算侦查羁押期限和重新计算侦查羁押期限。

● 一般侦查羁押期限

《刑事诉讼法》第一百五十六条规定:"对犯罪嫌疑人逮捕后的侦查羁押期限不得超过两个月。"这是关于一般刑事案件的侦查羁押期限的规定,即一般侦查羁押期限不得超过两个月。如果犯罪嫌疑人在逮捕以前已被拘留的,那么拘留的期限不包括在侦查羁押期限内。

● 特殊侦查羁押期限

特殊侦查羁押期限,是指《刑事诉讼法》根据案件的特殊需要,规定在符合法定条件时履行相应的审批手续和程序,便可以延长的侦查羁押期限。

《刑事诉讼法》第一百五十六条规定:"案情复杂、期限届满不能终结的案件,可以经上一级人民检察院批准延长一个月。"

《刑事诉讼法》第一百五十七条规定:"因为特殊原因,在较长时间内不宜交付审判的特别重大复杂的案件,由最高人民检察院报请全国人民代表大会常务委员会批准延期审理。"

《刑事诉讼法》第一百五十八条规定,下列案件在本法第一百五十六条规定的期限届满不能侦查终结的,经省、自治区、直辖市人民检察院批准或者决定,可以延长两个月:① 交通十分不便的边远地区的重大、复杂案件;② 重大的犯罪集团案件;③ 流窜作案的重大、复杂案件；④ 犯罪涉及面广、取证困难的重大、复杂案件。

《刑事诉讼法》第一百五十九条规定，对犯罪嫌疑人可能判处十年有期徒刑以上刑罚，依照《刑事诉讼法》第一百五十八条的规定，延长期限届满，仍不能侦查终结的，经省、自治区、直辖市人民检察院批准或者决定，可以再延长两个月。

● **不计算侦查羁押期限**

《刑事诉讼法》第一百四十九条规定，对犯罪嫌疑人作精神病鉴定的期间不计入办案期限。但其他鉴定时间应当计入侦查羁押期限。对于因鉴定时间较长，办案期限届满仍不能终结的案件，自期限届满之日起，应当对被羁押的犯罪嫌疑人变更强制措施，改为取保候审或者监视居住。

《刑事诉讼法》第一百六十条第二款规定，犯罪嫌疑人不讲真实姓名、住址，身份不明的，应当对其身份进行调查。侦查羁押期限自查清其身份之日起计算，查清其身份之前的侦查羁押期限不予计算，但是不得停止对其犯罪行为的侦查取证。对于犯罪事实清楚，证据确实、充分的，也可以按其自报的姓名移送人民检察院起诉、审判。

● **重新计算的侦查羁押期限**

《刑事诉讼法》第一百六十条第一款规定，在侦查期间，发现犯罪嫌疑人另有重要罪行的，自发现之日起依照《刑事诉讼法》第一百五十六条的规定重新计算侦查期限。公安机关在侦查期间，发现犯罪嫌疑人另有重要罪行，需要重新计算侦查羁押期限的，由公安机关自行决定，不再经人民检察院批准，但须报人民检察院备案，并受人民检察院监督。

7.4 人民检察院对直接受理案件的侦查

人民检察院对直接受理案件的侦查，又称自侦，是指人民检察院对自己受理的案件，依照法律进行的收集证据、查明案情的工作和有关的强制性措施。人民检察院对直接受理的刑事案件的侦查，适用《刑事诉讼法》第一百一十五条至第一百六十三条的规定。但是，由于人民检察院自侦案件本身具有一定的特殊性，《刑事诉讼法》第一百六十四条至第一百六十八条又对其作了特别规定，主要包括关于强制性措施的适用以及侦查终结后对案件的处理。

■ 人民检察院在自侦案件中的侦查权限

《刑事诉讼法》第一百六十五条规定，人民检察院在自侦案件侦查过程中，如果发现案件符合本法第八十一条以及第八十二条第（四）项、第（五）项规定的情形，需要逮捕、拘留犯罪嫌疑人的，人民检察院有权作出决定，由公安机关执行。

人民检察院对依法决定拘留的人，应当在拘留后二十四小时内进行讯问。在发现不应当拘留的时候，必须立即释放，并发给释放证明。人民检察院对直接受理的案件中被拘留的人，认为需要逮捕的，应当在十四日内作出决定；在特殊情况下，决定逮捕的时间可以延长一日至三日。对于不需要逮捕的，应当立即释放；对于需要继续侦查，并且符合取保候审、监视居住条件的，依法取保候审或者监视居住。

■ 人民检察院自侦案件侦查终结后的处理

《刑事诉讼法》第一百六十八条规定，人民检察院直接受理的案件，在侦查终结后有三种处理方式：提起公诉、不起诉和撤销案件。

人民检察院对于直接受理的案件，经过侦查，发现犯罪事实清楚，证据确实充分，犯罪嫌疑人的行为已经构成犯罪，依法应当追究刑事责任的，应当作出提起公诉的决定。犯罪嫌疑人自愿认罪的，应当记录在案，随案移送，并在起诉意见书中写明有关情况。

人民检察院经过侦查，如果认为犯罪事实清楚，证据确实充分，足以认定犯罪嫌疑人构成犯罪，但情节轻微，依照《刑法》规定不需要判处刑罚或者应当免除刑罚的，可以作出不起诉的决定。

人民检察院经过侦查，发现没有犯罪事实或不应当对犯罪嫌疑人追究刑事责任的，应当及时终止侦查，作出撤销案件的决定。

负责侦查的部门应当将起诉意见书或者不起诉意见书，查封、扣押、冻结的犯罪嫌疑人的财物及其孳息、文件清单以及对查封、扣押、冻结的涉案财物的处理意见和其他案卷材料，一并移送本院负责捕诉的部门审查。

7.5 补 充 侦 查

补充侦查，是指公安机关或者人民检察院依照法定程序，在原有侦查工作的基础上，对案件中的部分事实情况作进一步调查、补充证据的一种诉讼活动。

补充侦查是侦查权的重要组成部分，只有享有侦查权的侦查机关才有权实施。补充侦查并不是每一个刑事案件都必须经过的诉讼程序，它只是在原有的侦查工作没有达到侦查目的和要求，侦查任务还未完成的情况下，由侦查机关就部分事实情节进行侦查的补充程序。因此，正确、及时进行补充侦查，对于公、检、法机关查清全部案件事实，客观、公正地处理案件，防止和纠正在诉讼过程中发生的错误等，具有十分重要的意义。

■ 补充侦查的种类

《刑事诉讼法》规定，补充侦查在程序上可分为三种，即审查批准逮捕阶段的补充侦查、审查起诉阶段的补充侦查和法庭审理阶段的补充侦查。

● 审查批准逮捕阶段的补充侦查

对于公安机关提请批准逮捕的案件，人民检察院认为需要补充侦查的，不能自行侦查，而应作出不批准逮捕决定，通知公安机关进行补充侦查。

● 审查起诉阶段的补充侦查

由公安机关侦查终结，人民检察院审查之后需要补充侦查的，既可以决定将案件退回公安机关补充侦查，也可以决定自行侦查，必要时可以要求公安机关协助。但是，如果是人民检察院自行侦查终结的案件需要补充侦查的，就不能退回公安机关补充侦查。

人民检察院对于监察机关移送起诉的案件，依照《刑事诉讼法》和《监察法》的有关规定进行审查。人民检察院经审查，认为需要补充核实的，应当退回监察机关补充调查，必要时可以自行补充侦查。

对于补充侦查的案件，应当在一个月以内补充侦查完毕。补充侦查以两次为限。补充侦查完毕移送人民检察院后，人民检察院重新计算审查起诉期限。对于二次补充侦查的案件，人民检察院仍然认为证据不足，不符合起诉条件的，应当作出不起诉的决定。

- **法庭审理阶段的补充侦查**

《刑事诉讼法》第二百零四条和第二百零五条规定，在法庭审理过程中，检察人员发现提起公诉的案件需要补充侦查，并提出补充侦查建议的，人民法院可以延期审理，补充侦查应当在一个月内完毕。

同时，《最高法解释》第二百九十七条规定，审判期间，人民法院发现新的事实，可能影响定罪量刑的，或者需要补查补证的，应当通知人民检察院，由其决定是否补充、变更、追加起诉或者补充侦查。

可见，法庭审理阶段的补充侦查只能由人民检察院依法提出建议或作出决定，人民法院不能主动将案件退回人民检察院补充侦查。补充侦查的方式一般由人民检察院自行侦查，必要时可以要求公安机关协助。补充侦查的期限不能超过一个月。

补充侦查的方式

根据《刑事诉讼法》的规定，补充侦查主要有两种方式。

- **退回补充侦查**

退回补充侦查，是指决定补充侦查的人民检察院将案件退回公安机关进行补充侦查。《刑事诉讼法》规定，退回补充侦查的案件必须是公安机关立案侦查的案件，人民检察院不能将自己直接受理的案件退给公安机关补充侦查。人民检察院认为存在犯罪事实不清、证据不足或者遗漏罪行、遗漏同案犯罪嫌疑人等情形，需要补充侦查的，应当提出具体的书面意见，连同案卷材料一并退回公安机关补充侦查。公安机关原侦查部门应当对案件事实、证据和定性处理意见进行认真、全面的审查，根据不同情况，报经县级以上公安机关负责人批准，可分别作出如下处理：

（1）原认定犯罪事实不清或者证据不够充分的，在查清事实、补充证据后，应当制作补充侦查报告书，移送人民检察院审查；对有些证据无法补充的，应当作出书面说明。

（2）在补充侦查过程中，发现新的同案犯或者新的罪行，需要追究刑事责任的，应当重新制作起诉意见书，移送人民检察院审查。

（3）发现原认定的犯罪事实有重大变化，不应当追究刑事责任的，应当撤销案件或者对犯罪嫌疑人终止侦查，并将处理结果通知退查的人民检察院。

（4）原认定犯罪事实清楚，证据确实、充分，人民检察院退回补充侦查不当的，应当说明理由,移送人民检察院审查。

实践关注:退回补充侦查实践中的问题

尽管退回补充侦查对于查清全部案件事实、防止或纠正错误具有重要意义,然而司法实践中也存在一些问题,这主要表现为以下几个方面:① 部分侦查人员在补充侦查期间存在消极对待现象,工作责任心不强,对检察机关退回补充侦查的具体建议置之不理,导致部分案件补充侦查的质量不高。② 部分侦查人员常以检察机关有自行侦查权为由拒绝退回补充侦查,认为补充侦查应当是检察机关的职责。③ 对于一些未采取强制措施的案件,公安机关存在补充侦查超时限现象。④ 检察机关对于退回补充侦查缺乏有效的监督和约束。

同时,一些实证研究也表明,我国退回补充侦查的总体质量并不理想,并且缺乏细化、规范的评价标准。在经过补充侦查后,部分侦查人员甚至会将案件原封不动地重新移送审查起诉。

请读者在查阅有关资料后试着分析造成上述现象的主要原因。

● **自行补充侦查**

自行补充侦查,是指决定补充侦查的人民检察院自行对案件进行的补充侦查。《刑事诉讼法》规定,自行补充侦查的案件既可以是原来由公安机关立案侦查的案件,也可以是人民检察院直接受理侦查的案件。在审查起诉阶段,如果需要补充侦查的话,人民检察院可以将案件退回公安机关由其补充侦查,也可以自行补充侦查。在审判阶段,如果需要补充侦查的话,人民检察院只能自行补充侦查而不能退回公安机关,但必要时可以让公安机关协助。

7.6 侦查监督

侦查监督,是指人民检察院依法对侦查机关的侦查活动是否合法进行的法律监督。

侦查监督在刑事诉讼中具有十分重要的意义,有利于保证国家刑事法律的统一、正确实施,保证办案质量。人民检察院对侦查机关的侦查活动是否合法实行监督,可以使侦查机关在侦查活动中违反法律规定的行为得到及时、有效的纠正,从而保证侦查活动严格依照法定程序和要求进行,从诉讼程序上保障对犯罪分子的及时、准确、合法追究,保证国家刑事法律的统一、正确实施。

■ **侦查监督的内容**

人民检察院侦查监督主要包括以下内容:

（1）采用刑讯逼供以及其他非法方法收集犯罪嫌疑人供述的。

（2）讯问犯罪嫌疑人依法应当录音或者录像而没有录音或者录像，或者未在法定羁押场所讯问犯罪嫌疑人的。

（3）采用暴力、威胁以及非法限制人身自由等非法方法收集证人证言、被害人陈述，或者以暴力、威胁等非法方法阻止证人作证或者指使他人作伪证的。

（4）伪造、隐匿、销毁、调换、私自涂改证据，或者帮助当事人毁灭、伪造证据的。

（5）违反刑事诉讼法关于决定、执行、变更、撤销强制措施的规定，或者强制措施法定期限届满，不予释放、解除或者变更的。

（6）应当退还取保候审保证金而不退还的。

（7）违反《刑事诉讼法》关于讯问、询问、勘验、检查、搜查、鉴定、采取技术侦查措施等规定的。

（8）对与案件无关的财物采取查封、扣押、冻结措施，或者应当解除查封、扣押、冻结而不解除的。

（9）贪污、挪用、私分、调换、违反规定使用查封、扣押、冻结的财物及其孳息的；

（10）不应当撤案而撤案的。

（11）侦查人员应当回避而不回避的。

（12）依法应当告知犯罪嫌疑人诉讼权利而不告知，影响犯罪嫌疑人行使诉讼权利的。

（13）对犯罪嫌疑人拘留、逮捕、指定居所监视居住后依法应当通知家属而未通知的。

（14）阻碍当事人、辩护人、诉讼代理人、值班律师依法行使诉讼权利的。

（15）应当对证据收集的合法性出具说明或者提供证明材料而不出具、不提供的。

（16）侦查活动中的其他违反法律规定的行为。

■ **侦查监督的程序**

经公安机关商请或者人民检察院认为确有必要时，可以由人民检察院派员适时介入重大、疑难、复杂案件的侦查活动，参加公安机关对于重大案件的讨论，对案件性质、收集证据、适用法律等提出意见，监督侦查活动是否合法。

人民检察院在审查批准逮捕工作中，如果发现公安机关的侦查活动有违法情况，应当通知公安机关予以纠正，公安机关应当将纠正情况通知人民检察院。

人民检察院发现侦查活动中的违法情形已涉嫌犯罪，属于人民检察院管辖的，依法立案侦查；不属于人民检察院管辖的，依照有关规定移送有管辖权的机关。

人民检察院负责捕诉的部门发现本院负责侦查的部门在侦查活动中有违法情形，应当提出纠正意见。需要追究有关人员违法违纪责任的，应当报告检察长。

上级人民检察院发现下级人民检察院在侦查活动中有违法情形，应当通知其纠正。下级人民检察院应当及时纠正，并将纠正情况报告上级人民检察院。

此外，人民检察院通过接受诉讼参与人对侦查机关或侦查人员侵犯诉讼权利和人身侮辱的行为提出的申诉、控告，行使侦查监督权。人民检察院对于诉讼参与人的这种申诉、控告,应当受理,并及时审查,依法处理。

7.7 侦查救济

　　侦查救济,是指在侦查阶段,当事人和辩护人、诉讼代理人、利害关系人在自身合法权益受到侵害时要求有关机关予以纠正或处理的一种事后补救措施。

　　为了切实维护有关人员的合法权益,并督促侦查机关、侦查人员依法进行侦查,《刑事诉讼法》规定了若干侦查救济措施。根据《刑事诉讼法》第一百一十七条的规定,当事人和辩护人、诉讼代理人、利害关系人对于司法机关及其工作人员有下列行为之一的,有权向该机关申诉或者控告:① 采取强制措施法定期限届满,不予以释放、解除或者变更的;② 应当退还取保候审保证金不退还的;③ 对与案件无关的财物采取查封、扣押、冻结措施的;④ 应当解除查封、扣押、冻结不解除的;⑤ 贪污、挪用、私分、调换、违反规定使用查封、扣押、冻结的财物的。

　　受理申诉或者控告的机关应当及时处理。控告人对处理不服的,可以向同级人民检察院申诉;人民检察院直接受理的案件,可以向上一级人民检察院申诉。人民检察院对申诉应当及时进行审查,情况属实的,通知有关机关予以纠正。

延伸阅读:西方侦查程序的发展趋势

　　现代西方各国基本上都抛弃了那种将侦查视为国家对公民个人进行单方面追诉的观念,大体上都能够按照"诉讼"的形态构建侦查程序,将国家追究公民刑事责任的活动纳入"诉讼"的运行轨道。无论是英美法系还是大陆法系国家,其侦查程序都呈现出以下几个方面的发展趋势:

　　第一,普遍建立了针对侦查行为的司法授权和审查机制。对于涉及限制或剥夺公民权利的侦查行为,西方各国普遍建立了由法官颁布许可令的"令状制度"。无论是逮捕、搜查、扣押、窃听还是羁押、保释或其他强制性措施,司法警察或检察官都要事先向法官或者法院提出申请,后者经过专门的司法审查程序,认为符合法定条件的,才能许可进行上述侦查活动。也就是说,强制措施的实施必须取得法官的授权和审查。

　　第二,普遍建立了对审前羁押的司法控制机制。审前羁押作为侦查程序中最为严厉的强制措施,会导致被告人的人身自由受到较长时间的限制和剥夺。对此,西方各国一般通过以下途径实施司法控制:① 逮捕被设计成保证犯罪嫌疑人到场或到庭的手段,因此只能实行较短时间的羁押,而正式的羁押则一律要由法官或法院在控辩双方同时参与下专门加以确定。② 法官对于是否适用羁押以及羁押期限的问题,按照法庭审理的方式进行确定。③ 在有关适用羁押的实体性限制方面,西方各国确立了所谓的"比例原则",要求法官在确定羁押期限时要考虑被告人所涉嫌的犯罪的性质和被告人逃避诉讼的可能性等诸多程序性因素。④ 对于审前羁押,西方各国普遍要求只在必要的情况下加以适用,一般不将适用羁押作为保证诉讼进行的一般原则,而使其尽可能地成为一种例外和最后的措施。⑤西方各国都允许犯罪嫌疑人、被告人对其所受的强制措施随时向法院提起申诉或者上诉,以期引起法院对羁押合法性问题进行事后的审查。⑥西方各国都建立了针对不公正羁押措施的国家赔偿制度,保证遭受不当羁押的被告人获得由一家中立的司法机构主持的赔偿听审机会。

第三,被告人的沉默权和律师帮助权得到较为普遍的确立。在英国和美国,警察逮捕犯罪嫌疑人以及对其进行讯问之前必须告知其有权保持沉默,否则整个讯问程序均属无效,由此获得的被告人口供也将被排除于法庭之外。同时,被告人在被逮捕时就要被告知有权委托律师给予帮助,如果无力委托,政府就为其指定一名律师提供法律援助。在德国和意大利,警察、检察官在对嫌疑人进行讯问之前要告知其没有义务进行陈述。同时,警察、检察官和法官在进行第一次讯问之前,都要告知被告人有权获得律师的帮助,对于符合法定条件的被告人还要提供免费的律师帮助。

此外,辩护律师在侦查中的参与范围得到扩大。例如在英国和美国,辩护律师有权在警察讯问被告人时始终在场,并可以代被告人行使各项诉讼权利,如申请保释、申请就羁押问题进行司法审查、参加法官就一些涉及被告人权利的事项举行的庭审程序等。而在德国,法官和检察官在对被告人进行讯问时,辩护律师有权到场,但在警察讯问时,则一般不允许律师到场。在意大利,无论是司法警察还是检察官对被告人进行讯问,都必须允许和通知辩护律师到场参与,甚至连检察官和警察进行一些侦查活动,辩护律师也有权直接参与。①

总 结

侦查是公安机关、人民检察院对于刑事案件,依照法律进行的收集证据、查明案情的工作和有关的强制性措施。侦查应遵循迅速、及时原则,客观、全面原则,深入、细致原则以及保守秘密原则。

侦查行为包括讯问犯罪嫌疑人,询问证人、被害人,勘验、检查,搜查,查封、扣押物证、书证,鉴定,辨认,技术侦查,秘密侦查,通缉等。侦查终结的案件,根据案件的不同情况,分别作出移送起诉或者撤销案件的决定。对于需要追究刑事责任的案件,侦查终结必须同时具备三个条件:一是案件事实清楚;二是证据确实、充分;三是法律手续完备。

在我国,补充侦查分为审查批准逮捕阶段的补充侦查、审查起诉阶段的补充侦查和法庭审理阶段的补充侦查。

侦查监督是人民检察院依法对侦查机关的侦查活动是否合法进行的法律监督。侦查监督可以使侦查机关在侦查活动中违反法律规定的行为得到及时、有效的纠正,从而保证

---

① 陈瑞华:《比较刑事诉讼法》,中国人民大学出版社2010年版,第280—283页。

侦查活动严格依照法定程序和要求进行。

思考题

1. 有学者指出我国侦查程序的行政化特点颇为明显,你是否认同这一观点？请给出理由。
2. 试比较鉴定人与专家证人的异同。
3. 在我国,遏制刑讯逼供行为、纠正刑讯逼供所造成的冤假错案困难重重。请在查阅有关资料的基础上试着分析造成这一困境的主要原因。

第 8 章 起诉程序

引言

在我国,刑事诉讼实行以公诉为主、自诉为辅的原则。也就是说,绝大多数的刑事案件在侦查终结后将由检察机关负责审查并向法院提起公诉,只有少数的刑事案件可由被害人直接向法院提起自诉。公诉案件必须经过检察机关的审查起诉,由检察机关决定是否需要提起公诉并发现和纠正侦查活动中的违法行为。自诉案件是被害人维护自身合法权益的重要途径,同时也是实现公共利益与个人利益的平衡、体现刑法谦抑精神的重要手段。那么,审查起诉的主要内容是什么,需要遵循怎样的程序,在何种条件下应当提起公诉,在何种情况下可以作出不起诉的决定?对于审查起诉的结果,当事人可以通过何种途径寻求救济?被害人提起自诉需要满足怎样的条件,自诉案件的审理需要遵循怎样的程序?本章将围绕这些问题加以展开。

8.1 起诉制度概述

刑事起诉,是指国家公诉机关和享有控诉权的公民针对所发生的犯罪行为,依法向法院提起诉讼,要求法院对指控的犯罪进行审判,以确定被告人刑事责任并予以刑事处罚的诉讼活动。在我国,按照行使追诉权的主体的不同,刑事起诉包括公诉和自诉两种类型。

公诉,是指行使国家公诉权的检察机关向法院提出诉讼请求,要求法院通过审判确认被告人刑事责任,并给予相应制裁的一种诉讼活动。自诉,是指由被害人或其法定代理人等主体直接向有管辖权的法院提出追究被告人刑事责任的诉讼活动。在我国,刑事诉讼实行的是以公诉为主、自诉为辅的原则。也就是说,我国的刑事案件主要是通过公诉的方式提起的,只有少数罪行比较轻微、案情比较简单、主要损害的是个人利益的犯罪可以由被害人提起自诉。

刑事起诉的意义在于如下三个方面:第一,起诉是审判程序启动的前提和依据。

现代刑事审判遵循的是"不告不理"的原则,没有起诉方的起诉,法院不能主动追究犯罪。只有当起诉方起诉以后,法院才获得刑事案件的审判权。第二,起诉确定了被告人的诉讼地位,使犯罪嫌疑人转变为刑事被告人。第三,起诉限制了法院对刑事案件的审判范围。法院不得审判未经起诉的被告人和未经起诉的犯罪,必须保持审判对象与起诉的同一性。

延伸阅读:刑事起诉的模式变迁

在人类历史上,刑事起诉大致有三种模式:被害人追诉模式、公众追诉模式、国家追诉模式。

◇ 被害人追诉模式

被害人追诉模式是指,犯罪发生后,由被害人或其近亲属提起刑事追诉程序。这一模式盛行于民法、刑法不分的古日耳曼法时期。在这种模式下,刑事诉讼与民事诉讼并无太大的差别。

◇ 公众追诉模式

公众追诉模式是指,犯罪发生后,不论是否与自己的利益相关,社会上的任何人都可以启动刑事追诉程序。这一模式盛行于古罗马法时期。

◇ 国家追诉模式

国家追诉模式是指,犯罪发生后,由国家的专门机构依法提起刑事追诉程序。这个原则是国家思想兴起后的产物,学界一般认为它发源于法国。目前,世界各国的刑事司法中一般都采取这种追诉模式。在我国也是如此,即刑事案件主要通过公诉的方式加以解决,只有少量案件通过自诉解决。

关于在符合起诉条件的情况下,公诉案件应当如何处理,诉讼理论上有两大基本原则:一是起诉法定主义,二是起诉便宜主义。

所谓起诉法定主义,是指刑事案件只要符合法律规定的起诉条件,公诉机关就应当提起公诉,而不得考虑犯罪嫌疑人及其罪行是否有酌定不起诉的情节。一般来说,起诉法定主义在对犯罪进行追诉的问题上统一了标准,可以避免公诉机关滥用公诉权,从而保证法律的严肃性。

所谓起诉便宜主义,是指刑事案件在具备起诉条件的情况下,检察机关享有自由裁量权,可以根据犯罪嫌疑人及其罪行等具体情况以及刑事政策来决定是否提起公诉。起诉便宜主义的实行,有利于基于公共利益的一般预防和基于犯罪嫌疑人利益的特殊预防的刑事政策的有效运用,有利于减少司法资源的投入,符合诉讼经济原则。

在我国,现行刑事诉讼法贯彻的是以起诉法定主义为主、起诉便宜主义为辅的精神。司法实践中,起诉便宜主义主要体现为酌定不起诉、暂缓起诉和撤回公诉。

8.2 审查起诉

审查起诉,是指人民检察院对监察机关调查终结或侦查机关侦查终结移送起诉的案件受理后,依法对相关的犯罪事实和证据、犯罪性质以及罪名进行审查、核实,并作出处理决定的一项诉讼活动。

审查起诉是刑事公诉案件的重要程序,是连接调查、侦查和审判的纽带,对于刑事案件的正确处理,发现和纠正调查活动、侦查活动中的违法行为,实现刑事诉讼的任务,具有重要意义。

■ 审查起诉的内容

人民检察院对于移送审查起诉的案件,必须查明以下内容。

(1) 犯罪嫌疑人身份状况是否清楚,包括姓名、性别、国籍、出生年月日、职业和单位等;单位犯罪的,单位的相关情况是否清楚。

(2) 犯罪事实、情节是否清楚;实施犯罪的时间、地点、手段、危害后果是否明确。

(3) 认定犯罪性质和罪名的意见是否正确;有无法定的从重、从轻、减轻或者免除处罚情节及酌定从重、从轻情节;共同犯罪案件的犯罪嫌疑人在犯罪活动中的责任认定是否恰当。

(4) 犯罪嫌疑人是否认罪认罚。

(5) 证明犯罪事实的证据材料是否随案移送;证明相关财产系违法所得的证据材料是否随案移送;不宜移送的证据的清单、复制件、照片或者其他证明文件是否随案移送。

(6) 证据是否确实、充分,是否依法收集,有无应当排除非法证据的情形。

(7) 采取侦查措施包括技术侦查措施的法律手续和诉讼文书是否完备。

(8) 有无遗漏罪行和其他应当追究刑事责任的人。

(9) 是否属于不应当追究刑事责任的。

(10) 有无附带民事诉讼;对于国家财产、集体财产遭受损失的,是否需要由人民检察院提起附带民事诉讼;对于破坏生态环境和资源保护,食品药品安全领域侵害众多消费者合法权益,侵害英雄烈士的姓名、肖像、名誉、荣誉等损害社会公共利益的行为,是否需要由人民检察院提起附带民事公益诉讼。

(11) 采取的强制措施是否适当,对于已经逮捕的犯罪嫌疑人,有无继续羁押的必要。

(12) 侦查活动是否合法。

(13) 涉案财物是否查封、扣押、冻结并妥善保管,清单是否齐备;对被害人合法财产的返还和对违禁品或者不宜长期保存的物品的处理是否妥当,移送的证明文件是否完备。

■ 审查起诉的程序

● 受理程序

人民检察院在收到监察机关、侦查机关移送审查的案件后,应当首先进行形式审查以决定是否受理。形式审查具体包括以下内容：案件是否符合管辖的规定；起诉意见书以及案件材料是否齐备；移送的实物与物品清单是否相符；犯罪嫌疑人是否在案，被采取强制措施的情况等。

根据《最高检规则》的规定，各级人民检察院提起公诉，应当与人民法院审判管辖相适应。负责捕诉的部门收到移送起诉的案件后，经审查认为不属于本院管辖的，应当在发现之日起五日内经由负责案件管理的部门移送有管辖权的人民检察院。

属于上级人民法院管辖的第一审案件，应当报送上级人民检察院，同时通知移送起诉的公安机关；属于同级其他人民法院管辖的第一审案件，应当移送有管辖权的人民检察院或者报送共同的上级人民检察院指定管辖，同时通知移送起诉的公安机关。

对于具备受理条件的，负责捕诉的部门应当填写受理审查起诉案件登记表。

对于起诉意见书、案件材料不齐备，或者移送的实物与物品清单不相符的，应当要求监察机关或侦查机关补充移送。

● **审查程序**

◇ 审阅、核查案卷材料

承办人应对案件中的材料进行全面审查，并制作阅卷笔录。在审查过程中，如果发现有关证据存在疑问，承办人就可以要求侦查人员提供有关的情况说明，必要时也可以询问提供证据材料的人员或进行技术鉴定。

◇ 讯问犯罪嫌疑人

人民检察院审查案件，应当讯问犯罪嫌疑人；犯罪嫌疑人认罪认罚的，人民检察院应当告知其享有的诉讼权利和认罪认罚的法律规定。讯问犯罪嫌疑人应当由两名以上办案人员进行，并应当制作笔录。通过讯问，人民检察院可以核实有关案情和证据，了解犯罪嫌疑人的思想动态、认罪态度和是否聘请律师辩护等情况，同时还可以发现有无遗漏罪行和其他应当追究刑事责任的人，发现侦查活动中是否存在违法情形等。

◇ 听取被害人的意见

人民检察院审查案件，应当听取被害人的意见。听取被害人的意见应当由两名以上办案人员进行，并应当制作笔录。被害人提出书面意见的，应当附卷。办案人员一般应直接听取被害人的意见，主要了解两个方面的内容：一是核实案情和有关证据，二是听取被害人关于案件处理的意见，并告知其有权提起附带民事诉讼。

直接听取被害人的意见有困难的，办案人员可以向被害人发出书面通知，要求其提出书面意见；在指定期限内未提出意见的，应当记录在案。这里的"直接听取被害人的意见有困难"，是指路途遥远，或者被害人人数众多，难以直接逐一听取其意见等情况。询问路途遥远的被害人，办案人员必要时也可以委托被害人所在地检察机关指派检察人员进行。

◇ 听取辩护人、值班律师、被害人诉讼代理人的意见

人民检察院审查案件，应当听取辩护人、值班律师、被害人诉讼代理人的意见，并记录在案。辩护人或者值班律师、被害人诉讼代理人提出书面意见的，应当附卷。

◇ 其他审查措施

一是询问证人。承办人在审查中对证人证言笔录有疑问或者认为对证人的询问不够具

体、全面的,应当对证人进行询问。询问应由包括承办人在内的两名以上办案人员进行,并制作笔录。证人路途遥远的,承办人可以委托证人所在地检察机关指派检察人员进行询问。

二是鉴定和重新鉴定。人民检察院在审查起诉中认为对犯罪嫌疑人或被害人需要进行医学鉴定时,应当要求公安机关进行或者交由公安机关送有鉴定资格的医学机构进行;需要重新鉴定的,可以送交有鉴定资格的医学机构进行;发现有明显迹象表明犯罪嫌疑人有患精神病可能的,应当依照有关鉴定程序的规定对犯罪嫌疑人进行鉴定。

◇ 作出处理决定

根据《刑事诉讼法》和《最高检规则》的规定,人民检察院审查起诉后,可对案件作出如下处理。

(1) 作出提起公诉决定。凡认为犯罪事实已经查清,证据确实、充分,依法应当追究刑事责任的,按照审判管辖提起公诉,并将案件材料、证据移送人民法院。犯罪嫌疑人认罪认罚的,人民检察院应当就主刑、附加刑、是否适用缓刑等提出量刑建议,并随案移送认罪认罚具结书等材料。

(2) 作出不起诉决定。犯罪嫌疑人没有犯罪事实,或者有《刑事诉讼法》第十六条规定的情形之一的,人民检察院应当作出不起诉决定。对于犯罪情节轻微,依照《刑法》规定不需要判处刑罚或者免除刑罚的,人民检察院可以作出不起诉决定,并立即释放在押犯罪嫌疑人。对被不起诉人需要给予行政处罚、处分或者需要没收其违法所得的,人民检察院应当提出检察意见,移送有关主管机关处理。

(3) 人民检察院认为犯罪事实不清、证据不足或者存在遗漏罪行、遗漏同案犯罪嫌疑人等情形需要补充侦查的,应当制作补充侦查提纲,连同案卷材料一并退回公安机关补充侦查。人民检察院也可以自行侦查,必要时可以要求公安机关提供协助。人民检察院对于监察机关移送起诉的案件,认为需要补充调查的,应当退回监察机关补充调查。必要时,可以自行补充侦查。

(4) 人民检察院负责捕诉的部门对本院负责侦查的部门移送起诉的案件进行审查后,认为犯罪事实不清、证据不足或者存在遗漏罪行、遗漏同案犯罪嫌疑人等情形需要补充侦查的,应当制作补充侦查提纲,连同案卷材料一并退回负责侦查的部门补充侦查。必要时,负责捕诉的部门也可以自行侦查,可以要求负责侦查的部门予以协助。

(5) 人民检察院在审查起诉中发现有应当排除的非法证据,应当依法排除,同时可以要求监察机关或者公安机关另行指派调查人员或者侦查人员重新取证。必要时,人民检察院也可以自行调查取证。

■ 审查起诉的期限

人民检察院对于监察机关、公安机关移送起诉的案件,应当在一个月内作出决定,重大、复杂的案件,可以延长十五日;犯罪嫌疑人认罪认罚,符合速裁程序适用条件的,应当在十日内作出决定,对可能判处有期徒刑超过一年的,可以延长至十五日。

人民检察院审查起诉的案件,改变管辖的,从改变后的人民检察院收到案件之日起计算审查起诉期限。

对于补充侦查的案件，应当在一个月内补充侦查完毕，补充侦查以两次为限。补充侦查完毕移送审查起诉后，审查起诉部门重新计算审查起诉期限。

延伸阅读：辩诉交易

　　辩诉交易是检察官与被告人或被告人的辩护律师就被告人是否作出有罪答辩而进行的谈判和交易。在辩诉交易中，检察官可用几种不同的方式促使被告人不要求审判而主动认罪。首先，检察官可以对被告人以较轻罪名起诉作为交换条件。其次，在被告人被控犯有多种罪行时，检察官可以只对多个罪名中的一个或几个提起起诉作为交换条件。最后，检察官可以向量刑法官建议对被告人处以较轻刑罚作为交换条件。

　　在辩诉交易中，谈判和交易一般是在检察官和被告人律师之间进行的。检察官一般不愿与被告人本人谈判交易。辩诉交易涉及被告人的重要权利。不要求审判，主动认罪，是被告人放弃自己的宪法权利的行为。法律要求，被告人只有在完全明了自己的权利的情况下才能有效地放弃自己的权利。检察官与被告人在达成辩诉交易后，必须把达成的协议送交法院审查批准。

　　自20世纪70年代以来，辩诉交易在美国刑事司法制度中被广泛采用。美国法学界和刑事司法学界曾就辩诉交易的恰当性展开过激烈争论。支持者认为辩诉交易的最大优点在于，可以为刑事司法机构节省大量人力和物力，可以使被告人得到较轻的刑罚，可以减轻法院的压力，可以使检察官尽快处理案件。但也有人对此持保留态度，认为辩诉交易使被告人的合法权利得不到应有的保证，检察官和被告人做交易会损害刑事司法制度的尊严，使民众丧失对刑事司法制度的信任。另外，引起学者格外关注的是检察官与被告人在辩诉交易中的不平等地位。实际上，在辩诉交易中，检察官往往占有绝对主导地位。许多学者担心，检察官在辩诉交易中的绝对优势会导致检察官滥用权力。[①]

　　关于辩诉交易的运行，读者还可参阅如下书目。

　　(1) 麦高伟、切斯特·米尔斯基：《陪审制度与辩诉交易——一部真实的历史》，陈碧、王戈等译，中国检察出版社2005年版。

　　(2) 张智辉：《辩诉交易制度比较研究》，中国方正出版社2009年版。

　　(3) 陈瑞华：《比较刑事诉讼法》，中国人民大学出版社2010年版。

　　尽管我国的法律未规定辩诉交易，但在司法实务中早有这样的尝试，例如发生在2000年的孟广虎故意伤害案就被称为"中国辩诉交易第一案"，而后不少地方的司法机关也纷纷进行了类似的尝试。请读者在查阅孟广虎故意伤害案的基本案情和学界、实务界的评价后思考：我们应该如何看待本案中的"辩诉交易"，在我国是否有必要确立辩诉交易制度？同时，辩诉交易在刑事司法中究竟可以发挥哪些功用，它可能会给传统的刑事司法带来怎样的挑战？

---

① 马跃：《美国刑事司法制度》，中国政法大学出版社2004年版，第288—299页。

8.3 提起公诉

提起公诉,是人民检察院对监察机关调查终结或侦查机关侦查终结的案件进行全面审查后,认为犯罪事实已经查清、证据确实充分,依法应当追究刑事责任,向人民法院提起诉讼,要求对被告人进行刑事处罚的活动。

■ 提起公诉的条件

提起公诉必须同时满足下列条件,缺一不可。

● 犯罪事实已经查清

所谓犯罪事实已经查清,是指犯罪嫌疑人的全部犯罪事实,即犯罪的时间、地点、动机、目的、行为、手段、情节、过程、后果等与定罪量刑有关的事实,都已查明,没有漏罪或遗漏犯罪嫌疑人等情况。这是作出起诉决定的前提条件。

● 证据确实、充分

所谓证据确实、充分,是指起诉所依据的证据材料在质和量上都已达到了要求。"确实"是指每一证据都已查证属实,具备真实性、可靠性,并同案件事实之间具有客观的联系,证据与证据之间的矛盾以及同案件事实之间的矛盾都已得到了排除。"充分"则是指对证据在量上的要求,据以起诉的证据在量上要达到使犯罪构成事实的每一部分都有相应的具有说服力和证明效力的证据予以证明,形成完整的证据链。

● 依法应当追究刑事责任

人民检察院决定起诉的案件,不但要认定犯罪嫌疑人的行为已构成犯罪,而且认为依法应当追究刑事责任,否则人民检察院就不能对其作出起诉决定。

是否应当追究刑事责任的判断建立在两个基础上,一是事实基础,二是法律基础。确认是否应当追究刑事责任,人民检察院必须以已经查清的犯罪事实作为依据,并在此基础上依法作出判断。

■ 起诉书的制作和移送

人民检察院在作出起诉决定后,必须制作起诉书。起诉书是人民检察院代表国家向人民法院提出追究被告人刑事责任的诉讼请求的重要文书,是启动审判程序的钥匙。从理论上讲,起诉书具有明确诉讼请求、阐述控诉理由、限定审判范围等功能。制作起诉书必须忠于事实真相、符合法律要求。

起诉书应当包括以下内容。

● 首部

首部的内容包括三个部分。
(1) 人民检察院的名称、文书名称和案号。
(2) 被告人的基本情况。如果是个人犯罪,那么被告人的基本情况应当包括姓名、性别、出生年月日、出生地和户籍地、身份证号码、民族、文化程度、职业、工作单位及职务、住址,是否受过刑事处分及处分的种类和时间,采取强制措施的情况等;如果是单位犯罪,那么应当写明犯罪单位的名称和组织机构代码、所在地址、联系方式,法定代表人和诉讼代表人的姓名、职务、联系方式;如果还有应当负刑事责任的直接负责的主管人员或其他直接责任人员,那么应当按上述被告人个人犯罪基本情况的内容叙写。

(3) 案由和案件来源。具体包括认定罪名、案件来源和起诉过程。

被告人真实姓名、住址无法查清的,可以按其绰号或者自报的姓名、住址制作起诉书,并在起诉书中注明。被告人自报的姓名可能造成损害他人名誉、败坏道德风俗等不良影响的,可以对被告人编号并按编号制作起诉书,附具被告人的照片,记明足以确定被告人面貌、体格、指纹以及其他反映被告人特征的事项。

● 正文

正文的内容包括三个部分。

(1) 案件事实,包括犯罪的时间、地点、经过、手段、动机、目的、危害后果等与定罪量刑有关的事实要素。起诉书叙述的指控犯罪事实的必备要素应当明晰、准确。被告人被控有多项犯罪事实的,应当逐一列举,对于犯罪手段相同的同一犯罪可以概括叙写。

(2) 起诉的根据和理由,包括被告人触犯的《刑法》条款,犯罪的性质及认定的罪名,处罚条款,法定从轻、减轻或者从重处罚的情节,共同犯罪中各被告人应负的罪责等。

(3) 如果是认罪认罚的案件,就应写明被告人认罪认罚情况,包括认罪认罚的内容、具结书签署情况等。

● 尾部

尾部的内容包括两个部分。

(1) 写明起诉书送达的人民法院的名称,本案承办检察官的职务、姓名,制作起诉书的时间及人民检察院的印章。

(2) 附项。写明被告人住址或羁押场所,证人名单及其住址或单位地址,鉴定人的住址或单位地址,随案移送案卷的册数、页数,随案移送的赃物、证物等。

人民检察院提起公诉的案件,应当向人民法院移送起诉书、案卷材料、证据和认罪认罚具结书等材料。

人民检察院提起公诉的案件,可以向人民法院提出量刑建议;提出量刑建议的,可以制作量刑建议书,与起诉书一并移送人民法院。

实践关注:审前案卷移送的变迁

审前案卷移送制度是刑事一审程序前的一个重要环节,它联结着起诉与审判两大程序,并决定了法院庭前审查的范围和内容,也关系到法官在庭前对案件的了解程度。我国的审前案卷移送制度大致经历了从"全卷移送"(1979 刑诉法)到"部分移送"(1996 刑诉法),再回归到"全卷移送"(2012 刑诉法)。

首先是从"全卷移送"到"部分移送"的转变。其主要原因在于,全卷移送使得法官在开庭前就能够审阅全部的案卷材料,可能产生某种不利于被告人的预断或偏见,甚至在开庭前就可能已经形成了裁判结果,造成"先定后审""庭审走过场"的现象,这不仅违背了程序公正的要求,也不利于维护司法裁判的权威性。因此,1996刑诉法规定了"部分移送"的做法,据此检察机关在提起公诉时需要移送的材料主要包括起诉书、证据目录、证人名单、主要证据的复印件或者照片。

应该说,"部分移送"在一定程度上改变了以往"先定后审""庭审走过场"的局面,有利于法官排除庭前预断。然而,诚如一些研究者所指出的,尽管出发点良好,但这一做法可能会带来更加严重的后果:检察机关在移送材料时往往会作出某种"取舍",法官只能看到有限的材料,进而受制于信息的片面性,法官不仅仍有可能产生预断,而且会是更加"畸形"的预断。同时,这也间接造成了辩护人了解案情和有关证据的困难。在"全卷移送"制度下,律师起码可以在审判前到法院审阅全部的案卷材料,进而可以为随后的辩护做较为充分的准备。而在实行"部分移送"后,律师很难再像以往那样看到较为完整的案卷材料了。

更为严重的问题在于,《六部委关于刑事诉讼法实施中若干问题的规定》第四十二条规定:"人民检察院对于在法庭上出示、宣读、播放的证据材料应当当庭移交人民法院,确实无法当庭移交的,应当在休庭后三日内移交。对于在法庭上出示、宣读、播放未到庭证人的证言的,如果该证人提供过不同的证言,人民检察院应当将该证人的全部证言在休庭后三日内移交。"也就是说,即便在审前阶段法院无法看到全部的公诉材料,在休庭后三日内检察机关仍然会全卷移送。而法院要做的只是等待移送,然后通过阅卷(或者说主要通过阅卷)来形成裁判结果。

其次是"全卷移送"的回归。2012刑诉法将案卷移送方式又改为"全卷移送"。其主要原因在于:一方面,案卷的部分移送不能切实保障律师的阅卷权,律师无法看到控方所掌握的全部证据,尤其是对被告人有力的证据,这显然不利于辩护律师的辩护准备工作,进而会影响到庭审中对抗功能的发挥;另一方面,案卷的部分移送使得法官接触不到全部案卷,在庭审中只能查看控方现场提交的证据,大多数情况下要等到庭审结束后才能审阅检察机关移送的全卷材料,这也不利于法官及时、全面地掌握案件信息。

当然,对于这样一种回归,很多老问题可能再次出现,学术界也展开了激烈的争论。请读者在此基础上思考,在恢复全卷移送的做法后,如何避免法官的预断和偏见,如何维护案件审理的程序公正?

8.4 不 起 诉

不起诉,是指人民检察院对公安机关侦查终结移送审查起诉的案件和自行侦查终结的案件进行审查后,认为犯罪嫌疑人的行为不符合起诉条件或没有必要起诉的,依法作出不将犯罪嫌疑人提交人民法院进行审判、追究刑事责任的一种处理决定。

不起诉的种类和条件

我国的不起诉有四种情况：法定不起诉、酌定不起诉、证据不足不起诉以及附条件不起诉。

● **法定不起诉**

法定不起诉又称绝对不起诉，是指《刑事诉讼法》第一百七十七条第一款规定的不起诉："犯罪嫌疑人没有犯罪事实，或者有本法第十六条规定的情形之一的，人民检察院应当作出不起诉决定。"根据《刑事诉讼法》第十六条的规定，法定不起诉有以下六种情形：① 情节显著轻微、危害不大，不认为是犯罪的；② 犯罪已过追诉时效期限的；③ 经特赦令免除刑罚的；④ 依照《刑法》规定告诉才处理的犯罪，没有告诉或者撤回告诉的；⑤ 犯罪嫌疑人、被告人死亡的；⑥ 其他法律规定免予追究刑事责任的。

● **酌定不起诉**

酌定不起诉又称相对不起诉，是指《刑事诉讼法》第一百七十七条第二款规定的不起诉。酌定不起诉的适用必须同时具备两个条件：① 犯罪嫌疑人实施的行为触犯了《刑法》规定，已经构成犯罪；② 该犯罪行为情节轻微，依照刑法规定不需要判处刑罚或者免除刑罚。

酌定不起诉在《刑法》中的具体情形主要有如下几类：① 犯罪情节显著轻微，不需要判处刑罚的；② 在中华人民共和国领域外犯罪，依照我国刑法规定应当负刑事责任，但在外国已经受过刑事处罚的；③ 犯罪嫌疑人又聋又哑，或者是盲人的；④ 犯罪嫌疑人因正当防卫或紧急避险过当而犯罪的；⑤ 为犯罪准备工具、制造条件的；⑥ 在犯罪过程中自动终止犯罪或自动有效防止犯罪结果发生，没有造成损害的；⑦ 在共同犯罪中，起次要或辅助作用的；⑧ 被胁迫诱骗参加犯罪的；⑨ 犯罪嫌疑人自首或者有重大立功表现或者自首后又有重大立功表现的。

酌定不起诉体现了检察机关的自由裁量权，是对"宽严相济"的刑事政策的一种落实，在节约司法资源的同时有助于促进社会和谐。

● **证据不足不起诉**

《刑事诉讼法》第一百七十五条第四款规定："对于二次补充侦查的案件，人民检察院仍然认为证据不足，不符合起诉条件的，应当作出不起诉的决定。"

《最高检规则》第三百六十八条规定，以下几种情形属于证据不足：① 犯罪构成要件事实缺乏必要的证据予以证明的；② 据以定罪的证据存在疑问，无法查证属实的；③ 据以定罪的证据之间、证据与案件事实之间的矛盾不能合理排除的；④ 根据证据得出的结论具有其他可能性，不能排除合理怀疑的；⑤ 根据证据认定案件事实不符合逻辑和经验法则，得出的结论明显不符合常理的。

● **附条件不起诉**

附条件不起诉，又称暂缓起诉、缓予起诉，是指检察机关在审查起诉时，根据犯罪嫌疑人的年龄、性格、犯罪原因、犯罪性质和情节、犯罪后的悔过表现等，对罪行较轻的犯罪嫌疑人设定一定的条件，如果在法定的期限内，犯罪嫌疑人履行了相关的义务，检察机关就应作出不起诉的决定。

《刑事诉讼法》第二百八十二条规定,对于未成年人涉嫌《刑法》分则第四章、第五章、第六章规定的犯罪,可能判处一年有期徒刑以下刑罚,符合起诉条件,但有悔罪表现的,人民检察院可以作出附条件不起诉的决定。人民检察院在作出附条件不起诉的决定以前,应当听取公安机关、被害人的意见。但未成年犯罪嫌疑人及其法定代理人对附条件不起诉有异议的,人民检察院应当作出起诉的决定。

附条件不起诉的考验期为六个月以上一年以下,从人民检察院作出附条件不起诉决定之日起计算。在考验期内,由人民检察院对犯罪嫌疑人进行监督考察。犯罪嫌疑人的监护人应当对其加强管教,并配合人民检察院做好监督考察工作。在考验期内,未成年犯罪嫌疑人应当遵守下列规定:① 遵守法律、行政法规,服从监督;② 按照考察机关的规定报告自己的活动情况;③ 离开所居住的市、县或者迁居,应当报经考察机关批准;④ 按照考察机关的要求接受教育和矫治。

被附条件不起诉的未成年犯罪嫌疑人,在考验期内有下列情形之一的,人民检察院应当撤销附条件不起诉的决定,提起公诉:① 实施新的犯罪或者发现决定附条件不起诉以前还有其他犯罪需要追诉的;② 违反治安管理规定或者考察机关有关附条件不起诉的监督管理规定,情节严重的。被附条件不起诉的未成年犯罪嫌疑人,在考验期内没有上述情形,考验期满的,人民检察院应当作出不起诉的决定。

实践关注:撤回公诉的效力与问题

在我国的司法实践中,检察机关在提起公诉后法院宣告判决前,可以撤回公诉然后再作出不起诉的决定。尽管《刑事诉讼法》对撤回公诉未作规定,但最高人民检察院颁行的《最高检规则》却赋予检察机关享有撤回公诉的权力。

该规则第四百二十四条规定:"在人民法院宣告判决前,人民检察院发现具有下列情形之一的,可以撤回起诉:(一)不存在犯罪事实的;(二)犯罪事实并非被告人所为的;(三)情节显著轻微、危害不大,不认为是犯罪的;(四)证据不足或证据发生变化,不符合起诉条件的;(五)被告人因未达到刑事责任年龄,不负刑事责任的;(六)法律、司法解释发生变化导致不应当追究被告人刑事责任的;(七)其他不应当追究被告人刑事责任的。

对于撤回起诉的案件,人民检察院应当在撤回起诉后三十日内作出不起诉决定。需要重新调查或者侦查的,应当在作出不起诉决定后将案卷材料退回监察机关或者公安机关,建议监察机关或者公安机关重新调查或者侦查,并书面说明理由。

对于撤回起诉的案件,没有新的事实或者新的证据,人民检察院不得再行起诉。

新的事实是指原起诉书中未指控的犯罪事实。该犯罪事实触犯的罪名既可以是原指控罪名的同一罪名,也可以是其他罪名。"

这里的撤回起诉实际上就是撤回公诉。司法实践中,检察机关往往将撤回公诉与不起诉加以衔接,以此来终结诉讼进程。然后,在仔细阅读前述规定后可以发现,撤回公诉后检察机关除了可以作出不起诉的决定外,还可以将案卷材料退回监察机关或者公安机关,建议监察机关或者公安机关重新调查或者侦查。这意味着在这种情况下撤回公诉不是程序终结的标志,而是新一轮的侦查程序的发端。

请读者思考如下几个问题:撤回公诉的法理依据是什么,撤回公诉应当具有怎样的效力,如何防止撤回公诉被滥用?

不起诉的程序

不起诉决定的作出

人民检察院对于监察机关或者公安机关移送起诉的案件,发现犯罪嫌疑人没有犯罪事实,或者符合《刑事诉讼法》第十六条规定的情形之一的,经检察长批准,应当作出不起诉决定。

人民检察院对于二次退回补充调查或者补充侦查的案件,仍然认为证据不足,不符合起诉条件的,经检察长批准,依法作出不起诉决定。人民检察院对于经过一次退回补充调查或者补充侦查的案件,认为证据不足,不符合起诉条件,且没有再次退回补充调查或者补充侦查必要的,经检察长批准,可以作出不起诉决定。

人民检察院对于犯罪情节轻微,依照《刑法》规定不需要判处刑罚或者免除刑罚的,经检察长批准,可以作出不起诉决定。

人民检察院直接受理侦查的案件,以及监察机关移送起诉的案件,拟作不起诉决定的,应当报请上一级人民检察院批准。

对不起诉决定的复议、复核

对于监察机关或者公安机关移送起诉的案件,人民检察院决定不起诉的,应当将不起诉决定书送达监察机关或者公安机关。

监察机关认为不起诉的决定有错误,向上一级人民检察院提请复议的,上一级人民检察院应当在收到提请复议意见书后三十日内,经检察长批准,作出复议决定,通知监察机关。

公安机关认为不起诉决定有错误要求复议的,人民检察院负责捕诉的部门应当另行指派检察官或者检察官办案组进行审查,并在收到要求复议意见书后三十日内,经检察长批准,作出复议决定,通知公安机关。

公安机关对不起诉决定提请复核的,上一级人民检察院应当在收到提请复核意见书后三十日内,经检察长批准,作出复核决定,通知提请复核的公安机关和下级人民检察院。经复核认为下级人民检察院不起诉决定错误的,应当指令下级人民检察院纠正,或者撤销、变更下级人民检察院作出的不起诉决定。

对不起诉决定的申诉

对不起诉决定的申诉分为被害人的申诉和被不起诉人的申诉。

被害人不服不起诉决定,在收到不起诉决定书后七日内提出申诉的,由作出不起诉决定的人民检察院的上一级人民检察院负责捕诉的部门进行复查。被害人向作出不起诉决定的人民检察院提出申诉的,作出决定的人民检察院应当将申诉材料连同案卷一并报送上一级人民检察院。

被害人不服不起诉决定,在收到不起诉决定书七日以后提出申诉的,由作出不起诉决定的人民检察院负责控告申诉检察的部门进行审查。经审查,认为不起诉决定正确的,出具审查结论直接答复申诉人,并做好释法说理工作;认为不起诉决定可能存在错误的,移送负责捕诉的部门进行复查。

对于人民检察院依照《刑事诉讼法》第一百七十七条第二款规定作出的不起诉决定,被不起诉人不服,在收到不起诉决定书后七日内提出申诉的,应当由作出决定的人民检察院负责捕诉的部门进行复查;被不起诉人在收到不起诉决定书七日以后提出申诉的,由负责控告申诉检察的部门进行审查。经审查,认为不起诉决定正确的,出具审查结论直接答复申诉人,并做好释法说理工作;认为不起诉决定可能存在错误的,移送负责捕诉的部门复查。

● **不起诉决定的程序后果**

不起诉的决定,由人民检察院公开宣布。公开宣布不起诉决定的活动应当记录在案。不起诉决定书自公开宣布之日起生效。被不起诉人在押的,应当立即释放;被采取其他强制措施的,应当通知执行机关解除。

不起诉决定书应当送达被害人或者其近亲属及其诉讼代理人、被不起诉人及其辩护人以及被不起诉人所在单位。送达时,人民检察院应当告知被害人或者其近亲属及其诉讼代理人。有关人员如果对不起诉决定不服,可以自收到不起诉决定书后七日内向上一级人民检察院申诉;也可以不经申诉,直接向人民法院起诉。

人民检察院依照《刑事诉讼法》第一百七十七条第二款作出不起诉决定的,应当告知被不起诉人。有关人员如果对不起诉决定不服,可以自收到不起诉决定书后七日内向人民检察院申诉。

对于监察机关或者公安机关移送起诉的案件,人民检察院决定不起诉的,应当将不起诉决定书送达监察机关或者公安机关。

人民检察院决定不起诉的案件,应当同时书面通知作出或者执行查封、扣押、冻结决定的机关解除查封、扣押、冻结。需要没收违法所得的,经检察长批准,应当提出检察意见,移送有关主管机关处理,并要求有关主管机关及时通报处理情况。

对被不起诉人需要给予行政处罚、政务处分或者其他处分的,经检察长批准,人民检察院应当提出检察意见,连同不起诉决定书一并移送有关主管机关处理,并要求有关主管机关及时通报处理情况。

8.5 提起自诉

自诉,是指享有自诉权的个人向有管辖权的人民法院提起的刑事诉讼。在我国,有权提起自诉的主体是被害人或者其法定代理人、近亲属。

《刑事诉讼法》规定,自诉案件主要有三种:告诉才处理的案件、被害人有证据证明的轻微刑事案件、公诉转自诉的案件。(关于自诉案件的具体类型,详见第3章第2节"管辖制度"。)

■ 提起自诉的条件

自诉人提起自诉必须符合下列条件,否则人民法院不予受理。

第一,案件属于《刑事诉讼法》确定的自诉案件范围。

第二,案件属于受诉人民法院管辖。

第三,提起自诉的主体必须是被害人或者其法定代理人、近亲属。属于人民法院直接受理范围的自诉案件,如果被害人死亡、丧失行为能力或者因受强制、威吓等原因无法告诉,或者是限制行为能力人以及因年老、患病、盲、聋、哑等不能亲自告诉,其法定代理人、近亲属代为告诉的,人民法院应当依法受理。

第四,提起自诉必须有明确的被告人、具体的诉讼请求和能证明被告人犯罪事实的证据。

第五,对于公诉转自诉的案件,自诉人还应当提交公安机关或者人民检察院已经作出不予追究刑事责任的书面决定。

■ 提起自诉的程序

自诉人提起自诉时,应当向人民法院提交刑事自诉状;同时提起附带民事诉讼的,还应当提交刑事附带民事自诉状。自诉人书写自诉状确有困难的,可以口头告诉,由人民法院的工作人员制作告诉笔录,向自诉人宣读;自诉人确认无误后,应当签名或者盖章。

刑事自诉状或者告诉笔录应包括以下内容:

(1) 自诉人(代为告诉人)、被告人的姓名、性别、年龄、民族、出生地、文化程度、职业、工作单位、住址、联系方式。

(2) 被告人实施犯罪的时间、地点、手段、情节和危害后果等。

(3) 具体的诉讼请求。

(4) 致送的人民法院和具状时间。

(5) 证据的名称、来源等。

(6) 证人的姓名、住址、联系方式等。

如果对两名以上被告人提出告诉,自诉人就应当按被告人的人数提供自诉状副本。

延伸阅读:刑事审前程序,从行政化到诉讼化?

在刑事诉讼中,控辩双方平等对抗,法官不偏不倚,依法作出各种裁判,是一种较为典型的司法裁判机制。当今世界两大法系国家均建立了较为完善的诉讼化的裁判机制。然而在我国,这一机制一般只出现在审判阶段,至于侦查阶段和审查起诉阶段则是以一种行政化的方式展开犯罪追究活动,不具备任何"诉讼"的特性。具体来说,我国刑事审前程序的问题表现为如下方面。

第一,审前活动缺乏可诉性。首先,最高人民法院《关于执行〈中华人民共和国行政诉讼法〉若干问题的解释》规定,公安、国家安全机关依照刑事诉讼法的明确授权实施的行为,不属于法院的受案范围。这就意味着侦查行为已被法律明确界定为不可诉的行为。其次,无论是批准逮捕活动,还是作出不起诉决定,侦查机关认为不正确的只能向检察机关申请复议、复核,被告人、被害人表示不满意的也只能向检察机关提出申诉。可见检察机关的活动也是不受司法控制的。

第二,中立裁判者的缺失。诉讼活动的裁判者至少应当具备这样几项特性或品质:被动、中立、兼听、公开。然而在考察我国的审前程序之后不难发现,法官基本上无法介入其中。因而,如果审前程序中出现需要作出裁决的事项,其决定权往往就是由公安机关或检察机关来行使,但两者显然都不具备法院所具有的被动性、中立性等特征。

第三,程序运作的行政化。在侦查或起诉程序中,当事人因权利受到制约或侵害而请求救济时,他们得到的不是司法化的而是行政化的救济。首先,侦查机关带有明显的追诉倾向,它不可能通过诉讼化的方式解决问题;其次,检察机关以法律监督机关自居,对当事人的申诉实行自我授权、自我审查。尽管检察机关的法律监督起到了一定的监督作用,但法律监督权毕竟不是裁判权,这种监督仅能算作"一种同体监督",它与"法院作为中立的第三方对侦查实施的司法审查在监督制约的效果上是不可同日而语的"。①

这样一种行政化的审前程序,其优点可以说是不言自明的,其所带来的问题也早已凸显出来。尽管行政化的方式未必一定会造成冤假错案,但从人权保障和权力制约的角度来看,其问题和缺陷是值得我们认真反思的。有鉴于此,审前程序的诉讼化成为学界关注的一个焦点。所谓审前程序诉讼化,是指将公安机关、检察机关的侦查、起诉活动纳入司法裁判的轨道上来,对可能导致公民权益受到限制或剥夺的侦查行为、侦查措施实施司法授权,以司法裁判的方式审查、决定追诉行为的合法性与正当性,并赋予当事人申请司法听证的权利,以获得司法救济而不是行政化的救济。具体来说,审前程序诉讼化应当具备如下几个特征:① 以司法裁判的方式决定侦查行为、侦查措施的实施。② 构建基本的三方构造用于实现程序的诉讼化。③ 确保裁判方的中立性和权威性。④ 赋予当事人对于程序性裁判的申请权、参与权和上诉权。⑤ 通过程序性裁判和程序性制裁来解决审前程序中的违法问题。

请读者结合所学内容思考,是否有必要构建诉讼化的刑事审前程序,你有何完善的建议?

从下一章开始,我们将开始学习有关刑事审判原理和审判程序,这有助于我们理解"诉讼化"的内涵和要求,也有助于我们了解我国审前程序与审判程序的区别和联系,从而形成对我国刑事诉讼的整体把握。

---

① 谢佑平、万毅:《刑事侦查制度原理》,中国人民公安大学出版社2003年版,第94页。

总　结

在我国，刑事案件主要是通过公诉的方式提起的，只有少数罪行比较轻微、案情比较简单、主要损害的是个人利益的犯罪可以由被害人提起自诉。在符合起诉条件的情况下，我国的公诉案件遵循以起诉法定主义为主、起诉便宜主义为辅的原则。

审查起诉的主要内容是对有关犯罪事实和证据、犯罪性质以及适用的法律进行审查核实，以决定是否提起公诉。检察机关经过全面审查，认为犯罪事实已经查清、证据确实充分，依法应当追究被告人的刑事责任时，应当向人民法院提起公诉。被害人或者其法定代理人、近亲属有权依法提起刑事自诉。自诉必须符合相关的条件。

在我国，不起诉有四种情况，包括法定不起诉、酌定不起诉、证据不足不起诉以及附条件不起诉。被害人和被不起诉人可对不起诉决定提起申诉。公安机关可以要求复议，如果意见不被接受，就可以向上一级人民检察院提请复核。

思考题

1. 在大陆法系的诉讼理论中，公诉方除了要履行追诉职责外，还承担客观公正义务，检察官被视为"法律的守护人"。请查阅有关文献资料，了解客观公正义务的内涵和基本要求，并思考在司法实践中检察官承担客观公正义务可能会遭遇怎样的障碍，检察官的客观公正义务与其追诉的职责如何协调。

2. 对于依照《刑事诉讼法》第一百七十七条第二款规定作出的不起诉决定，被不起诉人如果不服可以申诉。请思考：既然已经作出不起诉的决定了，为什么仍要赋予被不起诉人申诉的权利呢？

3. 请分析附条件不起诉与相对不起诉的异同。

第 9 章
刑事审判程序概述

引言

　　刑事审判是继侦查、起诉之后的重要诉讼程序。与侦查、起诉不同的是,审判程序体现了典型的三方构造,控、辩、裁三方遵循特定的规则共同参与,并形成裁判结果。刑事审判应以审判公正为核心目标,应兼顾对社会秩序、当事人合法权益以及诉讼效率等的维护。那么,究竟什么是刑事审判,我国的刑事审判采取的是何种模式,审判中对于控、辩、裁三方的角色、功能、作用是如何分工的,刑事审判应遵循哪些原则,我国实行什么样的审级制度? 在具体案件审理中,我国采用什么样的审判组织,它们之间如何分工? 我国的陪审制有哪些特点,人民陪审员如何产生,如何参与审判? 本章主要围绕这些问题加以展开。

9.1　何谓刑事审判?

　　刑事审判,是指人民法院对刑事案件依法进行审理并作出裁判的活动。审理,是指人民法院在控诉和辩护双方以及其他诉讼参与人的参加下,通过调查、核实证据,查明刑事案件事实和运用法律的活动。裁判,则是指人民法院根据其所认定的事实和证据对刑事案件的实体和程序问题作出的处理。审理为裁判提供事实依据,是正确裁判的前提和基础;裁判是根据事实适用法律的特点,是审判活动的归宿。完整的刑事审判必须包含审理和裁判两个环节,而不得审、裁分离,造成审者不判、判者不审。刑事审判最基本的目标应当是确保审判公正。

■ 刑事审判的基本特征

　　刑事审判具有如下几项特征。

　　(1) 人民法院是唯一行使国家审判权的机关。其他任何机关、团体和个人都无权进行审判,也不得干涉审判。

(2) 审判程序启动的被动性。与追诉机关行使追诉权的主动性不同，法院行使审判权则是被动的，即法院实行不告不理的原则，审判权的行使以公诉机关提起公诉或自诉人提起自诉为前提。在没有起诉的情况下，人民法院不得主动审理某个刑事案件并作出判决。在已经开始的审判程序中，法院也不能主动审判控诉方未起诉的罪名和犯罪事实。

> 我们应当懂得，一次不公正的裁判，其恶果甚至超过十次犯罪。因为犯罪虽是无视法律——好比污染了水流，而不公正的审判则毁坏法律——好比污染了水源。
>
> ——培根

(3) 裁判者的中立性。在审判过程中，与案件有牵连的人不能担任该案的法官。法官不得与案件的结果或争议各方有利益或其他方面的关系。法官不应存有支持或反对某一方诉讼参与者的偏见。

(4) 审判过程的公开性。除法律另有规定以外，刑事审判必须公开进行。即使依法不公开审理的案件，其判决的宣告也应当公开。

(5) 审判的多方参与性。在审理过程中，受法院裁判结果直接影响的任何组织或个人都有权参与到裁判的制作过程中，尤其是控辩双方均有机会提出主张和证据，并就本方主张的成立进行论证和抗辩。同时，法院所作出的裁判必须建立在通过审理所认定的案件事实、证据以及有关的法律规范的基础上。

(6) 对案件处理的终局性和权威性。终局性，是指法院一旦对案件进行审理，就必须对案件作出裁判；判决一旦生效，诉讼的任何一方不能要求法院再次审判该案。权威性体现在刑事判决一旦发生法律效力，对诉讼各方和其他任何组织或个人都具有拘束力。

我国刑事审判的主要程序

刑事审判程序，是指人民法院审判刑事案件的步骤、方式、方法的总和。我国《刑事诉讼法》规定了以下几种审判程序。

(1) 第一审程序。这是指人民法院根据审判管辖的规定，对于人民检察院提起公诉和自诉人提起自诉的案件进行初次审判的程序。

(2) 第二审程序。这是指人民法院对上诉、抗诉案件进行审判的程序。

(3) 死刑复核程序。这是死刑案件的必经程序，人民法院在作出死刑判决以后，必须由最高人民法院或高级人民法院进行核准。

(4) 审判监督程序。这是对已经发生法律效力的判决、裁定，在发现确有错误时，进行重新审判的程序。

(5) 特别审判程序。它包括未成年人刑事案件诉讼程序、刑事和解程序、违法所得没收程序、缺席审判程序和强制医疗程序。

我国的审判模式

中华人民共和国成立以后，我国的审判模式深受大陆法系的影响，体现了颇为典型的职权主义模式的特点。然而，随着时代的发展，《刑事诉讼法》经过三次修订，吸收了当事人主义中的对抗性因素,也保留了职权主义的某些特征。这意味着我国当代的刑事审判模式也可以被看作一种混合式结构的模式。

我国审判模式的动态特征如下:

第一,从"法官完全主导和控制刑事审判程序"到"加强控辩对抗,让控辩双方发挥更大作用"的转变。

根据 1979 刑诉法,法官在开庭前就要对案件进行实质性的调查,以决定是开庭审判还是退回公诉机关补充侦查。在决定开庭的情况下,由法官事先确定调查事实和证据的范围、顺序、方式。审理结束后,法官如果认为有必要,有权主动调查新的证据,有权决定再次开庭。在法官的主导和控制下,控辩双方都处于消极、被动的地位。现行的《刑事诉讼法》强化了刑事审判中控辩双方的作用,弱化了法官对事实与证据的调查功能。法官在庭审中不再主动调查事实和证据,而主要由公诉方负责进行调查,辩护方也可以提出本方的意见。

第二,从"审判程序以法官积极、主动的事实调查和证据调查为中心"到"强化控辩双方的举证和辩论"的转变。

根据 1979 刑诉法,从受理起诉以后,法官便积极、主动调查案件事实和有关证据。在法庭调查中,法官主动出示证据,亲自讯问被告人,询问证人、被害人、鉴定人。为了查明事实、核实证据,法官可以主动收集证据。根据现行的《刑事诉讼法》,法官不再主动收集证据,控辩双方都有权收集和提出证据,在举证、质证阶段可以进行辩论,法官都要在控辩双方所提出的证据的基础上认定事实和适用法律。

第三,从"被告人诉讼主体地位虚化"到"扩大辩护方的权利,保障辩护权的有效行使"的转变。

1979 刑诉法尽管赋予了被告人若干诉讼权利,但在审判中被告人主要是法官讯问的对象,负有回答法官提问、配合法庭调查案件事实真相的义务。如果被告人不履行配合义务的话,还可能会造成一些不利于被告人的后果。《刑事诉讼法》经过三次的修订,被告人的诉讼权利尤其是辩护权得到了较大的完善,从而为刑事辩护的有效运行提供了重要保障。当然,从长远来看,被告人的诉讼权利还有继续完善的空间。

9.2　刑事审判中的职能区分

所谓诉讼职能区分,是指参与刑事诉讼活动的诉讼主体在诉讼角色、职能和作用方面的分工。通过对刑事诉讼运行的考察,我们可以发现不同的诉讼主体为了实现本方的诉讼目标,在诉讼中会较为固定地扮演着各自不同的诉讼角色,承担着不同的职能和作用,并共同促成诉讼结果的产生。我们一般认为,诉讼职能的区分是现代审判制度的重要标志。

■ 诉讼职能区分的基本要求

在我国的刑事诉讼中,诉讼职能主要包括控诉职能、辩护职能和裁判职能。诉讼职能区分主要包括以下几个方面的要求[①]：

第一，控诉、辩护和裁判三项职能必须由三方独立的诉讼主体分别承担，而不能由两方或一方诉讼主体来承担。这就要求刑事诉讼中的三项基础职能的承担主体必须明确区分而不得混同。

第二，任何一方诉讼主体不得通过实施诉讼行为，承担或协助承担其他诉讼主体的诉讼职能。为了防止出现诉讼职能的集中而影响司法公正，承担某项诉讼职能的主体只能在本方职能要求的范围内实施诉讼行为。

第三，诉讼主体不得被迫实施与自己本应承担的诉讼职能完全相冲突的诉讼行为。诉讼职能往往与一定的诉讼目的、诉讼利益密切相关，如果让某一诉讼主体实施与其职能相矛盾的行为，不仅会影响或侵犯其诉讼地位的独立性，而且可能直接威胁到其诉讼目标和诉讼利益的实现。例如，让被告人承担自证其罪的义务，这无异于让其同时承担辩护和控诉这两项相互矛盾的职能，其后果只会是让被告人丧失独立的诉讼主体资格而沦为追诉的工具。

诉讼职能区分的保障

为了确保诉讼职能区分机制的有效运行，在司法实践中必须建立起一定的保障机制，这主要体现为以下四个方面。

第一，控诉、裁判职能的分离。在刑事诉讼中，控诉职能和裁判职能应分别由不同的专门机关负责，而不得集中于某一个机关手中。控诉机关或裁判机关不得逾越自身的职责而代为行使其他机关的职责。例如，裁判机关应当尽量保持中立性而不得实施追诉行为，控诉机关也无权行使裁判行为。同时，其他机关或个人也不得干扰控诉机关控辩职能的正常行使。

第二，控诉、辩护职能的平衡。从客观上讲，完全的控辩平等恐怕很难实现，但应当确保控辩双方（尤其是辩护方）能够有效地参与到诉讼中来并能充分表达本方的主张和意见，从而达到某种相对平衡的状态。这既是程序正义的应有之义，也有利于裁判者全面掌握控辩双方的主张和意见，从而促进诉讼公正的实现。

第三，不得强迫自证其罪原则的确立和贯彻。作为刑事司法中一项公认的重要原则，不得强迫自证其罪是对犯罪嫌疑人、被告人合法权利的重要保障。只有从制度上赋予犯罪嫌疑人、被告人这一权利，并遏制追诉方滥用权力、违法取证的行为，才能真正实现一种理性的司法。

第四，辩护律师诉讼地位的保障。作为犯罪嫌疑人、被告人合法权利的维护者，承担辩护职能的协助者，辩护律师在刑事诉讼中扮演了非常重要的角色。为了确保其能够有效地履行职责，切实地维护犯罪嫌疑人、被告人的合法权利，司法制度必须保障辩护律师拥有独立的诉讼地位，使其不会沦为"旁观者"乃至追诉方的"服务者"。

[①] 陈瑞华：《刑事审判原理论》（第二版），北京大学出版社2003年版，第190—191页。

9.3 刑事审判的原则

所谓刑事审判的原则,是指在刑事审判运行过程中法官与各程序参与者应当遵循的具有一般指导意义的准则。审判原则的基本功能在于,调整、规范诉讼各方的诉讼行为,为审判活动指明方向和路径,确保审判的公正性和权威性。审判的原则主要包括审判独立原则,审判公开原则,直接、言词原则,辩论原则以及集中审理原则。

■ 审判独立原则

审判独立,是指法官在审理案件的过程中只依照法律的规定进行审理和裁判,而不受外界的干扰或影响。审判独立是现代法治国家所普遍认可和确立的一项基本准则,它被视为法院制度的基础和现代法治的基石。其基本价值在于防止法官的审判过程和结果受到外界的干涉和影响,从而确保司法的权威性和公正性。

根据国际律师协会通过的《世界司法独立宣言》和《关于司法独立最低限度标准的规则》所确立的司法独立的最低标准,审判独立起码包括四个方面的内容:① 实质独立,要求法官在行使审判职能时只服从法律的要求和良心的命令。② 身份独立,要求法官在履行审判职能时的任期、工作条件、薪资等应当得到充分的保障,以确保其不受其他机关的控制。③ 集体独立,要求审判机关作为一个整体而享有对自身事务的管理权,包括法院的人事管理、财务管理、基础设施建设等。

> 法官是法律帝国的王侯,除了法律以外法官不服从任何别的权威。
> ——德沃金

④ 内部独立,是指法官个体在审理案件的过程中应独立于其同事和上级法院的法官。

在我国,审判独立既是一项宪法原则,也是一项司法组织原则。《宪法》第一百二十八条规定:"中华人民共和国人民法院是国家的审判机关。"第一百三十一条规定:"人民法院依照法律规定独立行使审判权,不受行政机关、社会团体和个人的干涉。"对此,《人民法院组织法》也作了相同的规定。但我国的审判独立也有一些特点值得关注:首先,我国的法院是作为一个整体来独立行使审判权的,审判独立不包含法官实质独立和身份独立的内容,也不包括内部独立的内容;其次,人民法院必须向人民代表大会负责,受其监督;最后,随着网络信息技术的快速发展,法院审判案件经常会遭遇强大的网络舆论压力,这也会影响其独立作出判断。

尽管如此,我们仍应看到并肯定独立审判在刑事司法中的重要意义。审判独立不仅会有利于案件的公正审判,也会促进法院权威性的树立,进而对于有效解决刑事纠纷、维护社会秩序都具有重要意义。

■ 审判公开原则

审判公开,是指人民法院在审判刑事案件时,除法庭评议秘密进行和法律另有特别规定的情形外,都必须公开进行,允许公民到法庭旁听,允许记者采访和报道。《宪法》第一百三十条规定:"人民法院审理案件,除法律规定的特别情况外,一律公开进行。"《刑事诉讼法》第十一条也规定:"人民法院审判案件,除本法另有规定的以外,一律公开进行。"

就公开的内容而言,审判公开包括审理过程公开和审判结果公开。审理过程公开就是要公开开庭,当庭调查事实和证据,当庭进行辩论;审判结果公开就是要公开宣告判决,包括公开判决的内容、判决的理由和依据。同时,为了落实审判公开原则、扩大司法公开的范围,保障公民的知情权、参与权、表达权和监督权,最高人民法院专门颁行了《关于司法公开的六项规定》,进一步细化了公开的范围,具体包括立案公开、庭审公开、执行公开、听证公开、文书公开和审务公开。

就公开的对象而言,审判公开包括向当事人公开和向社会公开。向当事人公开要求法庭开庭审理,而不得进行书面审理,对案件事实与证据的调查应当在当事人的参加下进行。向社会公开就是允许公民到场旁听审判过程,允许记者向社会公开报道审判活动和审判结果。

审判公开将审判活动置于当事人和社会的监督之下,有利于保障审判的质量和公正,有利于增强司法的公信力和权威性,有利于宣传法制,从而增强民众的法制意识。作为一项体现民主的审判原则,审判公开已成为现代各国立法中的普遍规定。

需要指出的是,审判公开也存在例外。《刑事诉讼法》第一百八十八条、第二百八十五条规定,下列案件不公开审理:① 涉及国家秘密的案件。其目的在于防止泄露国家秘密,危害国家利益。案件中有哪些事项属于国家秘密,由办案人员根据《中华人民共和国保密法》确认。② 涉及个人隐私的案件。其目的在于保护特定案件中公民(被害人、证人或其他公民)的隐私,避免造成不良的社会影响或其他后果。③ 未成年人犯罪的案件。审判的时候被告人不满十八周岁的案件,不公开审理。④ 涉及商业秘密的案件。这种类型的案件,如果当事人申请不公开审理的,就可以不公开审理。

对于不公开审理的案件,人民法院应当当庭宣布不公开审理的理由。不公开审理的案件的宣告判决,一律公开进行。

延伸阅读:审判公开与媒体监督

在审判领域,媒体监督已经成为一种普遍的现象。审判公开与媒体监督的关系微妙而复杂:对司法公正的共同追求促成了两者互相促进的良好局面;但在一些情形下,媒体监督的不当做法成为审判公开的明显阻力。

就审判公开和媒体监督的关系而言,两者既存在和谐一致性,同时也存在冲突。审判公开是实现媒体监督的前提,媒体监督有助于实现审判公开。媒体监督的独特价值在于以下几个方面:① 可以保障公民的知情权,让公民畅所欲言并及时排解不满情绪;② 在一定程度上遏制了司法腐败,制约着公权力的滥用,监督其在合法的轨道上运行;③ 督促司法人员提升业务水平、提高办案效率;④ 有利于法律的普及和宣传,增强公民的法律意识,推进司法改革,完善司法制度。

同时，媒体监督也可能给审判公开带来某些负面效应。这表现为以下几个方面：① 容易以创意词语代替法言法语，例如"躲猫猫""临时性强奸"，这些词语包含了极大的情感色彩和态度，带有明显的倾向性，使并未接触案件的大众很容易被灌输主观的第一印象，从而影响对诉讼案件的真正判断。② 可能对法官裁判产生不当影响。运用不同的措辞表达出的观点可能会与事实截然不同，当一些有倾向性的用词和语句被掌握话语权的媒体充分利用时，媒介对大众的暗示性就凸显出来。③ 形象塑造胜过规则论证。通过大众传媒，我们可以看到一个个鲜活的形象，例如"身体维权者"唐福珍、"烈女"邓玉娇等。而在传媒运作的过程中，少有法学专业人士或专家在第一时间梳理法条、引导民众转向理性的思考方向。当案件已经成为具有大众影响力的公众事件时，无论它具有怎样的法律道理与意义，法理往往很难成为人们关注的焦点或评论的主流声音。④ 其他表现。例如情感宣泄大于理性分析、叙事策略胜于理性诉求、意愿表达大于法律信守、无法律导向的究责胜于法律导向的归责。[①]

■ 直接、言词原则

直接、言词原则，是指审理案件的法官必须在法庭上亲自听取当事人、证人以及其他诉讼参与人的陈述，案件事实和证据必须以口头方式向法院提出并以口头辩论和质证的方式进行调查。

直接、言词原则可以分为直接原则和言词原则。直接原则，又称直接审理原则，要求审理案件的法官必须亲自参与证据审查，亲自聆听法庭辩论。言词原则，又称言词审理原则，要求法庭审理一律以言词形式进行，包括控辩双方要以言词形式进行陈述、举证、辩论，证人、鉴定人要以言词形式进行作证或陈述，法官要以言词形式进行调查、讯问、询问等。

直接、言词原则主要适用于第一审法院的审判，因为第一审程序必然涉及对证据的调查、判断和采信，而在第二审程序和再审程序中，部分案件依照法律的规定可以采取书面审理的方式。

《刑事诉讼法》尽管没有明确规定直接、言词原则，但其中的一些规定实际上包含了对该原则的要求。如关于通知证人、鉴定人出庭的规定（第一百八十七条），关于公诉人、当事人和辩护人、诉讼代理人经审判长许可可以直接向证人、鉴定人发问的规定（第一百九十四条），关于经审判长许可，公诉人、当事人和辩护人、诉讼代理人可以对证据和案件情况发表意见并且可以互相辩论（第一百九十八条）等，都体现了这一原则在我国刑事审判程序中的运用。

■ 辩论原则

辩论原则，是指在法庭审理中，控辩双方应当以公开的、口头的方式进行充分的辩论，

[①] 叶青、阮忠良：《我国审判公开实证问题考察与对策研究》，法律出版社2011年版，第147—154页。（有改动）

裁判应在此基础上作出。贯彻辩论原则,有利于保障被告人的辩护权,有利于法官正确认定事实和证据、正确适用法律,从而作出公正的判决,有利于保障现代审判程序的民主性。

贯彻辩论原则的基本要求包括两个方面:① 在作出判决之前,法官应充分听取并审查控辩双方的陈述,平等地给予辩论各方充分的辩论机会;② 应当保证被告人有获得律师帮助辩护的权利,以均衡控辩双方的力量。

根据《刑事诉讼法》的规定,辩论不仅体现在开庭审理前阶段,还体现在法庭调查、法庭辩论阶段,控辩双方都可以就证据和案件事实进行辩论。如《刑事诉讼法》第一百八十七条规定,在开庭以前,审判人员可以召集公诉人、当事人和辩护人、诉讼代理人,对回避、出庭证人名单、非法证据排除等与审判相关的问题,了解情况,听取意见。第一百九十八条规定,法庭审理过程中,对与定罪、量刑有关的事实、证据都应当进行调查、辩论。

集中审理原则

集中审理原则,又称不间断审理原则,是指法院开庭审理案件,应当在不更换审判人员的条件下持续进行,不得中断审理。该原则要求法庭在审理每个刑事案件时,除了必要的休息时间外,原则上应当不间断地进行。

实行集中审理,有利于法官通过连续的庭审活动形成对案件事实和证据的清晰、完整的认识,保证其心证形成过程的连贯性和系统性;有利于法官免受庭外各种因素的不当影响,从而防止对案件产生预断或偏见;有利于及时审结案件,避免审判拖延,提高审判效率。集中审理原则的实行,是对诉讼规律的科学总结,是人类认识成果的结晶。

《刑事诉讼法》没有明确规定集中审理原则,但最高人民法院于 2002 年 8 月 12 日颁布的《关于人民法院合议庭工作的若干规定》体现了集中审理原则的精神。其中第三条规定,合议庭组成人员确定后,除因回避或者其他特殊情况,不能继续参加案件审理的之外,不得在案件审理过程中更换。更换合议庭成员,应当报请院长或者庭长决定。第九条规定,合议庭评议案件应当在庭审结束后五个工作日内进行。第十四条规定,合议庭一般应当在作出评议结论或者审判委员会作出决定后的五个工作日内制作出裁判文书。

延伸阅读:公正审判的国际标准①

为了避免任何人受到国家机构对其基本权利和自由的任意限制或剥夺,以《世界人权宣言》《公民权利和政治权利国际公约》《关于司法机关独立的基本原则》《关于律师作用的基本原则》《联合国少年司法最低限度标准规则》②等为代表的国际公约或法律文件共同确立了公正审判的国际标准。其主要内容包括如下几个方面:

(1)公开审判。被告人享有获得法院公开审判的权利,这被视为公正审判的基本要素之一。公开审判包括两大基本内容,即整个法庭审判过程的公开和法院所作裁判的

---

① 陈瑞华:《比较刑事诉讼法》,中国人民大学出版社 2010 年版,第 248—262 页。
② 《联合国少年司法最低限度标准规则》,即《北京规则》。

公开。

(2) 独立审判。确保被告人获得由依法设立的合格、独立和中立的法庭举行的公正审判,是刑事程序公正的基本标准之一。

(3) 法庭中立。法庭在作出法律裁判时应当将其结论建立在经过各方辩论和质证的客观事实与证据的基础上,而不受任何直接或间接的限制、强迫、诱导、威胁或其他不适当的干预。

(4) 无罪推定。凡被告人,在未经获得辩护上所需要的一切保证的公开审判而依法证实有罪以前,有权被视为无罪。

(5) 及时获知被控罪名和理由。追诉机构应迅速以一种被告人能理解的语言详细地告知对他所提出的指控的性质和原因。

(6) 辩护权的保障。被告人有权亲自出席法庭审判;有权及时获得律师帮助;有权被告知享有辩护权;在无力聘请律师辩护的情况下,有权获得由国家提供的免费法律帮助;有权获得足够的时间和便利来进行辩护准备。

(7) 法庭上的公平质证。法庭在判定对被告人提出的刑事指控时,任何人都有权询问对他不利的证人,并使对他有利的证人在与对他不利的证人具备相同的条件下出庭和接受询问。

(8) 避免不合理的拖延。法院在对被告人的刑事责任作出最终判决以及对有罪被告人确定刑罚时应当迅速及时地进行,而不能无故拖延。

(9) 免费获得翻译帮助。被告人在审判过程中如果不懂或者不会说法庭上所用的语言,有权免费获得翻译帮助。

(10) 不被强迫自证其罪。任何人不得强迫被告人作不利于自己的证言,或者强迫承认犯罪。

(11) 获得向上一级法院上诉的机会。凡被判定有罪者,均有权提起上诉并由一个较高级的法庭对其定罪及刑罚依法进行复审。

(12) 获得刑事错案赔偿。在一个人按照最后决定已被判定刑事罪,而后来根据新发现的事实确实表明发生误判,他的定罪被推翻或被赦免的情况下,因这种定罪而受刑罚的人应依法得到赔偿,除非有证据证明当时不知道的事实未被及时揭露完全或者部分是由于他自己的缘故。

(13) 免受双重危险。任何已依一国的法律及刑事程序被最后定罪或宣告无罪者,不得就同一罪名再被审判或惩罚。

9.4 审级制度

审级制度,是指刑事案件最多经过多少级法院的审判后必须终结的制度。审级制度是司法体制中的一个基本问题,一般由宪法或法律明确规定。

■ 审级制度的种类

目前世界上主要有三种刑事审级制度。

● **两审终审制**

目前，实行两审终审制的国家有俄罗斯、中国等，主要是受到苏联审级制度的影响。在实行两审终审制的国家中，当事人不服第一审法院的裁判，只有一次上诉机会，案件经上诉审法院(第二审法院)审判后即告终结。

● **三审终审制**

三审终审制即当事人享有两次上诉的机会，因而上诉审分为第二审和第三审。实行三审终审制的国家主要有日本、英国、法国、德国、奥地利等。在实行三审终审的国家中，二审程序对事实问题和法律问题会进行全面审理，重在对事实的审查；三审程序属于"法律审"，即只审查原判决是否存在违反法律的问题。一般来说，当事人在第一次上诉时，其上诉理由不受限制，但第二次上诉则有限制。例如《日本刑事诉讼法》将不服第二审判决的上诉理由规定为"违反宪法或者对宪法的解释有错误""作出与最高法院的判例相反的判断"等。

● **混合制**

混合制兼采两审终审制与三审终审制，但以两审终审制为原则，以三审终审制为补充或例外，以美国为典型代表。美国法院实行双轨制，联邦法院系统和州法院系统原则上实行两审终审制，当事人一般只可以上诉一次。第二次上诉是例外，只有少数涉及联邦法律问题的案件，经过严格的批准手续以后，才能向联邦最高法院提出上诉。

■ 我国的审级制度

我国人民法院实行四级两审终审的审级制度。

在我国，人民法院分为四级，即最高人民法院、高级人民法院、中级人民法院和基层人民法院。同时，《刑事诉讼法》第十条规定："人民法院审判案件，实行两审终审制。"所谓两审终审制，是指一个案件最多经过两级法院审判即告终结的制度。对于第二审法院作出的终审判决、裁定，当事人等不得再提起上诉，人民检察院不得按照上诉审程序提出抗诉。

实行两审终审制，符合我国的现有国情，考虑到我国地域辽阔，若审级过多则可能不利于人民群众参与诉讼活动，也会造成司法成本上的负担。实行两审终审制，可以避免诉讼拖延，节省人力、物力和财力，为人民法院办案、公民参与诉讼提供便利，也可以保障当事人的上诉权利。

但我国的两审终审制也有例外。根据《刑事诉讼法》和有关司法解释的规定，以下几类案件不实行两审终审：① 最高人民法院审理的第一审案件为一审终审；② 判处死刑的案件，必须依法经过死刑复核程序核准后，死刑裁判才能生效并交付执行；③ 地方各级人民法院依照《刑法》规定在法定刑以下判处刑罚的案件，必须经过最高人民法院核准，判决、裁定才能生效并交付执行。

9.5 审 判 组 织

审判组织,是指人民法院审判案件的具体组织形式。我国的刑事审判组织包括独任庭、合议庭和审判委员会三种。

■ 独任庭

独任庭,是指由审判员一人独自审判案件的审判组织。《刑事诉讼法》第二百一十六条规定,适用简易程序审理案件,对可能判处三年有期徒刑以下刑罚的,可以组成合议庭进行审判,也可以由审判员一人独任审判;对可能判处的有期徒刑超过三年的,应当组成合议庭进行审判。

下列案件不得采用独任制审判：① 按照普通程序审理的案件无论在审理过程中发生什么变化,都不得适用独任制审判形式。② 适用简易程序审理的案件在独任审判过程中,发现对被告人可能判处的有期徒刑超过三年的,应当转由合议庭审理。③ 发回重审和按照审判监督程序再审的案件不得采用独任制。

■ 合议庭

合议庭,是指人民法院内部设立的由审判员数人或审判员、陪审员数人组成的审判机构。合议制是人民法院审判刑事案件时最常见的组织形式。根据《刑事诉讼法》的规定,合议庭的组成规则如下：① 基层人民法院、中级人民法院审判第一审案件,应当由审判员三人或者由审判员和人民陪审员共三人或者七人组成合议庭进行。② 高级人民法院审判第一审案件,应当由审判员三人至七人或者由审判员和人民陪审员共三人或者七人组成合议庭。最高人民法院审判第一审案件,应当由审判员三人至七人组成合议庭进行。③ 人民法院审判上诉和抗诉案件,由审判员三人或者五人组成合议庭进行。④ 高级人民法院和最高人民法院复核死刑案件、高级人民法院复核死刑缓期执行的案件,应当由审判员三人组成合议庭进行。⑤ 合议庭的成员人数应当是单数。

合议庭在审理案件中需要注意的问题：① 人民陪审员同审判员有同等的权利,但不得担任审判长。② 合议庭进行评议的时候,如果存在意见分歧,就应当按多数人的意见作出决定,但是少数人的意见应当写入笔录。评议笔录由合议庭的组成人员签名。③ 合议庭开庭审理并且评议后,应当作出判决。对于疑难、复杂、重大的案件,合议庭认为难以作出决定的,由合议庭提请院长决定提交审判委员会讨论决定。审判委员会的决定,合议庭应当执行。

■ 审判委员会

审判委员会,是人民法院内部设立的对审判工作实行集体领导的组织。审判委员会的任务是总结审判经验,讨论重大、疑难的案件和其他有关审判工作的问题。根据人民法院组织法的规定,各级人民法院均设立审判委员会。审判委员会由院长、庭长和资深审判员组成,参加审判委员会的成员称审判委员会委员。地方各级人民法院审判委员会委员,由院长提请本级人民代表大会常务委员会任免;最高人民法院审判委员会委员,由最高人民法院院长提请全国人民代表大会常务委员会任免。

根据《关于人民法院合议庭工作的若干规定》的规定,合议庭应当依照规定的权限,及时对评议意见一致或者形成多数意见的案件直接作出判决或者裁定。但是对于下列案件,合议庭应当提请院长决定提交审判委员会讨论决定:① 拟判处死刑的;② 疑难、复杂、重大或者新类型的案件,合议庭认为有必要提交审判委员会讨论决定的;③ 合议庭在适用法律方面有重大意见分歧的;④ 合议庭认为需要提请审判委员会讨论决定的其他案件或者本院审判委员会确定的应当由审判委员会讨论决定的案件。

审判委员会评议案件采用会议的方式。会议一般由院长主持,院长因故不能主持时,可以委托副院长主持。同级人民检察院的检察长可以列席审判委员会的会议,可以对讨论发表意见,但不参加表决。审判委员会讨论案件的基本流程是,先由承办法官口头汇报,然后由审判委员会委员进行讨论、表决,再将讨论结果反馈给合议庭。合议庭根据审判委员会讨论确定的意见制作判决书或裁定书,但审判委员会委员不在判决书上署名,而由审理该案的合议庭成员署名。

实践关注:审判委员会制度应该废除还是完善?

在我国的司法实践中,大量案件的审判结果都是由审判委员会讨论决定的,这直接造成了审与判的分离,"审者不判、判者不审"的现象颇为严重。审判委员会的这种秘密讨论,不仅剥夺了当事人参与裁判过程的机会,也使得一些重要的诉讼制度被架空,例如审判公开制度、直接言词原则审理制度、辩论制度、回避制度等。因此,学界围绕审判委员会制度的存废进行了激烈的讨论:既有学者主张废除这一制度,也有学者认为可以保留但需要加以完善。

同时,司法实务界也开始认真反思审判委员会制度的利弊,并实施了一些制度改革。例如,2005年,山东省德州市中级人民法院在审理刑事案件时,在法庭旁听区增设了"审委会委员席",审判委员会委员全部到庭旁听案件的审理过程。开庭时,审判长会介绍每一位审判委员会委员,并告知当事人有权对各委员提出回避的申请,同时宣布合议庭审理评议后,须经审判委员会讨论后作出判决。

请读者试着对山东省德州市中级人民法院这一举措进行分析和评价。

9.6 人民陪审员制度

人民陪审员制度,是指人民法院在审判案件时吸收非职业法官作为陪审员,与职业法官一起审判案件的一种司法制度。人民陪审员制度是我国司法民主的要求,是我国坚持走群众路线的重要体现,也是实现司法公正的重要保障。

■ 人民陪审员的条件和任免程序

在我国,公民担任人民陪审员,应当具备下列条件:① 拥护《中华人民共和国宪法》;② 年满二十八周岁;③ 遵纪守法、品行良好、公道正派;④ 具有正常履行职责的身体条件;⑤ 一般应当具有高中以上文化程度。

人民陪审员的任免程序具体包括产生和免职两个部分。

(1) 产生。司法行政机关会同基层人民法院、公安机关,从辖区内的常住居民名单中随机抽选拟任命人民陪审员数五倍以上的人员作为人民陪审员候选人,对人民陪审员候选人进行资格审查,征求候选人意见。司法行政机关会同基层人民法院,从通过资格审查的人民陪审员候选人名单中随机抽选确定人民陪审员人选,由基层人民法院院长提请同级人民代表大会常务委员会任命。

(2) 免职。人民陪审员有下列情形之一,经所在基层人民法院会同司法行政机关查证属实的,由院长提请同级人民代表大会常务委员会免除其人民陪审员职务:① 本人因正当理由申请辞去人民陪审员职务的;② 具有《人民陪审员法》第六条、第七条所列情形之一的;③ 无正当理由,拒绝参加审判活动,影响审判工作正常进行的;④ 违反与审判工作有关的法律及相关规定,徇私舞弊,造成错误裁判或者其他严重后果的。

■ 人民陪审员参审的案件范围

根据我国有关法律的规定,人民陪审员在以下案件范围内参审:① 涉及群体利益、公共利益的;② 人民群众广泛关注或者其他社会影响较大的;③ 案情复杂或者有其他情形,需要由人民陪审员参加审判的;④ 可能判处十年以上有期徒刑、无期徒刑、死刑,且社会影响重大的;⑤ 涉及征地拆迁、生态环境保护、食品药品安全,且社会影响重大的;⑥ 根据民事诉讼法、行政诉讼法提起的公益诉讼案件;⑦ 其他社会影响重大的。

■ 人民陪审员的挑选及其权利、义务

人民法院在审理刑事案件时,如果需要有陪审员参加的,则应当在人民陪审员的名单中随机抽取确定。

人民陪审员参加三人合议庭审判案件,应当对事实认定、法律适用独立发表意见,行使表决权。

人民陪审员参加七人合议庭审判案件,应当对事实认定独立发表意见,并与审判员共同表决;对法律适用,可以发表意见,但不参加表决。

合议庭评议案件,实行少数服从多数的原则。人民陪审员同合议庭其他组成人员意见分歧的,应当将其意见写入笔录。

对合议庭成员意见有重大分歧的案件、新类型案件、社会影响重大的案件以及其他疑难、复杂、重大的案件,合议庭认为难以作出决定的,可以提请院长决定提交审判委员会讨

论决定。人民陪审员可以要求合议庭将案件提请院长决定是否提交审判委员会讨论决定。

另外，在案件审理过程中，人民陪审员应遵守有关法律法规，维护司法公正和司法形象，保守审判秘密，注重司法礼仪，不得徇私舞弊、贪赃枉法等。

■ 人民陪审员的任职保障

人民陪审员的人身和住所安全受法律保护。任何单位和个人不得对人民陪审员及其近亲属打击报复。对报复陷害、侮辱诽谤、暴力侵害人民陪审员及其近亲属的，依法追究法律责任。

人民陪审员参加审判活动期间，所在单位不得克扣或者变相克扣其工资、奖金及其他福利待遇。人民陪审员所在单位违反前款规定的，基层人民法院应当及时向人民陪审员所在单位或者所在单位的主管部门、上级部门提出纠正意见。

人民陪审员参加审判活动期间，由人民法院依照有关规定按实际工作日给予补助。人民陪审员因参加审判活动而支出的交通、就餐等费用，由人民法院依照有关规定给予补助。

人民陪审员因参加审判活动应当享受的补助，人民法院和司法行政机关为实施人民陪审员制度所必需的开支，列入人民法院和司法行政机关业务经费，由相应政府财政予以保障。具体办法由最高人民法院、国务院司法行政部门会同国务院财政部门制定。

■ 专家陪审员制度

所谓专家陪审员制度，是指在特定案件的审理中，为了帮助解决案件中的专业技术问题，人民法院可以聘请一些具有特定专业知识的人担任陪审员，以便于查清案情，作出准确裁判。根据最高人民法院于2019年颁行的关于适用《中华人民共和国人民陪审员法》若干问题的解释，因案件类型需要具有相应专业知识的人民陪审员参加合议庭审判的，可以根据具体案情，在符合专业需求的人民陪审员名单中随机抽取确定。

延伸阅读：英美的陪审制

英美的陪审制共有两种。一种是小陪审团，它在刑事、民事案件中都可被采用。在刑事案件中，小陪审团的主要任务是判定当事人是否犯有应受惩罚的罪行。它是自由的堡垒，扮演着反抗暴政的保护者角色，在减轻刑罚模式中的地位十分稳固，很少受到非议。在英美，陪审团一般由非专业人士组成。例如，根据英国1974年颁布的《陪审法》，凡在议会或地方政府选举中登记的选民，年龄在18岁到55岁之间，从13岁起曾在英国连续居住五年以上，没有因犯罪被剥夺陪审权或因职业限制不能参加陪审的人，都可以出任陪审员。

另一种是大陪审团。大陪审团并不判定被告人有罪或无罪，它的功能在于指控。当一名嫌犯被带到法官面前且法官认为犯罪证据充分时，该案便会提交给大陪审团做调查。

只有公诉人才能向大陪审团提交证据。大陪审团的任务在于确定公诉方提交的证据是否可以确保有罪裁决的形成。如果大陪审团认为证据的确能够保证有罪裁决结果的形成，它便会签发"准予起诉书"，案件即可进入审判程序。如果证据不能保证有罪裁决结果的形成，案件就会被驳回。

英国已废除了大陪审团，美国约一半的州也废除了大陪审团。但是，由于受到《联邦宪法》的保障，美国联邦法院中的大陪审团仍继续存在。[1]

另外，关于英美陪审制的运行和评价，读者还可参阅如下书目。

（1）麦高伟、切斯特·米尔斯基：《陪审制度与辩诉交易——一部真实的历史》，陈碧、王戈等译，中国检察出版社 2005 年版，第六章。

（2）程汉大、李培锋：《英国司法制度史》，清华大学出版社 2007 年版，第四章第二节。

（3）威廉·L.德威尔：《美国的陪审团》，王凯译，华夏出版社 2009 年版。

（4）萨达卡特·卡德里：《审判的历史》，杨雄译，当代中国出版社 2009 年版，第三章、第八章。

（5）兰博约：《对抗式刑事审判的起源》，王志强译，复旦大学出版社 2010 年版，第五章第六节。

（6）丹宁勋爵：《法律的未来》，刘庸安、张文镇译，法律出版社 2011 年版，第二篇。

（7）彼得·德恩里科、邓子滨：《法的门前》，北京大学出版社 2012 年版，第十三章、第十四章至第十六章。

总　结

刑事审判是人民法院对刑事案件依法进行审理并作出裁判的活动。审理是正确裁判的前提和基础，裁判是审判活动的归宿。我国的刑事审判程序主要包括一审程序、二审程序、死刑复核程序、审判监督程序和特别审判程序。

在刑事审判中，控诉、辩护和裁判三项职能必须由三方独立的诉讼主体分别承担，诉讼主体不得被迫实施与自己本应承担的诉讼职能完全相冲突的诉讼行为，也不得通过实施诉讼行为承担或协助承担其他诉讼主体的诉讼职能。

我国的刑事审判应遵循的基本原则包括审判独立原则，审判公开原则，直接、言词原则，辩论原则和集中审理原则。

目前世界上主要有三种刑事审级制度，包括两审终审制、三审终审制和混合制。我国实行四级两审终审的审级制度。

我国的刑事审判组织包括独任庭、合议庭和审判委员会三种。其中，合议制是人民法院审判刑事案件时最常见的组织形式。审判委员会则负责讨论重大的或者疑难的案件。

---

[1] 腓特烈·坎平：《盎格鲁-美利坚法律史》，屈文生译，法律出版社 2010 年版，第 46—47 页。

人民法院在审理特定刑事案件时,可以随机抽取陪审员参加审理。人民陪审员在履行职务期间,除不能担任审判长外,同审判员有同等权利,对事实认定、法律适用独立行使表决权,并承担同等义务。

思 考 题

1. 请思考如何有效保障法官的身份独立。
2. 请思考如何妥善处理媒体监督与司法公开的关系。
3. 请在查阅相关资料的基础上了解直接、言词原则在我国适用的情况,指出其可能存在的问题。
4. 某报纸曾有这样一篇报道:"某市法院将全面推进人民陪审员工作。今后对人民陪审员与审判长意见不一致的案件,应当向院庭长汇报,报请审委会研究的,应当邀请人民陪审员列席审委会。"请问:该市法院的做法有何不妥?为什么?

第 10 章
第一审审判程序

引言

按照刑事诉讼的流程,公诉案件经过立案、侦查、审查起诉,自诉案件经过提起自诉、审查受理后,一般会进入审判阶段,人民法院会依照刑事第一审程序对案件进行审理并作出裁判,从而确定被告人是否需要承担刑事责任并解决有关问题。作为一种典型的诉讼化程序,刑事第一审程序确立了控辩对抗、法院居中裁判的审判机制。在其运作过程中,人民法院应当兼顾惩罚犯罪与保障人权,同时也不能忽略诉讼效率。那么,公诉案件的第一审程序包括哪些内容,法庭审判需要遵循哪些流程,提起自诉需要满足何种条件,自诉案件的审理有哪些特点,什么样的案件可以适用简易程序,简易程序有哪些特点,判决、裁定和决定分别解决哪些问题? 本章将围绕这些问题加以展开。

10.1 公诉案件的第一审程序

公诉案件的第一审程序,是指人民法院对人民检察院提起公诉的案件进行第一次审判时所必须遵循的程序。其主要涉及庭前审查、庭前准备、法庭审判程序、法庭秩序、延期审理和中止审理等内容。

■ 庭前审查

● 概述

庭前审查,是指人民法院对人民检察院提起公诉的案件进行开庭前的审查,以决定是否开庭审判的诉讼活动。

《刑事诉讼法》第一百八十六条规定:"人民法院对提起公诉的案件进行审查后,对于起诉书中有明确的指控犯罪事实的,应当决定开庭审判。"这一规定表明,庭前审查是公诉案件正式进入第一审程序的必经环节;同时,法院对检察机关所提供的起诉材料仅用于程序性审查,而不涉及对案件实体问题的审查与判断。

需要指出的是,根据《刑事诉讼法》第一百七十六条的规定,人民检察院向人民法院提起公诉,应将案卷材料、证据移送人民法院。实际上,这是一种全卷移送,这样做一方面便于辩护人从法院查阅全案材料,从而更好地行使辩护权;另一方面却可能造成庭前审查的实质化,从而有可能使法官在庭前产生预断。

- **庭前审查的内容及处理**

根据《刑事诉讼法》第一百八十一条和《最高法解释》第二百一十八条的规定,人民法院庭前审查应以程序性审查为主,其具体内容包括如下几个方面:① 是否属于本院管辖;② 起诉书是否写明被告人的身份,是否受过或者正在接受刑事处罚、行政处罚、处分,被采取留置措施的情况,被采取强制措施的时间、种类、羁押地点,犯罪的时间、地点、手段、后果以及其他可能影响定罪量刑的情节;有多起犯罪事实的,是否在起诉书中将事实分别列明;③ 是否移送证明指控犯罪事实及影响量刑的证据材料,包括采取技术调查、侦查措施的法律文书和所收集的证据材料;④ 是否查封、扣押、冻结被告人的违法所得或者其他涉案财物,查封、扣押、冻结是否逾期;是否随案移送涉案财物、附涉案财物清单;是否列明涉案财物权属情况;是否就涉案财物处理提供相关证据材料;⑤ 是否列明被害人的姓名、住址、联系方式;是否附有证人、鉴定人名单;是否申请法庭通知证人、鉴定人、有专门知识的人出庭,并列明有关人员的姓名、性别、年龄、职业、住址、联系方式;是否附有需要保护的证人、鉴定人、被害人名单;⑥ 当事人已委托辩护人、诉讼代理人或者已接受法律援助的,是否列明辩护人、诉讼代理人的姓名、住址、联系方式;⑦ 是否提起附带民事诉讼;提起附带民事诉讼的,是否列明附带民事诉讼当事人的姓名、住址、联系方式等,是否附有相关证据材料;⑧ 监察调查、侦查、审查起诉程序的各种法律手续和诉讼文书是否齐全;⑨ 被告人认罪认罚的,是否提出量刑建议、移送认罪认罚具结书等材料;⑩ 有无《刑事诉讼法》第十六条第二项至第六项规定的不追究刑事责任的情形。

《最高法解释》第二百一十九条规定,案件经审查后,应当根据不同情况分别处理:① 不属于本院管辖的,应当退回人民检察院。② 属于《刑事诉讼法》第十六条第二项至第六项规定情形的,应当退回人民检察院;属于告诉才处理的案件,应当同时告知被害人有权提起自诉。③ 被告人不在案的,应当退回人民检察院。但是,对人民检察院按照缺席审判程序提起公诉的,应当依照本解释第二十四章的规定作出处理。④ 不符合前条第二项至第九项规定之一,需要补充材料的,应当通知人民检察院在三日内补送。⑤ 依照《刑事诉讼法》第二百条第三项规定宣告被告人无罪后,人民检察院根据新的事实、证据重新起诉的,应当依法受理。⑥ 依照本解释第二百九十六条规定裁定准许撤诉的案件,没有新的影响定罪量刑的事实、证据,重新起诉的,应当退回人民检察院。⑦ 被告人真实身份不明,但符合《刑事诉讼法》第一百六十条第二款规定的,应当依法受理。

对公诉案件是否受理,应当在七日内审查完毕。

- **庭前准备**

人民法院在开庭审理前,应做好下列各项准备工作。
(1) 确定审判长及合议庭组成人员。

(2) 开庭十日以前将起诉书副本送达被告人、辩护人。

(3) 通知当事人、法定代理人、辩护人、诉讼代理人在开庭五日以前提供证人、鉴定人名单,以及拟当庭出示的证据;申请证人、鉴定人、有专门知识的人出庭的,应当列明有关人员的姓名、性别、年龄、职业、住址、联系方式。

(4) 开庭三日以前将开庭的时间、地点通知人民检察院。

(5) 开庭三日以前将传唤当事人的传票和通知辩护人、诉讼代理人、法定代理人、证人、鉴定人等出庭的通知书送达;通知有关人员出庭,也可以采取电话、短信、传真、电子邮件、即时通信等能够确认对方收悉的方式;对被害人人数众多的涉众型犯罪案件,可以通过互联网公布相关文书,通知有关人员出庭。

(6) 公开审理的案件,在开庭三日以前公布案由、被告人姓名、开庭时间和地点。

上述活动情况应当写入笔录,由审判人员和书记员签名。

实践关注:刑事庭前会议的运行与问题

《刑事诉讼法》第一百八十七条第二款规定:"在开庭以前,审判人员可以召集公诉人、当事人和辩护人、诉讼代理人,对回避、出庭证人名单、非法证据排除等与审判相关的问题,了解情况,听取意见。"这里提到的审判人员召集公诉人、当事人和辩护人、诉讼代理人所举行的会议就被称为刑事庭前会议。尽管《刑事诉讼法》未明确其名称,但在《最高法解释》里有明确的规定。

《最高法解释》第二百二十六条规定:"案件具有下列情形之一的,审判人员可以决定召开庭前会议:(一)证据材料较多、案情重大复杂的;(二)控辩双方对事实、证据存在较大争议的;(三)社会影响重大的;(四)需要召开庭前会议的其他情形。"同时,根据《最高法解释》第一百三十条的规定,开庭审理前,人民法院可以召开庭前会议,就非法证据排除等问题了解情况,听取意见。在庭前会议中,人民检察院可以通过出示有关证据材料等方式,对证据收集的合法性加以说明。必要时,可以通知调查人员、侦查人员或者其他人员参加庭前会议,说明情况。

根据上述法律及司法解释的规定,结合我国的司法实践,刑事庭前会议主要解决如下四个问题:① 解决与审判有关的程序性事项,例如管辖权异议、回避、强制措施变更以及不公开审理的申请。② 确定庭审时所需的证据。其主要包括证据展示,调取对被告人有利的证据,提供新的证据,对出庭证人、鉴定人、有专门知识的人的名单的确定,申请排除非法证据。③ 对部分实体性问题进行整理和明晰,例如证据整理及事实争点的明晰、指控罪名的变更、附带民事诉讼调解及刑事和解意向的达成等。④ 解决其他与审判有关的问题。

然而,作为一项新设的制度,庭前会议制度仍有继续完善的空间。例如:庭前会议应以何种方式启动;何种情况下被告人需要到场;庭前会议的主持者与负责正式庭审的法官是否应该分离;庭前会议应该如何运行;庭前会议后审判人员可以作出什么样的决定;等等。这些问题都值得我们认真思考。

法庭审判程序

法庭审判程序,是指人民法院的审判组织通过开庭的方式,在公诉人、当事人和其他诉讼参与人参加庭审的情况下,调查、核实证据,查清案件事实,充分听取控辩双方对证据、案件事实和法律适用的意见,依法确定被告人的行为是否构成犯罪、是否应当受到刑事处罚以及给予何种处罚的诉讼活动。

《刑事诉讼法》规定,法庭审判程序可以分为开庭、法庭调查、法庭辩论、被告人最后陈述以及评议和宣判五个步骤。

● 开庭

开庭审理前,书记员应当依次进行下列工作。

(1) 受审判长委托,查明公诉人、当事人、辩护人、诉讼代理人、证人及其他诉讼参与人是否到庭。

(2) 核实旁听人员中是否有证人、鉴定人、有专门知识的人。

(3) 请公诉人、辩护人、诉讼代理人及其他诉讼参与人入庭。

(4) 宣读法庭规则。

(5) 请审判长、审判员、人民陪审员入庭。

(6) 审判人员就座后,向审判长报告开庭前的准备工作已经就绪。

开庭的具体程序主要包括下列内容。

(1) 由审判长宣布开庭。传被告人到庭后,审判长应当查明被告人的下列情况:① 被告人的姓名、出生日期、民族、出生地、文化程度、职业、住址,或者被告单位的名称、住所地、法定代表人、实际控制人以及诉讼代表人的姓名、职务。② 是否受过刑事处罚、行政处罚、处分及其种类、时间。③ 是否被采取留置措施及留置的时间,是否被采取强制措施及强制措施的种类、时间。④ 收到起诉书副本的日期;有附带民事诉讼的,附带民事诉讼被告人收到附带民事起诉状的日期。

(2) 审判长宣布案件的来源、起诉的案由、附带民事诉讼当事人的姓名及是否公开审理;不公开审理的,应当宣布理由。

(3) 审判长宣布合议庭组成人员、法官助理、书记员、公诉人的名单,以及辩护人、诉讼代理人、鉴定人、翻译人员等诉讼参与人的名单。

(4) 审判长应当告知当事人及其法定代理人、辩护人、诉讼代理人在法庭审理过程中依法享有下列诉讼权利:① 可以申请合议庭组成人员、法官助理、书记员、公诉人、鉴定人和翻译人员回避;② 可以提出证据,申请通知新的证人到庭、调取新的证据,申请重新鉴定或者勘验;③ 被告人可以自行辩护;④ 被告人可以在法庭辩论终结后作最后陈述。

(5) 审判长应当询问当事人及其法定代理人、辩护人、诉讼代理人是否申请回避、申请何人回避和申请回避的理由。当事人及其法定代理人、辩护人、诉讼代理人申请回避的,依照《刑事诉讼法》及《最高法解释》的有关规定处理。同意或者驳回回避申请的决定及复议决定,由审判长宣布,并说明理由;必要时,也可以由院长到庭宣布。

● **法庭调查**

法庭调查,是指审判人员在控辩双方和其他诉讼参与人参加庭审的情况下,当庭对案件事实和证据进行审查、核实的活动。

法庭调查具体依照下列程序进行。

◇ 公诉人宣读起诉书

审判长宣布法庭调查开始后,应当先由公诉人宣读起诉书;公诉人宣读起诉书后,审判长应当询问被告人对起诉书指控的犯罪事实和罪名有无异议。

有附带民事诉讼的,公诉人宣读起诉书后,由附带民事诉讼原告人或者其法定代理人、诉讼代理人宣读附带民事起诉状。

◇ 被告人、被害人陈述

在审判长的主持下,被告人、被害人可以就起诉书所指控的犯罪事实分别进行陈述。

◇ 讯问被告人、询问被害人和附带民事诉讼当事人

在审判长主持下,公诉人可以就起诉书指控的犯罪事实讯问被告人。经审判长准许,被害人及其法定代理人、诉讼代理人可以就公诉人讯问的犯罪事实补充发问;附带民事诉讼原告人及其法定代理人、诉讼代理人可以就附带民事部分的事实向被告人发问;被告人的法定代理人、辩护人,附带民事诉讼被告人及其法定代理人、诉讼代理人可以在控诉方、附带民事诉讼原告方就某一问题讯问、发问完毕后向被告人发问。

讯问同案审理的被告人,应当分别进行。经审判长准许,控辩双方可以向被害人、附带民事诉讼原告人发问。必要时,审判人员可以讯问被告人,也可以向被害人、附带民事诉讼当事人发问。

◇ 询问证人、鉴定人

公诉人、当事人或者辩护人、诉讼代理人对证人证言有异议,且该证人证言对案件定罪量刑有重大影响,人民法院认为证人有必要出庭作证的,证人应当出庭作证。人民警察就其执行职务时目击的犯罪情况作为证人出庭作证,同样适用该规定。

公诉人、当事人或者辩护人、诉讼代理人对鉴定意见有异议,人民法院认为鉴定人有必要出庭的,鉴定人应当出庭作证。经人民法院通知,鉴定人拒不出庭作证的,鉴定意见不得作为定案的根据。

经人民法院通知,证人没有正当理由不出庭作证的,人民法院可以强制其到庭,但是被告人的配偶、父母、子女除外。证人没有正当理由拒绝出庭或者出庭后拒绝作证的,予以训诫,情节严重的,经院长批准,处以十日以下的拘留。被处罚人对拘留决定不服的,可以向上一级人民法院申请复议。复议期间不停止执行。

证人、鉴定人到庭后,审判人员应当先核实证人、鉴定人的身份及其与当事人以及本案的关系;告知证人、鉴定人应当如实地提供证言、鉴定意见和有意作伪证或者隐匿罪证要负的法律责任。证人、鉴定人作证前,应当在如实作证的保证书上签名。

公诉人、当事人和辩护人、诉讼代理人经审判长许可,可以对证人、鉴定人发问。审判人员认为有必要时,可以询问证人、鉴定人。为避免证人、鉴定人之间相互影响,向证人、鉴定人发问应当分别进行。

询问证人、鉴定人应当遵循以下规则：① 发问的内容应当与案件的事实相关；② 不得以诱导方式提问；③ 不得威胁证人；④ 不得损害证人的人格尊严。

◇ 出示物证、书证等证据

公诉人、辩护人应当向法庭出示物证，让当事人辨认，对未到庭的证人的证言笔录、鉴定人的鉴定意见、勘验笔录和其他作为证据的文书，应当当庭宣读。审判人员应当听取公诉人、当事人和辩护人、诉讼代理人的意见。

法庭审理过程中，合议庭对证据有疑问的，可以宣布休庭，对证据进行调查核实。人民法院调查核实证据，可以进行勘验、检查、查封、扣押、鉴定和查询、冻结。

控辩双方证人出示证据，应当说明证据的名称、来源和拟证明的事实。法庭认为有必要的，应当准许；对方提出异议，认为有关证据与案件无关或者明显重复、不必要，法庭经审查异议成立的，可以不予准许。

此外，对可能影响定罪量刑的关键证据和控辩双方存在争议的证据，一般应当单独举证、质证，充分听取质证意见。对控辩双方无异议的非关键证据，举证方可以仅就证据的名称及拟证明的事实作出说明。

◇ 通知新的证人到庭，调取新的物证，申请重新鉴定或者勘验

法庭审理过程中，当事人和辩护人、诉讼代理人有权申请通知新的证人到庭，调取新的物证，申请重新鉴定或者勘验，但应当提供证人的姓名、证据的存放地点，说明所要证明的案件事实，要求重新鉴定或者勘验的理由。

公诉人、当事人和辩护人、诉讼代理人可以申请法庭通知有专门知识的人出庭，就鉴定人作出的鉴定意见提出意见。

◇ 合议庭调查核实证据

法庭审理过程中，合议庭对证据有疑问的，可以宣布休庭，对证据进行调查核实。人民法院调查核实证据，可以进行勘验、检查、查封、扣押、鉴定和查询、冻结。为查明案件事实，调查核实证据，人民法院可以依职权通知证人、鉴定人、有专门知识的人、调查人员、侦查人员或者其他人员出庭。

● **法庭辩论**

在结束法庭调查后，控辩双方在审判长的主持下展开相互辩论。辩论的内容包括全案事实、证据、定罪和量刑等各种与案件有关的问题。

法庭辩论按照下列顺序进行：① 公诉人发言；② 被害人及其诉讼代理人发言；③ 被告人自行辩护；④ 辩护人辩护；⑤ 控辩双方进行辩论。

其中，公诉人在法庭辩论中的首次发言，在司法实践中被称为公诉词。公诉词以起诉书所指控的犯罪事实及其刑罚处罚为基础，但又不是对起诉书的简单重复，而是对起诉书内容的全面论证与深化。

辩护人在法庭辩论中的首轮发言，在司法实践中被称为辩护词。与公诉词相对应，辩护词是辩护人为维护被告人的合法权益，从有利于被告人的视角对涉及全案证据采信及其证明力、犯罪事实存在与否以及实体定罪量刑等问题所进行的综合论证与分析。这些问题包括本案犯罪事实是否成立，控方证据体系是否完善，是否达到确实、充分并形成相

应证据链,犯罪性质的认定是否正确,罪名确定是否准确,量刑情节中是否存在法定或酌定从轻等量刑情节等。

法庭辩论时,人民检察院可以提出量刑建议并说明理由;建议判处管制、宣告缓刑的,一般应当附有调查评估报告,或者附有委托调查函。对被告人认罪的案件,人民检察院应当指引控辩双方主要围绕量刑和其他有争议的问题进行。对被告人不认罪或者辩护人作无罪辩护的案件,人民检察院可以指引控辩双方先辩论定罪问题,后辩论量刑和其他问题。

另外,如果有附带民事诉讼,附带民事诉讼部分的辩论应当在刑事诉讼部分的辩论结束后进行。附带民事诉讼部分的辩论按照下列顺序进行:先由附带民事诉讼原告人及其诉讼代理人发言,后由附带民事诉讼被告人及其诉讼代理人答辩,附带民事诉讼原告、被告双方还可以互相辩论。

在法庭辩论中,如果发现新的事实,合议庭认为有必要调查的,审判长就可以宣布停止法庭辩论,恢复法庭调查,在事实调查清楚以后,再次进行法庭辩论。

● **被告人最后陈述**

《刑事诉讼法》第一百九十八条第三款规定:"审判长在宣布辩论终结后,被告人有最后陈述的权利。"被告人最后陈述不仅是法庭审判的一个独立阶段,也是法律赋予被告人的一项重要的诉讼权利。

在审判长宣布法庭辩论终结后,合议庭应当保障被告人充分行使最后陈述的权利。只要被告人最后陈述不超出本案范围,审判长一般不应限制其发言时间,或随意打断其发言。但如果被告人在最后陈述中多次重复自己的意见,审判长可以制止;如果陈述内容是蔑视法庭、公诉人,损害他人及社会公共利益或者与本案无关的,应当制止;在公开审理的案件中,被告人最后陈述的内容涉及国家秘密、个人隐私或商业秘密的,也应当制止。

被告人在最后陈述中提出新的事实、证据,合议庭认为可能影响正确裁判的,应当恢复法庭调查。如果被告人提出新的辩解理由,合议庭认为可能影响正确裁判的,就应当恢复法庭辩论。

● **评议和宣判**

◇ 评议

评议,是指合议庭在已经进行的法庭审理活动的基础上,对案件事实、证据和法律适用进行讨论、分析和判断,并依法对案件作出裁判的活动。

评议活动应当秘密进行,以保障合议庭成员能够排除干扰,充分、自由地发表意见,形成正确的判决结论。合议庭进行评议时,如果意见存在分歧,就应当按多数人的意见作出决定,但是少数人的意见应当写入笔录。评议笔录由合议庭组成人员签名。

同时,对于部分案件(如拟判处死刑的案件,疑难、复杂、重大或者新类型的案件等),法院应提请院长决定提交审判委员会讨论决定。审判委员会讨论后再将讨论结果反馈给合议庭。(相关内容详见第9章"刑事审判程序概述")

根据《刑事诉讼法》第二百条和《最高法解释》的规定,人民法院应当根据案件的具体情形,分别作出下列判决、裁定。

(1) 起诉指控的事实清楚,证据确实、充分,依据法律认定指控被告人的罪名成立的,应当作出有罪判决。

(2) 起诉指控的事实清楚,证据确实、充分,但指控的罪名不当的,应当依据法律和审理认定的事实作出有罪判决。

(3) 案件事实清楚,证据确实、充分,依据法律认定被告人无罪的,应当判决宣告被告人无罪。

(4) 证据不足,不能认定被告人有罪的,应当以证据不足、指控的犯罪不能成立,判决宣告被告人无罪。

(5) 案件部分事实清楚,证据确实、充分的,应当作出有罪或者无罪的判决;对事实不清、证据不足部分,不予认定。

(6) 被告人因未达到刑事责任年龄,不予刑事处罚的,应当判决宣告被告人不负刑事责任。

(7) 被告人是精神病人,在不能辨认或者不能控制自己行为时造成危害结果,不予刑事处罚的,应当判决宣告被告人不负刑事责任;被告人符合强制医疗条件的,应当依照《最高法解释》第二十六章的规定进行审理并作出判决。

(8) 犯罪已过追诉时效期限且不是必须追诉,或者经特赦令免除刑罚的,应当裁定终止审理。

(9) 属于告诉才处理的案件,应当裁定终止审理,并告知被害人有权提起自诉。

(10) 被告人死亡的,应当裁定终止审理;但有证据证明被告人无罪,经缺席审理确认无罪的,应当判决宣告被告人无罪。

◇ 宣判

宣判,是指人民法院将判决书的内容向当事人和社会公开宣告的活动。宣判分为当庭宣判和定期宣判。当庭宣判是指在合议庭经过评议并作出决定后,立即恢复开庭并由审判长宣告判决结果。定期宣判是指合议庭经休庭评议作出决定后,或者因案情疑难、复杂、重大,合议庭认为难以作出决定,由合议庭提请院长提交审判委员会讨论决定,而另行确定日期宣告判决的活动。

根据《刑事诉讼法》第二百零二条、第二百零三条的规定,宣告判决,一律公开进行。当庭宣告判决的,应当在五日内将判决书送达当事人和提起公诉的人民检察院;定期宣告判决的,应当在宣告后立即将判决书送达当事人和提起公诉的人民检察院。判决书应当由审判人员和书记员署名,并且写明上诉期限和上诉法院。

● 有关问题的处理

◇ 对辩护人、被告人拒绝辩护的处理

根据《刑事诉讼法》《律师法》《最高法解释》的规定,被告人在一个审判程序中更换辩护人一般不得超过两次。被告人当庭拒绝辩护人辩护,要求另行委托辩护人或者指派律师的,合议庭应当准许。

被告人拒绝辩护人辩护后,没有辩护人的,应当宣布休庭;仍有辩护人的,庭审可以继续进行。有多名被告人的案件,部分被告人拒绝辩护人辩护后,没有辩护人的,根据案件情况,可以对该部分被告人另案处理,对其他被告人的庭审继续进行。

重新开庭后,被告人再次当庭拒绝辩护人辩护的,可以准许,但被告人不得再次另行委托辩护人或者要求另行指派律师,由其自行辩护。被告人属于应当提供法律援助的情形,重新开庭后再次当庭拒绝辩护人辩护的,不予准许。

另外,律师接受委托后,无正当理由的,不得拒绝辩护或者代理。但是,委托事项违法、委托人利用律师提供的服务从事违法活动或者委托人故意隐瞒与案件有关的重要事实的,律师有权拒绝辩护。

◇ 对庭审过程中人民检察院变更起诉、追加起诉以及撤回起诉的处理

审判期间,人民法院发现新的事实,可能影响定罪量刑的,或者需要补查补证的,应当通知人民检察院,由其决定是否补充、变更、追加起诉或者补充侦查。

人民法院宣告判决前,人民检察院发现被告人的真实身份或者犯罪事实与起诉书中叙述的身份或者指控犯罪事实不符的,或者事实、证据没有变化,但罪名、适用法律与起诉书不一致的,可以变更起诉。发现遗漏同案犯罪嫌疑人或者罪行的,应当要求公安机关补充移送起诉或者补充侦查;对于犯罪事实清楚,证据确实、充分的,可以直接追加、补充起诉。

在开庭后、宣告判决前,人民检察院要求撤回起诉的,人民法院应当审查撤回起诉的理由,作出是否准许的裁定。

★

实践关注:量刑程序的改革

我国以往的刑事案件审理并未对定罪与量刑作出区分,法庭审理既解决定罪问题也解决量刑问题,法庭调查的侧重点在于解决定罪问题,量刑问题可能在法庭辩论阶段附带提及,对于如何量刑也没有专门的举证、质证和辩论程序,最终被告人的量刑问题一般由法官通过一种"办公室作业"的非公开形式来完成。这样一种定罪量刑一体化程序具有下列缺陷:① 控辩双方都无法有效地就量刑问题发表意见,尤其是辩护方;② 量刑信息与定罪信息的不对称;③ 法院判决书对量刑的理由很少能给出充分的说明;④ 被害人对解决量刑问题无法产生积极的影响。

近年来,随着对以往定罪量刑一体化做法的反思,量刑制度的改革已经成为我国刑事司法改革的重要课题之一。为了确保量刑的公正性,并有效地规范法官在量刑方面的自由裁量权,最高人民法院将量刑程序改革纳入法院司法改革之中,并多次强调其重要性。2009年6月1日起,量刑程序改革在全国100多家法院开始试点探索。其具体做法分为两个方面:第一,对于适用普通程序审理的案件,法庭审理的主要阶段都区分为相对独立的两部分,在法庭调查阶段先调查犯罪事实,后调查量刑事实;在法庭辩论阶段先就定罪问题进行辩论,然后进行量刑辩论。第二,在适用简易程序的案件中,由于被告人已经认罪,且对基本犯罪事实没有争议,因此法庭重点审理量刑和其他有争议的问题。

与此同时,学术界也展开了积极的理论探索。就目前来看,学界对于"构建相对独立的量刑程序,将量刑纳入法庭审理程序之中"基本已经达成共识,但对于采取何种量刑方

案则存有争议。从最低要求来看,公正的量刑程序起码应确保控辩双方能够有效参与,并能充分发表本方关于量刑的意见。在有被害人的案件中也应确保被害人的参与权,允许其提出独立的量刑意见。其次,应根据被告人是否认罪来设置合理的量刑程序,以避免被告人可能陷入尴尬的诉讼处境。以第一审普通程序为例,假如被告人及其辩护律师坚持做无罪辩护,那么法庭调查就不宜区分为定罪调查与量刑调查,法庭辩论也不宜区分为定罪辩论与量刑辩论。这是因为,倘若辩护方在定罪调查阶段认为指控的犯罪事实不能成立,但随后又不得不参与"量刑调查"活动,就等于承认了"公诉方指控的犯罪事实成立"的结论。同理,辩护方在量刑辩论中也会遭遇类似的尴尬。这意味着量刑程序虽相对独立,但不可能采取某种单一模式,而需要根据诉讼的实际情况来设置合理的程序。只有这样,量刑程序的价值才能真正体现,司法公正才能得到保障,司法改革也不会陷入为改革而改革的泥沼。

当然,量刑程序的改革尚在探索之中,需要根据从司法实务中提炼出的经验对有关理论进行检验,进而继续改进量刑程序并推动立法的完善。

■ 法庭秩序

法庭秩序,是指在人民法院审判案件时,所有诉讼参与人和旁听人员都必须遵守的纪律。诉讼参与人、旁听人员以及采访的记者都必须严格遵守有关法庭秩序,不得实施任何有碍庭审秩序的行为。

对于违反法庭秩序的行为,《刑事诉讼法》第一百九十九条规定:"在法庭审判过程中,如果诉讼参与人或者旁听人员违反法庭秩序,审判长应当警告制止。对不听制止的,可以强行带出法庭;情节严重的,处以一千元以下的罚款或者十五日以下的拘留。罚款、拘留必须经院长批准。被处罚人对罚款、拘留的决定不服的,可以向上一级人民法院申请复议。复议期间不停止执行。对聚众哄闹、冲击法庭或者侮辱、诽谤、威胁、殴打司法工作人员或者诉讼参与人,严重扰乱法庭秩序,构成犯罪的,依法追究刑事责任。"

另外,《最高法解释》规定,担任辩护人、诉讼代理人的律师严重扰乱法庭秩序,被强行带出法庭或者被处以罚款、拘留的,人民法院应当通报司法行政机关,并可以建议依法给予相应处罚。

辩护人严重扰乱法庭秩序,被责令退出法庭、强行带出法庭或者被处以罚款、拘留,被告人自行辩护的,庭审继续进行;被告人要求另行委托辩护人,或者被告人属于应当提供法律援助情形的,应当宣布休庭。

■ 延期审理与中止审理

● 延期审理

延期审理,是指在法庭审理过程中,遇到影响审判继续进行的情况,法庭决定将案件的审理推迟,待影响审理进行的原因消失后,再继续开庭审理。延期审理的开庭日期和地点能当庭确定的,应当庭通知公诉人、当事人和其他诉讼参与人;不能当庭确定的,应当在确定后另行通知。延期审理的时间原则上不计入审理期限,但是不能无限期推延。

根据《刑事诉讼法》第二百零四条和有关司法解释的规定,在遇到下列情形时需要延期审理。

（1）需要通知新的证人到庭,调取新的物证,重新鉴定或者勘验的。

（2）检察人员发现提起公诉的案件需要补充侦查,提出建议的。

（3）由于申请回避而不能进行审判的。

（4）鉴定人由于不能抗拒的原因或者有其他正当理由无法出庭的,人民法院可以根据情况决定延期审理或者重新鉴定。

（5）被告人、辩护人向法庭出示公诉人不掌握的与定罪量刑有关的证据,需要调查核实的。

（6）公诉人出示、宣读开庭前移送人民法院的证据以外的证据,或者补充、追加、变更起诉,需要给予被告人、辩护人必要时间进行辩护准备的。

（7）公诉人对证据收集的合法性进行证明,需要调查核实的。

（8）公诉人发现遗漏罪行或者遗漏同案犯罪嫌疑人,虽不需要补充侦查和补充提供证据,但需要补充、追加起诉的。

（9）简易程序、速裁程序转为普通程序审理的案件,公诉人需要为出席法庭进行准备的。

● **中止审理**

中止审理,是指因发生某种特定情况,影响案件正常审理,人民法院决定停止审判活动,待该项原因消失后再恢复审理的制度。

根据《刑事诉讼法》第二百零六条、第三百三十二条的规定,遇有下列情况之一的,可以中止审理。

（1）被告人患有严重疾病,无法出庭的。

（2）被告人脱逃的。

（3）自诉人患有严重疾病,无法出庭,未委托诉讼代理人出庭的。

（4）由于不能抗拒的原因的。

（5）被告人在自诉案件审判期间下落不明的。

中止审理的原因消失后,应当恢复审理。中止审理的期间不计入审理期限。

■ 公诉案件的第一审程序的审理期限

人民法院审理公诉案件,应当在受理后两个月内宣判,至迟不得超过三个月。对于可能判处死刑的案件或者附带民事诉讼的案件,以及有《刑事诉讼法》第一百五十八条规定情形之一的,经上一级人民法院批准,可以延长三个月;因特殊情况还需要延长的,报请最高人民法院批准。

人民法院改变管辖的案件,从改变后的人民法院收到案件之日起计算审理期限。人民检察院补充侦查的案件,补充侦查完毕移送人民法院后,人民法院重新计算审理期限。

审判期间,对被告人作精神病鉴定的时间不计入审理期限。

10.2 自诉案件的第一审程序

自诉案件的第一审程序,是指按照《刑事诉讼法》规定,人民法院对自诉人起诉的案件进行第一次审判的程序。总体上其与公诉案件第一审程序基本相同,但由于自诉案件主要是侵害公民个人合法权益的轻微刑事案件,因而其第一审程序也有一定的特殊性。

■ 自诉案件的提起

我国《刑事诉讼法》对自诉案件的范围有明确的规定,同时提起自诉必须满足一定的条件。

提起自诉应按照下列程序进行:① 提起自诉,应当向人民法院提交自诉状。② 提起附带民事诉讼的,还应当提交刑事附带民事自诉状。③ 自诉人书写自诉状确有困难的,可以口头告诉。④ 对于自诉案件,除因证据不足而撤诉的以外,自诉人撤诉后,就同一事实又告诉的,人民法院应当说服自诉人撤回起诉,或者裁定驳回起诉;自诉人经说服撤回起诉或者被驳回起诉后,又提出了新的足以证明被告人有罪的证据,再次提起自诉的,人民法院应当受理。

对于经审查符合受理条件的自诉案件,人民法院应决定立案。对于经审查不符合受理条件的自诉案件,有下列情形之一的,人民法院应当说服自诉人撤回起诉;自诉人不撤回起诉的,裁定不予受理:① 不属于自诉案件范围的;② 缺乏罪证的;③ 犯罪已过追诉时效期限的;④ 被告人死亡的;⑤ 被告人下落不明的;⑥ 除因证据不足而撤诉的以外,自诉人撤诉后,就同一事实又告诉的;⑦ 经人民法院调解结案后,自诉人反悔,就同一事实再行告诉的;⑧ 属于《最高法解释》第一条第二项规定的案件,公安机关正在立案侦查或者人民检察院正在审查起诉的;⑨ 不服人民检察院对未成年犯罪嫌疑人作出的附条件不起诉决定或者附条件不起诉考验期满后作出的不起诉决定,向人民法院起诉的。

《刑事诉讼法》第二百一十二条规定,人民法院审理自诉案件的期限,被告人被羁押的,适用本法第二百零八条第一款、第二款的规定;未被羁押的,应当在受理后六个月以内宣判。

■ 自诉案件审理的特点

我国自诉案件的审理具有如下特点。

(1) 对犯罪事实清楚,证据确实、充分的自诉案件,应当开庭审理。自诉案件符合简易程序适用条件的,可以适用简易程序审理。

(2) 人民法院对告诉才处理的案件和被害人有证据证明的轻微的刑事案件,可以在查明事实、分清是非的基础上进行调解。调解达成协议的,人民法院应当制作刑事自诉案件调解书,由审判人员、法官助理和书记员署名,并加盖人民法院印章。调解书经双方当事人签收后即发生法律效力。调解没有达成协议或者调解书签前当事人反悔的,人民法院应当及时作出判决。被害人有证据证明对被告人侵犯自己人身、财产权利的行为应当依法追究刑事责任,而公安机关或者人民检察院不予追究被告人刑事责任的自诉案件,不适用调解。

(3) 自诉人在宣告判决前,可以同被告人自行和解或者撤回自诉。自行和解是《刑事诉讼法》赋予自诉案件双方当事人的一项诉讼权利,在法律允许的范围内,他们可以互谅互让、互相协商,以达成和解协议的方式解决纠纷,而后撤诉。对于已经审理的自诉案件,当事人自行和解的,应当记录在卷。对于自诉人要求撤诉的,人民法院应当审查,确属自愿的,应当允许撤诉;经审查后,认为自诉人系被强制、威吓等原因而被迫撤诉的,人民法院不予准许。

另外,自诉人经两次传唤,无正当理由拒不到庭的,或者未经法庭准许中途退庭的,人民法院应当裁定按撤诉处理。

(4) 被告人或者其法定代理人在诉讼过程中,可以对自诉人提起反诉。反诉必须符合下列条件:① 反诉的对象必须是本案的自诉人;② 反诉的内容必须是与本案有关的行为;③ 反诉的案件必须是告诉才处理的案件和人民检察院没有提起公诉,被害人有证据证明的轻微的刑事案件。

10.3 简易程序

简易程序,是指基层人民法院在审理具备特定条件的案件时,所适用的相对简单的诉讼程序。

1979刑诉法中没有规定简易程序,1996刑诉法在第一审程序有关规定中以专门增设了"简易程序"一节,2012刑诉法又对简易程序进行了增补和完善。

简易程序的意义在于下列几个方面:① 有利于提高人民法院的审判效率,缓解人民法院面临的日益繁重的审判任务;② 有利于维护当事人的合法权益;③ 有利于刑事审判程序更加科学化、合理化。

■ 简易程序的适用条件

《刑事诉讼法》第二百一十四条规定,基层人民法院管辖的案件,符合下列条件的可以适用简易程序审判:① 案件事实清楚、证据充分的;② 被告人承认自己所犯罪行,对指控的犯罪事实没有异议的;③ 被告人对适用简易程序没有异议的。人民检察院在提起公诉的时候,可以建议人民法院适用简易程序。

根据《刑事诉讼法》第二百一十五条和《最高法解释》的规定,有下列情形之一的,不适用简易程序:① 被告人是盲、聋、哑人的;② 被告人是尚未完全丧失辨认或者控制自己行为能力的精神病人的;③ 案件有重大社会影响的;④ 共同犯罪案件中部分被告人不认罪或者对适用简易程序有异议的;⑤ 辩护人作无罪辩护的;⑥ 被告人认罪但经审查认为可能不构成犯罪的;⑦ 不宜适用简易程序审理的其他情形。

简易程序审判的特点

简易程序与普通程序相比,有如下几个特点。

(1) 简易程序只适用于刑事案件的第一审程序,而不能适用于其他程序。
(2) 简易程序只适用于基层人民法院管辖的案件。
(3) 在审判组织上,适用简易程序审理案件,对可能判处三年有期徒刑以下刑罚的,可以组成合议庭进行审判,也可以由审判员一人独任审判;对可能判处的有期徒刑超过三年的,应当组成合议庭进行审判。
(4) 在适用案件上,简易程序只适用于那些事实清楚、证据充分,被告人认罪的刑事案件。案情复杂、重大、难以定性的刑事案件则不宜适用简易程序。
(5) 在控诉职能的履行上,适用简易程序审理的公诉案件,人民检察院应当派员出席法庭。
(6) 适用简易程序审理案件,不受普通程序中关于送达期限、讯问被告人、询问证人及鉴定人、出示证据、法庭辩论程序等规定的限制。但在判决宣告前应当听取被告人的最后陈述意见。
(7) 庭审程序大为简化。适用简易程序审理案件,经审判人员许可,被告人及其辩护人可以同公诉人、自诉人及其诉讼代理人互相辩论。
(8) 适用简易程序审理案件,一般应当当庭宣判。

需要指出的是,适用简易程序审理案件,人民法院在审理过程中如果发现不宜适用简易程序,应当按照第一审普通程序的规定重新审理。转为普通程序审理的案件,审理期限应当以决定转为普通程序之日起计算。

10.4 速 裁 程 序

速裁程序,是指基层人民法院在审理事实清楚,证据确实、充分,被告人认罪认罚且可能判处三年有期徒刑以下刑罚的案件时,所适用的比简易程序更为简化的审判程序。2018 年,《刑事诉讼法》第三次修正时新增了速裁程序。

速裁程序的确立,有利于进一步推动案件繁简分流,优化司法资源配置,提高办理刑事案件的质量与效率,维护当事人的合法权益,促进社会和谐稳定。

速裁程序的适用条件

《刑事诉讼法》第二百二十二条规定,适用速裁程序必须符合下列条件:① 基层人民法院管辖的案件;② 可能判处三年有期徒刑以下刑罚的案件;③ 案件事实清楚,证据确实、充分;④ 被告人认罪认罚并同意适用。

对人民检察院未建议适用速裁程序的案件,人民法院经审查认为符合速裁程序适用条件的,可以决定适用速裁程序,并在开庭前通知人民检察院和辩护人。被告人及其辩护人也可以向人民法院提出适用速裁程序的申请。

根据《刑事诉讼法》第二百二十三条和《最高法解释》第三百七十条的规定,有下列情形之一的,不适用速裁程序。

(1) 被告人是盲、聋、哑人,或是尚未完全丧失辨认或者控制自己行为能力的精神病人的。

(2) 被告人是未成年人的。

(3) 案件有重大社会影响的。

(4) 共同犯罪案件中部分被告人对指控的犯罪事实、罪名、量刑建议或者适用速裁程序有异议的。

(5) 被告人与被害人或者其法定代理人没有就附带民事诉讼赔偿等事项达成调解、和解协议的。

(6) 辩护人作无罪辩护的。

(7) 其他不宜适用速裁程序的情形。

■ 速裁程序审判的特点

速裁程序审判主要具备下列特点。

(1) 速裁程序只适用于公诉案件,由审判员一人独任审判。

(2) 人民法院适用速裁程序审理的案件,人民检察院应当派员出席法庭。公诉人出席速裁程序法庭时,可以简要宣读起诉书指控的犯罪事实、证据、适用法律及量刑建议,一般不再讯问被告人。

(3) 适用速裁程序审理案件,一般不进行法庭调查、法庭辩论,但在判决宣告前应当听取辩护人的意见和被告人的最后陈述。

(4) 适用速裁程序审理案件,应当当庭宣判。

(5) 适用速裁程序审理案件,人民法院应当在受理后十日内审结;对可能判处的有期徒刑超过一年的,可以延长至十五日。

(6) 适用速裁程序审理案件,在法庭审理过程中,具有下列情形之一的,应当转为普通程序或者简易程序审理:① 被告人的行为可能不构成犯罪或者不应当追究刑事责任的;② 被告人违背意愿认罪认罚的;③ 被告人否认指控的犯罪事实的;④ 案件疑难、复杂或者对适用法律有重大争议的;⑤ 其他不宜适用速裁程序的情形。

10.5 判决、裁定和决定

在刑事诉讼运行的过程中,公安机关、人民检察院和人民法院可以依据事实和法律对案件中的实体问题和程序问题作出处理,其主要表现形式包括判决、裁定和决定。

■ 判决

判决,是人民法院在诉讼终结时针对案件的实体问题所作的处理决定。它是人民法院代表国家行使审判权的具体体现。判决的作出,既标志着实体问题的解决,也标志着审理程序的终结。

《刑事诉讼法》第二百条规定,人民法院的刑事判决分为有罪判决和无罪判决两种。有罪判决表现为处刑判决和免刑判决。前者既要认定事实、确定罪名,也要确定刑罚;后者只认定事实、确定罪名而不判处刑罚。

判决书是判决的法定表现形式,是刑事诉讼中最重要的法律文书,执行判决一律以判决书为依据。

■ 裁定

裁定,是指人民法院在案件审理或者判决执行过程中,对程序性问题和部分实体问题所作的一种决定。

根据《刑事诉讼法》的规定,裁定解决的程序性问题主要包括是否恢复诉讼期限、中止审理、维持原判、撤销原判并发回重审、驳回公诉或自诉、核准死刑等。裁定解决的实体性问题主要包括减刑、假释、撤销缓刑、减免罚金,以及犯罪嫌疑人、被告人逃匿、死亡案件违法所得的没收等。

裁定与判决的区别具体表现在以下四个方面:① 适用对象不同。判决解决的是案件的实体问题,而裁定除了解决部分实体性问题外,主要解决程序性问题。② 适用范围不同。判决只适用于审判程序终结时,包括一审、二审和审判监督程序,而裁定则适用于整个审判程序和执行程序。③ 适用的方式不同。判决必须采用书面形式,而裁定则可采用书面和口头两种形式。④ 上诉、抗诉的期限不同。不服判决的上诉、抗诉期限是十日,而不服裁定的上诉、抗诉期限是五日。

■ 决定

决定,是公安机关、人民检察院、人民法院在办理案件过程中对某些程序性问题进行处理的一种形式。

根据《刑事诉讼法》的规定,决定主要适用于下列问题:① 解决申请回避问题;② 决定立案或不立案的问题;③ 实行各种强制措施或变更强制措施;④ 延长侦查中羁押犯罪人的期限;⑤ 决定起诉或不起诉;⑥ 决定开庭审判;⑦ 在庭审过程中,解决当事人和辩护人、诉讼代理人申请通知新的证人到庭,调取新的物证,申请重新鉴定或者勘验等;⑧ 决定延期审理;⑨ 决定抗诉;⑩ 决定提起审判监督;⑪ 强制医疗;等等。

总 结

公诉案件的第一审程序主要涉及庭前审查、庭前准备、法庭审判程序、法庭秩序、延期审理和中止审理等内容。庭前审查应以程序性审查为主,其主要目标在于判断刑事案件能否进入审判阶段,并为需要审理的案件做好相关准备。

我国的法庭审判程序可以分为开庭、法庭调查、法庭辩论、被告人最后陈述、评议和宣判五个步骤。人民法院审理公诉案件，应当在受理后两个月以内宣判，至迟不得超过三个月。

被害人或者其法定代理人有权向有管辖权的法院提起自诉，在其提交的自诉状中应有明确的被告人和具体的诉讼请求，并能提供证明被告人犯罪事实的证据。

对告诉才处理的案件以及被害人起诉的有证据证明的轻微的刑事案件，可以适用简易程序，人民法院可以进行调解。自诉人在宣告判决前，可以同被告人自行和解或者撤回自诉。

对于案件事实清楚、证据充分，被告人承认自己所犯罪行，对指控的犯罪事实没有异议，且对适用简易程序没有异议的案件，可以适用简易程序。简易程序只适用于基层人民法院所审理的第一审程序的刑事案件。

基层人民法院管辖的可能判处三年有期徒刑以下刑罚的案件，案件事实清楚，证据确实、充分，被告人认罪认罚并同意适用速裁程序的，可以适用速裁程序。它是比简易程序更加简化的一种审判程序。

思考题

1. 根据《刑事诉讼法》，人民检察院在提起公诉移送案卷时实行的是全卷移送，这意味着合议庭可以在审判前就对全案的案卷材料进行审阅。而《刑事诉讼法》又要求合议庭在庭前审查阶段主要进行程序性审查。那么，应当如何避免刑事审判再次陷入"先定后审""庭审走过场"的尴尬局面呢？

2. 请读者在查阅我国量刑程序改革的有关资料后，思考如何进一步完善我国的量刑程序。

3. 有学者指出，刑事诉讼的事实认定应以一审庭审为中心，而不是以侦查程序为中心。请在查阅有关资料后试着分析这一观点是否合理，并指出理论依据。

第 11 章
第二审审判程序

> **引言**
>
> 对于人民法院作出的第一审未生效的裁判,被告人可以通过上诉、检察机关可以通过抗诉来启动第二审程序。一般认为,刑事第二审程序的基本功能在于纠正第一审裁判中可能存在的错误,保障裁判的正确性,从而维护司法的权威性。那么,第二审程序有哪些特点,如何启动第二审程序?第二审人民法院如何审查第一审未生效的裁判,第二审案件以何种方式进行审理?何谓"上诉不加刑",其意义何在,如何适用?本章主要围绕这些问题加以展开。

11.1 第二审程序概述

第二审程序,又称上诉审程序,是指原一审人民法院的上一级人民法院根据上诉人的上诉或人民检察院的抗诉,对第一审人民法院尚未发生法律效力的判决或裁定所认定的事实和适用的法律进行重新审理时所应遵循的步骤、方式和方法。它是刑事诉讼中一个独立的诉讼阶段。

第二审程序的特点

第二审程序具有如下几个特点。

第一,不能简单地认为第二审程序是对同一个案件进行第二次审理的程序。因为对同一个案件进行第二次审理所适用的程序,根据情况不同,可能是第二审程序,也可能是第一审程序,还可能是审判监督程序。

第二,第二审程序不是审理刑事案件的必经程序。一个案件是否经过第二审程序,关键在于有上诉权的人是否提起上诉或者人民检察院是否提出抗诉。

第三,除基层人民法院外的各级人民法院,都可以成为第二审人民法院。因此,中级人民法院、高级人民法院和最高人民法院对于其下一级人民法院来说,都是第二审人民法院;对于不服下一级人民法院第一审判决或裁定而提起上诉或抗诉的,都可适用第二审程序进行审判。

■ 第二审程序的任务和意义

第二审程序的任务是,第二审人民法院对第一审人民法院作出的判决或裁定所认定的事实是否清楚,证据是否确实、充分,适用法律是否正确,诉讼程序是否合法,进行全面审查和审理,并依法作出判决或裁定。

第二审程序的意义在于如下几个方面：① 维护第一审人民法院的正确判决或裁定。② 纠正第一审人民法院的判决或裁定,正确地惩罚犯罪分子,保障无罪的人不受刑事追究,彰显司法公正,维护司法形象。③ 有利于上级法院监督和指导下级法院的审判工作,保证办案质量。

11.2 第二审程序的提起

与第一审程序相比,第二审程序并非刑事诉讼的必经程序。但刑事第二审程序仍然遵循"不告不理"的原则,只有由被告人提起上诉或检察机关提出抗诉才会引发第二审程序。

■ 提起第二审程序的主体

根据《刑事诉讼法》的规定,提起第二审程序的方式有两种,即上诉和抗诉。下面我们将具体介绍有权提起上诉和抗诉的主体。

● 上诉的主体

根据上诉是否可独立提起,上诉的主体可以分为享有独立上诉权的主体与不享有独立上诉权的主体。前者主要是案件中的当事人,一般包括被告人、自诉人、附带民事诉讼当事人及其法定代理人。后者是指附条件有权提起上诉的主体,包括被告人的辩护人及被告人的近亲属。

具体而言,下列主体有权提起上诉。

（1）自诉人及其法定代理人。自诉人是刑事诉讼中的当事人,与案件处理结果有直接利害关系,因而享有上诉权。自诉人因未成年、患精神病等原因不具备或者丧失行为能力的,其法定代理人基于监护关系有权依法独立提起上诉。

（2）被告人及其法定代理人。这里的"被告人"既包括公诉案件中的被告人,也包括自诉案件中的被告人。

（3）征得被告人同意的辩护人及近亲属。被告人的辩护人和近亲属没有独立的上诉权,必须事先征得被告人的同意才能提起上诉。

（4）附带民事诉讼的当事人及其法定代理人。附带民事诉讼的当事人如果同时是刑事诉讼的自诉人、被告人,则既可以对附带民事诉讼部分提起上诉,也可以对刑事诉讼部分提起上诉。

- **抗诉的主体**

作为法律监督机关，人民检察院有权对第一审、第二审人民法院的判决、裁定是否正确实施法律监督，以纠正错误的裁判，确保法律的正确实施。

人民检察院对于人民法院作出的未生效的第一审判决、裁定，如果认为确有错误，就可以提起抗诉。上级人民检察院如果认为抗诉不当，就可以向同级人民法院撤回抗诉，并且通知下级人民检察院。值得注意的是，有权对第一审未生效判决、裁定提出抗诉的机关，是第一审人民法院的同级人民检察院。

- **请求抗诉的主体**

在我国，尽管刑事被害人享有当事人的诉讼主体地位，但法律并未赋予其独立的上诉权。如果被害人及其法定代理人不服地方各级人民法院第一审的判决，自收到判决书后五日内，有权请求人民检察院提出抗诉。对此，人民检察院应当立即对请求人的资格、请求的时间和理由进行审查，并自收到请求后五日内作出是否抗诉的决定，并答复请求人。

上诉、抗诉的理由

《刑事诉讼法》对于当事人提起上诉的理由没有任何限制规定，因此，有上诉权的当事人在法定上诉期限内提起上诉，不论理由是否确实、充分，第二审人民法院均应受理，以维护当事人的上诉权，以保障两审终审制的有效运作。

而人民检察院作为国家的法律监督机关，对第一审人民法院判决、裁定抗诉是其行使法律监督权的具体体现，其抗诉行为是国家行为。因此，《刑事诉讼法》对人民检察院提起抗诉的理由作出了特别的限制规定，即检察机关只有在掌握充分的根据认定原判决、裁定"确有错误"时，才能提出抗诉。

具体来说，"确有错误"的情形主要包括如下几种情况：① 认定事实不清、证据不足的；② 有确实、充分的证据证明有罪而判无罪，或者无罪判有罪的；③ 重罪轻判，轻罪重判，适用刑罚明显不当的；④ 认定罪名不正确，一罪判数罪、数罪判一罪，影响量刑或者造成严重社会影响的；⑤ 免除刑事处罚或者适用缓刑错误的；⑥ 第一审人民法院在审理过程中，严重违反法律规定的诉讼程序的。

上诉、抗诉的期限

上诉或抗诉应当在法定的上诉或抗诉期间内提出。《刑事诉讼法》规定，不服判决的上诉和抗诉的期限为十日，不服裁定的上诉和抗诉的期限为五日，从接到判决书、裁定书的第二日起算。

对附带民事判决、裁定的上诉、抗诉期限，应当按照刑事部分的上诉、抗诉期限确定。附带民事部分另行审判的，上诉期限也应当按照《刑事诉讼法》规定的期限确定。

上诉、抗诉的方式与程序

- **上诉的方式与程序**

上诉可以通过书面或口头的方式提起。司法实践中，当事人大多会采用书面形式提起上诉,以充分列举、说明本方的上诉理由。

上诉可以通过原审人民法院提起,也可直接向上一级人民法院提起。

上诉人通过第一审人民法院提出上诉的,第一审人民法院应当审查。上诉符合法律规定的,应当在上诉期满后三日内将上诉状连同案卷、证据移送上一级人民法院,并将上诉状副本送交同级人民检察院和对方当事人。

上诉人直接向第二审人民法院提出上诉的,第二审人民法院应当在收到上诉状后三日内将上诉状交第一审人民法院。第一审人民法院应当审查上诉是否符合法律规定。符合法律规定的,第一审人民法院应当在接到上诉状后三日内将上诉状连同案卷、证据移送上一级人民法院,并将上诉状副本送交同级人民检察院和对方当事人。

上诉人在上诉期限内要求撤回上诉的,人民法院应当准许。上诉人在上诉期满后要求撤回上诉的,第二审人民法院经审查,认为原判认定事实和适用法律正确,量刑适当的,应当裁定准许;认为原判确有错误的,应当不予准许,继续按照上诉案件审理。被判处死刑立即执行的被告人提出上诉,在第二审开庭后宣告裁判前申请撤回上诉的,应当不予准许,继续按照上诉案件审理。

- 抗诉的方式与程序

地方各级人民检察院对同级人民法院第一审判决、裁定的抗诉,应当通过第一审人民法院提交抗诉书,并且将抗诉书抄送上一级人民检察院。第一审人民法院应当在抗诉期满后三日内将抗诉书连同案卷、证据移送上一级人民法院,并将抗诉书副本送交当事人。

上级人民检察院如果认为抗诉不当,可以向同级人民法院撤回抗诉,并且通知下级人民检察院。上级人民检察院在上诉、抗诉期限内,发现下级人民检察院应当提出抗诉而没有提出抗诉的案件,可以指令下级人民检察院依法提出抗诉。

人民检察院在抗诉期限内要求撤回抗诉的,人民法院应当准许。人民检察院在抗诉期满后要求撤回抗诉的,第二审人民法院可以裁定准许,但是认为原判存在将无罪判为有罪、轻罪重判等情形的,应当不予准许,继续审理。

11.3 第二审程序的审判

对上诉、抗诉案件的审查

第二审人民法院对第一审人民法院移送上诉、抗诉的案卷,应当审查是否包括下列内容:① 移送上(抗)诉案件函;② 上诉状或者抗诉书;③ 第一审判决书或者裁定书的份数;④ 全部案卷材料和证据,包括案件审结报告和其他应当移送的材料。如果上述材料齐备,第二审人民法院应当收案;材料不齐备或不符合规定的,第二审人民法院应当通知第一审人民法院及时补送。

■ 全面审查原则

所谓"全面审查原则",是指第二审人民法院应当就第一审判决、裁定认定的事实和适用的法律进行全面审查,不受上诉或者抗诉范围的限制。

全面审查包含以下几项要求:① 既要审查事实是否正确,证据是否确实、充分,又要审查法律适用是否正确。② 既要审查上诉或者抗诉的部分,又要审查没有上诉或者抗诉的部分。③ 既要审查实体方面的内容,又要审查程序方面的内容。④ 在共同犯罪案件中,只有部分被告人上诉的,或者人民检察院只就第一审人民法院判决、裁定中的部分被告人的判决、裁定提出抗诉的,第二审人民法院应当对全案进行审查,一并处理。⑤ 在共同犯罪案件中,提起上诉的被告人死亡,而其他被告人没有提起上诉的,第二审人民法院仍应对全案进行审查,死亡的被告人不构成犯罪的,应当宣告其无罪;审查后认为构成犯罪的,应当终止审理。⑥ 审理刑事附带民事诉讼的上诉、抗诉案件,对于仅就刑事部分不服而提起上诉或者抗诉的案件,第二审人民法院既要审查刑事部分的内容,也要审查附带民事诉讼部分的内容;同理,对于仅就附带民事诉讼部分提起上诉、抗诉的案件,第二审人民法院对刑事部分也应进行全面审查。

对上诉、抗诉案件,第二审人民法院应当着重审查下列内容:① 第一审判决认定的事实是否清楚,证据是否确实、充分;② 第一审判决适用法律是否正确,量刑是否适当;③ 在调查、侦查、审查起诉、第一审程序中,有无违反法定程序的情形;④ 上诉、抗诉是否提出新的事实、证据;⑤ 被告人的供述和辩解情况;⑥ 辩护人的辩护意见及采纳情况;⑦ 附带民事部分的判决、裁定是否合法、适当;⑧ 对涉案财物的处理是否正确;⑨ 第一审人民法院合议庭、审判委员会讨论的意见。

延伸思考:刑事第二审程序应该进行全面审查还是有限审理?

我国刑事第二审程序与民事第二审程序之间有一个显著的不同之处:民事第二审的审理范围一般仅限于对上诉请求和适用法律进行审查,而刑事第二审则依然遵循全面审查的原则,即对一审裁判所认定的事实和适用的法律进行全面审查,不受上诉或者抗诉范围的限制。坚持全面审查,其原因在于这一原则体现了《刑事诉讼法》的实事求是、以事实为依据、以法律为准绳的基本原则和对人民高度负责的精神。

不过也有学者指出,刑事第二审程序本应当兼具权利救济和裁判过滤功能,但在全面审查模式下,虽然第二审程序的启动取决于上诉和抗诉,但第二审程序一旦启动,法院便不再受上诉和抗诉范围的约束,而是对案件所涉及的全部事实问题和法律问题展开审理。这严重影响了第二审程序的权利救济功能的发挥。具体来说,这又表现为上诉、抗诉请求及其理由得不到应有的重视,刑事第二审程序并非围绕上诉和抗诉请求而展开,在不开庭审理的案件中控辩双方难以充分表达意见。

进而该学者主张,在刑事第二审中应当确立有限审理原则,即第二审的审理原则上以上诉或抗诉范围为限,应当在《刑事诉讼法》中明确规定,上诉和抗诉都应当明确提出具体的诉讼请求和理由,第二审人民法院应当重点审查上诉和抗诉理由是否能够成立。但是"以上诉和抗诉请求的范围为限"的原则不宜被绝对化。与上诉、抗诉请求紧密相关、不可分割的部分也应当纳入审理范围,例如共同犯罪人的刑事责任问题。

请读者在此基础上继续思考,未来刑事第二审程序对于审理范围问题宜确立什么原则?理由是什么?

第二审案件的审判方式和程序

《刑事诉讼法》第二百三十四条规定,第二审人民法院对于下列案件,应当组成合议庭,开庭审理:① 被告人、自诉人及其法定代理人对第一审认定的事实、证据提出异议,可能影响定罪量刑的上诉案件;② 被告人被判处死刑的上诉案件;③ 人民检察院抗诉的案件;④ 应当开庭审理的其他案件。

第二审人民法院决定不开庭审理的,应当讯问被告人,听取其他当事人、辩护人、诉讼代理人的意见。

开庭审理的方式

第二审人民法院的审判方式分为开庭审理和不开庭审理两种。

开庭审理,是指第二审人民法院在合议庭的主持下,由当事人、检察人员和其他诉讼参与人参加,经过法庭调查、法庭辩论、被告人最后陈述、评议和宣判的程序审理案件。

根据《刑事诉讼法》和有关司法解释的规定,在当事人上诉的案件中,只要上诉人对第一审认定的事实、证据提出异议,认为可能影响定罪量刑的,或者被告人被判处死刑的,就应当组成合议庭,开庭审理。同时,人民检察院依法提起抗诉的案件,也应开庭审理。

人民检察院提出抗诉的案件或者第二审人民法院开庭审理的公诉案件,同级人民检察院都应当派员出席法庭。第二审人民法院应当在决定开庭审理后及时通知人民检察院查阅案卷。

第二审人民法院开庭审理上诉或者抗诉案件,除参照第一审程序的规定外,还应当依照下列规定进行。

(1)法庭调查阶段:审判人员宣读第一审判决书、裁定书后,上诉案件由上诉人或者辩护人先宣读上诉状或者陈述上诉理由,抗诉案件由检察员先宣读抗诉书;既有上诉又有抗诉的案件,先由检察员宣读抗诉书,再由上诉人或者辩护人宣读上诉状或者陈述上诉理由。

(2)法庭辩论阶段:上诉案件,先由上诉人、辩护人发言,后由检察员、诉讼代理人发言;抗诉案件,先由检察员、诉讼代理人发言,后由被告人、辩护人发言;既有上诉又有抗诉的案件,先由检察员、诉讼代理人发言,后由上诉人、辩护人发言。

不开庭审理的方式

第二审案件依法不开庭审理的,应当讯问被告人,听取其他当事人、辩护人、诉讼代理人的意见。合议庭全体成员应当阅卷,必要时应当提交书面阅卷意见。

对第二审案件的裁判

对上诉、抗诉案件的裁判

第二审人民法院对不服第一审判决的上诉、抗诉案件,经过审理后,应按下列情形分别作出裁判。

(1)原判决认定事实和适用法律正确、量刑适当的,应当裁定驳回上诉或者抗诉,维持原判。

(2)原判决认定事实没有错误,但适用法律有错误,或者量刑不当的,应当改判。

(3)原判决事实不清楚或者证据不足的,可以在查清事实后改判;也可以裁定撤销原判,发回原审人民法院重新审判。

(4)发现第一审人民法院有下列违反法律规定的诉讼程序的情形之一的,应当裁定撤销原判,发回原审人民法院重新审判:① 违反《刑事诉讼法》有关公开审判的规定的;② 违反回避制度的;③ 剥夺或者限制了当事人的法定诉讼权利,可能影响公正审判的;④ 审判组织的组成不合法的;⑤ 其他违反法律规定的诉讼程序,可能影响公正审判的。

原审人民法院对于发回重新审判的案件,应当另行组成合议庭,依照第一审程序进行审判。其所作的判决或裁定,仍属于第一审判决或裁定,有上诉权的人或人民检察院仍可以依法上诉或抗诉。

第二审人民法院作出的判决、裁定和最高人民法院的判决、裁定,都是终审的判决、裁定,一经宣布,立即发生法律效力。

另外,关于"发回重审的次数"问题,《刑事诉讼法》第二百三十六条规定:原审人民法院对于依照前款第三项规定(事实不清、证据不足发回重审的情形)发回重新审判的案件作出判决后,被告人提起上诉或者人民检察院提起抗诉的,第二审人民法院应当依法作出判决或者裁定,不得再发回原审人民法院重新审判。也就是说,在这种情况下,发回重审仅限一次。

实践关注:发回重审及其缺陷

我国发回重审的情形大致有三种:一是在按第二审程序审判的案件中,如果原判决、裁定认定的事实不清楚或者证据不足的,或者原审人民法院在诉讼程序上有违反法律规定的,可发回原审法院重新审判。二是在死刑复核案件中,如发现第一审或第二审人民法院的诉讼程序违反法律规定,可能影响正确判决的,或者原判认定事实不清、证据不足的,应当撤销原判,发回原审或第二审法院重审。三是在按审判监督程序审理的案件中,如果按第二审程序审理,原判决、裁定认定事实不清或者证据不足的,可以裁定撤销原判,发回原审人民法院重新审判。

可见,我国发回重审制度的基本宗旨在于发现案件真实和纠正违反法律和程序的情形。其核心理念仍是对客观真实的追求。至于判决既判力、诉讼效率等问题则在所不问。联合国《公民权利和政治权利国际公约》规定:任何人已依一国的法律和刑事程序被最后定罪或宣告无罪的,不得就同一罪名再予审判或惩罚。这保证了被告人免受双重危险的权利。作为国际上公认的被告人最低限度的人权内容之一,在我国现行诉讼程序中并未得到较好的维护。

我国发回重审制度存在的弊端主要体现在以下几个方面。

首先,发回重审的条件具有模糊性和不确定性。《刑事诉讼法》规定发回重审的前提条件是案件事实不清、证据不足或者存在违反诉讼程序的情形,但对于究竟事实不清到什么程度、哪些证据不足可以构成发回重审的条件,则无具体规定。对此,不同的法官可能会有不同的理解,以致会作出不同的裁判。在究竟是直接改判还是发回重审的问题上,法官的自由裁量权过大甚至会出现权力滥用的现象。

其次,重审法院的同一性影响了判决的公信力和权威性。根据我国法律的规定,尽管在发回重审时原审法院应另行组成合议庭对案件进行重新审理,但这一做法能否达到公正审理的效果也是值得商榷的。一方面,新的合议庭的法官同原审法官之间有着千丝万缕的联系,我们无法排除其相互之间的影响。在目前我国还没有确立完全意义上的司法独立的背景下,这个问题就更加突出了。另一方面,重审案件即使不由原审法官审理,也无法避免由原审法院的审判委员会再次接管。发回重审的案件一般来说都是较为复杂而又难以解决的案件,交由审判委员会讨论也就在所难免,而审判委员会的成员又相对稳定,那么,如何排除先前已经形成的预断,确保司法公正,则是一个新的难题。

最后,对于发回重审的情形,没有区分是否有利于被告人。在众多法治国家,除了要纠正违反法律程序的情形外,发回重审尤其是申请再审后发回重审的情形,一般都被限制在有利于被告人的范围内。因为在刑事诉讼中,被告人已经处于不利的地位和不确定的危险当中,如果在判决作出后再发起对其不利的重审,则是将其摆在一个更加不利的地位并使其再一次遭受危险,其基本的尊严和权利也就很难得到保障。我国并未作出这样的区分,被发回重审的案件中的被告人除了要忍受长时间的审理外,还陷入了进一步的不确定的危险当中。

● **对附带民事诉讼案件的裁判**

关于第二审人民法院对刑事附带民事案件的处理,应当根据上诉、抗诉的具体情况进行区分。

(1) 第二审人民法院审理刑事附带民事上诉、抗诉案件,如果发现刑事部分和附带民事部分均有错误需依法予以改判的,应当一并审理、一并改判。

(2) 第二审人民法院审理对刑事部分提出上诉、抗诉,附带民事部分已经发生法律效力的案件,发现第一审判决、裁定中的附带民事部分确有错误的,应当依照审判监督程序对附带民事部分予以纠正。

(3) 第二审人民法院审理对附带民事部分提出上诉,刑事部分已经发生法律效力的案件,应当对全案进行审查,并按照下列情形分别处理:① 第一审判决的刑事部分并无不当的,只需就附带民事部分作出处理;② 第一审判决的刑事部分确有错误的,依照审判监督程序对刑事部分进行再审,并将附带民事部分与刑事部分一并审理。

(4) 第二审期间,第一审附带民事诉讼原告人增加独立的诉讼请求或者第一审附带民事诉讼被告人提出反诉的,第二审人民法院可以根据自愿、合法的原则进行调解;调解不成的,告知当事人另行起诉。

对自诉案件的裁判

第二审人民法院审理自诉案件,应根据案件具体情况,作出如下处理:

(1) 对第二审自诉案件,必要时可以调解,当事人也可以自行和解。调解结案的,第二审人民法院应当制作调解书,第一审判决、裁定视为自动撤销。当事人自行和解的,依照《最高法解释》第三百二十九条的规定处理;第二审人民法院裁定准许撤回自诉的,应当撤销第一审判决、裁定。

(2) 第二审期间,自诉案件的当事人提出反诉的,第二审人民法院应当告知其另行起诉。

第二审程序的审理期限

第二审人民法院受理上诉、抗诉案件,应当在两个月内审结。对于可能判处死刑的案件或者附带民事诉讼的案件,以及有《刑事诉讼法》第一百五十八条规定情形之一的,经省、自治区、直辖市高级人民法院批准或者决定,可以延长两个月;因特殊情况还需要延长的,报请最高人民法院批准。最高人民法院受理上诉、抗诉案件的审理期限,由最高人民法院决定。

11.4 上诉不加刑原则

上诉不加刑原则的概念和意义

上诉不加刑原则,是指第二审人民法院在审判仅有被告人一方上诉的案件时,不得以任何理由加重被告人刑罚。

《刑事诉讼法》第二百三十七条第一款规定,第二审人民法院审理被告人或者他的法定代理人、辩护人、近亲属上诉的案件,不得加重被告人的刑罚。第二审人民法院发回原审人民法院重新审判的案件,除有新的犯罪事实,人民检察院补充起诉的以外,原审人民法院也不得加重被告人的刑罚。

但是,人民检察院提出抗诉或者自诉人提出上诉的,不受《刑事诉讼法》第二百三十七条第一款规定的限制。

履行上诉不加刑原则的意义在于:① 有利于保障被告人依法行使上诉权,消除其存在的思想顾虑。② 有利于维护上诉制度,使两审终审制得以真正有效、畅通地运行,保证人民法院正确行使审判权。③ 有利于促进人民检察院履行审判监督职责。

■ 上诉不加刑原则的适用

第二审人民法院在审理仅有被告人或者其法定代理人、辩护人、近亲属提起上诉的案件时,不得加重被告人的刑罚,并应当执行下列具体规定。

(1) 同案审理的案件,只有部分被告人上诉的,既不得加重上诉人的刑罚,也不得加重其他同案被告人的刑罚。

(2) 原判认定的罪名不当的,可以改变罪名,但不得加重刑罚或者对刑罚执行产生不利影响。

(3) 原判认定的罪数不当的,可以改变罪数,并调整刑罚,但不得加重决定执行的刑罚或者对刑罚执行产生不利影响。

(4) 原判对被告人宣告缓刑的,不得撤销缓刑或者延长缓刑考验期。

(5) 原判没有宣告职业禁止、禁止令的,不得增加宣告;原判宣告职业禁止、禁止令的,不得增加内容、延长期限。

(6) 原判对被告人判处死刑缓期执行没有限制减刑、决定终身监禁的,不得限制减刑、决定终身监禁。

(7) 原判判处的刑罚不当、应当适用附加刑而没有适用的,不得直接加重刑罚、适用附加刑。原判判处的刑罚畸轻,必须依法改判的,应当在第二审判决、裁定生效后,依照审判监督程序重新审判。

总　结

对第一审人民法院尚未发生法律效力的判决或裁定提起上诉或抗诉,可以启动刑事第二审程序。第二审人民法院对上诉、抗诉案件实行全面审查原则,不受上诉或者抗诉范围的限制。对于第二审案件,人民法院应当组成合议庭,以开庭审理或阅卷、讯问、听取意见的方式进行审理。经过审理,可能得出如下裁判结果:驳回上诉或抗诉,维持原判;直接改判;撤销原判,发回重审。在第二审案件审理中,我国实行上诉不加刑原则,以确保被告人依法行使上诉权,打消其思想顾虑,同时可以确保两审终审制的有效运行。

思 考 题

1. 为了确保法院裁判的正确性,维护被告人的合法权益和司法公正,有人提出刑事第二审案件应当全面开庭审理而不宜采用"书面审理"的方式。对此,你怎么看?

2. 请思考如何完善我国的发回重审制度。

第 12 章
死刑复核程序

引言

死刑复核程序是有死刑核准权的人民法院对死刑案件进行审查、核准时所适用的一种特别的审判程序。它不受两审终审制的限制,是死刑案件中的必经程序。死刑复核程序的目的是保证死刑判决的正确性,防止错杀,控制死刑的适用。那么,死刑复核程序具有哪些特点,其意义何在,死刑案件报请复核的具体程序是怎样的,复核后如何处理? 本章主要围绕这些问题加以展开。

12.1　死刑复核程序概述

死刑复核程序,是指人民法院在对判处死刑的案件进行审查、核准时所遵循的特别审判程序。死刑复核程序的特殊性在于,对于判处死刑立即执行、死刑缓期二年执行的案件,即使控辩双方没有上诉、抗诉,抑或是经过第二审的死刑判决、裁定,也并不发生终局的法律效力。死刑必须依法经过最高人民法院或高级人民法院核准后,才发生法律效力。

■ 死刑复核程序的特点和任务

死刑复核程序具有以下特点。

● **适用对象的单一性**

死刑复核程序只适用于判处死刑的案件,包括判处死刑立即执行的案件和判处死刑缓期二年执行的案件,而不适用于其他案件。

● **程序启动的主动性**

与其他程序必须遵循不告不理原则不同,死刑复核程序不需经过告诉而自动启动。死刑复核程序由作出死刑裁判的人民法院主动逐级上报有核准权的人民法院,由有核准权的人民法院核准死刑。

● **死刑核准权的专属性**

只有最高人民法院、高级人民法院分别对死刑案件、死缓案件有核准权。

● **程序运行的特殊性**

具有死刑核准权的人民法院对于报请复核的死刑判决或裁定进行对事实和法律的全面审查,依法核准正确的死刑判决或裁定,变更、纠正错误的死刑判决或裁定,并制定相应的法律文书。

死刑复核程序的任务是,查明原判认定的犯罪事实是否清楚,据以定罪的证据是否确实、充分,罪名是否准确,量刑是否适当,程序是否合法。

■ **死刑复核程序的意义**

第一,死刑复核程序有利于保证死刑适用的正当性。在死刑案件中,死刑复核程序是继第一审、第二审程序之后的复查程序,这对于保证死刑案件判决的正确性具有重要意义。

第二,死刑复核程序既是正确贯彻宽严相济的刑事政策、防止死刑滥用的可靠保证,又是以人为本、保障人权的重要措施。

第三,死刑复核程序是统一死刑规格、统一执法尺度的关键程序,有利于控制死刑的数量。死刑复核有利于保证办案质量,防止冤杀、错杀。同时,将判处死刑立即执行的权力集中在最高人民法院,有利于最高人民法院在整体上控制我国死刑的适用数量。

12.2 死刑核准权的沿革

中华人民共和国成立后,死刑案件核准权的归属经历了数次变化,可以说是一个颇为曲折的过程。

(1) 1954年通过的《人民法院组织法》规定,对于中级人民法院和高级人民法院所作出的死刑案件的终审判决和裁定,如果当事人不服,可以申请上一级人民法院复核。对于基层人民法院所作出的死刑案件的判决和中级人民法院所作出的死刑案件的判决和裁定,如果当事人不上诉、不申请复核,应当报请高级人民法院核准后执行。可见,当时基层法院对死刑案件有判决权,死刑案件的核准权由最高人民法院和高级人民法院共同行使。

(2) 1957年,第一届全国人民代表大会第四次会议决议指出:"今后一切死刑案件,都由最高人民法院判决或核准。"也就是说,这一时期的死刑核准权集中于最高人民法院。1958年5月29日,最高人民法院发出通知,将死刑缓期二年执行案件的核准权交给各高级人民法院行使,从而将死刑立即执行案件和死刑缓期二年执行案件的核准权作了明确的划分。

(3) 1979年,第五届全国人民代表大会第二次会议首次通过了《刑事诉讼法》,该法规定死刑立即执行案件由最高人民法院核准。基层法院不再审判死刑案件。

(4) 1980年2月,全国人大常委会决定,在1980年内的杀人、强奸、抢劫、爆炸以及其他严重危害公共安全和社会治安、判处死刑的案件的核准权,最高人民法院在必要时,可以授权省、自治区、直辖市的高级人民法院行使。

(5) 1983年9月,第六届全国人大常委会第二次会议修订后的《人民法院组织法》第十三条规定:"死刑案件除由最高人民法院判决的以外,应当报请最高人民法院核准。杀人、强奸、抢劫、爆炸以及其他严重危害公共安全和社会治安、判处死刑的案件的核准权,最高人民法院在必要时,得授权省、自治区、直辖市的高级人民法院行使。"据此,同年9月7日,最高人民法院发布了《关于授权高级人民法院核准部分死刑案件的通知》,该通知规定:除由最高人民法院判处死刑的案件外,各地反革命案件和贪污等严重经济犯罪案件判处死刑的,仍应由高级人民法院复核同意后,报本院核准;对杀人、强奸、抢劫、爆炸以及其他严重危害公共安全和社会治安、判处死刑的案件的核准权,本院依法授权由省、自治区、直辖市的高级人民法院和解放军军事法院行使。

(6) 最高人民法院在1991年至1997年分别以通知形式授予云南省、广东省、广西壮族自治区、四川省、甘肃省和贵州省的高级人民法院对毒品犯罪判处死刑的案件的核准权(由最高人民法院判决的案件和涉外、涉港澳台的毒品犯罪判处死刑的案件除外)。

(7) 2006年10月31日,第十届全国人大常委会第二十四次会议表决通过了《关于修改〈中华人民共和国人民法院组织法〉的决定》,明确规定自2007年1月1日起,死刑除依法由最高人民法院判决的以外,应当报请最高人民法院核准。至此,死刑立即执行案件的核准权全部由最高人民法院行使。

12.3 死刑案件复核的具体程序

死刑案件的复核程序一般经过报请、复核、处理三个环节。与传统的审判程序不同的是,死刑案件复核程序并不具备典型的诉讼形态,没有开庭审理的环节,也无须再进行控辩对抗。整个复核程序的运行,由最高人民法院或高级人民法院的复核法官主导。复核法官主要通过阅卷、讯问、听取意见的方式来复核案件并作出最终的裁判。

■ 死刑立即执行案件的报请复核

报请最高人民法院核准死刑的案件,按照以下情形办理。

(1) 中级人民法院判处死刑的第一审案件,被告人未上诉、人民检察院未抗诉的,在上诉、抗诉期满后十日内报请高级人民法院复核。高级人民法院同意判处死刑的,应当在作出裁定后十日内报请最高人民法院核准;认为原判认定的某一具体事实或者引用的法律条款等存在瑕疵,但判处被告人死刑并无不当的,可以在纠正后作出核准的判决、裁定;不同意判处死刑的,应当依照第二审程序提审或者发回重新审判。

(2) 中级人民法院判处死刑的第一审案件,被告人上诉或者人民检察院抗诉,高级人民法院裁定维持的,应当在作出裁定后十日内报请最高人民法院核准。高级人民法院不同意判处死刑而改判死刑缓期二年执行的判决,是终审的判决,不再报请最高人民法院复核。

(3) 高级人民法院判处死刑的第一审案件,被告人未上诉、人民检察院未抗诉的,应当在上诉、抗诉期满后十日内报请最高人民法院核准。高级人民法院判处死刑的第一审案件，被告人提起上诉的，则应当按第二审程序移送案件，由最高人民法院审理。

（4）依法判处死刑缓期二年执行的罪犯，在死刑缓期执行期间，如果故意犯罪，查证属实，应当执行死刑的，由高级人民法院报请最高人民法院核准。

■ 死刑缓期二年执行案件的报请复核

死刑缓期二年执行案件的报请复核，按照以下情形办理。

（1）中级人民法院判处死刑缓期二年执行的第一审案件，被告人未上诉、人民检察院未抗诉的，应当报请高级人民法院核准。高级人民法院同意判处死刑缓期二年执行的，应当裁定予以核准；如果认为事实不清、证据不足的，应当裁定发回原审法院重新审判，对于重新审判所作的判决、裁定，被告人可以提起上诉，人民检察院可以提出抗诉；如果认为原判量刑过重的，高级人民法院应当依法改判。

（2）中级人民法院判处死刑缓期二年执行的第一审案件，被告人提出上诉或者人民检察院提出抗诉的，高级人民法院经过第二审程序，如果同意判处死刑缓期二年执行，应当作出维持原判并核准死刑缓期二年执行的裁定；如果认为原判量刑过重，应当依法改判；如果认为事实不清、证据不足的，应当裁定发回重新审判。

（3）高级人民法院判决的死刑缓期二年执行的第一审案件，如果当事人不上诉、检察机关不抗诉的，即作出核准死刑缓期二年执行的裁定。

■ 报请复核的材料、内容和方式

● 报送诉讼案卷材料和各种法律文书

报请复核的死刑、死刑缓期执行案件，应当一案一报。报送的材料包括下列内容：报请复核报告，案件综合报告，第一、二审裁判文书各五份以及诉讼案卷和证据。案件综合报告，第一、二审裁判文书和审理报告应当附送电子文本。

◇ 报请复核报告

报请复核报告应载明案由、简要案情、审理过程以及判决结果。

◇ 案件综合报告

案件综合报告应当包括以下内容：① 被告人、被害人的基本情况。被告人有前科或者曾受过行政处罚、处分的，应当写明。② 案件的由来和审理经过。案件曾经发回重新审判的，应当写明发回重新审判的原因、时间、案号等。③ 案件侦破情况。通过技术调查、侦查措施抓获被告人、侦破案件，以及与自首、立功认定有关的情况，应当写明。④ 第一审审理情况。包括控辩双方意见，第一审认定的犯罪事实，合议庭和审判委员会意见。⑤ 第二审审理或者高级人民法院复核情况。包括上诉理由、人民检察院的意见，第二审审理或者高级人民法院复核认定的事实，证据采信情况及理由，控辩双方意见及采纳情况。⑥ 需要说明的问题。包括共同犯罪案件中另案处理的同案犯的处理情况，案件有无重大社会影响，以及当事人的反应等情况。⑦ 处理意见。写明合议庭和审判委员会的意见。

◇ 诉讼案卷和证据

诉讼案卷和证据应当包括以下内容：① 拘留证、逮捕证、搜查证的复印件；② 扣押赃款、赃物和其他在案物证的清单；③ 监察机关、公安机关、国家安全机关、检察机关自侦部门的起诉意见书；④ 人民检察院的起诉书；⑤ 案件的审查报告、法庭审理笔录、合议庭评议笔录和审判委员会讨论决定笔录；⑥ 被告人的上诉状、人民检察院的抗诉书；⑦ 人民法院判决书、裁定书和宣判笔录、送达回证；⑧ 能够证明案件具体情况并经过查证属实的各种肯定的和否定的证据，包括物证或物证照片，书证，证人证言，被害人陈述，被告人供述和辩解，鉴定结论，勘验、检查笔录和视听资料。

● **复核的内容和方式**

最高人民法院复核死刑案件，高级人民法院复核死刑缓期执行的案件，应当由审判员三人组成合议庭进行。

最高人民法院（高级人民法院）复核或者核准死刑（死缓）案件，一般通过全面审查案卷、讯问被告人、听取检察机关和辩护律师的意见、制作复核审理报告等方式。

◇ 全面审查案卷

审查案卷应当全面进行，一般包括下列内容：① 被告人的年龄，被告人有无刑事责任能力，是否系怀孕的妇女；② 原判认定的事实是否清楚，证据是否确实、充分；③ 犯罪情节、后果及危害程度；④ 原判适用法律是否正确，是否必须判处死刑，是否必须立即执行；⑤ 有无法定、酌定从重、从轻或者减轻处罚情节；⑥ 诉讼程序是否合法；⑦ 应当审查的其他情况。最高人民法院（高级人民法院）对于案卷一般进行全面审查，必要时可以调查。

◇ 讯问被告人

讯问被告人是死刑复核程序中的重要环节。通过提审被告人，赋予其最后辩解的机会，对于查明案件真实情况，发现和纠正错判，切实保障被告人的辩护权，都具有重要的作用。

◇ 听取检察机关和辩护律师的意见

死刑复核期间，最高人民检察院提出意见的，最高人民法院应当审查，并将采纳情况及理由反馈最高人民检察院。

死刑复核期间，辩护律师要求当面反映意见的，最高人民法院有关合议庭应当在办公场所听取其意见，并制作笔录；辩护律师提出书面意见的，应当附卷。

◇ 制作复核审理报告

对报请复核的死刑案件进行全面审查后，合议庭应当进行评议并制作复核审查报告，该报告应当包含以下内容：① 案由和审理经过；② 被告人和被害人的简况；③ 案件的侦破情况；④ 原审判决要点和控辩双方意见；⑤ 对事实和证据复核后的分析与认定；⑥ 合议庭评议意见和审判委员会讨论决定意见；⑦ 其他需要说明的情况。

延伸思考：死刑复核的诉讼化

我国的一些学者指出，死刑复核程序是典型的行政审核程序。这表现为，死刑复核的启动权掌握在法院手中,复核时主要以阅卷、提审、听取意见的方式展开。这使得死刑复核程序的公开性、透明度均无法保障,其防错、纠错的功能能否有效发挥也是值得怀疑的。另外,在以往的司法实践中,辩护律师介入死刑复核程序也经常遭遇各种障碍。

有鉴于此,有学者提出应当将死刑复核程序改造成一种诉讼化的程序。在程序启动方式上,法律应赋予检察机关和被告人提起该程序的申请权,以保证控辩双方得以充分表达自己的意愿。在控辩双方都不申请的情况下,基于死刑是剥夺人生命权的最严厉的刑罚,为了保证死刑案件的公正,可以由作出死刑判决的法院向最高人民法院报请复核。在审理方式上,一些学者建议引入"诉讼化"的审判方式。为了实现合理配置司法资源,最大限度地发挥死刑复核程序的功能,人民法院应该采用多元的审判模式。对于案件事实清楚,适用法律正确,控辩双方对于案件结果都没有异议的案件,可以采取书面审理加提审的审理方式,通过阅读案件笔录和提审被告,对案件作出裁决。对于事实不清,适用法律不正确,或者控辩双方对案件结果持有异议的案件以及少数疑难、复杂案件,应采用开庭审理的方式进行复核。

请读者思考:我国的死刑复核程序是否有必要进行诉讼化的改造?如果有必要的话,应该如何改造?

复核后的处理

● 死刑立即执行案件的复核结果

最高人民法院复核死刑案件,应当作出核准或者不核准死刑的裁定。对于不核准死刑的,最高人民法院可以发回重新审判或者予以改判。具体来说,最高人民法院复核死刑缓期执行案件,应当按照下列情形分别处理。

(1)原判认定事实和适用法律正确、量刑适当、诉讼程序合法的,应当裁定核准。

(2)原判认定的某一具体事实或者引用的法律条款等存在瑕疵,但判处被告人死刑并无不当的,可以在纠正后作出核准的判决、裁定。

(3)原判事实不清、证据不足的,应当裁定不予核准,并撤销原判,发回重新审判。

(4)复核期间出现新的影响定罪量刑的事实、证据的,应当裁定不予核准,并撤销原判,发回重新审判。

(5)原判认定事实正确、证据充分,但依法不应当判处死刑的,应当裁定不予核准,并撤销原判,发回重新审判;根据案件情况,必要时,也可以依法改判。

(6)原审违反法定诉讼程序,可能影响公正审判的,应当裁定不予核准,并撤销原判,发回重新审判。

● 死刑缓期二年执行案件的复核结果

高级人民法院复核死刑缓期执行案件,应当按照下列情形分别处理。

(1)原判认定事实和适用法律正确、量刑适当、诉讼程序合法的,应当裁定核准。

(2)原判认定的某一具体事实或者引用的法律条款等存在瑕疵,但判处被告人死刑缓期执行并无不当的,可以在纠正后作出核准的判决、裁定。

（3）原判认定事实正确,但适用法律有错误,或者量刑过重的,应当改判。

（4）原判事实不清、证据不足的,可以裁定不予核准,并撤销原判,发回重新审判,或者依法改判。

（5）复核期间出现新的影响定罪量刑的事实、证据的,可以裁定不予核准,并撤销原判,发回重新审判,或者依照《最高法解释》第二百七十一条的规定审理后依法改判。

（6）原审违反法定诉讼程序,可能影响公正审判的,应当裁定不予核准,并撤销原判,发回重新审判。

总　结

在我国,判处死刑立即执行、死刑缓期二年执行的案件,必须依法经过最高人民法院或高级人民法院核准后,才发生法律效力。死刑复核程序有利于保证死刑适用的正当性,有利于保证办案质量,防止冤杀、错杀。经过长期的探索和经验总结,我国死刑立即执行的核准权最终由最高人民法院统一行使。死刑复核程序的基本流程包括报请、复核、处理三个环节,复核法官主要通过阅卷、讯问、听取意见的方式来作出最终的裁判。

思考题

1. 死刑复核程序的基本功能是什么？如何保障其基本功能的有效发挥？

2. 在死刑复核程序的司法实践中,辩护律师的有效参与常常受到各种制约,进而影响其辩护的质量。请读者查阅资料,阐述死刑复核中辩护律师可能遭遇的主要障碍,并思考如何提高死刑案件律师辩护的质量。

第 13 章
审判监督程序

引言

对于已经发生法律效力的判决、裁定,如果发现其确有错误,应该如何处理呢?如果僵化地坚持既判力原则,维持原判不予纠正,则势必会引起人们对刑事审判公正性的质疑。有鉴于此,大陆法系发展出了颇为完备的刑事再审制度,以纠正可能出错的判决,维护当事人的合法权益。受大陆法系影响,我国的刑事司法设立了旨在纠错的审判监督程序,将其作为发生错判时的特殊救济手段。那么,我国的审判监督程序有哪些特点,审判监督的材料来自何处,哪些主体有权提起审判监督程序,提起审判监督程序的主要理由有哪些,按照审判监督程序如何审理案件?本章主要围绕这些问题加以展开。

13.1 审判监督程序概述

审判监督程序,是指人民法院、人民检察院对于已经发生法律效力的判决和裁定,发现在认定事实或者适用法律上确有错误,依法提起并对案件进行重新审判的程序。

审判监督程序,是一种为纠正错判而设立的补救性程序,但它并不是每个案件的必经程序,只适用于已经发生法律效力而且确有错误的判决和裁定。

■ 审判监督程序的特点

作为刑事诉讼中的一项特殊审判程序,审判监督程序既不同于第二审审判程序,又不同于死刑复核程序。审判监督程序具有以下几个方面的特点:

第一,审判监督程序的审理对象必须是已经发生法律效力的判决和裁定,包括正在执行和已经执行完毕的判决和裁定。

第二,审判监督程序是由各级人民法院院长提交本院审判委员会决定,最高人民法院和上级人民法院决定以及最高人民检察院和上级人民检察院提出抗诉而提起的。

第三,审判监督程序必须经法定主体认真审查,有充分的根据和理由认为生效裁判在认定事实和适用法律上确有错误的,才能提起。

第四,对于审判监督程序的提起,法律没有规定时效期限。只在发现新罪或者需要将无罪改为有罪时,审判监督程序才受追诉时效期限的限制;对有罪改为无罪的,法律未规定任何时效期限。

第五,按照审判监督程序审判案件的法院,既可以是原审的第一审人民法院或第二审人民法院,也可以是提审的上级法院,还可以是由上级人民法院依法指令的与原审同级的人民法院。

第六,依照审判监督程序重新审理的案件,除人民检察院抗诉的以外,一般不得加重原审被告人(原审上诉人)的刑罚。

■ 审判监督程序的意义

第一,审判监督程序是使刑罚权得以正确行使的可靠保障。通过审判监督程序纠正已经发生法律效力的错误裁判,可以使有罪的人罪当其行、罚当其责,也可以使无罪的人得到解脱,使罪轻的人免受重刑,从而保障刑罚权的正确行使。

第二,审判监督程序有利于保障当事人的合法权益。通过审判监督程序,对案件进行正确处理,可以保护被告人的生命、自由、财产等合法权利不受非法剥夺或侵犯,也可以避免当事人多次申诉、上访,消除不安定因素。

第三,审判监督程序有利于实现上级司法机关对下级人民法院的审判工作的监督。在审判监督程序中,最高人民法院对地方各级人民法院,上级人民法院对下级人民法院,最高人民检察院对地方各级人民法院,上级人民检察院对下级人民法院的审判工作实行监督,纠正可能存在的错误,保障审判工作的正确、合法进行,及时、有针对性地总结经验和教训,并切实提高办案质量。

延伸阅读:大陆法系的再审制度

欲了解大陆法系的再审制度,应了解一事不再理原则和既判力理论。一事不再理原则起源于罗马法,指法院对任何一个案件不得作两次以上的审判。而法院的判决一旦生效,也就产生了一种已决的法律效力,即既判力。法谚有云,"既判力视同真实",意思是既判的事实应当被视为真实,法院不得随意推翻它。完整的既判力理论应包括以下内容:首先,既判力产生的前提是法院的裁判已经发生法律效力。其次,既判力具有否定后来的审理和裁判活动的效果,要求对同一被告人的同一行为,在法院已经作出生效裁判之后,不得再次进行新的审理和裁判。最后,既判力对法院和控辩双方都会产生某种形式的约束。对于法院而言,凡是对于裁判已生效的案件,都不得再行受理和审判,更不得作出新的裁判。对于公诉方来说,只要被告人的某一行为已经被提起公诉,并有生效的裁判加以确定,就不能再重新进行追诉。①

---

① 陈瑞华:《比较刑事诉讼法》,中国人民大学出版社2010年版,第463—464页。

然而,诚如研究者所言,确定之判决未必正确、真实,若一概不许救济其谬误,难免悖乎发现真实、追求正义之目的,并且,重大谬误之判决若未予纠正,借由刑事诉讼程序所欲追求之法和平性,也是空中楼阁。① 因此,大陆法系国家设计了一种特殊的非常救济程序——再审制度——来弥补既判力的缺陷,旨在纠正司法错误,避免误判无辜。以法国为例,由于再审程序的启动不可避免地损及既决事由的权威效力,故其再审程序的条件颇为严格:第一,申请再审的前提条件是被告人受到有罪裁判之宣告,再审的目的仅仅在于纠正有关有罪判决的错误。第二,有权提出再审的只限于司法部长、被判罪人以及在被判罪人死亡后某些法律所涉及的人。第三,申请再审必须由申请人向"有罪判决复议委员会"提出有关的申请。该委员会由五名经最高法院全体会议指定的该法院法官组成,其中一人来自刑事庭,负责主持委员会的活动。第四,再审申请必须符合《法国刑事诉讼法》第六百二十二条严格限定的理由。理由之一是在认定被告人构成杀人罪并判处刑罚后,发现有证据表明原来认定的被害人仍然活着;理由之二是对同一案件的不同被告人前后作出两个相互矛盾的判决,证明其中有一名被定罪的被告人是无罪的;理由之三是在原来的审判中有一名证人被判决犯有伪证罪;理由之四是发现在原来的审判中未曾知悉的新的事实或者证据,足以对被定罪人是否有罪产生怀疑。第五,对于有罪判决复议委员会提交的再审案件,由最高法院刑事庭主持重新审理。该法庭举行公开的听审,听取申请人及其律师的意见,并听取检察官方面的意见。②

此外,值得一提的是,大陆法系不同国家的再审制度还会区分是否有利于被告人。法国只设立了有利于被告人的再审。而在德国,再审会被区分为有利于被告人的再审和不利于被告人的再审。其中,有利于被告人的再审的提起一般没有时效期限。在法律明确规定的情形下,有利于被告人的再审与不利于被告人的再审均可被提起:一是在法庭审判中曾提出过的书证是伪造或者变造的;二是证人、鉴定人在原审中犯有故意或过失违反宣誓义务之罪,或者犯有故意作虚假陈述之罪;三是参与原审裁判的法官、陪审员在与该案件有关的问题上犯有职务上的罪行。除此之外,提起有利于被告人的再审还可以有三项新的理由:一是作为原审刑事判决之基础的民事判决已被生效判决所撤销;二是对被告人有利的新事实和新证据被发现和提出,导致法院有理由判决被告人无罪,或者有理由对被告人判处较轻的刑罚;三是作为原审判决基础的法律条文,已经被联邦宪法法院宣布为违反宪法。而作为法律明显加以限制的再审申请,不利于被告人的再审只具有一条独特的理由,也就是被判决无罪的被告人在法庭上或者法庭外作出了可信的有罪供述。除此以外,即使在原审无罪判决生效后又发现了新的其他方面的事实和证据,对被告人不利的再审也不得被提起。③

请读者在阅读上述内容后,结合对本章其余内容的学习,试着比较大陆法系国家的再审制度与我国审判监督程序的异同。

---

① 林钰雄:《刑事诉讼法(下)》,中国人民大学出版社2005年版,第314页。
② 陈瑞华:《比较刑事诉讼法》,中国人民大学出版社2010年版,第468—469页。
③ 陈瑞华:《比较刑事诉讼法》,中国人民大学出版社2010年版,第473—474页。

13.2 审判监督程序的材料来源及其审查处理

■ 提起审判监督程序的材料来源

● 当事人及其法定代理人、近亲属的申诉

审判监督程序中的申诉,是指享有申诉权的人对人民法院的生效裁判不服,向人民法院或人民检察院提出该裁判在认定事实或适用法律上的错误并要求重新审判的行为。

向司法机关提出申诉,是申诉权人的权利,也是提起审判监督程序的重要材料来源。当事人及其法定代理人、近亲属的申诉,既可以向人民法院提出,也可以向人民检察院提出。

● 人民群众的来信来访

人民群众如果认为生效裁判确有错误,可以口头向司法机关反映意见,或者提出书面意见,或者在报刊上反映情况,要求司法机关予以复查和纠正。人民群众的来信来访是提起审判监督程序的重要材料来源,也是其监督人民法院、人民检察院司法工作的重要方式。

● 公安、司法机关通过办案或复查案件发现的错误

公安机关在办案中经常遇到"办此案发现彼案"的情况,它是发现犯罪案件的重要途径,也是纠正错案的重要渠道。同时,公安、司法机关为了保证办案质量,在定期或不定期地自查或互查,或按上级指示进行必要的总结检查或复查时,也可能会发现错案,这也是提起审判监督程序的重要材料来源。

● 各级人民代表大会代表提出的纠正错案的议案

人大代表在视察工作和调查研究过程中,能够了解到群众对人民法院判决、裁定的意见,并在人民代表大会会议期间,有针对性地提出议案。这也是提起审判监督程序的重要材料来源。对此,司法机关应当认真对待,并将处理结果报告权力机关。

● 机关、团体、企业、事业单位和新闻媒介等对生效裁判提出的意见

党政领导部门、各级党的纪检组织、国家监察机关和国家经济管理机关等,在社会调查和履行职责过程中,发现生效裁判可能有错误,向有关司法机关提出的建议、提交的复查案件的文件等,都是提起审判监督程序的重要材料来源。律师协会及律师事务所等单位在履行职务中发现生效裁判有错误,以法律意见书等形式向司法机关提出意见,也是提起审判监督程序的材料来源。另外,新闻媒介反映的意见,内容丰富且较为复杂,对此司法机关不应忽视,在掌握线索后应及时审查处理。

■ 申诉的理由和效力

● 申诉的理由

《刑事诉讼法》第二百五十三条规定,申诉的理由有以下几种:① 有新的证据证明原

判决、裁定认定的事实确有错误,可能影响定罪量刑的;② 据以定罪量刑的证据不确实、不充分,依法应当予以排除,或者证明案件事实的主要证据之间存在矛盾的;③ 原判决、裁定适用法律确有错误的;④ 违反法律规定的诉讼程序,可能影响公正审判的;⑤ 审判人员在审理该案件的时候,有贪污受贿、徇私舞弊并导致枉法裁判的。

另外,《最高人民法院关于规范人民法院再审立案的若干意见》(以下简称《再审立案意见》)第七条也规定,对终审刑事裁判的申诉,具备下列情形之一的,人民法院应当决定再审:① 有审判时未收集到的或者未被采信的证据,可能推翻原定罪量刑的;② 主要证据不充分或者不具有证明力的;③ 原裁判的主要事实依据被依法变更或撤销的;④ 据以定罪量刑的主要证据自相矛盾的;⑤ 引用法律条文错误或者违反《刑法》第十二条的规定适用失效法律的;⑥ 违反法律关于溯及力的规定的;⑦ 量刑明显不当的;⑧ 审判程序不合法,影响案件公正裁判的;⑨ 审判人员在审理案件时索贿受贿、徇私舞弊并导致枉法裁判的。

- 申诉的效力

《刑事诉讼法》第二百五十二条规定,当事人及其法定代理人、近亲属,对已经发生法律效力的判决、裁定,可以向人民法院或者人民检察院提出申诉,但是不能停止判决、裁定的执行。《刑事诉讼法》第二百五十三条规定,当事人及其法定代理人、近亲属的申诉若符合规定情形,人民法院应当重新审判。

对申诉的受理和审查处理

- 申诉的管辖

申诉由终审人民法院审查处理。但是,第二审人民法院裁定准许撤回上诉的案件,申诉人对第一审判决提出申诉的,可以由第一审人民法院审查处理。

上一级人民法院对未经终审人民法院审查处理的申诉,可以告知申诉人向终审人民法院提出申诉,或者直接交终审人民法院审查处理,并告知申诉人;案件疑难、复杂、重大的,也可以直接审查处理。

对未经终审人民法院及其上一级人民法院审查处理,直接向上级人民法院申诉的,上级人民法院应当告知申诉人向下级人民法院提出。

最高人民法院或者上级人民法院可以指定终审人民法院以外的人民法院对申诉进行审查。被指定的人民法院审查后,应当制作审查报告,提出处理意见,层报最高人民法院或者上级人民法院审查处理。

对死刑案件的申诉,可以由原核准的人民法院直接审查处理,也可以交由原审人民法院审查。原审人民法院应当制作审查报告,提出处理意见,层报原核准的人民法院审查处理。

- 申诉的提出

向人民法院申诉,申诉人应当提交以下材料:① 申诉状。应当写明当事人的基本情况、联系方式以及申诉的事实与理由。② 原一、二审判决书,裁定书等法律文书。经过人民法院复查或者再审的,应当附有驳回申诉通知书、再审决定书、再审判决书、裁定书。③ 其他相关材料。以有新的证据证明原判决、裁定认定的事实确有错误为由申诉的,应当同时附有相关证据材料;申请人民法院调查取证的,应当附有相关线索或者材料。

- ● 受理和审查申诉的期限

人民法院对刑事案件的申诉人在刑罚执行完毕后二年内提出的申诉,应当受理;超过二年提出申诉,具有下列情形之一的,应当受理:① 可能将原审被告人宣告无罪的;② 原审被告人在《再审立案意见》规定的期限内向人民法院提出申诉,人民法院未受理的;③ 属于疑难、复杂、重大案件的。

对立案审查的申诉案件,应当在三个月内作出决定,至迟不得超过六个月。因案件疑难、复杂、重大或者其他特殊原因需要延长审查期限的,参照《最高法解释》第二百一十条的规定处理。

- ● 对申诉不予受理的情形

(1) 人民法院对不符合法定主体资格的再审申请或申诉,不予受理。

(2) 以有新的证据证明原判决、裁定认定的事实确有错误为由提出申诉的,应当附上新的证据。需要申请人民法院调取证据的,应当指出证据线索。未附上的,应当在七日内补充;经补充后仍不完备或逾期不补的,应当决定不予受理。

(3) 最高人民法院的再审裁判或者复查驳回的案件,再审申请人或申诉人仍不服,提出再审申请或申诉的,不予受理。

(4) 刑事申诉在刑罚执行完毕二年后提出的,除非符合法定情形,否则不予受理。

- ● 审查后的处理

人民法院经审查,认为有《刑事诉讼法》第二百五十三条规定的情形之一的,由人民法院院长提请审判委员会决定重新审判;对于不符合《刑事诉讼法》第二百五十三条规定的申诉,人民法院应当说服申诉人撤回申诉;对于仍然坚持申诉的,应当书面通知驳回。

申诉人对驳回申诉不服的,可以向上一级人民法院申诉。上一级人民法院经审查认为申诉不符合《刑事诉讼法》第二百五十三条和《最高法解释》第四百五十七条第二款规定的,应当说服申诉人撤回申诉;对于仍然坚持申诉的,应当驳回或者通知不予重新审判。

13.3 审判监督程序的提起

提起审判监督程序的主体

根据《刑事诉讼法》的规定,有权提起审判监督程序的主体包括各级人民法院院长和审判委员会、最高人民法院和上级人民法院以及最高人民检察院和上级人民检察院。

- ● 各级人民法院院长和审判委员会

各级人民法院院长对本院已经发生法律效力的判决和裁定,如果发现在认定事实上或者在适用法律上确有错误,必须提交本院审判委员会处理。这里,各级人民法院院长行使的是提交讨论权,审判委员会行使的是决定权。讨论后决定再审的案件,应当另行组成合议庭。

- 最高人民法院和上级人民法院

最高人民法院对各级人民法院已经发生法律效力的判决和裁定,上级人民法院对下级人民法院已经发生法律效力的判决和裁定,如果发现确有错误,有权提审或指令再审。

所谓提审,是指最高人民法院或上级人民法院认为确有错误的案件不需要或不宜由下级人民法院重新审判而由本院进行审判的方式。所谓指令再审,是指依法指令原审或者本级人民法院的其他下级人民法院重新审判的方式。

提审和指令再审,是最高人民法院对各级人民法院、上级人民法院对其辖区内的下级人民法院已经生效的错误裁判行使审判监督职权的两种重要方式。

- 最高人民检察院和上级人民检察院

根据《刑事诉讼法》的规定,最高人民检察院对各级人民法院已经发生法律效力的判决和裁定,上级人民检察院对下级人民法院已经发生法律效力的判决和裁定,如果发现确有错误,有权按照审判监督程序向同级人民法院提出抗诉。

可见,有权通过审判监督程序提出抗诉的机关只能是最高人民检察院或者其他原审法院的上级人民检察院。地方各级人民检察院发现同级人民法院或者上级人民法院已经发生法律效力的判决、裁定确有错误,无权提出抗诉的,只能报请上级人民检察院决定是否抗诉。

人民检察院按照审判监督程序提出抗诉的案件,经人民法院审理并作出判决、裁定后,人民检察院认为仍然确有错误的,如果案件是依照第一审程序审判的,同级人民检察院应当通过第一审法院向上一级人民法院提出抗诉;如果案件是依照第二审程序审判的,上级人民检察院应当按照审判监督程序向同级人民法院提出抗诉。

延伸思考:法院是否适合作为提起审判监督的主体?

无论是大陆法系国家的再审制度还是我国的审判监督程序,都可被视为一种针对生效裁判的特别救济程序,是一种例外程序。就我国的审判监督程序来说,为了发挥其纠错机能,人民法院、人民检察院都可以针对生效裁判提起这一程序。然而,诚如一些研究者所指出的,作为裁判机关的人民法院主动提起审判监督程序的做法实际上违背了一些基本的诉讼原则,尤其是不告不理、控审分离的原则,这与法院所承担的职能和中立裁判者角色显然是相矛盾的。同时,这也暴露出我国刑事诉讼中长期存在的特定诉讼目标和职能的主体错位问题。

请读者在查阅有关资料后思考,人民法院是否适合提起审判监督程序?对此你有什么改进意见?

提起审判监督程序的理由

- 原裁判在认定事实上确有错误

原裁判在认定事实上的错误包括事实不清和证据不确实。所谓事实不清,是指原判决、裁定认定的案件的主要事实不清,或者罪与非罪不清,或者此罪与彼罪不明,或者影响定罪量刑的重大情节不清,或者一罪与数罪不清,或者共同犯罪中各被告人的罪责相混淆等。所谓证据不确实,是指认定案件事实的证据不客观,或者证据与案件事实之间无客观联系,或者证据之间有矛盾且矛盾不能得以合理排除等。

- **原裁判在适用法律上确有错误**

适用法律上的错误,包括适用实体法上的错误和适用程序法上的错误。适用实体法上的错误会导致定性不准,混淆罪与非罪的界限,或者将此罪定为彼罪、轻罪定为重罪、重罪定为轻罪等。适用程序法上的错误,主要是指原审法院严重违反法律规定的诉讼程序,如应当回避而没有回避,审判组织不合法,审判人员在审理案件过程中贪污受贿、徇私舞弊等。

13.4 按照审判监督程序对案件的重新审判

■ 对人民检察院抗诉的处理

对人民检察院依照审判监督程序提出抗诉的案件,接受抗诉的人民法院应当组成合议庭审理。对原判事实不清、证据不足,包括有新的证据证明原判可能有错误,需要指令下级人民法院再审的,应当在立案之日起一个月以内作出决定,并将指令再审决定书送达抗诉的人民检察院。

人民法院在收到人民检察院的刑事抗诉书后,应当根据不同情况分别处理:① 不属于本院管辖的,应当将案件退回人民检察院。② 按照抗诉书提供的住址无法向被抗诉的原审被告人送达抗诉书的,应当通知人民检察院在三日内重新提供原审被告人的住址;逾期未提供的,将案件退回人民检察院。③ 以有新的证据为由提出抗诉,但未附相关证据材料或者有关证据不是指向原起诉事实的,应当通知人民检察院在三日内补送相关材料;逾期未补送的,将案件退回人民检察院。

■ 重新审判的方式

在刑事审判中,审判方式主要有两种,即开庭审理和不开庭审理。考虑到审判监督程序所涉及的案件一般都比较复杂,为了全面了解案情,查清案件事实,依法纠正可能存在的错误,这类案件应当以开庭审理为主,以不开庭审理为辅。

根据最高人民法院的有关规定,下列情形应当开庭审理:① 依照第一审程序审理的;② 依照第二审程序需要对案件事实或证据进行审理的;③ 人民检察院按照审判监督程序提起抗诉的;④ 可能对原审被告人(原审上诉人)加重刑罚的;⑤ 有其他应当开庭审理的情形的。

对于下列情形,则可以不开庭审理:① 原判决、裁定事实清楚,证据确实、充分,但适用法律错误或判处量刑畸重的；②《1979刑诉法》实施以前裁判的案件；③原审被告人（原审上诉人）、原审自诉人已经死亡或者丧失刑事责任能力的；④原审被告人（原审上诉人）在交通十分不便的边远地区监狱服刑，提押到庭确有困难的，但人民检察院提出抗诉的，人民法院应征得人民检察院的同意；⑤人民法院按照审判监督程序决定再审，经两次通知，人民检察院不派员的。

■ 重新审判应当适用的程序

人民法院按照审判监督程序重新审判案件，如果原来是第一审案件，应当依照第一审程序进行审判，所作的判决、裁定，有上诉权的人或人民检察院可以上诉或抗诉；如果原来是第二审案件，或者是上级人民法院提审的案件，应当依照第二审程序进行审判，所作的判决、裁定，是终审的判决、裁定。

人民法院按照审判监督程序重新审判的案件，由原审人民法院审理的，应当另行组成合议庭进行。人民法院开庭审理的再审案件，同级人民检察院应当派员出席法庭。

人民法院决定再审的案件，需要对被告人采取强制措施的，由人民法院依法决定；人民检察院提出抗诉的再审案件，需要对被告人采取强制措施的，由人民检察院依法决定。

人民法院按照审判监督程序审判的案件，可以决定中止原判决、裁定的执行。

■ 重新审判的期限

《刑事诉讼法》第二百五十八条规定，人民法院按照审判监督程序重新审判的案件，应当在作出提审、再审决定之日起三个月以内审结；需要延长期限的，不得超过六个月。

接受抗诉的人民法院按照审判监督程序审判抗诉的案件，审理期限适用上述规定；对需要指令下级人民法院再审的，应当自接受抗诉之日起一个月以内作出决定，下级人民法院审理案件的期限适用上述规定。

■ 重新审判后的处理

（1）原判决、裁定认定事实和适用法律正确、量刑适当的，应当裁定驳回申诉或者抗诉，维持原判决、裁定。

（2）原判决、裁定定罪准确、量刑适当，但在认定事实、适用法律等方面有瑕疵的，应当裁定纠正并维持原判决、裁定。

（3）原判决、裁定认定事实没有错误，但适用法律错误或者量刑不当的，应当撤销原判决、裁定，依法改判。

（4）依照第二审程序审理的案件，原判决、裁定事实不清、证据不足的，可以在查清事实后改判，也可以裁定撤销原判，发回原审人民法院重新审判。

（5）原判决、裁定事实不清或者证据不足，经审理事实已经查清的，应当根据查清的事实依法裁判；事实仍无法查清，证据不足，不能认定被告人有罪的，应当撤销原判决、裁定，判决宣告被告人无罪。

总　结

　　人民法院、人民检察院对于已经发生法律效力的判决和裁定,在发现其认定事实或者适用法律上确有错误时,有权依法提起审判监督程序。这是一种为纠正错判而设立的补救性程序,但它并非每个案件的必经程序。审判监督可以确保刑罚权的正确行使,可以加强上级司法机关对下级人民法院的审判工作的监督,从而纠正可能存在的错误,切实维护当事人的合法权益。

思 考 题

　　1. 请思考审判监督程序与第一审、第二审程序的区别。
　　2. 有研究者指出,人民法院、人民检察院均有权管辖刑事申诉案件,但具体应如何分工,法律却没有规定,这容易造成申诉过程中人民法院和人民检察院的相互推诿,甚至出现当事人申诉无门的情况。对此,你怎么看?该如何完善?

第 14 章
刑事特别程序

引言

2012 刑诉法增设了刑事和解程序、违法所得没收程序和强制医疗程序，2018 刑诉法增设了缺席审判程序。这四个程序加上 1996 刑诉法中的未成年人诉讼程序，形成了我国的刑事特别程序体系。特别程序的构建对于实现刑事诉讼程序的专业化、精密化，完善刑事诉讼程序分流机制，均具有重要意义。那么，这些特别程序的主要特点是什么，各自的功能是什么，程序运行中需要注意哪些问题，有何特别的救济机制？本章主要围绕这些问题加以展开。

14.1 未成年人诉讼程序

未成年人诉讼程序，是指公安、司法机关在对未成年人刑事案件进行立案、侦查、审查起诉、审判和执行的过程中必须依法遵循的特殊方式和步骤。

未成年人犯罪，是指已满十二周岁不满十八周岁的人实施了危害社会，应受刑罚处罚的行为。由于犯罪人尚未成年，在心理、生理等方面与成年人有很大的不同，这使得处理未成年人犯罪的诉讼程序也应与处理成年人犯罪的诉讼程序有所区别。

■ 未成年人诉讼程序的特点

未成年人诉讼程序具有如下特征。

● 办案主体的专门性

公安机关、人民检察院、人民法院在办理未成年人刑事案件时，应当设立专门机构或者指定专人办理。有关的办案人员应当熟悉未成年人的特点，善于做未成年人的思想教育工作，同时还应具备心理学、犯罪学和教育学等方面的知识。另外，基层检察机关通常设立未成年人犯罪检察科专门办理未成年人刑事案件，人民法院通常设立少年法庭专门审理未成年人刑事案件。

- 刑事强制措施适用的特殊性

由于未成年犯罪嫌疑人的心理和生理都尚未成熟，他们一般很难承受强制措施所带来的巨大压力，因而公安、司法机关应严格限制或尽量减少对其适用强制措施。人民法院决定逮捕和人民检察院申请批准逮捕时，应当讯问未成年犯罪嫌疑人、被告人，听取辩护律师的意见。对被拘留、逮捕的未成年犯罪嫌疑人、被告人与成年犯罪嫌疑人、被告人，应当分别关押、分别管理。

- 犯罪嫌疑人、被告人诉讼权利的特殊性

未成年犯罪嫌疑人、被告人，不仅依法享有成年犯罪嫌疑人、被告人享有的各项诉讼权利，而且享有法律赋予的特殊诉讼权利。例如，未成年犯罪嫌疑人、被告人没有委托辩护人的，人民法院、人民检察院、公安机关应当通知法律援助机构指派律师为其提供辩护。又如，对于未成年人刑事案件，在讯问和审判的时候，应当通知未成年犯罪嫌疑人、被告人的法定代理人到场。

- 程序运行的特殊性

未成年人诉讼程序更加突出教育改造功能，寓教育、感化、挽救方针于各个诉讼阶段之中。从侦查、起诉、审判到执行，均采取适合未成年人特点的诉讼制度和程序。

未成年人诉讼程序的法律依据

在我国，处理未成年人案件的法律依据主要包括《刑事诉讼法》《中华人民共和国未成年人保护法》《中华人民共和国预防未成年人犯罪法》等，其他依据还包括最高人民法院、最高人民检察院颁布的有关司法解释以及公安部、司法部等部门的规章。

1991年1月26日，最高人民法院通过了《关于办理少年刑事案件的若干规定》，对少年刑事案件的审判组织、开庭前的准备工作、法庭审判、判决执行等问题都作了较为详尽的规定。

2006年1月11日，最高人民法院颁布的《关于审理未成年人刑事案件具体应用法律若干问题的解释》，对未成年的量刑、缓刑、假释等问题都作了明确规定，统一了司法尺度，同时对盗窃和强奸等犯罪行为的认定更为细化，明确了罪与非罪的界限。

2006年12月28日，最高人民检察院通过了《人民检察院办理未成年人刑事案件的规定》，对于未成年人刑事案件的审查批准逮捕、审查起诉与出庭支持公诉、法律监督以及申诉检察工作的原则和程序作了详尽的规定。

2020年12月26日，第十三届全国人民代表大会常务委员会第二十四次会议通过的《中华人民共和国刑法修正案（十一）》规定，已满十二周岁未满十四周岁的人，犯故意杀人、故意伤害罪，致人死亡或者以特别残忍手段致人重伤造成严重残疾，情节恶劣，经最高人民检察院核准追诉的，应当负刑事责任。

此外，联合国曾通过了一系列法律文件，如《联合国少年司法最低限度标准规则》、《联合国预防少年犯罪准则》（《利雅得准则》）、《儿童权利公约》等，确立了处理未成年人刑事案件的原则、标准和规范。这些原则、标准和规范在我国的法律中也有相应的条款得以体现和贯彻，成为我国设置未成年人刑事诉讼程序的法律依据。

未成年人诉讼程序的方针、原则和重要制度

在未成年人诉讼程序运行的过程中,公安、司法机关必须充分考虑未成年人的特点,以恰当的方式展开诉讼程序,将追究刑事责任与特别保护有机地结合起来。

● 教育、感化、挽救方针

教育、感化、挽救方针是我国处理未成年人刑事案件的主导思想。《刑事诉讼法》第二百七十七条对这一方针作了专门规定。这一方针要求在未成年人刑事案件诉讼的各个阶段,公安、司法机关都必须坚持教育为主、惩罚为辅,对未成年人不失时机地进行教育、感化、挽救。办案人员应当照顾未成年人的身心特点,尊重其人格尊严,保障其合法权益,唤醒他们的悔罪意识,教育他们认罪服法,接受改造,重新做人。

● 教育为主、惩罚为辅原则

教育为主、惩罚为辅原则要求公安、司法机关的办案人员在办理未成年人刑事案件时,要正确处理好教育与惩罚的关系,将教育工作放在主要地位,将惩罚放在辅助地位,将惩罚看作教育的一种方式。同时,该原则要求对犯罪的未成年人要以矫治、康复回归为主,尽可能地以非刑罚的方式处置未成年人犯罪,避免给其贴上罪犯标签。

但是,需要指出的是,贯彻本原则并不意味着只进行教育而忽视惩罚的作用。毕竟未成年人犯罪同样对社会和被害人造成了危害,对其依法进行刑事处罚是正当的,只是这种惩罚要遵循教育、感化、挽救方针。

● 分案处理原则

分案处理原则,是指公安、司法机关在刑事诉讼中,将未成年人案件与成年人案件分开处理,对未成年人与成年人分别关押。具体来说,分案处理包括程序分离、分别关押、分案审理和分别执行四个方面。

程序分离,是指涉及未成年人和成年人的共同犯罪时,应当对未成年犯罪嫌疑人、被告人适用特别程序。分别关押,是指实施拘留、逮捕等强制措施时,应当将未成年犯罪嫌疑人、被告人和成年犯罪嫌疑人、被告人的羁押场所相分离,避免交叉感染。分案审理,是指在审理过程中,只要不是必须合并审理的,都应当进行分案审理。分别执行,是指在未成年人刑事案件的判决、裁定生效之后,其执行场所应当和成年罪犯分开,以防止成年罪犯对未成年罪犯产生不良的影响。

● 审理不公开原则

未成年人刑事案件实行不公开审理,人民法院在审理未成年人刑事案件时,不允许群众旁听,不允许记者采访,报纸等印刷品不得刊登未成年被告人的姓名、年龄、住址及照片等。

《刑事诉讼法》规定:"审判的时候被告人不满十八周岁的案件,不公开审理。但是,经未成年被告人及其法定代理人同意,未成年被告人所在学校和未成年人保护组织可以派代表到场。未成年人刑事案件宣告判决应当公开进行。对依法应当封存犯罪记录的案件,宣判时,不得组织人员旁听;有旁听人员的,应当告知其不得传播案件信息。"

● 社会调查制度

公安、司法机关在办理未成年人刑事案件过程中,不仅要调查案件事实和证据,而且要对未成年犯罪嫌疑人、被告人的生理心理特征、性格特点、成长经历及生活环境等进行调查,以便弄清未成年犯罪嫌疑人、被告人的犯罪原因和条件,从而为教育改造选择最佳方案,以取得最佳的教育改造效果。

社会调查的主要内容包括如下方面:① 能够证明未成年被告人是否有罪及犯罪轻重的一切证据材料,如犯罪构成要件、犯罪情节、犯罪人的个人情况、犯罪后的表现等证据;② 对未成年人的生活环境及与之相关的各种社会关系进行调查,如家庭情况、父母管教方式、在校学习情况、社交往来等;③ 着重查清促使未成年人走上犯罪道路的各种因素和社会关系;④ 着重查清未成年人的兴趣爱好、智力能力、身心发育成熟程度、情感类型等个性特征;⑤ 注意未成年人生理心理上有无畸形变态等情况。

● 隐私特别保护制度

《刑事诉讼法》第二百八十六条规定:"犯罪的时候不满十八周岁,被判处五年有期徒刑以下刑罚的,应当对相关犯罪记录予以封存。犯罪记录被封存的,不得向任何单位和个人提供,但司法机关为办案需要或者有关单位根据国家规定进行查询的除外。依法进行查询的单位,应当对被封存的犯罪记录的情况予以保密。"

据此,我国确立了针对未成年人犯罪人的隐私特别保护制度,即对于被判处轻罪的未成年人的犯罪记录应当予以封存,除法律特别规定外,任何单位和个人都不得查询。这一制度有助于加强对未成年人的保护,使其能够更快、更好地回归社会。

★ **延伸阅读:未成年人前科消灭制度**

前科消灭制度,是指当曾经受过有罪宣告或者被判处刑罚的人具备法定条件时,由法定机关依法注销其有罪宣告或者被处刑记录的制度。在前科消灭之后,这些人在司法机关的有关刑事档案会被注销,其他机关有关其档案的相应内容记载也会被注销或销毁。

在域外各个国家的立法中,前科消灭主要有如下几种方式:① 未成年人犯罪前科满一定期限后自动、完全消灭。例如,澳大利亚《青少年犯罪起诉法》规定,警方对未成年人的犯罪记录不能保留到其成年之后,当未成年人满十八岁以后,警方必须销毁他们的犯罪记录,使其以无罪记录的身份进入社会,过正常人生活。被法院宣告无罪释放的,该青少年犯罪的一切档案、资料,也必须销毁。② 在法律上视为没有犯罪记录。例如,日本《少年法》规定,少年时因犯罪被判刑,刑期执行完毕或者免予执行的,在将来适用有关人员资格的法律法规时,应视为未受过刑事处分。少年时因犯罪被判刑而接受缓期执行的,在缓期执行期间,可视为刑期期满,适用前款的规定。③ 犯罪记录附条件地消灭。例如,德国《少年法院法》规定,当少年法院法官确信,被判刑少年的行为无可挑剔,被证实已具备正派品行时,少年法院法官可依其职权,或经被判刑少年及其监护人或法定代理人提出申请,宣布消除前科记录。此外,经检察官提出申请,或因被判刑人在提出申请时尚未成年,经少年法院帮助机构代表提出申请,少年法院法官亦可宣布消除被判刑少年前科记录。

值得注意的是,2012刑诉法所新增的未成年人隐私特别保护制度尽管与前科消灭制度有些许类似,但两者并不相同。准确来说,它可以被称作"未成年人前科封存制度",其彻底性显然不及前科消灭,同时在特定条件下犯罪记录可以被查询、解封。

未成年人诉讼程序的运行

未成年人诉讼程序的运行,必须充分考虑未成年人生理、心理特点,将教育、感化、挽救的方针贯彻于各个诉讼阶段,切实维护其合法权利。

● 立案程序

未成年人刑事案件的立案程序有其自身的特点:① 在进行立案审查时,除了需要查明是否具备立案条件外,还应当查明未成年犯罪嫌疑人确切的出生时间;② 应查明未成年犯罪嫌疑人是否被教唆犯罪,以及其生活环境、成长经历、心理特征等内容。

经过审查,对于不符合立案条件的,且案件情节显著轻微,危害不大,不认为是犯罪的,可将案件材料移交其他有关部门,作出适当处理,或通知其监护人对其严加监护、教育;对于符合立案条件的,应制作立案报告,除写明立案材料来源、案发时间、地点、犯罪事实、证据材料、立案的法律依据和初步意见外,还应当着重写明犯罪嫌疑人的确切出生时间、生活环境、心理性格特征、犯罪的原因等有关情况。

● 侦查程序

在未成年人刑事案件的侦查过程中,侦查机关除了应遵循侦查程序的一般规定外,还应当注意以下几个方面。

第一,办理未成年人刑事案件,应当贯彻教育、感化、挽救的方针,照顾其身心特点,尊重其人格尊严,保护其合法权益。同时,侦查人员除了查明案情、收集证据外,还应坚持全面审查,即不仅要对与定罪量刑有关的事实和情节进行调查,还要对案外事实进行详尽的调查,包括未成年犯罪嫌疑人的生活学习环境、性格特点、成长经历、心理状态、社会交往等情况,以便更好地对未成年犯罪嫌疑人开展教育、挽救和改造工作。

第二,要慎重对待是否对未成年犯罪嫌疑人采用强制措施,尽量不采用、少采用强制措施,对可捕可不捕的,不宜逮捕,以免给其带来不必要的心理负担。检察机关在审查批准逮捕时,应当根据未成年犯罪嫌疑人涉嫌犯罪的事实、主观恶性、有无监护与社会帮教条件等,综合衡量其社会危险性,以确定有无逮捕必要。

第三,讯问未成年犯罪嫌疑人时,应注意以下几个问题:① 讯问未成年犯罪嫌疑人时,应当通知其法定代理人到场,告知法定代理人依法享有的诉讼权利和应当履行的义务。到场的法定代理人认为办案人员在讯问中侵犯未成年人合法权益的,可以提出意见。无法通知、法定代理人不能到场或者法定代理人是共犯的,也可以通知未成年犯罪嫌疑人的其他成年亲属,未成年犯罪嫌疑人所在学校、单位、居住地基层组织或者未成年人保护组织的代表到场,并将有关情况记录在案。② 对未成年人的讯问可以在公安机关进行,也可以在未成年人的住所或学校进行。③ 讯问未成年人时,应当耐心听取其陈述或辩解,认真审核、查证与案件有关的证据和线索,并针对其思想顾虑、抵触情绪进行疏导。④ 讯问女性未成年犯罪嫌疑人,应当有女性工作人员在场。⑤ 讯问未成年犯罪嫌疑人时一般不得使用戒具。对于确有人身危险性,必须使用戒具的,在现实危险消除后,应当立即停止使用。

第四,对于被羁押的未成年人应当与成年人分别关押、管理,并根据其生理和心理特点在生活和学习等方面给予照顾。

● 审查起诉程序

在未成年人刑事案件的审查起诉中,如下问题值得我们注意。

(1) 人民检察院在办理未成年人刑事案件时,应当依法保护未成年人的名誉,尊重其人格尊严,不得公开或者传播涉案未成年人的姓名、住所、照片、图像以及可能推断出其身份的资料。

(2) 人民检察院在审查起诉时,应当听取未成年犯罪嫌疑人的父母或者其他法定代理人、辩护人、被害人及其法定代理人的意见。

(3) 人民检察院办理未成年人刑事案件,可以应犯罪嫌疑人家属、被害人及其家属的要求,告知其审查逮捕、审查起诉的进展情况,并对有关情况予以说明和解释。

(4) 对于犯罪情节轻微,并具有下列情形之一,依照《刑法》规定不需要判处刑罚或者免除刑罚的未成年犯罪嫌疑人,一般应作出不起诉决定:① 被胁迫参与犯罪的;② 犯罪预备、中止的;③ 在共同犯罪中起次要或辅助作用的;④ 属于又聋又哑的人或盲人的;⑤ 因防卫过当或紧急避险过当构成犯罪的;⑥ 有自首或者重大立功表现的;⑦ 其他依照刑法规定不需要判处刑罚或者免除刑罚的情形。

(5) 人民检察院在审理未成年人和成年人共同犯罪的案件时,通常应当将未成年犯罪嫌疑人和成年犯罪嫌疑人分案提起公诉。但具有下列情形之一时,可以不分案起诉:① 未成年人系犯罪集团的组织者或者其他共同犯罪中的主犯;② 案件重大、疑难、复杂,分案起诉可能妨碍案件审理的;③ 涉及刑事附带民事诉讼,分案起诉妨碍附带民事诉讼审理的;④ 其他不宜分案起诉的情形。

● 审判程序

◇ 我国审判未成年被告人的审判组织

中级人民法院和基层人民法院可以建立未成年人刑事审判庭,条件尚不具备的地方,应当在刑事审判庭内设立未成年人刑事案件合议庭或由专人负责办理未成年人刑事案件。高级人民法院可以在刑事审判庭内设立未成年人刑事案件合议庭。未成年人刑事审判庭和未成年人刑事合议庭统称"少年法庭"。少年法庭由审判员或者由审判员和人民陪审员组成,少年法庭的审判长应当熟悉未成年人的特点,善于做未成年人的思想工作。

◇ 审理前的准备工作

少年法庭开庭审理前,合议庭的准备工作包括如下内容:① 应重点查明是否附有未成年被告人年龄的有效证明材料,对于没有附送未成年被告人年龄有效证明材料的,应当通知人民检察院在三日内补送。② 应当通知未成年被告人的法定代理人出庭,法定代理人无法出庭或者确实不适宜出庭的,应当通知其他监护人或其他成年近亲属出庭,经通知不到庭的,人民法院应当记录在卷。③ 审判长认为有必要的,可以安排法定代理人或者其他成年近亲属、教师等人员与未成年被告人见面，以减轻其思想顾虑。④ 审判长一般应当主动与公诉人联系，了解未成年被告人的成长经历、性格、心理状态、犯罪原因以及其在侦查、起诉阶段的表现。

◇ 审理中应注意的问题

法庭审理中应注意的问题包括如下几个方面：① 开庭审理时被告人不满十八周岁的案件，一律不公开审理。未成年被告人没有委托辩护人的，法院应当通知法律援助机构指派律师为其提供辩护。② 在法庭审理时，审判语言要结合未成年被告人的特点，适应其心理承受能力，要做到态度严肃而和蔼，用语准确、通俗易懂。③ 在法庭调查中，审判人员应当核实未成年被告人在实施犯罪时的年龄，同时还应查明其实施犯罪时的主客观原因。④ 未成年被告人作最后陈述后，其法定代理人可以进行补充陈述。然后，审判长宣布休庭，合议庭进行评议。⑤ 对未成年人刑事案件宣告判决应当公开进行，但不得采取召开大会等形式。宣告判决时，应当明确告知被告人的上诉权利，并说明上诉不加刑的法律规定。

● **执行程序**

（1）将未成年罪犯送监执行刑罚或者送交社区矫正时，人民法院应当将有关未成年罪犯的调查报告及其在案件审理中的表现材料，连同有关法律文书，一并送达执行机关。

（2）被判处余刑在一年以上的有期徒刑、拘役的未成年罪犯，应当在未成年罪犯管教所执行；被判处余刑在一年以下的有期徒刑、拘役的未成年罪犯，应当在看守所执行。未成年犯管教所应当尽可能对不同类型的未成年罪犯实行分管分押，并鼓励未成年犯在管教所将学习、劳动相结合，注意思想改造，为将来重归社会做好充分的准备。看守所应该注意将未成年罪犯与成年罪犯分别关押，避免交叉影响。

（3）对被判处管制、宣告缓刑、裁定假释、决定暂予监外执行的未成年罪犯，人民法院可以协助社区矫正机构制定帮教措施。

（4）人民法院可以适时走访被判处管制、宣告缓刑、免予刑事处罚、裁定假释、决定暂予监外执行等的未成年罪犯及其家庭，了解未成年罪犯的管理和教育情况，引导未成年罪犯的家庭承担管教责任，为未成年罪犯改过自新创造良好环境。

（5）犯罪时不满十八周岁，被判处五年有期徒刑以下刑罚以及免予刑事处罚的未成年人的犯罪记录，应当封存。犯罪记录被封存的，不得向任何单位和个人提供，但司法机关出于办案需要或者有关单位根据法律、法规的规定进行查询的除外。依法进行查询的单位，应当对被封存的犯罪记录的情况予以保密。

（6）被判处管制、宣告缓刑、免予刑事处罚、裁定假释、决定暂予监外执行等的未成年罪犯，具备就学、就业条件的，人民法院可以就其安置问题向有关部门提出建议，并附送必要的材料。

14.2 刑事和解程序

刑事和解程序，是指在法定范围的公诉案件中，犯罪嫌疑人、被告人真诚悔罪，通过向被害人赔偿损失、赔礼道歉等方式获得其谅解、双方当事人自愿达成和解协议,从而获得从宽处理的程序。

延伸阅读:刑事和解的模式

根据我国学者的总结,刑事和解大致有三种模式。

(1)加害方—被害方自行和解模式。这种模式以犯罪嫌疑人、被告人认罪悔过为前提,与被害人经过自行协商,并就经济赔偿达成书面协议,被害人可以向检察机关提出放弃追究刑事责任的书面申请。这种刑事和解模式从启动到协议达成,检察机关一般都不参与,而只是对双方的和解协议予以接受。检察机关的作用在于两个方面:一是"牵线联系",将双方的意愿代为传达;二是为双方提供履行和解协议的场所,并起到见证作用。

(2)司法调解模式,是指司法人员通过与加害方、被害方的沟通、交流、教育、劝解工作,说服双方就经济赔偿标准、赔礼道歉等事项达成协议,从而促使被害方放弃追究刑事责任的纠纷解决方式。这种模式下,司法人员不是消极地等待加害方与被害方的自行和解,而是对那些有和解基础的案件,积极、主动地进行各种居中调停。

(3)人民调解委员会调解模式,是指公安机关、检察机关、法院对于那些加害方与被害方具有和解意愿的轻伤害案件,委托基层人民调解委员会进行调解,对于经过调解达成协议的案件,可以不再追究加害人的刑事责任。在这种模式下,公安司法人员主要负责遴选适当的案件,委托专门的社会调解机构调解,并在调解成功后作出非刑事化的处理,以消解那种因追究被告人刑事责任所带来的社会矛盾,促进加害方与被害方社会关系的修复。①

■ 刑事和解程序的适用范围

《刑事诉讼法》第二百八十八条规定,本程序的适用范围包括两类公诉案件。

第一,因民间纠纷引起,涉嫌《刑法》分则第四章、第五章规定的犯罪案件,可能判处三年有期徒刑以下刑罚的。

第二,除渎职犯罪以外的可能判处七年有期徒刑以下刑罚的过失犯罪案件。

犯罪嫌疑人、被告人在五年以内曾经故意犯罪的,不适用刑事和解。此外,自诉案件中自诉人与被告人之间的和解、附带民事诉讼中原告人与被告人之间的和解也不适用本程序。

■ 和解的主体、条件与方式

刑事和解的主体是犯罪嫌疑人、被告人和被害人。在和解过程中,公安机关、人民检

---

① 陈瑞华:《刑事诉讼的中国模式》,法律出版社,2008,第4—8页。

察院和人民法院有权进行审查与监督。在不同的诉讼阶段,当事人双方进行和解后,应由对应阶段的办案机关进行审查和确认,只有这样和解协议才可生效。

和解的条件包括两个方面:一方面,犯罪嫌疑人、被告人真诚悔罪。也就是说,犯罪嫌疑人、被告人应如实交代犯罪事实,并对其罪行有悔悟之心。另一方面,被害人必须是自愿和解的。如果仅有犯罪嫌疑人、被告人愿意和解,但被害人不同意和解,则不得强迫和解。

刑事和解的方式是犯罪嫌疑人、被告人向被害人赔偿损失、赔礼道歉等,以获得被害人的谅解。赔偿损失包括赔偿物质损失和精神损失。这与附带民事诉讼中的赔偿不同,附带民事诉讼只允许当事人提起物质损害赔偿。赔礼道歉则既可以通过书面的方式,也可以通过口头的方式进行。

■ 审查的程序、内容及结果

双方当事人进行和解的,公安机关、人民检察院、人民法院应当听取当事人和其他有关人员的意见,对和解的自愿性、合法性进行审查,并主持制作和解协议书。

这里的"当事人"是指犯罪嫌疑人、被告人和被害人。"其他有关人员"是指当事人之外的其他诉讼参与人及有关人员,包括双方当事人的法定代理人、近亲属及辩护人、诉讼代理人等。

公安、司法机关应重点审查双方和解的自愿性、合法性。"自愿性"强调双方均愿意以和解的方式解决纠纷,"合法性"则要求和解必须符合实体法和程序法的规定。之所以设置这一程序,是为了防止强势群体侵害弱势群体、花钱买刑、强迫和解等不公正情形的发生。

公安、司法机关经过认真审查后,认为和解符合自愿性与合法性的,应主持制作和解协议书。和解协议书对双方当事人均具有法律约束力。

■ 不同诉讼阶段达成和解协议后的处理

根据《刑事诉讼法》的规定,在侦查阶段,当事人达成和解协议的,公安机关可以向人民检察院提出从宽处理的建议。据此,公安机关对于此类案件不得作出撤销案件或其他的处理,而只能向人民检察院移送起诉,并在起诉意见书中提出从宽处理的建议。

在审查起诉阶段,人民检察院对当事人和解的案件主要有两种处理方式:一是对一般的当事人和解的案件,人民检察院在提起公诉时可以在起诉书中载明当事人已达成和解,建议人民法院对被告人从宽处罚,并附卷移送当事人和解协议书;二是对犯罪嫌疑人犯罪情节轻微、不需要判处刑罚的和解案件,人民检察院可以根据《刑事诉讼法》第一百七十七条第二款的规定作出不起诉决定。

在审判阶段,对于当事人达成和解协议的案件,人民法院可以依法对被告人从宽处理。这里的"从宽"主要是指对于情节较轻、社会危害性较小的犯罪,或者罪行虽然严重,但具有法定、酌定从宽处罚情节,或者主观恶性相对较小、人身危险性不大的被告人,可以依法从轻、减轻或者免除处罚;对于具有一定社会危害性,但情节显著轻微且危害不大的行为,不作犯罪处理;对于依法可不监禁的,尽量适用缓刑或判处管制、单处罚金等非监禁刑。

14.3 缺席审判程序

所谓缺席审判程序,是指国家司法机关根据法律的规定,针对特定案件中不在庭审现场的被告人所进行的审理和裁判的程序。

■ 缺席判决程序的适用情形

根据《刑事诉讼法》的规定,缺席审判主要有四种情形。

第一,对于贪污贿赂犯罪案件,以及需要及时进行审判,经最高人民检察院核准的严重危害国家安全犯罪恐怖活动犯罪案件,犯罪嫌疑人、被告人在境外的情形。在这种情形下,一般由监察机关或公安机关移送起诉,人民检察院认为犯罪事实已经查清,证据确实、充分,依法应当追究刑事责任的,可以向人民法院提起公诉。

第二,被告人患有严重疾病无法出庭,中止审理超过六个月,被告人仍无法出庭,被告人及其法定代理人、近亲属申请或者同意恢复审理的情形。与第一种情形相比,它没有限定案件类型,并且被告人是在案的,处于办案机关的掌控之中。同时,适用缺席审判时需要经过被告人及其法定代理人、近亲属申请或者同意。

第三,被告人死亡的情形。人民法院应当裁定终止审理,但有证据证明被告人无罪,人民法院经缺席审理确认无罪的,应当依法作出判决。

第四,人民法院按照审判监督程序重新审判的案件,被告人死亡的,人民法院可以缺席审理,依法作出判决。

■ 对在境外的被告人的缺席审判程序

根据《刑事诉讼法》和《最高法解释》的有关规定,对在境外的被告人的缺席审判主要包括以下内容。

- 向被告人送达传票和起诉书副本

人民法院应当通过有关国际条约规定的或者外交途径提出的司法协助方式,或者被告人所在地法律允许的其他方式,将传票和人民检察院的起诉书副本送达被告人。同时,应当将起诉书副本送达被告人近亲属,告知其有权代为委托辩护人,并通知其敦促被告人归案。

传票和起诉书副本送达后,被告人未按要求到案的,人民法院应当开庭审理,依法作出判决,并对违法所得及其他涉案财产作出处理。

- 委托辩护和指定辩护

被告人有权委托或者由近亲属代为委托一至二名辩护人。委托律师担任辩护人的,应当委托具有中华人民共和国律师资格并依法取得执业证书的律师;在境外委托的,应当依照《最高法解释》第四百八十六条的规定对授权委托进行公证、认证。

被告人及其近亲属没有委托辩护人的,人民法院应当通知法律援助机构指派律师为其提供辩护。

- **审理与判决**

人民法院审理缺席审判案件,参照适用公诉案件第一审普通程序的有关规定。被告人的近亲属参加诉讼的,可以发表意见,出示证据,申请法庭通知证人、鉴定人等出庭,进行辩论。

经审理认定的罪名如果不属于《刑事诉讼法》第二百九十一条第一款规定的罪名的,应当终止审理。

人民法院作出判决后,应当将判决书送达被告人及其近亲属、辩护人。

- **上诉与抗诉**

被告人或者其近亲属不服判决的,有权向上一级人民法院上诉。辩护人经被告人或者其近亲属同意,可以提出上诉。

人民检察院认为人民法院的判决确有错误的,应当向上级人民法院提出抗诉。

- **被告人归案后的重新审理**

在审理过程中,被告人自动投案或者被抓获的,人民法院应当重新审理。重新审理应当适用刑事普通程序。

罪犯在判决、裁定发生法律效力后到案的,人民法院应当将罪犯交付执行刑罚。交付执行刑罚前,人民法院应当告知罪犯有权对判决、裁定提出异议。罪犯对判决、裁定提出异议的,人民法院应当重新审理。重新审理的,也应当适用刑事普通程序。

14.4 违法所得没收程序

所谓违法所得,是指犯罪嫌疑人、被告人因实施犯罪行为而直接或者间接获得的利益。所谓违法所得没收程序,是指国家司法机关根据法律的规定,针对特定类型的犯罪案件,在犯罪嫌疑人、被告人逃匿或者死亡后,依法定程序对违法所得及其他涉案财物进行处理的特别程序。

违法所得没收程序的特点

违法所得没收程序是一种弥补因犯罪嫌疑人、被告人逃匿、死亡而无法在审判阶段对其进行定罪量刑的补充性刑事特别程序。违法所得没收程序具有如下几个特点。

第一,违法所得没收程序仅适用于特定的案件。根据《刑事诉讼法》的规定,本程序只针对贪污贿赂犯罪、恐怖活动犯罪等重大犯罪案件,并不适用于其他案件。

第二,违法所得没收程序不以对被告人定罪为前提。违法所得没收程序独立于对人的刑事诉讼程序,因而无须建立在对被告人定罪的基础上。

第三,违法所得没收程序适用的对象仅针对财物,而不涉及对被告人的定罪量刑。

违法所得没收程序的功能

第一,违法所得没收程序是一种特别程序。其主要功能在于剥夺犯罪收益,解决因犯罪嫌疑人、被告人逃匿、死亡而引起的难以处理其违法所得的问题。任何人都不应该从犯罪中获利,所获收益必须被没收用以弥补犯罪受害者的损失,包括个人或国家。

第二,违法所得没收程序不但能够有力打击犯罪,挽回犯罪所造成的经济损失,而且能够斩断犯罪的资金链条,兼具社会防卫和预防犯罪之功效。

第三,违法所得没收程序可以使潜在的犯罪分子认识到,无论违法所得处于何处,均存在被没收的可能性。这有助于从心理上遏制犯罪动机的萌发,从而起到一定的威慑作用。

违法所得没收程序的案件范围和适用条件

● 适用的案件范围

《刑事诉讼法》第二百九十八条规定,违法所得没收程序适用的案件包括如下犯罪案件类型。

◇ 贪污贿赂犯罪

贪污贿赂犯罪,是指国家工作人员或国有单位实施的贪污、受贿等侵犯国家廉政建设制度以及与贪污、受贿犯罪密切相关的侵犯职务廉洁性的行为。贪污贿赂犯罪可以划分为两类:第一类是贪污犯罪,包括贪污罪、挪用公款罪、巨额财产来源不明罪、隐瞒境外存款罪、私分国有资产罪和私分罚没财产罪等;第二类是贿赂犯罪,包括受贿罪、单位受贿罪、利用影响力受贿罪、行贿罪、对单位行贿罪、介绍贿赂罪、单位行贿罪等。

◇ 恐怖活动犯罪

恐怖活动犯罪,是指以制造社会恐怖为目的,采取暴力、破坏、恐吓或者其他手段,造成或者意图造成人员伤亡、重大财产损失、公共设施损坏、社会秩序混乱等严重社会危害的行为。较为典型的恐怖活动犯罪包括组织、领导、参加恐怖组织罪,帮助恐怖活动罪,劫持航空器罪,劫持船只、汽车罪,暴力危及飞行安全罪等。

◇ 其他重大犯罪案件

其他重大犯罪的性质严重程度与前两类相当,一般包括黑社会性质组织犯罪,危害国家安全犯罪,走私犯罪,金融诈骗犯罪,邪教组织犯罪,洗钱犯罪,走私、贩卖、运输、制造毒品犯罪等。

● 适用条件

《刑事诉讼法》第二百九十八条规定,违法所得没收程序除了有明确的适用范围外,还应满足以下条件。

◇ 被追诉人不能到案

犯罪嫌疑人、被告人逃匿,在通缉一年后不能到案的,可以适用违法所得没收程序。也就是说,犯罪嫌疑人、被告人是在公安机关、人民检察院或者人民法院采取强制措施之前或者办理案件期间逃匿,经过公安机关通缉时间达一年之后仍未到案的,才适用本程序,而非一旦逃匿就直接适用。

犯罪嫌疑人、被告人死亡的,如果在刑事诉讼过程中,已经查清的犯罪事实、证据能够证明犯罪嫌疑人、被告人应当被追究刑事责任,则可以适用违法所得没收程序。在这种情况下,没有必要也不可能追究被追诉人刑事责任,但涉案财物并没有处理,因此有必要专门针对财物适用本程序。

◇ 有追缴财产的需要

对于贪污贿赂犯罪、恐怖活动犯罪等重大犯罪案件,如果犯罪嫌疑人、被告人潜逃或者死亡,只有依照《刑法》规定应当追缴其违法所得及其他涉案财产,如需要追缴贪污财产、没收恐怖活动资金等,才能适用本程序。如果犯罪嫌疑人、被告人逃匿、死亡,但是案件并不涉及财物,就不需要启动本程序。

◇ 由检察机关向人民法院提出申请

在符合前述条件的情况下,即使是公安机关侦查的案件,公安机关也不能直接向人民法院提出没收申请,而应当按照普通程序,制作没收财产意见书,移送人民检察院。检察院审查后,认为有必要提起没收程序的,才决定向人民法院提出申请。

■ 违法所得没收案件的审理

● 违法所得没收案件的审判管辖

《刑事诉讼法》第二百九十九条第一款规定:"没收违法所得的申请,由犯罪地或者犯罪嫌疑人、被告人居住地的中级人民法院组成合议庭进行审理。"

这一规定明确了本程序中的地域管辖和级别管辖。在地域上,此类案件应由犯罪地或者犯罪嫌疑人、被告人居住地的法院管辖,这与一般刑事案件中的地域管辖基本一致。在级别上,此类案件应由中级人民法院审理。

● 启动与受理

违法所得没收程序的启动权由人民检察院掌握,并且在决定是否启动本程序时,检察机关可以根据起诉便宜主义原则作出决定。同时,人民检察院在提出没收申请时应该承担举证的义务,即应当提供与犯罪事实、违法所得相关的证据材料,并列明财产的种类、数量、所在地的情况以及查封、扣押、冻结的情况。

没收违法所得及其他涉案财产的申请,应当向犯罪地、犯罪嫌疑人或者被告人居住地的中级人民法院提出。人民法院在收到检察机关提供的有关材料后要进行审查,以确定检察机关提交的材料是否齐备,从而决定是否受理。材料不齐的,人民法院应当要求检察机关补充;材料齐备的,人民法院应在合理的期间内作出受理的决定,同时进行必要的公告和庭审准备。

决定受理之后,中级人民法院应组成合议庭进行审理。

● 公告

《刑事诉讼法》第二百九十九条第二款规定:"人民法院受理没收违法所得的申请后,应当发出公告。公告期间为六个月。"公告应当写明以下内容:① 案由;② 犯罪嫌疑人、被告人通缉在逃或者死亡等基本情况;③ 申请没收财产的种类、数量、所在地;④ 犯罪嫌疑人、被告人的近亲属和其他利害关系人申请参加诉讼的期限、方式；⑤ 应当公告的其他情况。

在公告期间，犯罪嫌疑人、被告人的近亲属和其他利害关系人有权申请参加诉讼，也可以委托诉讼代理人参加诉讼。这种做法使得犯罪嫌疑人、被告人的近亲属和其他利害关系人有足够的时间了解案情，对没收程序提出异议，从而使人民法院有机会更加全面、客观地审查与犯罪事实、违法所得相关的证据材料，财产的种类、数量、所在地，以此决定是否查封、扣押、冻结这些财产。

● 审理

《刑事诉讼法》第二百九十九条第三款规定："人民法院在公告期满后对没收违法所得的申请进行审理。利害关系人参加诉讼的，人民法院应当开庭审理。"

人民法院审理没收违法所得案件时应当组成合议庭，对申请进行审理。在利害关系人对检察机关没收财产的申请提出异议并要求参加没收程序时，人民法院必须开庭审理案件。

《最高法解释》第六百二十条规定，开庭审理申请没收违法所得的案件，按照下列程序进行：① 审判长宣布法庭调查开始后，先由检察员宣读申请书，后由利害关系人、诉讼代理人发表意见。② 法庭应当依次就犯罪嫌疑人、被告人是否实施了贪污贿赂犯罪、恐怖活动犯罪等重大犯罪并已经通缉一年不能到案，或者是否已经死亡，以及申请没收的财产是否依法应当追缴进行调查；调查时，先由检察员出示证据，后由利害关系人、诉讼代理人出示证据，并进行质证。③ 法庭辩论阶段，先由检察员发言，后由利害关系人、诉讼代理人发言，并进行辩论。

利害关系人接到通知后无正当理由拒不到庭，或者未经法庭许可中途退庭的，可以转为不开庭审理，但还有其他利害关系人参加诉讼的除外。

● 审理结果

《刑事诉讼法》第三百条第一款规定，人民法院经审理，对经查证属于违法所得及其他涉案财产，除依法返还被害人的以外，应当裁定予以没收；对不属于应当追缴的财产的，应当裁定驳回申请，解除查封、扣押、冻结措施。

据此，对于经查证属于违法所得的财产，有三种处理方式：① 对于被害人的财产，应当依法返还被害人；② 对于不能认定是违法所得的，应当裁定解除查封、扣押、冻结等措施，将财产返还原所有人或者其他人；③ 如果有充分的证据证明涉案财产属于违法所得，而且不属于其他人合法所有，法院应当裁定予以没收，上缴国库。

● 上诉与抗诉

根据《刑事诉讼法》第三百条第二款，对于人民法院作出的裁定，犯罪嫌疑人、被告人的近亲属和其他利害关系人可以提起上诉，人民检察院可以提出抗诉。根据《最高法解释》第六百二十二条的规定，对没收违法所得或者驳回申请的裁定，犯罪嫌疑人、被告人的近亲属和其他利害关系人或者人民检察院可以在五日内提出上诉、抗诉。

可见，没收违法所得的裁定与定罪量刑的判决一样，具有可救济性，即可以通过近亲属、利害关系人上诉，人民检察院抗诉等形式，对裁定的准确性和公正性进行再次审查。

具体来说：① 如果犯罪嫌疑人、被告人死亡，其财产继承人为了保护其合法财产权益，有权上诉；② 如果犯罪嫌疑人、被告人逃匿，为了保护其合法权利，其近亲属也有权上诉；③ 如果没收程序中有被害人，而且被害人认为涉案财产属于其合法所有，但是法院裁决予以没收，则被害人与案件有直接的利害关系，也应当有上诉权；④ 如果在公告期间，有其他利害关系人参加诉讼并主张涉案财产为其合法所有，而法院裁决没收该财产，则该利害关系人也应有权上诉；⑤ 如果人民检察院认为法院裁决确有错误，有权提起抗诉。

● **终止审理与国家赔偿**

《刑事诉讼法》第三百零一条规定："在审理过程中，在逃的犯罪嫌疑人、被告人自动投案或者被抓获的，人民法院应当终止审理。没收犯罪嫌疑人、被告人财产确有错误的，应当予以返还、赔偿。"

据此，在违法所得没收程序进行过程中，如果在逃的犯罪嫌疑人、被告人自动投案或者被抓获，则本程序应当终止，而与之相关的刑事普通程序得以恢复。如果犯罪嫌疑人在侦查阶段潜逃，在其被抓获后，侦查程序继续进行，相关财物的处理也应一并进行。如果犯罪嫌疑人在审查起诉阶段潜逃，在其被抓获后，检察机关应恢复审查起诉程序，相关财物也应一并处理。如果在审判阶段被告人潜逃，在其被抓获后，法庭应当恢复审理，对被告人和相关财物一并作出相应的裁决。

同时，如果人民法院发现没收犯罪嫌疑人、被告人财产确有错误，在财物能够返还的情形下，就应当裁定返还财产；如果由于财物已经处理，或者因为没收程序的错误对相关利害关系人造成损失，那么国家应当予以赔偿。没收案件的具体赔偿程序应当参照《中华人民共和国国家赔偿法》的有关规定进行。

14.5 强制医疗程序

强制医疗程序，是指公安、司法机关对不负刑事责任且有社会危险性的精神病人采取强制治疗措施的特别诉讼程序。

强制医疗程序的目的不是为了解决犯罪嫌疑人、被告人的刑事责任问题，而是为了审查决定是否对精神病人采取强制医疗措施。在此之前，我国《刑法》和《中华人民共和国人民警察法》（以下简称《人民警察法》）对强制医疗作了一些规定。例如《刑法》第十八条第一款规定："精神病人在不能辨认或者不能控制自己行为的时候造成危害结果，经法定程序鉴定确认的，不负刑事责任，但是应当责令他的家属或者监护人严加看管和医疗；在必要的时候，由政府强制医疗。"《人民警察法》第十四条规定："公安机关的人民警察对严重危害公共安全或者他人人身安全的精神病人，可以采取保护性约束措施。需要送往指定的单位、场所加以监护的，应当报请县级以上人民政府公安机关批准，并及时通知其监护人。"但是总的来说，这些规定过于原则化，适用条件也不明确。《刑事诉讼法》设专章规定了强制医疗程序，规定了该程序的适用对象、审理程序、法律援助、救济程序以及法律监督等内容。可以说，这是立法上的一大进步。

■ 强制医疗程序的特征

强制医疗程序有以下三项特征。

(1) 强制医疗程序的适用对象必须是具有一定人身危险性且无刑事责任能力的精神病人。

(2) 强制医疗程序着眼于特殊预防,强制医疗不是对已发生的行为的惩罚,而是对精神病人可能再次危害社会的预防。

(3) 强制医疗程序的启动以专门的医疗机构或者鉴定机构进行精神病鉴定作为前提。

■ 强制医疗程序的功能

(1) 强制医疗程序有利于保护精神病人的合法权益。将患有精神疾病且具有人身危险性的精神病人隔离并强制进行医疗,能够使这些患者远离来自社会的威胁,也能够帮助其恢复健康,顺利复归社会。

(2) 强制医疗程序有助于保障非精神病人不受非法拘禁。在司法实践中,一些本不具有精神病或者具有精神疾病但未达到需要强制医疗程度的人,因强制医疗程序而被非法拘禁,这一状况值得我们警惕。因此,借助专业医学人员的技术支持,经过人民法院的审查,强制医疗程序可以保障心智健全的人不受强制医疗的威胁和侵害。

(3) 强制医疗程序有助于维护社会的公共利益。强制医疗程序能够有效防止非精神病人受非法拘禁的情况的发生,有助于人权保障,同时能够阻止因强制医疗程序的滥用造成社会的恐慌,从而有助于维护社会的公共利益。

■ 强制医疗程序的运行

● 强制医疗的适用条件

《刑事诉讼法》第三百零二条规定:"实施暴力行为,危害公共安全或者严重危害公民人身安全,经法定程序鉴定依法不负刑事责任的精神病人,有继续危害社会可能的,可以予以强制医疗。"据此,强制医疗的适用条件包括三个方面。

◇ 实体条件

首先,精神病人必须实施了暴力行为。如果精神病人没有实施任何暴力行为,则不能被采取强制医疗。其次,精神病人实施的暴力行为应当达到严重的程度,即"危害公共安全或者严重危害公民人身安全"。换言之,即便精神病人实施了暴力行为,但情节轻微的话,也不能对其实施强制医疗。

◇ 医学条件

强制医疗只能对经过鉴定程序确定为精神病人的行为人适用。确定犯罪嫌疑人、被告人是否适用强制医疗程序的关键,是查明其在实施暴力行为时,是否因患有精神病或者严重精神障碍而丧失辨别能力、控制能力。

一旦确定行为人是精神病人,而且是完全无刑事责任能力人,就应当及时终止普通诉讼程序,并根据其社会危害性来决定是否启动强制医疗程序。换言之,并非所有的精神病人都可以接受强制医疗,间歇性精神病人在精神正常时实施的行为或者限制刑事责任能力的精神病人实施的行为,构成犯罪的,应当受到刑事处罚。

◇ 社会危险性条件

在我国,对行为人实施强制医疗,除了应满足实体条件和医学条件外,还应审查其是否可能继续危害社会。所谓社会危险性,是指精神病人已实施的行为性质及其精神、生理状态等,是否使法律保护的社会关系处于危险状态。

在司法实践中,公安机关应综合精神病人实施的行为及其事后状态进行分析,如果其有继续危害社会的可能性,则应采取强制医疗措施,否则就没有必要采取此措施。

● 强制医疗程序的启动

根据《刑事诉讼法》的规定,公安机关在办案中,如果发现精神病人符合强制医疗条件,应当写出强制医疗意见书,移送人民检察院。对于公安机关移送的或者在审查起诉过程中自行发现的精神病人符合强制医疗条件的,人民检察院应当向人民法院提出强制医疗的申请。人民法院在审理案件过程中发现被告人符合强制医疗条件的,可以作出强制医疗的决定。

可见,公安机关、人民检察院和人民法院在各自的诉讼阶段,在发现犯罪嫌疑人、被告人是依法不负刑事责任的精神病人时,均有权启动强制医疗程序。

● 决定主体

《刑事诉讼法》第三百零三条第一款规定:"根据本章规定对精神病人强制医疗的,由人民法院决定。"根据这一规定,对于依法不负刑事责任的精神病人适用强制医疗的决定主体是人民法院,公安机关、人民检察院均无权对这类精神病人作出强制医疗的决定。

具体来说,人民法院在强制医疗程序中的职责主要包括三个方面:一是对于人民检察院移送的符合适用强制医疗条件的精神病人作出适用强制医疗的决定;二是对于在审判过程中发现的符合适用强制医疗条件的精神病人作出强制医疗的决定;三是对于已经不具有人身危险性,不需要继续强制医疗的,应批准解除。

● 强制医疗案件的审理

◇ 审理法院和审判组织

《最高法解释》第六百三十一条规定,人民检察院申请对依法不负刑事责任的精神病人强制医疗的案件,由被申请人实施暴力行为所在地的基层人民法院管辖;由被申请人居住地的人民法院审判更为适宜的,可以由被申请人居住地的基层人民法院管辖。

考虑到强制医疗案件的复杂性,即法院除了要审查行为人是否实施了暴力行为外,还要查明行为人实施暴力时是否患有精神病,是否因精神病而无刑事责任能力,在实施暴力后是否仍然具有社会危险性等。因此,在审理强制医疗案件时,人民法院应当组成合议庭。

同时,《最高法解释》第六百三十五条规定,审理强制医疗案件,应当组成合议庭,开庭审理。但是,被申请人、被告人的法定代理人请求不开庭审理,并经人民法院审查同意的除外。

◇ 告知程序

人民法院审理强制医疗案件时,应当通知被申请人或者被告人的法定代理人到场。

在强制医疗案件中,如果是由检察机关提出强制医疗的申请,则行为人被称为"被申请人";如果是由检察机关提起公诉,要求追究行为人的刑事责任,而法院可能对其决定适用强制医疗措施,则行为人被称为"被告人"。

法定代理人包括被代理人的父母、养父母、监护人或者负有保护职责的机关和团体的代表。法定代理人在强制医疗案件的审理过程中具有独立的法律地位,不受被代理人的意志约束。

◇ 开庭审理的程序

开庭审理申请强制医疗的案件,应按照下列程序进行。

(1) 审判长宣布法庭调查开始后,先由检察员宣读申请书,后由被申请人的法定代理人、诉讼代理人发表意见。

(2) 法庭依次就被申请人是否实施了危害公共安全或者严重危害公民人身安全的暴力行为、是否属于依法不负刑事责任的精神病人、是否有继续危害社会的可能进行调查;调查时,先由检察员出示证据,后由被申请人的法定代理人、诉讼代理人出示证据,并进行质证;必要时,可以通知鉴定人出庭对鉴定意见作出说明。

(3) 法庭辩论阶段,先由检察员发言,后由被申请人的法定代理人、诉讼代理人发言,并进行辩论。被申请人要求出庭,人民法院经审查其身体和精神状态,认为可以出庭的,应当准许。出庭的被申请人,在法庭调查、辩论阶段,可以发表意见。

◇ 法律援助

在强制医疗案件的审理中,如果被申请人或者被告人没有委托诉讼代理人,法院应当通知法律援助机构指派律师为其提供法律帮助,从而维护其合法权益。

◇ 审理期限

人民法院审理强制医疗案件的期限为一个月,应当自收到检察机关的强制医疗申请书时起算。由不可抗力致使案件审理中止的,或者由于被申请人、被告人更换诉讼代理人而延期审理的,中止期间不应计算在审查期限之内。

◇ 审理后的处理

人民法院审理后,应当按照下列情形分别处理:

(1) 被告人符合强制医疗条件的,应当判决宣告被告人不负刑事责任,同时作出对被告人强制医疗的决定。

(2) 被告人属于依法不负刑事责任的精神病人,但不符合强制医疗条件的,应当判决宣告被告人无罪或者不负刑事责任;被告人已经造成危害结果的,应当同时责令其家属或者监护人严加看管和医疗。

(3) 被告人具有完全或者部分刑事责任能力,依法应当追究刑事责任的,应当依照普通程序继续审理。

人民法院决定强制医疗的,应当在作出决定后五日内,向公安机关送达强制医疗决定书和强制医疗执行通知书,由公安机关将被决定强制医疗的人送交强制医疗。

◇ 利害关系人申请复议

人民法院经过审查作出强制医疗的决定后,被决定强制医疗的人、被害人及其法定代理人、近亲属对强制医疗决定不服的,可以自收到决定书之日起五日内向上一级人民法院申请复议。复议期间不停止执行强制医疗的决定。

对不服强制医疗决定的复议申请,上一级人民法院应当组成合议庭审理,并在一个月内,按照下列情形分别作出复议决定:① 对于被决定强制医疗的人符合强制医疗条件的,应当驳回复议申请,维持原决定;② 对于被决定强制医疗的人不符合强制医疗条件的,应当撤销原决定;③ 对于原审违反法定诉讼程序,可能影响公正审判的,应当撤销原决定,发回原审人民法院重新审判。

● **强制医疗的复查和法律监督**

如果精神病人已经恢复正常或者不具有社会危害性,那么强制医疗就失去了前提和必要性。因此,为了保障公民人身自由不受非法侵犯,强制医疗机构应当定期对接受强制医疗的人的精神状况进行审查。

强制医疗机构经过复查,如果认为被强制医疗的人已经没有社会危险性,可以提出解除强制医疗的意见。同时,被强制医疗的人及其近亲属也可以向决定强制医疗的人民法院提出解除强制医疗的申请。对此,人民法院应当组成合议庭进行审查,并在一个月内,按照下列情形分别处理:① 对于被强制医疗的人已不具有人身危险性,不需要继续强制医疗的,应当作出解除强制医疗的决定,并可责令被强制医疗的人的家属严加看管和医疗;② 对于被强制医疗的人仍具有人身危险性,需要继续强制医疗的,应当作出继续强制医疗的决定。

人民法院应当在作出决定后五日内,将决定书送达强制医疗机构、申请解除强制医疗的人、被决定强制医疗的人和人民检察院。决定解除强制医疗的,应当通知强制医疗机构在收到决定书的当日解除强制医疗。

另外,由于不服下级人民法院采取强制医疗措施的决定,有关当事人及其法定代理人、近亲属有权向上一级人民法院申请复议。此时有权解除强制医疗措施的主体是上一级人民法院。

《刑事诉讼法》第三百零七条规定:"人民检察院对强制医疗的决定和执行实行监督。"可以看出,人民检察院对强制医疗的监督具有全程性,既包括人民法院强制医疗决定的作出,也包括强制医疗在强制医疗机构的执行。

人民检察院认为强制医疗决定或者解除强制医疗决定不当,在收到决定书后二十日内提出书面纠正意见的,人民法院应当另行组成合议庭审理,并在一个月内作出决定。

总　结

未成年人诉讼程序是公安、司法机关在对未成年人刑事案件进行立案、侦查、审查起诉、审判和执行的过程中必须依法遵循的特殊方式和步骤。其特点在于办案主体的专门性、强制措施适用的特殊性、诉讼权利的特殊性以及程序运行的特殊性。未成年人诉讼程序的运行需要遵循一些特定的方针、原则和制度，尤其是教育、感化、挽救方针的贯彻。

刑事和解程序是指在法定范围的公诉案件中，犯罪嫌疑人、被告人真诚悔罪，通过向被害人赔偿损失、赔礼道歉等方式获得其谅解、双方当事人自愿达成和解协议，从而获得从宽处理的程序。刑事和解程序的适用，可以提高司法机关的办案效率，可以较好地化解矛盾、促进社会和谐。

缺席审判程序国家司法机关根据法律的规定，针对特定案件中不在庭审现场的被告人所进行的审理和裁判的程序。缺席审判程序的适用有助于司法机关尽快查明潜逃境外的犯罪嫌疑人、被告人的犯罪事实，及时挽回损失，还有利于为我国在国际上追逃追赃提供有力依据。

违法所得没收程序是国家司法机关根据法律的规定，针对特定类型的犯罪案件，在犯罪嫌疑人、被告人逃匿或者死亡后，依法定程序对违法所得及其他涉案财物进行处理的特别程序。适用违法所得没收程序，可以改变目前刑事诉讼中对特定类型犯罪所得追缴不力的现状，同时有助于打击严重刑事犯罪，减少、防止并挽回由于犯罪造成的物质损失，保护国家、集体及公民的财产免遭犯罪侵害。

强制医疗程序是公安、司法机关对不负刑事责任且有社会危险性的精神病人采取强制治疗措施的特别诉讼程序。其目的在于解决特定类型精神病人的强制医疗问题。强制医疗程序有利于保护精神病人的合法权益，有助于保障非精神病人不受非法拘禁，有助于维护社会的公共利益。而这些功能的发挥，需要公安、司法机关严格把握相关程序启动条件，严格遵循相关的审理程序，并赋予当事人必要的参与权、救济权。

思 考 题

1. 请分析未成年人隐私特别保护制度的价值、意义。
2. 刑事和解的利益基础是什么，其独特的价值在哪里？
3. 缺席审判程序和刑事普通程序有哪些区别？
4. 请分析违法所得没收程序的性质。
5. 请查阅有关资料，试着了解强制医疗程序在司法实践中可能存在哪些问题，该如何解决？

第 15 章 刑事执行程序

> **引言**
>
> 刑事诉讼是一个完整的过程。立案、侦查、起诉、审判程序之后,并不是刑事诉讼的终结,这是因为人民法院所作出的生效裁判只有付诸实现,才意味着国家刑罚权得到了最终的实施。刑事执行程序正是担负这一使命的诉讼程序。没有执行程序,即便法院裁判的结果是公正的,程序是合法的,也无法体现刑事司法活动的意义。那么,刑事执行有哪些特点,执行的主要依据是什么,我国有哪些执行机关,各种判决、裁定在执行中需要注意什么问题,在何种情况下会出现执行变更,人民检察院如何对刑事执行进行监督?本章主要围绕这些问题加以展开。

15.1 刑事执行概述

刑事执行,是指人民法院、公安机关、监狱等执行机关将已经发生法律效力的判决、裁定所确定的内容付诸实施,以及为解决实施中出现的执行变更等问题而进行的诉讼活动。

■ 刑事执行的特点

执行活动是刑事诉讼的最后一个程序,也是国家刑罚权得以实现的关键程序。执行活动具有如下几个特点。

第一,合法性。执行的对象必须是已经发生法律效力的判决和裁定,执行活动必须依照法律规定的诉讼程序进行。

第二,及时性。人民法院的判决、裁定在发生法律效力后,就应当迅速执行,任何机关、团体和个人都无权阻止和拖延。

第三,强制性。已经发生法律效力的判决和裁定,具有普遍的约束力,任何机关、团体和个人都不得干扰其执行。不论被告人是否同意,生效判决、裁定的内容都会被无条件强制执行。

第四,执行主体的广泛性。在我国,有权执行生效裁判的主体较为广泛,包括人民法院、公安机关、监狱、看守所、未成年犯管教所以及社区矫正机构等;同时,人民检察院是执行监督机关。

■ 刑事执行的依据

《刑事诉讼法》第二百五十九条和有关法律规定,刑事执行的依据包括以下几种。

(1) 已过法定期限没有上诉、抗诉的判决和裁定。

(2) 终审的判决和裁定。

(3) 最高人民法院核准死刑的判决和高级人民法院核准的死刑缓期二年执行的判决。

■ 刑事执行的主体

《刑事诉讼法》规定,无罪判决、免除刑事处罚的判决、死刑立即执行的判决、罚金和没收财产的判决和裁定,均由人民法院执行。死刑缓期二年执行、无期徒刑、有期徒刑的判决,由监狱执行。对被判处有期徒刑的罪犯,在被交付执行刑罚前,剩余刑期在三个月以下的,由看守所代为执行。对被判处剥夺政治权利、拘役的罪犯,由公安机关执行。另外,对被判处管制、宣告缓刑、假释或者暂予监外执行的罪犯,依法实行社区矫正,由社区矫正机构负责执行。

在执行过程中,人民检察院依法实行法律监督。例如:人民法院在执行死刑前,应当通知人民检察院派员临场监督;监狱和其他执行机关在执行中,如果认为判决有错误或者服刑犯提出申诉,应当转请人民检察院处理;等等。

15.2 各种判决、裁定的执行

■ 死刑立即执行判决的执行

最高人民法院核准死刑的判决或裁定,应当由最高人民法院院长签发执行死刑的命令,由高级人民法院交付原审人民法院执行。原审人民法院接到执行死刑命令后,应当在七日内执行。司法实践中,原审法院一般是指原第一审人民法院。

人民法院在交付执行死刑三日前,应当通知同级人民检察院派员临场监督。人民检察院应当做好如下监督工作:① 查明同级法院是否收到最高人民法院的核准死刑的判决或裁定、死刑执行的命令;② 检查执行死刑的场所、方法和执行死刑的活动是否合法;③ 发现有应当停止执行或暂停执行的法定情形后,应当建议人民法院停止执行;④ 执行中根据需要可以进行拍照、摄像;⑤ 执行后,检查罪犯是否确已死亡,并填写死刑临场监督笔录。

执行死刑时,由人民法院审判人员负责指挥。执行前,审判人员应当对罪犯验明正身,要认真、细致地核对罪犯的有关情况,查明其确系该判决认定的应当执行死刑的罪犯,以确保执行无误。审判人员还应当讯问罪犯有无遗言、信札,并制作笔录。对于罪犯的遗言、信札,人民法院应及时进行审查,分别不同情况予以不同处理。在执行前,如果发现可能有错误,应当暂停执行,依法定程序报请最高人民法院裁定。

关于执行死刑的方法,《刑事诉讼法》规定,死刑采用枪决或者注射等方法执行。执行的地点应当在刑场或者指定的羁押场所。刑场不得设在繁华地区、交通要道和旅游区附近。所谓"指定的羁押场所",是指人民法院指定的监狱或者看守所。

执行死刑应当公布,但不得示众。处决罪犯的布告要选择在适当范围、适当地点张贴,以便人民群众了解情况。对于在刑场执行死刑的罪犯,禁止游街示众以及一切侮辱其人格、有伤风化的情况发生。

执行死刑后,书记员应当写成笔录。笔录应当记明执行的具体情况,包括执行死刑的时间、地点、方法,指挥执行的审判人员、临场监督的人民检察院检察人员、负责执行人员的姓名,执行死刑具体情况等。交付执行的人民法院应将执行死刑的情况以及所附执行死刑前后的照片,及时逐级上报最高人民法院。

执行死刑后,交付执行的人民法院应当通知罪犯家属,做好罪犯遗物、遗款清点、移交工作。对于罪犯执行死刑后的尸体或火化后的骨灰,人民法院应当通知其家属认领。罪犯家属不予认领的,由人民法院通知有关单位处理。对外国籍罪犯执行死刑后,应通知外国驻华使领馆。

■ 死刑缓期二年执行、无期徒刑、有期徒刑和拘役判决的执行

《刑事诉讼法》第二百六十四条规定,罪犯被交付执行刑罚的时候,应当由交付执行的人民法院在判决生效后十日内将有关的法律文书送达公安机关、监狱或者其他执行机关。对被判处死刑缓期二年执行、无期徒刑、有期徒刑的罪犯,由公安机关依法将该罪犯送交监狱执行刑罚。对被判处有期徒刑的罪犯,在被交付执行刑罚前,剩余刑期在三个月以下的,由看守所代为执行。对被判处拘役的罪犯,由公安机关执行。对未成年犯应当在未成年犯管教所执行刑罚。

执行机关收押服刑犯时,应对其进行身体检查,对于不适合在监狱或其他执行场所执行的,可以暂不收监,但是如果对其暂予监外执行有社会危害性的,应当收监。对服刑犯收监时,执行机关应当严格检查其人身和所携带的物品。属非生活必需品的,由执行机关代为保管或者征得其同意后退回其家属,对违禁品一律予以没收。

执行机关对服刑犯收押后,应当将服刑犯的罪名、刑期、执行地址等自收监之日起五日内通知服刑犯家属。

对于在死刑缓期执行期间故意犯罪的,应当由人民检察院提起公诉,由罪犯服刑地的中级人民法院审判,所作的判决可以上诉、抗诉。认定构成故意犯罪的判决、裁定发生法律效力后,需要执行原判死刑的,应将所作的判决、裁定报请最高人民法院核准。核准后,交罪犯服刑地的中级人民法院执行。

如果服刑犯在两年期满被减为无期徒刑或者有期徒刑后故意犯罪的,不能执行死刑,只能依法对所犯新罪作出判决,把前罪没有执行的刑罚和后罪所判处的刑罚,依照数罪并

罚原则,决定执行的刑罚。

■ 有期徒刑缓刑、拘役缓刑、管制的执行

缓刑,是指在具备一定的法定条件下,对于被判处一定刑罚的罪犯,在一定期间内暂缓执行刑罚,如果其在暂缓执行期间未犯新罪,则原判刑罚不再执行的一种制度。缓刑不是独立的刑种,而是一种特殊的刑罚执行方式。根据《刑法》第七十二条的规定,对于被判处拘役、三年以下有期徒刑的犯罪分子,同时符合下列条件的,可以宣告缓刑,对其中不满十八周岁的人、怀孕的妇女和已满七十五周岁的人,应当宣告缓刑:① 犯罪情节较轻;② 有悔罪表现;③ 没有再犯罪的危险;④ 宣告缓刑对所居住社区没有重大不良影响。

管制,是指对罪行较轻的犯罪分子不予关押,在社区矫正机构的管理和监督下进行改造,并限制一定自由的一种刑罚。

根据《刑事诉讼法》第二百六十九条的规定,对被判处管制、宣告缓刑、假释或者暂予监外执行的罪犯,依法实行社区矫正,由社区矫正机构负责执行。

缓刑考验期限从判决确定之日起计算。拘役的缓刑考验期为原判刑期以上一年以下,但是不能少于两个月。有期徒刑的缓刑考验期为原判刑期以上五年以下,但是不能少于一年。

被宣告缓刑的罪犯,在缓刑考验期限内没有再犯新罪,考验期满,原判刑罚就不再执行,并公开予以宣告。在缓刑考验期限内再犯新罪或者有漏罪没有判决,需要撤销缓刑的,应当由审判新罪的人民法院,在审判新罪、漏罪时,对原判宣告的缓刑予以撤销,按《刑法》规定的数罪并罚原则处理。

第一审人民法院判决被告人管制,宣判时如果被告人在押,应当通知公安机关变更强制措施,待判决生效后,将有关的法律文书送达社区矫正机构执行。管制的期限为三个月以上两年以下。管制的刑期,从判决执行之日起计算,判决执行以前先行羁押的,羁押一日折抵刑期二日。管制期满,执行机关应及时解除对犯罪分子的管制,同时向本人和有关的群众公开宣布,并且发给本人解除管制通知书。

■ 剥夺政治权利的执行

剥夺政治权利是《刑法》规定的一种附加刑,但可以单独适用。根据我国《刑法》第五十四条的规定,对罪犯剥夺政治权利,主要是剥夺其选举权和被选举权,言论、出版、集会、结社、游行、示威自由的权利,担任国家机关职务的权力,担任国有公司、企业、事业单位和人民团体领导职务的权利等。

判决生效后,人民法院应当将判决书交付罪犯居住地的公安机关执行。执行期满,公安机关应当通知罪犯本人,并向其所在单位、居住地基层组织等有关群众公开宣布,恢复其政治权利。

■ 罚金、没收财产的执行

罚金,是人民法院依法判决犯罪的公民或单位向国家缴纳一定数额金钱的刑罚方法。

罚金判决由人民法院负责执行。被判处罚金的罪犯或犯罪单位，应按照判决确定的数额在判决规定的期限内一次或分期缴纳。期满无故不缴纳的，人民法院应当强制缴纳。因遭遇不能抗拒的灾祸而缴纳罚金确有困难的，被执行人可以向人民法院申请减少或者免除，人民法院经查证属实后，可以酌情裁定对原判决确定的罚金数额予以减少或免除。被执行人死亡或者被执行死刑，且无财产可供执行的，人民法院应当裁定终结执行。

对于罪犯缴纳的罚金，应按规定及时上缴国库，任何机关、个人都不得挪作他用或者私分。

没收财产，是指把犯罪分子个人所有财产的一部分或者全部依法无偿地收归国有的一种刑罚。没收财产可以附加适用，也可以独立适用。没收财产的判决，无论附加适用还是独立适用，都由人民法院执行；在必要的时候，可以会同公安机关执行。

没收财产的范围只限于犯罪分子本人所有的部分财产或全部财产，不得没收属于罪犯家属所有或应有的财产。对于没收财产以前犯罪分子所负的正当债务，需要以没收的财产偿还的，经债权人申请，应当偿还。

■ 无罪判决和免除刑事处罚判决的执行

无罪判决，是指人民法院依法确认被告人的行为不构成犯罪或者依法不追究和不能追究其刑事责任的一种判决。免除刑事处罚判决，是指人民法院依法作出的确认被告人有罪但因具有法定免除刑罚情形而免于刑事处罚的决定。

《刑事诉讼法》第二百六十条规定，第一审人民法院判决被告人无罪、免除刑事处罚的，如果被告人在押，在宣判后应当立即释放。该规定表明，无罪判决和免除刑事处罚判决由人民法院执行。并且，即使判决宣告后当事人提起上诉或人民检察院提出抗诉，在判决未生效以前人民法院就应当立即释放在押的被告人。

无罪和免除刑事处罚判决生效后，人民法院和其他司法机关应当协同有关单位做好善后工作。对于免除刑事处罚的被告人，应恢复其人身自由，撤销非羁押性质的其他强制措施。同时，人民法院可根据案件不同情况予以训诫或责令具结悔过、赔礼道歉、赔偿损失，或建议有关主管机关给予被告人行政处罚或行政处分。

延伸思考："宣判后立即释放"的性质问题

有学者指出，人民法院在判决被告人无罪或免除刑事处罚后立即释放被告人，究其性质，并非属于刑事执行。这是由于它不符合《刑事诉讼法》第二百五十九条关于"判决和裁定在发生法律效力后执行"的规定；同时，如果第二审人民法院根据上诉或抗诉需对案件再次开庭审理，那么仍需被告人出庭受审。因此，这一做法可以被看作刑事诉讼法的一项特殊规定，而不是对未生效判决的执行。据此，该学者认为，《刑事诉讼法》的这条规定宜放在第一审程序或强制措施的变更之中更为合理。

请读者思考应如何界定"宣判后立即释放"的性质，在司法实践中应如何处理有关程序的协调问题。

15.3 刑事执行的变更

执行变更是指在判决、裁定的执行过程中,由于发生了法律规定的情况,人民法院对原判决、裁定确定的刑罚以及执行刑罚的方式,或者执行机关对执行场所依法作出改变。执行变更包括死刑立即执行的变更、死刑缓期二年执行的变更、监外执行、减刑、假释。

■ 死刑立即执行的变更

《刑事诉讼法》第二百六十二条规定,下级人民法院接到最高人民法院执行死刑的命令后,应当在七日内交付执行,但是发现有下列情形之一的,应当停止执行,并且立即报告最高人民法院,由最高人民法院作出裁定:① 在执行前发现判决可能有错误的;② 在执行前罪犯揭发重大犯罪事实或者有重大立功表现,可能需要改判的;③ 罪犯正在怀孕。

指挥执行的审判人员,对罪犯应当验明正身,讯问有无遗言、信札,然后交付执行人员执行死刑。在执行前,如果发现可能有错误,应当暂停执行,将请求停止执行死刑的报告及相关材料报请最高人民法院裁定。

最高人民法院对于依法已停止执行死刑的案件,依照下列情形分别处理:① 确认罪犯怀孕的,应当改判;② 确认原裁判有错误,或者罪犯有重大立功表现,需要依法改判的,应当裁定不予核准死刑,撤销原判,发回重新审判;③ 确认原裁判没有错误,或者罪犯没有重大立功表现,或者重大立功表现不影响原裁判执行的,应当裁定继续执行原核准死刑的裁判,并由最高人民法院院长再签发执行死刑的命令。

■ 死刑缓期二年执行的变更

死刑缓期二年执行不是独立的刑罚种类,而是我国死刑中的一种特殊执行制度,是指对于罪该判处死刑的犯罪分子,如果不是必须立即执行,就在判处死刑的同时宣告缓期二年执行,实行监管改造,以观后效的一种制度。死缓的执行过程中可能产生减刑或执行死刑两种结果,即涉及执行变更的问题。

- ● 变更的条件

《刑事诉讼法》第二百六十一条第二款规定:"被判处死刑缓期二年执行的罪犯,在死刑缓期执行期间,如果没有故意犯罪,死刑缓期执行期满,应当予以减刑,由执行机关提出书面意见,报请高级人民法院裁定;如果故意犯罪,查证属实,应当执行死刑,由高级人民法院报请最高人民法院核准。"这一规定明确将罪犯是否在考验期内故意犯罪作为死刑缓期二年执行变更的唯一条件。

- ● 变更的程序

被判处死刑缓期二年执行的罪犯,在死刑缓期执行期间,如果故意犯罪,应当由人民检察院提起公诉,罪犯服刑地的中级人民法院依法审判,所作的判决可以上诉、抗诉。

认定构成故意犯罪的判决、裁定发生法律效力后,由作出生效判决、裁定的人民法院,报请最高人民法院核准犯罪分子死刑立即执行。最高人民法院核准后,交罪犯服刑地的中级人民法院执行死刑。

死刑缓期二年执行期满应当减刑的,人民法院应当及时减刑。死刑缓期二年执行期满减为有期徒刑的,刑期自死刑缓期二年执行期满之日起计算。

■ 监外执行

监外执行,是指被判处有期徒刑、拘役的罪犯,本应在监狱或其他执行场所服刑,由于出现了法律规定的某种特殊情形,不适宜在监狱或其他执行场所执行刑罚,而暂时采取的一种变通执行方法。

● 监外执行的条件

《刑事诉讼法》第二百六十五条规定,对于被判处有期徒刑或者拘役的罪犯,有下列情形之一的,可以暂予监外执行:① 有严重疾病需要保外就医的;② 怀孕或者正在哺乳自己婴儿的妇女;③ 生活不能自理,适用暂予监外执行不致危害社会的。对被判处无期徒刑的罪犯,有上述第②项规定情形的,可以暂予监外执行。对于适用保外就医可能有社会危险性的罪犯,或者自伤自残的罪犯,不得保外就医。对于罪犯确有严重疾病,必须保外就医的,由省级人民政府指定的医院诊断并开具证明文件,再依照法律规定的程序审批。

● 监外执行的程序

暂予监外执行,由监狱提出书面意见,报省、自治区、直辖市监狱管理机关批准。批准机关应当将批准的暂予监外执行决定通知公安机关和原判人民法院,并抄送人民检察院。

《刑事诉讼法》第二百六十八条规定,对暂予监外执行的罪犯,有下列情形之一的,应当及时收监:① 发现不符合暂予监外执行条件的;② 严重违反有关暂予监外执行监督管理规定的;③ 暂予监外执行的情形消失后,罪犯刑期未满的。对于人民法院决定暂予监外执行的罪犯应当予以收监的,由人民法院作出决定,将有关的法律文书送达公安机关、监狱或者其他执行机关。不符合暂予监外执行条件的罪犯通过贿赂等非法手段被暂予监外执行的,在监外执行的期间不计入执行刑期。罪犯在暂予监外执行期间脱逃的,脱逃的期间不计入执行刑期。罪犯在暂予监外执行期间死亡的,执行机关应当及时通知监狱或者看守所。

《刑事诉讼法》第二百六十九条规定,对于暂予监外执行的罪犯,依法实行社区矫正,由社区矫正机构负责执行。

■ 减刑和假释

● 减刑

根据《刑法》第五十七条、第七十八条、第八十条的规定,被判处管制、拘役、有期徒刑、无期徒刑的罪犯,在执行期间,如果认真遵守监规,接受教育改造,确有悔改表现的,或者有立功表现的,可以减刑。减刑可以由较重的刑罚减为较轻的刑罚,也可以由较长的刑期减为较短的刑期。但是,减刑以后实际执行的刑期不能少于下列期限:① 判处管制、拘役、有期徒刑的,不能少于原判刑期的二分之一;② 判处无期徒刑的,不能少于十三年;③ 对人民法院依照《刑法》第五十条第二款的规定限制减刑的死刑缓期二年执行的犯罪分子,缓期执行期满后依法减为无期徒刑的,不能少于二十五年,缓期执行期满后依法减为二十五年有期徒刑的,不能少于二十年。无期徒刑减为有期徒刑的刑期,从裁定减刑之日起计算,已经执行的刑期,不应计入减刑后的刑期之内;有期徒刑、拘役、管制减刑后的刑期,原判刑期已执行的部分,应当计入裁定减刑后的刑期。死刑缓期二年执行减为有期徒刑或者无期徒刑减为有期徒刑的,应当把附加剥夺政治权利的期限改为三年以上十年以下。

根据《刑事诉讼法》第二百七十三条第二款和《监狱法》等有关法律的规定,被判处管制、拘役、有期徒刑、无期徒刑的罪犯,在执行期间确有悔改或者立功表现,应当依法予以减刑时,应由执行机关提出建议书,报请不同的人民法院审核裁定。

(1) 对于被判处无期徒刑的罪犯的减刑,应当由罪犯所在监狱、未成年犯管教所提出书面意见,经省、自治区、直辖市的监狱管理机关审核同意后,报请当地高级人民法院审核裁定。

(2) 对于被判处有期徒刑的罪犯的减刑,应当由监狱、未成年犯管教所提出书面意见,报请当地中级人民法院审核裁定。

(3) 对于被判处拘役的罪犯的减刑,应当由拘役所提出书面意见,经当地县级公安机关审查同意后,报请当地基层人民法院审核裁定。

(4) 对于被判处管制的罪犯的减刑,由执行管制的社区矫正机构提出意见,报请当地基层人民法院裁定。

● 假释

根据《刑法》第八十一条、第八十三条的规定,被判处有期徒刑的罪犯,原判刑期执行一半以上,被判处无期徒刑的罪犯,实际执行刑期十三年以上,如果认真遵守监规,接受教育改造,确有悔改表现,没有再犯罪的危险的,可以假释。如果有特殊情况,经最高人民法院核准,可以不受上述执行刑期的限制。对累犯以及因故意杀人、抢劫、强奸、绑架、放火、爆炸、投放危险物质或者有组织的暴力性犯罪被判处十年以上有期徒刑、无期徒刑的犯罪分子,不得假释。有期徒刑的假释考验期限为没有执行完毕的刑期,无期徒刑的假释考验期限为十年。假释考验期限自假释之日起计算。如果原判决附加剥夺政治权利的,应当从假释之日起执行。

根据《刑法》第八十四条和《刑事诉讼法》第二百六十九条的规定,对被假释的罪犯,依法实行社区矫正,由社区矫正机构负责执行。被假释的罪犯在假释考验期内,必须遵守国家法律、行政法规和国务院有关部门制定的监督管理规定,定期向监督机关报告自己的活动情况,遵守监督机关关于会客的规定,迁居或者离开居住区域必须经监督机关核准。被假释的罪犯,在假释考验期内有违反法律、行政法规和国务院有关部门关于假释的监督管理规定的行为,尚未构成新的犯罪的,应当依照法定程序撤销假释,收监执行未执行完毕的刑罚。

监狱等刑罚执行机关在报请人民法院审核裁定减刑、假释时,必须做到材料完备、手续齐全,以保证人民法院审理活动的顺利进行。人民法院审理减刑、假释案件,应当组成合议庭进行。人民法院应当自收到减刑建议书或者假释建议书之日起一个月之内予以审核裁定;案情复杂或者情况特殊的,可以延长一个月。对于人民法院的减刑或者假释裁定,不得上诉。对于人民法院裁定假释的罪犯,监狱等刑罚执行机关应当按期假释并发给释放证明书。

减刑、假释案件的审理

人民法院审理减刑、假释案件时,应当组成合议庭,可以采用书面审理的方式,但下列案件应当开庭审理:

(1) 因罪犯有重大立功表现提请减刑的。

(2) 提请减刑的起始时间、间隔时间或者减刑幅度不符合一般规定的。

(3) 被提请减刑、假释罪犯系职务犯罪罪犯,组织、领导、参加、包庇、纵容黑社会性质组织罪犯,破坏金融管理秩序罪犯或者金融诈骗罪犯的。

(4) 社会影响重大或者社会关注度高的。

(5) 公示期间收到不同意见的。

(6) 人民检察院提出异议的。

(7) 有必要开庭审理的其他案件。

人民法院开庭审理减刑、假释案件,应当通知人民检察院、执行机关及被报请减刑、假释罪犯参加庭审。人民法院根据需要,可以通知证明罪犯确有悔改表现或者立功、重大立功表现的证人,公示期间提出不同意见的人,以及鉴定人、翻译人员等其他人员参加庭审。开庭审理应当在罪犯刑罚执行场所或者人民法院确定的场所进行。有条件的人民法院可以采取视频开庭的方式进行。在社区执行刑罚的罪犯因重大立功被报请减刑的,可以在罪犯服刑地或者居住地开庭审理。

人民法院对于决定开庭审理的减刑、假释案件,应当在开庭三日前将开庭的时间、地点通知人民检察院,执行机关以及被报请减刑、假释罪犯和有必要参加庭审的其他人员,并进行公告。减刑、假释案件的开庭审理由审判长主持,应当按照以下程序进行。

(1) 审判长宣布开庭,核实被报请减刑、假释罪犯的基本情况。

(2) 审判长宣布合议庭组成人员、检察人员、执行机关代表及其他庭审参加人。

(3) 执行机关代表宣读减刑、假释建议书,并说明主要理由。

(4) 检察人员发表检察意见。

(5) 法庭对被报请减刑、假释罪犯确有悔改表现或立功表现、重大立功表现的事实以及其他影响减刑、假释的情况进行调查核实。

(6) 被报请减刑、假释罪犯作最后陈述。

(7) 审判长对庭审情况进行总结并宣布休庭评议。

人民法院开庭审理减刑、假释案件,能够当庭宣判的应当当庭宣判;不能当庭宣判的,可以择期宣判。

人民法院书面审理减刑、假释案件,可以就被报请减刑、假释罪犯是否符合减刑、假释条件进行调查核实或听取有关方面意见。人民法院书面审理减刑案件,可以提讯被报请减刑罪犯；书面审理假释案件，应当提讯被报请假释罪犯。

人民法院审理减刑、假释案件，应当按照下列情形分别处理。

（1）被报请减刑、假释罪犯符合法律规定的减刑、假释条件的，作出予以减刑、假释的裁定。

（2）被报请减刑的罪犯符合法律规定的减刑条件，但执行机关报请的减刑幅度不适当的，对减刑幅度作出相应调整后作出予以减刑的裁定。

（3）被报请减刑、假释罪犯不符合法律规定的减刑、假释条件的，作出不予减刑、假释的裁定。

人民法院作出减刑、假释裁定后，应当在七日内送达提请减刑、假释的执行机关、同级人民检察院以及罪犯本人。作出假释裁定的，还应当送达社区矫正机构或者基层组织。减刑、假释裁定书应当通过互联网依法向社会公布。人民检察院认为人民法院减刑、假释裁定不当，在法定期限内提出书面纠正意见的，人民法院应当在收到纠正意见后另行组成合议庭审理，并在一个月内作出裁定。

另外，在人民法院作出减刑、假释裁定前，执行机关书面提请撤回减刑、假释建议的，是否准许，由人民法院决定。人民法院发现本院已经生效的减刑、假释裁定确有错误的，应当依法重新组成合议庭审理；发现下级人民法院已经生效的减刑、假释裁定确有错误的，应当指令下级人民法院另行组成合议庭审理，也可以自行依法组成合议庭进行审理并作出裁定。

15.4　刑事执行的监督

刑事执行的监督，是指人民检察院对人民法院已经发生法律效力的判决、裁定的执行是否合法实行法律监督的活动。

■ 人民检察院对执行机关执行刑罚活动的监督

《刑事诉讼法》第二百七十六条规定："人民检察院对执行机关执行刑罚的活动是否合法实行监督。如果发现有违法的情况，应当通知执行机关纠正。"这是《刑事诉讼法》关于人民检察院对执行机关执行刑罚的活动进行监督的原则性规定。这里所说的人民检察院对执行机关执行刑罚的活动的监督主要包括如下方面。

（1）人民法院判决被告人无罪、免除刑事处罚的，在押被告人是否被立即释放。

（2）人民法院将罪犯交付执行时，据以交付执行的刑事判决、裁定是否已经发生法律效力，交付执行的手续、程序是否合法，执行机关执行刑法活动时是否符合法律规定。

（3）监狱和其他刑罚执行机关收押罪犯的活动是否合法。

（4）对于死刑缓期二年执行的罪犯，二年期满是否依法及时予以减刑。

（5）对于被判处管制、剥夺政治权利的罪犯和宣告缓刑、假释的罪犯及没收财产判决的执行是否合法，罚没财物是否依法处理。

（6）对于服刑中的罪犯又犯新罪或者发现了原审判漏罪的，是否依法进行追究。

（7）对于服刑罪犯的申诉是否及时转送，并作出正确处理。

（8）监狱、未成年犯管教所、看守所、拘役所的执行活动是否符合《刑事诉讼法》《监狱法》《看守所条例》等有关法律、法规，是否保障罪犯依法享有各项权利，是否有利于罪犯改造。

（9）对于刑期届满的罪犯是否按期释放。

人民检察院在对执行机关的活动进行监督的过程中，如果发现有违法情况，应当通知执行机关纠正。对于情节较轻的违法行为，检察人员可以以口头方式向违法人员或者执行机关负责人提出纠正，并及时向监所检察部门的负责人汇报；必要时，由部门负责人提出。对于比较严重的违法行为，检察人员应报请检察长批准后，向监狱或公安机关发出纠正违法通知书。对于造成严重后果、构成犯罪的，人民检察院应当依法追究责任人的刑事责任。

人民检察院发出纠正违法通知书的，应当根据执行机关的回复监督落实情况；没有回复的，应当督促执行机关回复。对于执行机关违法行为的纠正情况，人民检察院应当及时向上一级人民检察院报告，并抄报执行机关的上级主管机关。上级人民检察院认为下级人民检察院的意见正确的，应与同级执行机关共同督促下级执行机关纠正；上级人民检察院认为下级人民检察院纠正违法的意见有错误，应当通知下级人民检察院撤销发出的纠正违法通知书，并通知同级执行机关。

人民检察院对执行死刑的监督

《刑事诉讼法》第二百六十三条第一款规定："人民法院在交付执行死刑前，应当通知同级人民检察院派员临场监督。"在司法实践中，人民法院通常在交付执行死刑三日以前，通知同级人民检察院派员监督。临场监督执行死刑的检察人员应当依法监督执行死刑的场所、方法和执行死刑的活动是否合法。在执行死刑前，发现有下列情形之一的，人民检察院应当建议人民法院停止执行，并层报最高人民检察院负责死刑复核监督的部门：① 被执行人并非应当执行死刑的罪犯的；② 罪犯犯罪时不满十八周岁，或者审判的时候已满七十五周岁，依法不应当适用死刑的；③ 判决、裁定可能有错误的；④ 在执行前罪犯检举、揭发重大犯罪事实或者有其他重大立功表现，可能需要改判的；⑤ 罪犯正在怀孕的；⑥ 罪犯可能有其他犯罪的；⑦ 共同犯罪的其他犯罪嫌疑人到案，共同犯罪的其他罪犯被暂停或者停止执行死刑，可能影响罪犯量刑的。在执行死刑中发现其他严重违法情况的，也应及时提出纠正意见。

在执行死刑过程中，根据需要，人民检察院临场监督人员可以进行拍照、摄像；执行死刑后，人民检察院临场监督人员应检察罪犯是否确已死亡，并填写死刑临场监督笔录，签字后入卷归档。

人民检察院对暂予监外执行的监督

《刑事诉讼法》第二百六十六条规定："监狱、看守所提出暂予监外执行的书面意见的，应当将书面意见的副本抄送人民检察院。人民检察院可以向决定或者批准机关提出书面意见。"第二百六十七条规定:"决定或者批准暂予监外执行的机关应当将暂予监外执行决定抄送人民检察院。人民检察院认为暂予监外执行不当的,应当自接到通知之日起一个月以内将书面意见送交决定或者批准暂予监外执行的机关,决定或者批准暂予监外执行的机关接到人民检察院的书面意见后,应当立即对该决定进行重新核查。"

人民检察院的承办人员审查时可以向罪犯所在单位和有关人员进行调查,可以向有关机关调阅有关资料等。经审查认为暂予监外执行不当,应当向批准或决定暂予监外执行的机关提出纠正意见的,由检察长决定。

人民检察院向批准或者决定暂予监外执行的机关提出不同意暂予监外执行的书面意见后,应当监督其立即对批准或者决定暂予监外执行的结果进行重新核查,并监督其重新核查的结果是否符合法律规定。对核查不符合法律规定的,应当依法提出纠正意见,并向上一级人民检察院报告。

■ 人民检察院对减刑、假释的监督

《刑事诉讼法》第二百七十四条规定,人民检察院认为人民法院减刑、假释的裁定不当,应当在收到裁定书副本后二十日以内,向人民法院提出书面纠正意见。人民法院应当在收到纠正意见后一个月以内重新组成合议庭进行审理,作出最终裁定。

人民检察院在接到人民法院减刑、假释的裁定书副本后,应当立即进行审查。为了解情况,承办人员可以向罪犯服刑机关和有关人员进行调整,可以向人民法院和罪犯服刑机关调阅有关资料等。经审查,人民检察院认为人民法院减刑、假释的裁定不当,应当在收到裁定书副本后二十日以内,向作出减刑、假释裁定的人民法院提出书面纠正意见。

对人民法院减刑、假释裁定提出的书面纠正意见,由作出减刑、假释裁定的人民法院的同级人民检察院向该人民法院书面提出。人民检察院对人民法院减刑、假释的裁定提出纠正意见后,应当监督人民法院是否在收到纠正意见后一个月以内重新组成合议庭进行审理,并监督其重新作出的最终裁定是否符合法律规定;对最终裁定不符合法律规定的,应当向同级人民法院提出纠正意见。

■ 对新罪、漏罪的处理

新罪,是指罪犯在服刑期间又犯的新罪行。漏罪,是指判决生效后在执行过程中发现的罪犯在判决宣告以前所犯的尚未判决的罪行。《刑事诉讼法》第二百七十三条第一款规定:"罪犯在服刑期间又犯罪的,或者发现了判决的时候所没有发现的罪行,由执行机关移送人民检察院处理。"发现了罪犯的新罪,都应依法追诉,这必然会涉及执行的变更问题。在刑罚执行期间,如果发现了罪犯在判决宣告以前所犯的尚未判决的漏罪,或者罪犯实施了脱逃罪、组织越狱罪、伤害犯罪等新罪,就由监狱等有管辖权的机关进行侦查。侦查终结后,负责侦查的机关写出起诉意见书,连同案件材料、证据一并移送人民检察院。如果认为需要追究刑事责任,人民检察院就应按管辖分工的不同,向有管辖权的基层人民法院或中级人民法院起诉。人民法院应依法进行审判,将对罪犯的新罪和漏罪所判处的刑罚与原判决尚未执行完毕的刑期,按数罪并罚的原则,决定应当执行的刑罚。

关于服刑罪犯脱逃后又犯新罪,应分别情况处理。如果新罪是在被捕以后发现的,就应按前述管辖和处理程序进行追究;如果罪犯所犯罪行是在犯罪地发现的,就由犯罪地的公安机关、人民检察院、人民法院依照管辖范围和法定程序进行处理。判决后,原则上仍送回原所在监狱执行。

关于服刑罪犯脱逃后又犯罪是否办理逮捕手续的问题,应分情况处理:① 如果查明查获的犯罪分子确为服刑期间脱逃的罪犯,可由捕获的公安机关羁押,不必再办逮捕手续,看守所应当凭公安机关的羁押文件收押;② 如果未查明犯罪人系服刑期间脱逃的罪犯,其行为又该逮捕的,可依法办理逮捕手续;③ 在办理服刑期间又犯新罪的案件过程中,如果罪犯服刑期届满,所犯新罪满足逮捕条件,应由人民检察院或人民法院批准或决定逮捕。

人民法院对新罪、漏罪审理后制作的判决书,除应送达罪犯服刑机关外,还应送达原审人民法院和担负监所检查任务的人民检察院。

■ 对错判申诉的处理

《刑事诉讼法》第二百七十五条规定:"监狱和其他执行机关在刑罚执行中,如果认为判决有错误或者罪犯提出申诉,应当转请人民检察院或者原判人民法院处理。"根据该规定,在执行刑罚中,监狱和其他执行机关如果发现对罪犯的判决有错误,应及时将有关情况及意见向人民检察院或原判人民法院反映。在执行刑罚的过程中,罪犯本人认为生效裁判有错误的,也可以向人民检察院或原判人民法院提出申诉,请求重新处理。所谓申诉,是指罪犯认为对自己的判决有错误,在服刑过程中提出撤销或变更原判刑罚的请求。对于罪犯的申诉材料,监狱或其他刑罚执行机关应当及时转递,不得扣押。

人民检察院或者原判人民法院对收到的申诉材料及意见,应当迅速审查。对于确有错误的,应依法提起审判监督程序,对案件进行再审;对于原判正确,申请没有理由的,可以驳回申诉,并将处理结果通知申诉人和有关执行机关。《监狱法》第二十四条规定,人民检察院或人民法院应当自收到监狱提请处理意见书之日起六个月内将处理结果通知监狱。

总　结

刑事执行是执行主体将生效裁判付诸实施的活动,是国家刑罚权得以实现的关键程序。针对不同的生效裁判和裁定,《刑事诉讼法》确定了不同的执行主体。在执行过程中,如果遇到法定情形需要变更执行的,应通过法定机关依法定程序及时变更。同时,人民检察院在执行过程中,应做好执行监督工作,以维护刑事执行的稳定性和严肃性。

思 考 题

1. 如何理解刑事执行权的性质?
2. 有研究者指出,目前我国的刑事执行权的配置并不合理,主要表现为执行主体过度分散,法院作为裁判机构却行使刑事执行权,非监禁刑的执行专业化程度不高,对执行的监督制约不够完善等。请结合目前刑事执行程序改革的现状思考解决上述问题的路径。

结 语

一

本书以"刑事执行程序"作为末章主题，其用意在于，希望执行程序可以成为刑事诉讼的终结、秩序恢复的起点。刑事司法应当通过刑事案件的公正审理和有效执行，进而确立刑事司法的终局性和权威性，最终以一种理性的方式来实现犯罪追诉、人权保障等目标。

值得反思的是，我们本应通过执行程序来彻底结束刑事案件的处理，然而在我国以往的司法实践中，不少案件却又通过审判监督再次恢复审理，刑事诉讼程序缺乏应有的终局性和权威性。当然，笔者并不是说审判监督毫无必要，刑事裁判的既判力也绝非铁板一块，例如一些明显的错案理应通过审判监督来加以纠正，只是现行审判监督程序的运行却存在明显的漏洞。

同时，一些诉讼法理明显被无视，例如无罪推定很难真正被贯彻，强迫自证其罪的情况非常普遍，本应疑罪从无的案件异化为疑罪从轻，等等。其实大量的冤假错案在审理过程中并非没有疑点，问题在于功利化的办案机制常常使得办案人员漠视法理，漠视严格的证据审查规则，甚至漠视法律的规定，造成违法办案的情况难以彻底根除，诸如刑讯逼供、违法取证、超期羁押、滥用公诉权等，加上司法独立仍然遭遇诸多障碍，进而使得诉讼程序丧失了纠错的能力。这样的案件即便进入执行程序，也不能实现终局性，日后很可能被审判监督，更糟糕的情况是没有审判监督而造成永久的司法错误。这些因素综合起来显然不利于维护司法的权威性和终局性，民众也很难对司法产生信任感。

这些问题无不映射出我国刑事司法的巨大困境，如果对此继续漠视的话，就会产生更加糟糕的结果。所幸的是，人们对于目前的困境显然有着较为清醒的认识，无论是实务界还是理论界，无论是官方还是民间，都在为改进我国的司法制度而努力，区别在于对于改进的路径、手段、方法、理念等存在不同的看法。

笔者认为，无论如何，解决司法的问题首先应实现对司法本质的回归，任何创新都不能违背司法的基本规律，经得起考验的理论既是对本国经验的有效解释，也应体现诉讼法理的要求。在笔者看来，下列诉讼法理值得我们认真理解并融会贯通，并用于解释、反思现实中错综复杂的司法现象。

- **无罪推定**

任何被怀疑有罪受到指控的人，在经过司法审判程序确定有罪之前，在法律上应被假定为无罪。

- **不得强迫自证其罪**

受刑事追诉者不得被强迫作不利于自己的证言或者承认犯罪。

- 不告不理，控审分离

人民法院不得主动提起诉讼程序，只能由承担控诉职能的公诉机关或自诉人提起诉讼，法院仅负责审理和裁判案件。

- 证明责任

承担控诉职能的公诉方和自诉案件中的自诉人负证明责任，犯罪嫌疑人、被告人不负证明责任。嫌疑人、被告人提出无罪、罪轻、免于刑事处罚的主张，是其权利而非义务。

- 有效辩护

犯罪嫌疑人、被告人应当享有充分的辩护权，应当允许其聘请合格的辩护人为其辩护；国家应当保障犯罪嫌疑人、被告人的辩护权得到充分行使，在其无力聘请律师辩护的情况下，应当为其提供免费的法律援助。

- 诉讼职能区分

控诉、辩护和裁判三项职能必须由三方独立的诉讼主体分别承担，而不能由两方或一方诉讼主体来承担；任何一方诉讼主体不得通过实施诉讼行为，承担或协助承担其他诉讼主体的诉讼职能；诉讼主体不得被迫实施与自己本应承担的诉讼职能完全相冲突的诉讼行为。

- 程序法定

刑事诉讼程序应当由法律事先明确规定，刑事诉讼活动应当依据法律规定的程序来进行。

- 程序正义

程序正义包括裁判者的中立性、程序的参与性、程序的对等性、程序的合理性、程序的及时性、程序的终结性等六个方面。

- 诉讼及时

刑事诉讼活动，包括审前程序、审判程序、执行程序，都应不拖延地进行。

- 司法独立

法官在审理案件的过程中只依照法律的规定进行审理和裁判，而不受外界的干扰或影响。

- 审判公开

人民法院在审判刑事案件时，除法庭评议秘密进行和法律另有特别规定的情形外，都必须公开进行。

- 直接、言词审理

审理案件的法官必须在法庭上亲自听取当事人、证人及其他诉讼参与人的陈述，案件事实和证据必须以口头方式向法院提出并以口头辩论和质证的方式进行调查。

- 集中审理

法院开庭审理案件，应当在不更换审判人员的条件下持续进行，不得中断审理。

- 证据裁判

裁判的形成必须以证据为依据；没有证据，不得认定犯罪事实；据以作出裁判的证据必须达到相应的要求。

当然,笔者不敢说掌握了这些法理就能够顺利地分析、解释所有的司法难题,毕竟任何理论都有特定的解释范围。细心的读者也会发现上述法理主要适用于对抗性司法模式,若站在合作性司法模式的角度来看则未必有效。这意味着在特定的情境中需要选择更加合理的司法模式,以避免传统司法模式的局限性,只有这样才能真正实现人权保障,树立司法权威。

> 对抗(制)似乎是人类迄今所发明的促使真相大白的最好方法。
>
> ——乔恩·华尔兹

二

众所周知,我国的刑事司法制度先后借鉴了大陆法系、英美法系的相关制度、理念,并逐渐形成一种具有中国特色的对抗性司法模式。从1996年的控辩式审判改革至今,一系列的制度、原则都在不断完善,包括犯罪嫌疑人、被告人诉讼权利的保障,证人、鉴定人出庭作证保障,被害人的权利保障,非法证据排除规则的确立,以及审判独立、审判公开、多方参与、直接言词等原则的确立,都旨在推进这种对抗性司法的完善。实际上,本书各章中所介绍和讨论的内容也主要是围绕对抗性司法而展开的,并且这种司法模式在我国还有继续完善的空间,例如无罪推定原则、不被强迫自证其罪原则的彻底贯彻和有效保障,司法独立、和司法公开的继续推进,程序性辩护和程序性制裁的引入,非法证据排除的深入发展等。

■ 对抗性司法及其主要缺陷

典型的对抗性司法一般被设计成裁判者中立听审、控辩双方有效对抗的形式,并建立一套完整的证据规则来规范证据的收集、展示、采信和使用,从而确保审判的公正性。对抗性司法的运行遵循无罪推定原则,注重控辩双方的平等对抗,同时为了遏制国家追诉权的滥用而设置了一系列的程序规制。一般我们认为,对抗制有利于更广泛、更全面地搜寻证据和发现事实,有助于促进法庭判决的公正性,有助于以公正的程序促使当事人服从法院的裁判,也有利于培育人们的平等意识和宽容精神。[①]

但是,诚如我国学者所指出的,对抗性司法本身也存在一些难以克服的局限性,这主要包括三个方面:第一,对抗性司法是一种需要投入大量司法资源的诉讼模式。随着诉讼程序对抗性的增强,犯罪嫌疑人、被告人将会获得越来越完善的程序保障,单个案件的结案周期会相应延长,司法资源的有限性与诉讼程序正当性的矛盾将变得越来越突出。第二,对抗性司法是以控辩双方具有对立诉讼立场为前提的,但在那些被告人自愿认罪的案件中,这种模式就没有存在的前提和基础。在控辩双方保持合作、协商和妥协的情况下,对抗性司法的理论不仅不具有令人信服的解释力,而且还使人对这些理论本身的正当性产生合理的怀疑。第三,对抗性司法对于被害人的诉讼参与也没有给予重视。传统的对抗性司法模式是以"国家—被告人关系"为中心建立起来的。在这种模式下,被害人最

---

① 参见程汉大、李培峰:《英国司法制度史》,清华大学出版社,2007,第350—351页。

多不过是协助公诉方支持公诉的"控方证人",不具有独立的刑事追诉者角色。结果,被害人的诉讼利益和诉讼主张都受到了忽略,被害人对司法裁判制作过程的参与不充分,难以富有成效。[1]

显然,我们不能无视对抗性司法的上述缺陷,而僵化地将这种模式适用于所有刑事纠纷的解决。就目前来看,学术界和实务界对于实现刑事案件处理的合理分流,优化司法资源的配置,提高司法机关的办案效率,关注犯罪嫌疑人、被告人、被害人的利益诉求等要求基本达成共识。

■ 合作性司法的探索

近年来,合作性的司法模式正在不断探索之中。

首先,这种模式以被告人自愿认罪为前提,被告人通过放弃无罪辩护来获取对其较为有利的裁决。

根据《刑事诉讼法》的规定,适用简易程序的重要条件之一是"被告人承认自己所犯罪行,对指控的犯罪事实没有异议",并且简易程序一般遵循的是"从轻量刑"的原则。因此,适用简易程序审理的案件,事实较为清楚且被告人自愿认罪,导致案件审理缺乏对抗性。根据1996刑诉法,简易程序审理中检察机关甚至可以不派员出席庭审,这使得法庭调查和法庭辩论都明显简化,控辩对抗的成分也大大削弱。即便2012刑诉法修改了简易程序的某些内容,例如"适用简易程序审理的公诉案件,人民检察院应当派员出席法庭。……经审判人员许可,被告人及其辩护人可以同公诉人互相辩论",但在实际的法庭审理中,由于被告人已经认罪,因而很难形成明显的对抗。检察官出庭的主要功能是支持公诉,具体来说包括宣读起诉书、出示指控证据、发表公诉词等,这样做的好处在于可以避免法官的多重角色冲突,维持完整的审判结构。由上,被告人的自愿认罪在一定程度上消解了控辩对抗的基础,得以形成一种初级的控辩合作模式,这被我国学者称为"最低限度的合作性司法"。

其次,在有被害人的特定类型的公诉案件中,被告人自愿认罪,且主动向被害人进行赔礼道歉、赔偿损失,在被害人选择谅解后,司法机关可以对被告人作出从宽处理,这就是我们所熟知的刑事和解。我国学者将这种模式称为"和解性的私力合作模式"。作为我国近年来司法改革的重要探索,刑事和解被广泛地应用于各类轻伤害案件的处理,各地还相继出台了各种"实施规则""若干意见"以规范和解的运行。随后,经过反复的讨论、磋商,2012刑诉法最终确立了我国的刑事和解程序,使之成为正式的刑事诉讼制度。这种合作模式中,不仅有被告方与办案机关的诉讼合作,而且有加害方与被害方的和解,这也是办案机关在作出相关裁决时的重要依据。

然而,就在刑事和解的探索过程中,另一种合作模式崭露头角。从2014年开始,"刑事速裁程序""认罪认罚从宽制度"的改革试点工作陆续展开,这两轮试点中确立了控辩协商制度。检察机关在审查起诉阶段,可以就指控的罪名、从宽处罚的建议、认罪认罚后案

---

[1] 陈瑞华:《刑事诉讼的中国模式》,法律出版社2008年版,第56—59页。

件审查适用的程序等问题,听取犯罪嫌疑人、辩护人或值班律师的意见。经过协商,犯罪嫌疑人自愿认罪,同意量刑建议和程序适用的,应当在辩护人或者值班律师在场的情况下签署具结书。人民检察院向人民法院提起公诉的,应当在起诉书中写明被告人认罪认罚情况,提出量刑建议,并同时移送被告人的认罪认罚具结书等材料。2018年,修正后的《刑事诉讼法》正式确立了认罪认罚从宽制度,并对相关程序、配套措施、当事人的权利保障等问题作了规定。我国学者将改革中所形成的模式概括为"协商性的公力合作模式"。

在认罪认罚从宽制度确立之后,各地执法、司法机关协同推动制度的全面落实,办案质效得到了明显的提升。最高人民检察院的官方数据显示,2020年以来,认罪认罚从宽制度适用率超过85%,检察机关量刑建议采纳率约为95%。2021年1月至11月,检察机关提出确定刑量刑建议占提出总数的90.87%,比适用初期2019年同期增长了54.97个百分点,法院对量刑建议的采纳率为96.85%,同期认罪认罚案件上诉率为3.5%,较未适用认罪认罚从宽制度案件上诉率低20.51个百分点。[①]

据此,我们可以预测,根据现行的立法,同时在司法政策不发生重大转变的情况下,那么未来的刑事司法将会以"被告人是否认罪"作为程序分流的主要依据。就整体而言,刑事案件的初审程序可以分为以被告人认罪为基础的认罪程序和被告人不认罪的普通程序,并且认罪程序和普通程序各自的案件数应当维持在一个相对合理的比例之中。在此基础上,未来中国的刑事司法程序会形成一个更具兼容性的架构,对抗性司法模式与合作性司法模式处于共存状态,并且伴随着司法改革的推进,这两大模式也会得到进一步的完善。各位读者在学习和研究的过程中,不妨思考一下现行司法程序架构中存在的问题,同时密切关注未来司法改革的动态。

三

最后,笔者想表达三个观点来作为全书的结束语。

第一,我们学习的任何理论都只是解释现象的工具,要想用好这些工具,首先需要结合实践深入、透彻地理解它们,而不能仅仅停留在"了解""知道"的程度。同时,我们也不可过分迷信理论,毕竟不存在"放之四海而皆准"的理论。正确的态度是,在实践中检验理论,在必要时修正其不足之处。请记住,当理论与实践发生矛盾时,或者理论不能解释现象时,问题通常不在实践,而在理论,此时某个理论就应该被修正甚至抛弃。

第二,在学习的过程中应注重积累,急功近利可能是学习中最大的障碍。如果想要学有所成乃至有所创新,就需要投入更多的有效精力。据美国心理学家约翰·海斯和本杰明·布鲁姆的研究,在几乎所有领域中,培养专业技能大约需要10年。而另一位美国作家马尔科姆·格拉德威尔的研究更为精确,指出想要出类拔萃,就要努力至少10 000小时。当然,笔者无意于鼓动读者将对《刑事诉讼法》的研究作为自己的职业,或是将所有的时间都投入对《刑事诉讼法》的学习中,在这里只是想揭示学习的一条规律:没有捷径,只

---

① 中华人民共和国最高人民法院:《最高检印发指导意见 全面规范认罪认罚案件量刑建议工作》,(2021-12-30)[2022-3-29].https://www.spp.gov.cn/spp/xwfbh/wsfbt/202112/t20211220_539038.shtml#1。

有积累。

第三,坦白地说,大多数教科书的命运总是相似的,在一门课程结束后一般会被置于书架一角,从此无人问津,或者被打包卖给废品站,甚至直接被扔弃。笔者只是希望读者在阅读本书的过程中可以有所领悟、有所思考,如果可以获得阅读乐趣的话,笔者将深感欣慰。旅美学者徐贲曾经说过,有知识不等于有思想,更不等于在价值问题上有正确的判断,真正的知识不仅包括掌握实际技能,而且包括理解什么是技能知识的善用和正用。如果读者也认同这一观点,那么不妨在阅读中多一些思考,少一些浮躁,一定会有收获的!

周登谅

于华东理工大学

2022 年 3 月 29 日

附录 1
中国刑事司法大事记

● 2022年2月22日,为支持和推进在线诉讼、在线调解等司法活动,完善人民法院在线运行机制,方便当事人及其他参与人在线参与诉讼、调解等活动,提升审判执行工作质效,最高人民法院印发《人民法院在线运行规则》,确定了人民法院用以支持在线司法活动的信息系统建设、应用方式、运行管理等内容。

● 2021年12月30日,为充分发挥辩护律师在死刑复核程序中的作用,切实保障死刑复核案件被告人的诉讼权利,最高人民法院、司法部印发《关于为死刑复核案件被告人依法提供法律援助的规定(试行)》的通知。

● 2021年12月8日,为严格规范减刑、假释工作,进一步加强减刑、假释案件实质化审理,确保案件审理公平、公正,最高人民法院、最高人民检察院、公安部、司法部联合印发《关于加强减刑、假释案件实质化审理的意见》的通知。

● 2021年12月3日,为了进一步规范量刑建议工作,推动依法全面规范适用认罪认罚从宽制度,最高人民检察院印发《人民检察院办理认罪认罚案件开展量刑建议工作的指导意见》。

● 2021年12月2日,为了深入推进认罪认罚从宽制度实施,依法规范办理认罪认罚案件,充分保障犯罪嫌疑人、被告人及其辩护人的诉讼权利,提高办案质量和效果,最高人民检察院印发《人民检察院办理认罪认罚案件听取意见同步录音录像规定》。

● 2021年9月30日,为了进一步规范人民法院、人民检察院离任人员从事律师职业,防止利益输送和利益勾连,切实维护司法廉洁和司法公正,最高人民法院、最高人民检察院、司法部印发《关于进一步规范法院、检察院离任人员从事律师职业的意见》的通知。

● 2021年1月20日,为了深化综合审判改革,加强未成年人权益司法保护,加强审判机制和组织建设,推进未成年人审判专业化发展,最高人民法院发布《关于加强新时代未成年人审判工作的意见》。

● 2020年5月11日,为健全办理认罪认罚案件检察权运行监督机制,加强检察官办案廉政风险防控,确保依法规范适用认罪认罚从宽制度,最高人民检察院印发《人民检察院办理认罪认罚案件监督管理办法》。

● 2019年10月24日,为贯彻落实修改后刑事诉讼法,确保认罪认罚从宽制度正确有效实施,最高人民法院、最高人民检察院、公安部、国家安全部、司法部发布《关于适用认罪认罚从宽制度的指导意见》。

● 2019年8月2日,为了健全完善人民法院审判委员会工作机制,进一步全面落实司法责任制,最高人民法院发布《关于健全完善人民法院审判委员会工作机制的意见》。

● 2019年2月,最高人民法院发布了《人民法院第五个五年改革纲要(2019—2023)》,主要内容包括完善人民法院坚持党的领导制度体系,健全人民法院服务和保障大局制度体系,健全以人民为中心的诉讼服务制度体系,健全开放、动态、透明、便民的阳光司法制度体系,健全以司法责任制为核心的审判权力运行体系,完善人民法院组织体系和机构职能体系,健全顺应时代进步和科技发展的诉讼制度体系,健全切实解决执行难长效制度体系,健全人民法院人员分类管理和职业保障制度体系,建设现代化智慧法院应用体系。

● 2018年12月4日,为了确保司法责任制改革落地见效,促进司法效能和司法公信力整体提升,最高人民法院印发《关于进一步全面落实司法责任制的实施意见》的通知。

● 2018年10月26日,第十三届全国人民代表大会常务委员会第六次会议通过《全国人民代表大会关于修改〈中华人民共和国刑事诉讼法〉的决定》(第三次修正)。

● 2018年7月,最高人民检察院负责人表示,各级检察机关将继续深化司法体制改革,推动检察机关专业化建设,原来分离的批准逮捕和起诉环节将合为一体,即实行"捕诉合一"。

● 2018年1月1日,最高人民法院发布的"三项规程",即《人民法院办理刑事案件第一审普通程序法庭调查规程(试行)》《人民法院办理刑事案件排除非法证据规程(试行)》《人民法院办理刑事案件庭前会议规程(试行)》开始试行。

● 2017年6月,最高人民法院、最高人民检察院、公安部、国家安全部、司法部联合发布《关于办理刑事案件严格排除非法证据若干问题的规定》。

● 2016年9月,全国人大常委会授权最高人民法院、最高人民检察院在部分地区开展**刑事案件认罪认罚从宽制度**的试点。

● 2014年8月,最高人民法院、最高人民检察院、公安部、司法部印发《关于在部分地区开展刑事案件速裁程序试点工作的办法》的通知,在北京、天津、上海、重庆、沈阳、大连、南京、杭州等18个地区开展**刑事案件速裁程序**试点工作。

● 2014年7月,最高人民法院发布了《人民法院第四个五年改革纲要(2014—2018)》,主要内容包括深化法院人事管理改革,探索建立与行政区划适当分离的司法管辖制度,健全审判权力运行机制,加大人权司法保障力度,进一步深化司法公开,明确四级法院职能定位,健全司法行政事务保障机制,推进涉法涉诉信访改革。

● 2014年6月,司法体制改革在上海、广东、吉林、湖北、海南、青海6个省市先行试点,为全面推进司法改革积累经验。此次改革内容主要包括完善司法人员分类管理,完善司法责任制,健全司法人员职业保障,推动省以下地方法院检察院人财物统一管理等。

● 2014年4月10日,最高人民法院通过《关于减刑、假释案件审理程序的规定》。

● 2014年3月,最高人民检察院、公安部联合下发《关于规范刑事案件"另案处理"适用的指导意见》,对"另案处理"适用的范围、程序以及检察机关对"另案处理"适用的审查监督机制等进行了明确规范。

● 2013年11月21日,最高人民法院发布了《关于建立健全防范刑事冤假错案工作机制的意见》。

● 2012年11月8日,党的十八大报告提出:进一步深化司法体制改革,坚持和完善中国特色社会主义司法制度,确保审判机关、检察机关依法独立公正行使审判权、检察权。

● 2012年10月9日,国务院新闻办公室发表了《中国的司法改革》白皮书,第一次全面、系统地向国内外介绍了中国司法改革的基本情况和主要成就。这是中国首次就司法改革问题发布白皮书。

● 2012年3月14日,第十一届全国人民代表大会第五次会议通过《全国人民代表大会关于修改〈中华人民共和国刑事诉讼法〉的决定》(第二次修正)。

● 2012年1月17日,最高人民法院发布了《关于办理减刑、假释案件具体应用法律若干问题的规定》,本规定自2012年7月1日起施行。

● 2010年9月13日,最高人民法院发布了《人民法院量刑指导意见(试行)》和《关于规范量刑程序若干问题的意见(试行)》。

● 2010年8月31日,最高人民检察院和公安部联合制定的《关于审查逮捕阶段讯问犯罪嫌疑人的规定》出台,规定讯问未成年人时应当通知监护人到场,检察人员当面讯问犯罪嫌疑人有困难的可以通过检察专网进行视频讯问等,一系列司法改革成果得到司法解释确认。

● 2010年8月16日,最高人民法院颁行《关于庭审活动录音录像的若干规定》,规定开庭审理第一审普通程序和第二审程序刑事、民事和行政案件,应当对庭审活动全程同步录音或者录像;简易程序及其他程序案件,应当根据需要对庭审活动录音或者录像。

● 2010年6月29日,最高人民法院发布了《关于进一步加强和推进人民陪审工作的若干意见》。

● 2010年5月31日,最高人民法院与最高人民检察院、公安部、国家安全部和司法部联合发布了《关于办理死刑案件审查判断证据若干问题的规定》和《关于办理刑事案件排除非法证据若干问题的规定》。

● 2010年2月8日,最高人民法院出台《关于贯彻宽严相济刑事政策的若干意见》,刑事和解等一系列刑事司法改革成果得到司法解释确认。

● 2009年12月8日,最高人民法院发布了《关于司法公开的六项规定》和《关于人民法院接受新闻媒体舆论监督的若干规定》。

● 2009年3月17日,最高人民法院发布的《人民法院第三个五年改革纲要(2009—2013)》指出,法院改革的主要任务包括优化人民法院职权配置、落实宽严相济刑事政策、加强人民法院队伍建设、加强人民法院经费保障、健全司法为民工作机制。

● 2009年3月9日,中央政法委员会、最高人民法院、最高人民检察院、公安部、民政部、司法部、财政部、人力资源和社会保障部联合印发《关于开展刑事被害人救助工作的若干意见》。

● 2009年2月19日,最高人民检察院印发了《关于贯彻落实〈中央政法委员会关于深化司法体制和工作机制改革若干问题的意见〉的实施意见——关于深化检察改革2009—2012年工作规划》,提出今后一段时期深化检察改革的总体目标,并把检察改革的重点确定为强化人民检察院的法律监督职能和加强对人民检察院自身执法活动的监督制约。

● 2008年12月,中央政法委员会发布了《关于深化司法体制和工作机制改革若干问题的意见》,从优化司法职权配置、落实宽严相济刑事政策、加强政法队伍建设、加强政法经费保障等四个方面提出了60项改革任务。

● 2008年9月,国务院批准司法部成立法律援助工作司,全国25个省(自治区、直辖市)法律援助管理机构纳入司法行政机关序列,负责对法律援助工作进行业务指导和工作管理。

● 2008年6月1日,《中华人民共和国律师法》施行。

● 2007年10月15日,党的十七大报告提出:深化司法体制改革,优化司法职权配置,规范司法行为,建设公正高效权威的社会主义司法制度,保证审判机关、检察机关依法独立公正地行使审判权、检察权。

● 2007年3月,最高人民法院、最高人民检察院、公安部和司法部共同制定了《关于进一步严格依法办案确保办理死刑案件质量的意见》,提出了"坚持程序公正与实体公正并重"的基本原则,规定了死刑案件第二审全面开庭,重要证人必须出庭。

● 2007年1月1日,最高人民法院收回死刑核准权,全国死刑核准权由最高法院统一行使。

● 2005年10月26日,最高人民法院发布了《人民法院第二个五年改革纲要(2004—2008)》,主要内容包括改革和完善诉讼程序制度,改革和完善审判指导制度与法律统一适用机制,改革和完善执行体制与工作机制,改革和完善审判组织与审判机构,改革和完善司法审判管理与司法政务管理制度,改革和完善司法人事管理制度,改革和完善人民法院内部监督与接受外部监督的制度,继续探索人民法院体制改革。

● 2004年8月,全国人大常委会审议并通过了《关于完善人民陪审员制度的决定》,规范了人民陪审员的选任、培训和工作方式,从审判主体的角度对司法公正进行了制度完善。

● 2003年10月,第十届全国人大常委会将修改《刑事诉讼法》列为本届人大五年立法计划,《刑事诉讼法》修改工作正式启动。

● 2003年8月,公安部发出通知,从2003年8月至2003年12月,在全国公安系统组织开展超期羁押专项清理工作。

● 2003年7月21日,国务院颁布实施《法律援助条例》。

● 2002年11月8日,党的十六大报告提出:从制度上保证审判机关和检察机关依法独立公正地行使审判权和检察权;改革司法机关的工作机制和人财物管理体制,逐步实现司法审判和检察同司法行政事务相分离;加强对司法工作的监督,惩治司法领域中的腐败。

● 2001年6月30日,第九届全国人大第二十二次会议审议通过《中华人民共和国法官法》修正案和《中华人民共和国检察官法》修正案,规定国家对初任法官、初任检察官实行统一的司法考试制度,国务院司法行政部门会同最高人民法院、最高人民检察院共同制定司法考试实施办法,由国务院司法行政部门负责实施。

- 2000年1月,最高人民检察院出台《检察改革三年实施意见》。
- 1999年10月,最高人民法院出台《人民法院五年改革纲要》,主要内容包括:进一步深化审判方式改革,全面实行立审分立、审执分立、审监分立,全面落实公开审判制度;建立符合审判工作规律的审判组织形式,强化合议庭和法官职责,推行审判长和独任审判员选任制度,充分发挥审判长和独任审判员在庭审过程中的指挥、协调作用;科学设置人民法院内设机构;深化人民法院人事管理制度改革;加强人民法院办公现代化建设,进一步提高司法效率和法院管理水平;加强制度建设,健全监督机制,保障司法公正廉洁;积极探索人民法院深层次的改革。
- 1998年5月,公安部发布的《公安机关办理刑事案件程序规定》提出:要求侦查人员在对犯罪嫌疑人依法进行第一次讯问后或者采取强制措施之日起,应当告知犯罪嫌疑人有权聘请律师为其提供法律咨询、代理申诉、控告或者为其申请取保候审。
- 1998年1月,六部委联合颁布的《关于刑事诉讼法实施中若干问题的规定》提出:侦查阶段犯罪嫌疑人聘请律师的,可以自己聘请,也可以由其亲属代为聘请;律师要求会见在押的犯罪嫌疑人,对于不涉及国家秘密的案件,不需要经过侦查机关批准。
- 1997年9月,党的十五大报告提出:推进司法改革,从制度上保障司法机关依法独立、公正地行使审判权和检察权,建立冤案、错案责任追究制度。
- 1996年3月17日,《刑事诉讼法》进行第一次修正,正式取消了收容审查制度,确立了"不经法院判决不得定罪"原则。同时,律师可以介入侦查程序,为犯罪嫌疑人提供法律帮助。
- 1979年7月1日,《刑事诉讼法》正式颁布。

附录 2
刑事诉讼期间一览表

附表 1　以"小时"为计算单位的期间

期　间	有　关　规　定
12 小时	传唤、拘传持续的时间一般不得超过 12 小时
24 小时	(1) 案情特别重大、复杂，需要采取拘留、逮捕措施的，传唤、拘传持续的时间不得超过 24 小时。 (2) 指定居所监视居住的，除无法通知的以外，应当在执行监视居住后 24 小时以内，通知被监视居住人的家属。 (3) 拘留后，应当立即将被拘留人送看守所羁押，至迟不得超过 24 小时。除无法通知，或者涉嫌危害国家安全犯罪、恐怖活动犯罪，通知可能有碍侦查的情形以外，应当在拘留后 24 小时以内，通知被拘留人的家属。有碍侦查的情形消失以后，应当立即通知被拘留人的家属。 (4) 公安机关对被拘留的人，应当在拘留后的 24 小时以内进行讯问。人民检察院对直接受理的案件中被拘留的人，应当在拘留后 24 小时以内进行讯问。 (5) 执行逮捕后，公安机关应当立即将被逮捕人送看守所羁押。除无法通知的以外，应当在逮捕后 24 小时以内，通知被逮捕人的家属。 (6) 人民法院、人民检察院对于各自决定逮捕的人，公安机关对于经人民检察院批准逮捕的人，应当在逮捕后的 24 小时以内进行讯问。 (7) 人民检察院收到在押或者被指定居所监视居住的犯罪嫌疑人提出的法律援助申请，应当在 24 小时以内将申请材料转交法律援助机构
48 小时	辩护律师持律师执业证书、律师事务所证明和委托书或者法律援助公函要求会见在押的犯罪嫌疑人、被告人的，看守所应当及时安排会见，至迟不得超过 48 小时

附表 2　以"日"为计算单位的期间

期　间	有　关　规　定
3 日	(1) 人民检察院自收到移送审查起诉的案件材料之日起 3 日内，应当告知犯罪嫌疑人有权委托辩护人，并告知被害人及其法定代理人或者其近亲属、附带民事诉讼的当事人及其法定代理人有权委托诉讼代理人。 (2) 被告人没有委托辩护人的，人民法院自受理案件之日起 3 日内，应当告知其有权委托辩护人。审判期间，在押的被告人要求委托辩护人的，人民法院应当在 3 日内向其监护人、近亲属或者其指定的人员转达要求。审判期间，辩护人接受被告人委托的，应当在接受委托之日起 3 日内，将委托手续提交人民法院。

续 表

期 间	有 关 规 定
3日	(3) 人民法院自受理自诉案件之日起3日内,应当告知自诉人及其法定代理人、附带民事诉讼当事人及其法定代理人,有权委托诉讼代理人,并告知如果经济困难的,可以申请法律援助。 (4) 法律援助机构决定为被告人指派律师提供辩护的,承办律师应当在接受指派之日起3日内,将法律援助手续提交人民法院。诉讼代理人接受当事人委托或者法律援助机构指派后,应当在3日内将委托手续或者法律援助手续提交人民法院。 (5) 公安机关对被拘留的人,认为需要逮捕的,应当在拘留后的3日内,提请人民检察院审查批准。在特殊情况下,提请审查批准的时间可以延长一日至四日。 (6) 犯罪嫌疑人、被告人及其法定代理人、近亲属或者辩护人有权申请变更强制措施。人民法院、人民检察院和公安机关收到申请后,应当在3日以内作出决定;不同意变更强制措施的,应当告知申请人,并说明不同意的理由。 (7) 对查封、扣押的财物、文件、邮件、电报或者冻结的存款、汇款、债券、股票、基金份额等财产,经查明确实与案件无关的,应当在3日以内解除查封、扣押、冻结,予以退还。 (8) 人民法院确定开庭日期后,应当将开庭的时间、地点通知人民检察院,传唤当事人,通知辩护人、诉讼代理人、证人、鉴定人和翻译人员,传票和通知书至迟在开庭3日以前送达。公开审判的案件,应当在开庭3日以前先期公布案由、被告人姓名、开庭时间和地点。 (9) 被告人、自诉人、附带民事诉讼的原告人和被告人通过原审人民法院提出上诉的,原审人民法院应当在3日内将上诉状连同案卷、证据移送上一级人民法院,同时将上诉状副本送交同级人民检察院和对方当事人。被告人、自诉人、附带民事诉讼的原告人和被告人直接向第二审人民法院提出上诉的,第二审人民法院应当在3日内将上诉状交原审人民法院送交同级人民检察院和对方当事人。 (10) 人民法院向人民检察院提出书面意见要求补充移送材料,人民检察院认为有必要移送的,应当自收到通知之日起3日以内补送。 (11) 人民检察院作出附条件不起诉的决定后,应当制作附条件不起诉决定书,并在3日以内送达公安机关,被害人或者其近亲属及其诉讼代理人,未成年犯罪嫌疑人及其法定代理人、辩护人。 (12) 省级人民检察院负责案件管理的部门收到高级人民法院报请最高人民法院复核的死刑判决书、裁定书副本后,应当在3日以内将判决书、裁定书副本移送本院负责刑事执行检察的部门
5日	(1) 当事人由于不能抗拒的原因或者有其他正当理由而耽误期限的,在障碍消除后5日以内,可以申请继续进行应当在期满以前完成的诉讼活动。 (2) 当庭宣告判决的,应当在5日内将判决书送达当事人和提起公诉的人民检察院。 (3) 被害人及其法定代理人不服地方各级人民法院第一审的判决的,自收到判决书后5日内,有权请求人民检察院提起抗诉。人民检察院自收到被害人及其法定代理人的请求后5日内,应当作出是否抗诉的决定并且答复请求人。 (4) 不服裁定的上诉和抗诉的期限为5日,从接到裁定书的第2日起算。 (5) 辩护律师申请人民检察院许可其向被害人或者其近亲属、被害人提供的证人收集与本案有关材料的,人民检察院负责捕诉的部门应当及时进行审查。人民检察院应当在5日以内作出是否许可的决定,通知辩护律师;不予许可的,应当书面说明理由。 (6) 人民检察院决定对涉嫌犯罪的机关事业单位工作人员采取候审、监视居住、拘留、逮捕的,应当在采取或者解除强制措施后5日以内告知其所在单位。

续 表

期 间	有 关 规 定
5日	(7) 各级人民检察院提起公诉,应当与人民法院审判管辖相适应。负责捕诉的部门收到移送起诉的案件后,经审查认为不属于本院管辖的,应当在发现之日起5日以内经由负责案件管理的部门移送有管辖权的人民检察院。 (8) 人民法院受理附带民事诉讼后,应当在5日以内将附带民事起诉状副本送达附带民事诉讼被告人及其法定代理人,或者将口头起诉的内容及时通知附带民事诉讼被告人及其法定代理人,并制作笔录。 (9) 当庭宣告判决的,应当在5日以内送达判决书。 (10) 对没收违法所得或者驳回申请的裁定,犯罪嫌疑人、被告人的近亲属和其他利害关系人或者人民检察院可以在5日内提出上诉、抗诉。 (11) 人民法院决定强制医疗的,应当在作出决定后5日内,向公安机关送达强制医疗决定书和强制医疗执行通知书,由公安机关将被决定强制医疗的人送交强制医疗。被决定强制医疗的人、被害人及其法定代理人、近亲属对强制医疗决定不服的,可以自收到决定书之日起5日内向上一级人民法院申请复议。复议期间不停止执行强制医疗的决定
7日	(1) 对于公安机关提请批准逮捕的案件,人民检察院应当自接到公安机关提请批准逮捕书后的7日内,作出批准逮捕或者不批准逮捕的决定。 (2) 对于有被害人的案件,决定不起诉的,人民检察院应当将不起诉决定书送达被害人。被害人如果不服,可以自收到决定书后7日内向上一级人民检察院申诉,请求提起公诉。 (3) 对于人民检察院依照《刑事诉讼法》第一百七十七条第二款规定作出的不起诉决定,被不起诉人如果不服,可以自收到决定书后7日以内向人民检察院申诉。 (4) 下级人民法院接到最高人民法院执行死刑的命令后,应当在7日内交付执行。 (5) 人民法院延长审理期限的,应当在期满7日前报请高级人民法院批准或决定。 (6) 人民检察院直接受理侦查案件的线索,由负责侦查的部门统一受理、登记和管理。负责控告申诉检察的部门接受的控告、举报,或者本院其他办案部门发现的案件线索,属于人民检察院直接受理侦查案件线索的,应当在7日以内移送负责侦查的部门。 (7) 地方各级人民检察院决定撤销案件的,负责侦查的部门应当将撤销案件意见书连同本案全部案卷材料,在法定期限届满7日前报上一级人民检察院审查。 (8) 上一级人民检察院审查下级人民检察院报送的拟撤销案件,应当在收到案件后7日以内批复。 (9) 公安机关需要延长侦查羁押期限的,人民检察院应当要求其在侦查羁押期限届满7日前提请批准延长侦查羁押期限。 (10) 司法机关或者有关单位需要查询犯罪记录的,应当向封存犯罪记录的人民检察院提出书面申请。人民检察院应当在7日以内作出是否许可的决定。 (11) 被害人或者其法定代理人、近亲属提起附带民事诉讼的,人民法院应当在7日以内决定是否受理
10日	(1) 犯罪嫌疑人、被告人被逮捕后,人民检察院仍应当对羁押的必要性进行审查。对不需要继续羁押的,应当建议予以释放或者变更强制措施。有关机关应当在10日以内将处理情况通知人民检察院。 (2) 对于监察机关移送起诉的已采取留置措施的案件,人民检察院应当对犯罪嫌疑人先行拘留,留置措施自动解除。人民检察院应当在拘留后的10日以内作出是否逮捕、取保候审或者监视居住的决定。 (3) 犯罪嫌疑人认罪认罚,符合速裁程序适用条件的,人民检察院应当在10日以内作出决定,对可能判处的有期徒刑超过一年的,可以延长至15日。

续表

期 间	有 关 规 定
10日	(4) 人民法院决定开庭审判后,应当确定合议庭的组成人员,将人民检察院的起诉书副本至迟在开庭10日以前送达被告人及其辩护人。 (5) 证人没有正当理由拒绝出庭或者出庭后拒绝作证的,予以训诫,情节严重的,经院长批准,处以10日以下的拘留。 (6) 适用速裁程序审理案件,人民法院应当在受理后10日以内审结;对可能判处的有期徒刑超过1年的,可以延长至15日。 (7) 不服判决的上诉和抗诉的期限为10日,从接到判决书、裁定书的第2日起算。 (8) 罪犯被交付执行刑罚的时候,应当由交付执行的人民法院在判决生效后10日以内将有关的法律文书送达公安机关、监狱或者其他执行机关。 (9) 人民检察院收到执行机关抄送的减刑、假释建议书副本后,应当逐案进行审查。发现减刑、假释建议不当或者提请减刑、假释违反法定程序的,应当在10日以内报经检察长批准,向审理减刑、假释案件的人民法院提出书面检察意见,同时也可以向执行机关提出书面纠正意见。案情复杂或者情况特殊的,可以延长10日
14日	人民检察院对直接受理的案件中被拘留的人,认为需要逮捕的,应当在14日以内作出决定。在特殊情况下,决定逮捕的时间可以延长1日至3日
15日	(1) 在法庭审判过程中,如果诉讼参与人或者旁听人员违反法庭秩序,审判长应当警告制止。对不听制止的,可以强行带出法庭;情节严重的,处以1 000元以下的罚款或者15日以下的拘留。 (2) 对自诉案件,人民法院应当在15日内审查完毕。经审查,符合受理条件的,应当决定立案,并书面通知自诉人或者代为告诉人。 (3) 取保候审即将到期的,执行机关应当在期限届满15日前书面通知决定机关,由决定机关作出解除取保候审或者变更强制措施的决定,并于期限届满前书面通知执行机关。 (4) 人民检察院对于监察机关、公安机关移送起诉的案件,应当在1个月以内作出决定,重大、复杂的案件,可以延长15日;犯罪嫌疑人认罪认罚,符合速裁程序适用条件的,应当在10日以内作出决定,对可能判处的有期徒刑超过1年的,可以延长至15日。 (5) 适用速裁程序审理案件,人民法院应当在受理后10日以内审结;对可能判处的有期徒刑超过1年的,可以延长至15日。 (6) 人民法院通知法律援助机构指派律师提供辩护的,应当将法律援助通知书、起诉书副本或者判决书送达法律援助机构;决定开庭审理的,除适用简易程序或者速裁程序审理的以外,应当在开庭15日以前将上述材料送达法律援助机构。 (7) 人民法院受理没收违法所得的申请后,应当在15日以内发布公告。 (8) 对不批准逮捕的案件,公安机关申请上一级人民检察院复核的,上一级人民检察院应当在收到提请复核意见书和案卷材料后15日以内,经检察长批准,作出是否变更的决定,通知下级人民检察院和公安机关执行
20日	(1) 适用简易程序审理案件,人民法院应当在受理后20日以内审结;对可能判处的有期徒刑超过3年的,可以延长至1个半月。 (2) 人民检察院认为人民法院减刑、假释的裁定不当,应当在收到裁定书副本后20日内,向人民法院提出书面纠正意见。 (3) 人民检察院认为强制医疗决定或者解除强制医疗决定不当,在收到决定书后20日以内提出书面纠正意见的,人民法院应当另行组成合议庭审理,并在1个月以内作出决定

续 表

期间	有关规定
30 日	公安机关对被拘留的人,认为需要逮捕的,对于流窜作案、多次作案、结伙作案的重大嫌疑分子,提请审查批准的时间可以延长至 30 日

附表 3　以"月"为计算单位的期间

期间	有关规定
1 个月	(1) 对犯罪嫌疑人逮捕后的侦查羁押期限不得超过 2 个月。案情复杂、期限届满不能终结的案件,可以经上一级人民检察院批准延长 1 个月。 (2) 人民检察院对于监察机关、公安机关移送起诉的案件,应当在 1 个月以内作出决定。 (3) 对于补充侦查的案件,应当在 1 个月以内补充侦查完毕。补充侦查以两次为限。 (4) 依照《刑事诉讼法》第二百零四条第二项的规定延期审理的案件,人民检察院应当在 1 个月以内补充侦查完毕。 (5) 人民检察院提出抗诉的案件或者第二审人民法院开庭审理的公诉案件,同级人民检察院都应当派员出席法庭。第二审人民法院应当在决定开庭审理后及时通知人民检察院查阅案卷。人民检察院应当在 1 个月以内查阅完毕。 (6) 接受抗诉的人民法院按照审判监督程序审判抗诉的案件,审理期限适用前款规定;对需要指令下级人民法院再审的,应当自接受抗诉之日起 1 个月以内作出决定,下级人民法院审理案件的期限适用前款规定。 (7) 人民检察院认为暂予监外执行不当的,应当自接到通知之日起 1 个月以内将书面意见送交决定或者批准暂予监外执行的机关,决定或者批准暂予监外执行的机关接到人民检察院的书面意见后,应当立即对该决定进行重新核查。 (8) 人民检察院认为人民法院减刑、假释的裁定不当,应当在收到裁定书副本后 20 日以内,向人民法院提出书面纠正意见。人民法院应当在收到纠正意见后 1 个月以内重新组成合议庭进行审理,作出最终裁定。 (9) 人民法院经审理,对于被申请人或者被告人符合强制医疗条件的,应当在 1 个月以内作出强制医疗的决定
2 个月	(1) 对犯罪嫌疑人逮捕后的侦查羁押期限不得超过 2 个月。 (2) 交通十分不便的边远地区的重大复杂案件,重大的犯罪集团案件,流窜作案的重大复杂案件,犯罪涉及面广、取证困难的重大复杂案件,在《刑事诉讼法》第一百五十六条规定的期限届满不能侦查终结的,经省、自治区、直辖市人民检察院批准或者决定,可以延长 2 个月。 (3) 对犯罪嫌疑人可能判处十年有期徒刑以上刑罚,依照本法第一百五十八条规定延长期限届满,仍不能侦查终结的,经省、自治区、直辖市人民检察院批准或者决定,可以再延长 2 个月。 (4) 人民法院审理公诉案件,应当在受理后 2 个月以内宣判,至迟不得超过 3 个月。 (5) 第二审人民法院受理上诉、抗诉案件,应当在 2 个月以内审结。对于可能判处死刑的案件或者附带民事诉讼的案件,以及有本法第一百五十六条规定情形之一的,经省、自治区、直辖市高级人民法院批准或者决定,可以延长 2 个月;因特殊情况还需要延长的,报请最高人民法院批准

续 表

期　间	有　关　规　定
3个月	(1) 批准决定应当根据侦查犯罪的需要,确定采取技术侦查措施的种类和适用对象。批准决定自签发之日起3个月以内有效。对于不需要继续采取技术侦查措施的,应当及时解除;对于复杂、疑难案件,期限届满仍有必要继续采取技术侦查措施的,经过批准,有效期可以延长,每次不得超过3个月。 (2) 人民法院审理公诉案件,应当在受理后2个月以内宣判,至迟不得超过3个月。对于可能判处死刑的案件或者附带民事诉讼的案件,以及有《刑事诉讼法》第一百五十八条规定情形之一的,经上一级人民法院批准,可以延长3个月;因特殊情况还需要延长的,报请最高人民法院批准。 (3) 人民法院按照审判监督程序重新审判的案件,应当在作出提审、再审决定之日起3个月以内审结,需要延长期限的,不得超过6个月。 (4) 对于收到的群众来信,负责控告申诉检察的部门应当在7日以内进行程序性答复,办案部门应当在3个月以内将办理进展或者办理结果答复来信人。 (5) 人民检察院采取技术侦查措施应当根据侦查犯罪的需要,确定采取技术侦查措施的种类和适用对象,按照有关规定报请批准。批准决定自签发之日起3个月以内有效。 (6) 人民检察院复查不服不起诉决定的申诉,应当在立案后3个月以内报经检察长批准作出复查决定。 (7) 公安机关立案后3个月以内未侦查终结的,人民检察院可以向公安机关发出立案监督案件催办函,要求公安机关及时向人民检察院反馈侦查工作进展情况。 (8) 对于高级人民法院判处死刑缓期二年执行的案件,省级人民检察院认为确有错误提请抗诉的,一般应当在收到生效判决、裁定后3个月以内提出,至迟不得超过6个月。 (9) 对可能判处死刑的案件或者附带民事诉讼的案件,以及有《刑事诉讼法》第一百五十八条规定情形之一的案件,上一级人民法院可以批准延长审理期限一次,期限为3个月
6个月	(1) 人民法院、人民检察院和公安机关对犯罪嫌疑人、被告人监视居住最长不得超过6个月。 (2) 人民法院审理自诉案件的期限,被告人被羁押的,适用《刑事诉讼法》第二百零八条第一款、第二款的规定;未被羁押的,应当在受理后6个月以内宣判。 (3) 人民法院按照审判监督程序重新审判的案件,应当在作出提审、再审决定之日起3个月以内审结,需要延长期限的,不得超过6个月。 (4) 附条件不起诉的考验期为6个月以上1年以下,从人民检察院作出附条件不起诉的决定之日起计算。 (5) 因被告人患有严重疾病无法出庭,中止审理超过6个月,被告人仍无法出庭,被告人及其法定代理人、近亲属申请或者同意恢复审理的,人民法院可以在被告人不出庭的情况下缺席审理,依法作出判决。 (6) 人民法院受理没收违法所得的申请后,应当发出公告。公告期间为6个月
12个月	人民法院、人民检察院和公安机关对犯罪嫌疑人、被告人取保候审最长不得超过12个月

附表 4　以"年"为计算单位的期间

期　间	有　关　规　定
1年	(1) 附条件不起诉的考验期为6个月以上1年以下,从人民检察院作出附条件不起诉的决定之日起计算。 (2) 对于贪污贿赂犯罪、恐怖活动犯罪等重大犯罪案件,犯罪嫌疑人、被告人逃匿,在通缉1年后不能到案,或者犯罪嫌疑人、被告人死亡,依照刑法规定应当追缴其违法所得及其他涉案财产的,人民检察院可以向人民法院提出没收违法所得的申请。 (3) 判决返还被害人的涉案财物,应当通知被害人认领;无人认领的,应当公告通知;公告满1年无人认领的,应当上缴国库。
2年	(1) 审判人员和人民法院其他工作人员从人民法院离任后2年内,不得以律师身份担任辩护人。 (2) 各级人民法院、人民检察院离任人员在离任后2年内,不得以律师身份担任诉讼代理人或者辩护人
3年	(1) 辞去公职或者退休的人民法院、人民检察院领导班子成员,四级高级及以上法官、检察官,四级高级法官助理、检察官助理以上及相当职级层次的审判、检察辅助人员在离职3年内,其他辞去公职或退休的人民法院、人民检察院工作人员在离职2年内,不得到原任职人民法院、人民检察院管辖地区内的律师事务所从事律师职业或者担任"法律顾问"、行政人员等,不得以律师身份从事与原任职人民法院、人民检察院相关的有偿法律服务活动。 (2) 受到6个月以上停止执业处罚的律师,处罚期满未逾3年的,不得担任合伙人

注:期间计算的基本规则

1. 期间以小时、日、月计算。期间开始的时和日不算在期间以内。

2. 法定期间不包括路途上的时间。上诉状或者其他文件在期满前已经交邮的,不算过期。

3. 期间的最后一日为节假日的,以节假日后的第一日为期满日期,但犯罪嫌疑人、被告人或者罪犯在押期间,应当至期满之日为止,不得因节假日而延长。

4. 以月计算的期间,自本月某日至下月同日为1个月;期限起算日为本月最后一日的,至下月最后一日为1个月;下月同日不存在的,自本月某日至下月最后一日为1个月;半个月一律按15日计算。

5. 以年计算的刑期,自本年本月某日至次年同月同日的前一日为1年;次年同月同日不存在的,自本年本月某日至次年同月最后一日的前一日为1年。

6. 以月计算的刑期,自本月某日至下月同日的前一日为1个月;刑期起算日为本月最后一日的,至下月最后一日的前一日为1个月;下月同日不存在的,自本月某日至下月最后一日的前一日为1个月;半个月一律按15日计算。

附录 3
记课堂笔记的方法

在以往的教学中,笔者发现很多学生都会很认真地做笔记,而且将现代科技设备带进了课堂,例如利用手机、iPad 来拍摄课件或板书的内容,然后再进行整理。这样一种文字加图片的记录方法的确有助于记录教师授课的内容。

然而,当笔者和学生交流关于学习效果的问题时,一些学生坦言,每节课几乎都忙着做笔记,对于老师讲解的重点在哪里、提出过哪些问题可能都不是很清楚,更不用提自己有所思考、有所质疑了。

笔者也翻看过一些学生的笔记,应该说不少人的认真程度的确让人敬佩。有学生先用标尺在笔记本上画好横线再做笔记,字迹也相当工整,这样的做法甚至也出现在他们的考试当中。

不过,在笔者看来,课堂笔记尽管很重要,但如果能掌握一些记笔记的方法、技巧并提高记笔记的效率,给自己多留一些听课和思考的时间,也许学习效果会更好。这就需要我们对如何记笔记进行一定的探索。通过记笔记,我们记录自己学习、思考的过程,除了基本的知识点外,还可以记录关键词、别人的经验、自己的想法等等。关键是,我们还需要找到适合自己的记笔记的方法。

这里,笔者想结合自己学习、思考的经历,主要介绍两种记笔记的方法供读者参考。当然更重要的是,当我们找到一种适合自己的方法后,就请坚持下去并不断完善,一定会受益匪浅的。

一、科内尔笔记法

这种记笔记的方法起源于美国的科内尔大学,其具体做法是将笔记本的一页纸分为三个板块(如附图 1 所示),板块 A 记录课程内容;板块 B 记录关键词、疑问事项、自己的想法;板块 C 记录本页的要点。

这种笔记法的优点在于,可以改变我们以往为了记笔记而记笔记的习惯,将思考、总结、整理融入笔记当中。笔者在使用这种方法时有几点心得。

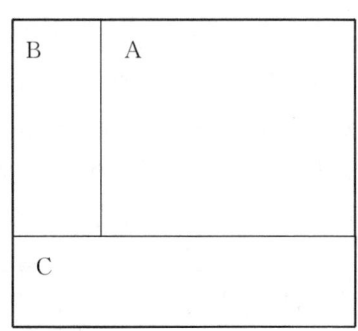

附图 1 科内尔笔记法

(1) 在课堂上或学习的过程中,先完成板块 A 的内容,尽量条理化、要点化,注意根据自己的理解将最重要的内容记录下来,而不必追求记录全部的内容。如果遇到内容多又都非常重要的情况,就可以辅以拍照的手段,或者事后请老师提供相关资料的电子版或关键词。当然,不要忘了在本板块的开头或末尾注明记笔记的准确时间,便于将来核查。

(2) 何时填写板块 B 和板块 C 的内容,需要根据具体情况来定。一般情况下,笔者自己会在听课或自学的过程中,同步进行板块 B 的填写,尤其是一些一闪而过的想法或灵感,最好马上写下来。人的大脑就是这么奇妙,灵感只会偶尔光顾,为了常和灵感相遇,及时用笔记录下来也许是个不错的选择。至于板块 C,作者一般会在课后或隔一段时间后,再次阅读本页笔记并进行总结归纳。日后复习时,先查阅板块 C 的内容,可以帮助我们回忆起很多东西。当然,也不要忽略板块 B,很多想法、疑问的积累也许会给我们带来意想不到的收获。

二、十六分格笔记法

这种方法来源于高桥政史的《整理术:一张纸归纳所有工作》一书,其具体做法是将笔记本的一张合页分成 16 格,用于记录一个主题当中包含的想法、观点。其分格方法如附图 2 所示。

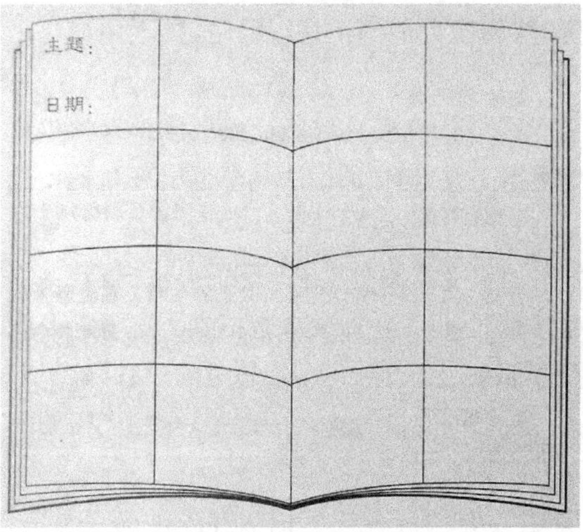

笔者经过一段时间的使用和探索,发现这种方法也可用于课堂笔记或自学笔记。但使用方法和科内尔笔记法略有不同。笔者在使用这种方法时,有几点心得。

附图 2 十六分格笔记法

(1) 这种方法比较适合用于三种情况:一是专题讲解;二是讨论课;三是自学。也就是说,当我们在围绕某一个专题进行讲解或讨论,抑或是自学某个专题时,可以使用这一方法。在确定主题以后,我们可以围绕主题对讲解、讨论、阅读过程中的心得体会进行记录,可以是关键词,也可以是简单的词句或图示。

(2) 这些空格看起来有些拘束,但在我们做记录时,却能激发我们的注意力和想象力,除了老师讲解的要点、同学发言的要点、阅读中的关键内容外,还可以增加自己的心得。同时,按照高桥政史的建议,在做完笔记后,我们可以使用不同颜色的荧光笔对空格的内容进行标注,使得笔记的内容更加个性化,也更加醒目。我们可以根据自己的习惯来确定不同颜色所代表的意义,例如红色代表重要观点,蓝色代表值得思考的问题等。

(3) 当这些空格填满后,我们应尽快审阅全部的要点,厘清其主要内容和内在的逻辑关系,思考自己有哪些收获,有什么问题还需要做后续的研究。在此基础上,我们可以写学习日记,日记的主题、日期应与笔记保持一致,以便于日后回顾和查阅。

最后,笔者想指出几点:

(1) 课堂上记笔记的确是个好习惯,但如果课前没有对课程相关内容进行准备,那么我们在记笔记的过程中会变得盲目,因为我们抓不住重点、要点,同时也会造成课堂参与度的不足。记笔记是为了抓住要点、提高效率,否则便得不偿失。

（2）每个人的习惯都有差异，记笔记的习惯也是如此。前面提到的方法只是希望能起到抛砖引玉的效果，读者还可以探索更多更好的方法。不要被别人的经验束缚住，重要的是要学会创造出一种能够激发自己学习和思考兴趣的方法。

（3）不管使用何种记笔记的方法，我们都需要在恰当的时候回顾和复习。正所谓"学而时习之，不亦说乎"。一本好的笔记，如果只是让它静静地躺在某个角落而无人问津，恐怕也是一件令人遗憾的事情。

参考文献

[1] 《刑事诉讼法学》编写组.刑事诉讼法学[M].3版.北京:高等教育出版社,2019.
[2] 陈光中.刑事诉讼法[M].7版.北京:北京大学出版社,2021.
[3] 陈瑞华.刑事诉讼法[M].北京:北京大学出版社,2021.
[4] 叶青.刑事诉讼法学[M].4版.上海:上海人民出版社,2020.
[5] 陈瑞华.程序正义理论[M].北京:中国法制出版社,2010.
[6] 陈瑞华.刑事审判原理论[M].3版.北京:法律出版社,2020.
[7] 季卫东.法律程序的意义:增订版[M].北京:中国法制出版社,2012.
[8] 林钰雄.刑事诉讼法:上、下[M].北京:中国人民大学出版社,2005.
[9] 萨达卡特·卡德里.审判的历史[M].杨雄,译.北京:当代中国出版社,2009.
[10] 罗伯特·巴特莱特.中世纪神判[M].徐昕,喻中胜,徐昀,译.杭州:浙江人民出版社,2007.

致　谢

　　本书出版之际感触颇多，不仅因为对旧版做了修订，更多的是因为对中国司法改革的长期关注和思考得以开华结实以及在此过程中得到了众多热心人的帮助和启发，由衷地表示：

　　感谢华东理工大学法学院的领导和同事们，感谢他（她）们一如既往的支持；

　　感谢诸位编辑，指出了书稿中的缺点与不足，督促我不断完善相关内容；

　　感谢同窗好友崔天送先生，他是本书书名的题写人，使本书增色良多，谨致以最诚挚的谢意；

　　感谢我的学生们，在教学过程中，他（她）们善于提问，帮我找出旧版中存在的瑕疵与问题；

　　感谢我的家人，他（她）们是我努力工作的坚强后盾和动力源泉。

周登谅
2022 年 8 月